ESSAI CRITIQUE

SUR LA

PHILOSOPHIE POSITIVE

LETTRE

A. M. E. LITTRÉ

(DE L'INSTITUT)

Par CHARLES PELLARIN

DOCTEUR EN MÉDECINE

PARIS

E. DENTU, LIBRAIRE-ÉDITEUR

Palais-Royal, galerie d'Orléans, 17 et 19
ET LIBRAIRIE SOCIÉTAIRE, RUE DES SAINTS-PÈRES, 13

1864

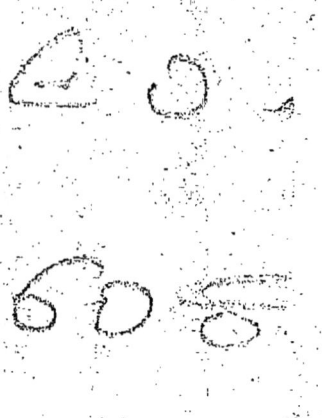

ESSAI CRITIQUE

SUR LA

PHILOSOPHIE POSITIVE

LETTRE

A M. E. LITTRÉ

(DE L'INSTITUT)

Par CHARLES PELLARIN

DOCTEUR EN MÉDECINE

PARIS

E. DENTU, LIBRAIRE-ÉDITEUR

PALAIS-ROYAL, GALERIE D'ORLÉANS, 17 ET 19

ET LIBRAIRIE SOCIÉTAIRE, RUE DES SAINTS-PÈRES, 13

—

1864

PRÉFACE

Sur l'origine et la forme du travail que je publie, un mot d'explication est nécessaire.

Je l'ai commencé avec l'intention d'écrire une simple lettre, sans aucune arrière-pensée de publicité.

Bientôt je me suis trouvé entraîné comme ce personnage de la légende qu'une force surhumaine empêche de s'arrêter jamais. Marche ! marche ! criait la voix intérieure. J'ai obéi trop docilement, je le crains, et je suis arrivé ainsi à parcourir, en ne faisant nécessairement que les effleurer pour la plupart, tous les grands sujets des méditations de l'esprit humain. L'appréciation d'un système général d'idées, autrement dit d'une philosophie, n'exige pas moins que cela.

Une fois engagé dans l'examen du système qui, sous le nom de philosophie positive, a séduit quelques esprits distingués de notre époque, j'ai compris qu'il était impossible de rester à mi-chemin, qu'il fallait quand même aller jusqu'au bout et embrasser l'ensemble des questions que son fondateur, M. Auguste Comte, a prétendu résoudre.

Au sujet de la publication de mon travail, un scrupule s'est dressé devant moi tout d'abord. Des liens étroits et chers à mon cœur m'unissent au plus éminent disciple de la philosophie que je combats. M. Littré, quelques précautions que je prenne à cet égard, ne sera-t-il pas atteint par les coups portés au système positiviste ?

Sans doute, si l'homme que je viens de nommer, qui est, à juste titre, l'objet de la considération universelle, et qui a des droits particuliers à mon respect comme à mon affection, devait être amoindri par une critique des vues d'Auguste Comte, je renoncerais à faire paraître une discussion qui a, je pense, dans l'état actuel des esprits, son utilité et son opportunité. Mais la réputation de M. Littré s'est faite en dehors et indépendamment de la philosophie positive. M. Littré est par lui-même ce qu'il est. Pour me servir d'une locution devenue banale, ce n'est point *parce que*, mais plutôt *quoique* disciple d'Auguste Comte, que M. Littré occupe une place si honorable et si haute dans l'opinion de ses contemporains. On peut donc mettre en évidence le vice essentiel et toutes les pauvretés du système philosophique, sans risquer de porter atteinte à une gloire fondée sur des titres qui n'ont avec lui rien de commun.

M. Littré a déjà tiré une ligne de démarcation entre lui et M. Comte, et fait dans la doctrine de son maître deux parts : l'une qu'il retient, l'autre plus considérable qu'il rejette. Je crois qu'il est de l'intérêt de la réputation philosophique de M. Littré de rendre plus profonde encore cette ligne de démarcation et de réduire de nouveau la première des deux parts qu'il a établies.

Quoi qu'il arrive à cet égard, je dois, en venant combattre l'opinion philosophique de M. Littré, déclarer que j'honore en lui profondément deux choses : la modestie avec laquelle, quand il pourrait lui-même se poser en maître, il se maintient disciple d'un autre homme, et le courage qu'il montre en faisant profession d'une doctrine qui n'est faite pour attirer à ses adhérents la faveur d'aucun pouvoir ni d'aucun parti, mais qui donne tant de prise, au contraire, à la détraction et à la calomnie. C'est là du moins la marque d'une conviction sincère. — J'aperçois bien ce qu'on peut rencontrer d'avantage à se ranger sous quelqu'une des nuances philosophiques qui vont depuis l'éclectisme jusqu'à l'ultramontanisme (la branche sans contredit la plus fructueuse sous le rapport des intérêts personnels dans ce monde et dans l'autre). Mais que peut-on gagner, je le demande, à se dire disciple d'Auguste Comte, par exemple, ou de Charles Fourier?

Renfermé depuis seize ans dans l'exercice de ma profession, j'avais un peu perdu de vue la discussion des questions sociales. Je me réveille un jour au bruit qui se fait, non pas autour de ces questions précisément, mais autour de celles qui y confinent dans le domaine historique et philosophique, par un essaim brillant d'écrivains qui, tous, se rattachent, de près ou de loin, à la méthode positive. Poussé surtout par un affectueux intérêt envers le plus consciencieux des hommes qui ont arboré cette bannière, je me suis mis avec tout le scrupule dont je suis capable à m'enquérir des idées qu'elle abrite. Le résultat de cette enquête a été que j'ai reconnu, non sans un douloureux étonnement, que la discussion des questions sociales proprement dites avait sensiblement rétrogradé depuis les années du règne de Louis-Philippe où il m'arrivait d'y prendre part, dans les rangs d'une École qui a commis des fautes sans doute, mais dont les principes étaient incomparablement supérieurs à ceux qu'on s'efforce de propager aujourd'hui.

Que se trouve-t-il, en effet, pour tout ce qui a trait aux problèmes sociaux et aux conditions formelles des réformes sociales à opérer, que se trouve-t-il dans ce qu'on nomme le positivisme?

Absence complète de solutions à cet égard chez les disciples, et, à titre de solutions, chez le maître, des aberrations telles qu'elles sont répudiées par l'unanimité des adhérents de quelque valeur acquis à la méthode. Et c'est au nom de ces lacunes, de ce néant d'une part; au nom de ces mystiques hallucinations d'autre part (*œgri somnia senis*, comme les appellent eux-mêmes certains disciples), que l'on viendrait mettre hors de cause toutes les Écoles sociales, et leur signifier d'abdiquer devant la suprématie scientifique du positivisme!

Je n'hésite pas à protester contre la sentence. Je fais plus, j'essaye de démontrer l'incompétence radicale de l'autorité qui l'a portée.

Deux choses dans Auguste Comte m'ont particulièrement choqué : la prétention de faire revivre les institutions catholiques, en supprimant l'idée de DIEU, mise au rebut à titre de conception théologique ; — la négation du DROIT, la négation de la souveraineté du peuple et de la liberté, à titre de conceptions métaphysiques. Une philosophie qui aboutit à de telles conclusions est jugée par ces conclusions mêmes.

L'intempérante glorification que M. Comte a faite de l'influence sociale du catholicisme appelait la discussion sur ce point. J'ai donc dû l'aborder, au risque de blesser des susceptibilités respectables.

Je suis loin de nier ni de vouloir amoindrir l'influence salutaire qu'a exercée le sentiment chrétien sur la civilisation moderne. Autant vaudrait nier le jour en plein midi. Mais ce n'est point l'âme, le côté intime et spirituel du christianisme (ce qui, selon moi, a été surtout bienfaisant); c'en est bien plutôt le corps, le côté matériel et l'organisation extérieure qui excite l'admiration de M. Comte. Aussi le voit-on retirer tout à Jésus, de qui procède le sentiment chrétien et qu'à peine il nomme dédaigneusement, pour tout reporter à saint Paul, comme fondateur de l'institution.

Contrairement, d'ailleurs, à l'opinion commune, je ne pense pas que l'œuvre du dix-huitième siècle n'ait rien laissé à faire de nos jours dans le même sens, pour l'affranchissement définitif de la pensée. Il survit encore assez de l'autorité des doctrines que le dix-huitième siècle avait cru abattre, pour empêcher la liberté d'enseignement; pour entraver notablement, au grand dommage de l'évolution sociale régulière, la pleine liberté de discussion philosophique ; pour faire obstacle, en un mot, aux conditions les plus nécessaires à l'issue de la phase d'anarchie intellectuelle que nous traversons.

Mais le mode de controverse du dix-huitième siècle, qui a été trop souvent le sarcasme et le dénigrement systématique, ne peut convenir à l'esprit de justice universelle qui nous anime aujourd'hui. Au lieu de voir, comme le faisaient Voltaire et ses contemporains, au lieu de voir dans les enseignements religieux traditionnels et dans les livres qui les renferment des monuments d'imposture, inventés pour l'asservissement des hommes, nous y apercevons les manifestations de l'état le plus avancé de l'esprit humain aux époques de ces manifestations. Nous les traitons avec respect, par conséquent, pour l'utilité qu'elles ont eue dans le passé : utilité due elle-même à la part de vérité qui s'y trouvait contenue. La première et la plus grande de ces vérités, c'est qu'il y a quelque chose au-dessus de l'homme et derrière ce monde qui frappe nos sens.

L'Esprit, un principe intelligent, souverain ordonnateur des choses, qui les a réglées par des lois immuables, telle est la seule mais l'essentielle donnée qui survit des enseignements théologiques du passé dans la raison et dans la conscience humaine.

Le monde est la réalisation de la pensée de ce principe qui, dans toutes les langues, s'appelle Dieu.

Plus s'étendent les limites de ce que nous connaissons de ce monde immense, plus nous prenons une haute idée de la sagesse et de la puissance de son Auteur. Or, depuis trois siècles, les découvertes de la science ont changé complétement la notion qu'on avait de l'univers aux époques où l'on croyait que la Terre en était le centre, et que tout avait été fait en vue des habitants de ce centre supposé.

« La parole de Dieu est un acte, a dit excellemment Porphyre, et le monde est son discours. »

Mais on nous allègue encore une autre parole de Dieu, qu'il aurait adressée à certains hommes, par voie surnaturelle et miraculeuse.

Entre la parole de Dieu écrite dans le grand livre de la nature où la science nous apprend à mieux lire de jour en jour, et la pensée de Dieu exprimée dans les écrits qui constituent la Révélation, si quelque incompatibilité, si quelque contradiction vient à se montrer quelle règle de jugement devons-nous prendre ? Comment nous déciderons-nous entre ces deux imposantes autorités ?

La règle et la ligne de conduite à tenir a été tracée par un illustre savant, par Galilée, dont les dispositions conciliantes ne l'ont point préservé des persécutions.

J'emprunte le document suivant à un livre du plus haut intérêt (1). Quelques jours avant son départ pour

---

(1) *La pluralité des mondes habités*, par Camille Flammarion, ancien élève astronome à l'Observatoire impérial de Paris, rédacteur du *Cosmos*, etc. — Vis-à-vis des croyances révélées, l'auteur a gardé une prudente réserve de jugement, non sans laisser toutefois percer sa propre opinion dans une note intitulée : *La pluralité des mondes devant le dogme chrétien*.

Rome où il était appelé par les ordres du Saint-Office, en janvier 1633, Galilée, alors septuagénaire, écrivait de Florence à Élie Diodati, jurisconsulte et avocat au parlement de Paris :

« .... Si je demande au théologien : De qui le soleil, de qui la lune et la terre, leur position et leur mouvement sont-ils l'œuvre ? Je pense qu'il me répondra : ce sont les œuvres de Dieu. Si je lui demande ensuite de quelle inspiration provient la Sainte-Ecriture, il me répondra : De l'inspiration du Saint-Esprit, c'est-à-dire de Dieu lui-même. Il suit de là que le monde est l'*œuvre* et la Sainte-Ecriture la *parole* de Dieu. Si je lui pose cette autre question : Le Saint-Esprit emploie-t-il jamais des paroles qui sont en apparence contraires au vrai, parce qu'elles sont d'accord avec la grossièreté et proportionnées à l'intelligence vulgaire du bas peuple ? Il me répondra certes, d'accord avec les pères de l'Eglise, que l'on ne trouve pas autre chose dans l'Écriture sainte ; que c'est son style propre, et que, dans plus de cent endroits, le simple sens littéral donnerait, je ne dirai pas des hérésies, mais des blasphèmes, puisque Dieu lui-même y est représenté capable de colère, de repentir, d'oubli et de négligence, etc. Vais-je lui demander si Dieu, pour mettre son œuvre à la portée de la foule sotte et sans entendement, a jamais modifié sa création ; si la nature, servante de Dieu, mais indocile à l'homme et que nul de ses efforts ne peut changer, n'a pas toujours conservé la même marche et ne suit pas toujours le même cours. Je suis convaincu qu'il me répondra que la lune a toujours été une sphère, bien que le peuple, pendant longtemps, l'ait prise pour un disque blanc. Bref, il avouera que la nature n'a jamais rien changé pour nous plaire, que jamais elle ne s'est amusée à modifier ses œuvres conformément au désir, à l'opinion et à la crédulité des hommes. S'il en est ainsi, pourquoi donc, voulant connaître le monde et ses parties constitutives, irions-nous préférer, pour régler notre examen, à l'œuvre même de Dieu la parole de Dieu ? L'œuvre est-elle moins parfaite et moins noble que la *parole* ? Supposez que l'on parvienne à établir qu'il y a hérésie à dire que la Terre tourne ; supposez que plus tard les observations, la critique, l'ensemble des faits vinssent attester comme irréfragable le mouvement de la Terre ; n'aurait-on pas fort compromis l'Eglise ? Consentez, au contraire, à n'assigner que la seconde place à la parole, toutes les fois que l'œuvre semble l'éloigner ; vous ne faites aucun tort à l'Ecriture.

» Il y a plusieurs années, au début de ce grand vacarme contre Copernic, je rédigeai un Mémoire assez détaillé dédié à Christine de Lorraine, dans lequel, m'appuyant sur l'autorité de la plupart des Pères de l'Eglise, j'essayai de démontrer qu'il y avait un grave abus à faire intervenir si souvent dans les questions scientifiques et d'observations l'autorité de l'Ecriture Sainte. Je demandais que l'on s'abstînt à l'avenir d'employer de telles armes dans les discussions de ce genre. Aussitôt que je serai moins assiégé d'inquiétudes, je vous ferai tenir une copie de cet écrit ; mais je suis à la veille de me rendre à Rome par ordre du Saint-Office, qui vient d'arrêter la vente de mon Dialogue... »

Quel compte fut-il tenu des réflexions si sensées de l'illustre vieillard ?

Une commission de cardinaux délégués par le pape, jugeant au nom de l'Église infaillible, prononça contre la doctrine de Galilée, le 22 juin 1633, une sentence dans laquelle on lit textuellement :

« 1° La proposition que le soleil est au centre de l'univers et immobile est absurde, philosophiquement fausse et formellement hérétique, car elle est expressément contraire à l'Ecriture sainte.

» 2° La proposition que la terre n'est pas le centre de l'univers, qu'elle n'est pas immobile, mais qu'elle se meut, et aussi d'un mouvement diurne de rotation, est également absurde, philosophiquement fausse ; et considérée théologiquement, elle est contraire à la foi (1). »

Combien, depuis le jour où elle condamna ainsi, dans la personne de Galilée, la vérité astronomique, où elle obligea l'un des plus glorieux Pères de l'église moderne de la science à rétracter une proposition qui devait

---

(1) Cette sentence reproduit elle-même les termes d'une condamnation portée, en 1616, par une autre commission théologique du Saint-Office. Elle est traduite avec quelques différences dans la forme, mais nulles quant au sens, par M. Biot, article Galilée de la *Biographie universelle* de Michaud. Voyez aussi *La Vérité sur le procès de Galilée*, par le même M. Biot, très bienveillant, comme on sait, pour l'Église, ses *Mélanges scientifiques et littéraires*, t. III, et les pièces authentiques citées par M. Mary Lafon, *Rome moderne*, p. 453 ; enfin la *Vie de Galilée*, traduite de l'anglais par M. Peyrot, Paris, 1835.

bientôt rallier l'unanimité des esprits, combien l'Église romaine a dû se repentir d'une sentence qui a si fortement compromis sa prétention à l'infaillibilité !

L'infaillibilité et des dogmes immuables ! c'est quelque chose de commode pour un temps. Avec cela, on est dispensé de se mettre en frais de réponse aux objections. Mais un moment arrive où ce qui avait jusque-là fait la force devient cause de la ruine, d'une ruine complète et irréparable.

Dès que, fût-ce une seule fois, l'autorité infaillible a été prise en faute ; dès qu'une des bases du dogme immuable se trouve entamée, emportée par la science, contre les témoignages de laquelle rien ne peut prévaloir, et dont la marche n'a pu être arrêtée ni par les bûchers de l'Inquisition ni par les foudres du Vatican, tout s'effondre et tout croule sans restauration possible.

Quel *sursum corda ! sursum mentes !* haut les cœurs ! haut les esprits par delà toutes les sphères des dogmes révélés ! — crie depuis trois siècles au genre humain la science ! la science qui lui découvre un espace sans bornes, peuplé d'innombrables milliers de soleils analogues au nôtre, et qui lui montre la modeste place de notre Terre dans cette immense hiérarchie des mondes ! Quelle idée nouvelle de la puissance de l'Auteur ressort de la grandeur indéfinie de l'œuvre, acquérant ainsi des proportions que ne soupçonnait assurément pas l'Esprit qui a inspiré la Bible !

« Dans le principe, dit cet Esprit, Dieu créa le ciel et la terre. » *Genèse*, ch. I, vers. 1. Ceci est l'acte primordial de la création, avant même le premier jour. — Puis, au verset 14, nous lisons : « Dieu fit deux grands luminaires : le plus grand pour présider au jour, le plus petit pour présider à la nuit, et il fit aussi les étoiles. » Œuvre du quatrième jour, vers. 19.

Ainsi, les étoiles et le soleil viennent après la terre

dans l'ordre de la création biblique, l'astre central de notre système après une de ses planètes. C'est comme si on disait qu'une des branches de l'arbre a été formée avant le tronc qui la supporte.

Suivons-nous, d'autre part, les investigations de la science dans les couches superposées de notre globe ? Elle y découvre et elle en rapporte d'irréfragables témoignages d'une antiquité inconciliable avec les récits de la tradition sacrée.

Napoléon disait, en 1808, au sein du Conseil d'État, en parlant de la censure : « Pourrait-elle, sans blesser toutes les religions qu'on suit en France, laisser passer un livre où l'on enseignerait que le monde dure depuis vingt mille ans ? »

C'est bien de vingt mille ans qu'il s'agirait aujourd'hui, en présence des résultats dus aux recherches de Boucher de Perthes, d'Agassiz, de Vogt, de Lyell, qui, sur preuves authentiques, portent à une centaine de mille ans la date de l'apparition de l'homme sur la terre !

Qu'on puisse être disciple de la science des Laplace, Herschell, Humboldt, et de celle des géologues ci-dessus nommés, en même temps que croyant à la Genèse et à l'Incarnation, il faut bien l'admettre, car l'exemple en est fourni par des hommes dont la sincérité ne saurait être suspectée ; mais j'avoue ne pas le comprendre : j'ai, quant à moi, la cervelle trop homogène et trop étroite pour y pouvoir loger ensemble deux ordres d'idées aussi disparates, aussi divergentes, que celui qui résulte des travaux de ces savants d'une part, et celui qui constitue, d'autre part, la Révélation.

Si ingénieuses qu'elles soient, toutes les explications et interprétations qui ont été tentées pour concilier ces deux choses : l'œuvre de Dieu, révélée par la science, et la parole de Dieu consignée dans l'Écriture, me paraissent bien insuffisantes ou plutôt complétement vaines. Je n'en excepte pas, à coup sûr, celles qu'ont données, en dernier lieu, le père Ventura et le père Gratry au sujet de la pluralité des mondes habités : notion induite de l'analogie, mais qui s'impose à l'esprit désormais, et qui est véritablement incompatible avec la donnée du Dieu infini, se faisant homme pour le salut de notre humanité terrestre, qui profite hélas! bien mal d'une aussi insigne faveur.

Mais qu'ils brillent dans l'espace illimité des cieux, ou qu'ils sortent des entrailles de la terre sous la forme de débris d'hommes d'un âge qui se perd dans la nuit des temps, et de monuments de leur industrie primitive, je sais que les témoignages de la science n'ont de valeur auprès de certains esprits, qu'après qu'ils ont été confrontés aux textes déclarés divins, et après que l'on s'est bien assuré qu'ils ne les contrediront pas et qu'il y aura toujours moyen de maintenir ceux-ci debout en présence de ceux-là. Pour bon nombre de savants pusillanimes, ou par trop soucieux des bénéfices certains d'une sainte alliance avec les préjugés régnants, la maxime : « Fais ce que dois », aurait besoin d'être ainsi traduite : *Dis ce que sais, advienne que pourra!* »

Le trait caractéristique de notre époque, et sa plaie la plus honteuse, qui lui imprimera un stigmate indélébile aux yeux de la postérité, c'est l'hypocrisie : hypocrisie de mœurs et de croyance, hypocrisie du cœur et surtout de l'esprit. « Penser une chose, en écrire une autre, cela arrive tous les jours, surtout aux gens vertueux. » (Pourquoi n'emprunterais-je pas à une œuvre légère cette remarque si vraie dans son ironie?) Mais depuis trente ans qu'un écrivain, jeune alors, maître-né dans l'art du style et passé maître aussi dès longtemps dans l'art de la critique, (M. Théophile Gautier) notait ce trait de mœurs de la littérature contemporaine, combien, les diverses réactions religieuses et politiques aidant, n'at-t-il pas été fait de chemin dans le même sens de la duplicité générale et de la contradiction habituelle entre les sentiments intimes et les manifestations extérieures!

Madame de Staël avait bien le sentiment de l'influence malfaisante et antisociale de l'hypocrisie de la pensée, lorsqu'elle écrivait : « Si, dans les rapports avec les hommes, on n'avait affaire qu'à ce qu'ils pensent réellement, on pourrait facilement s'entendre ; c'est ce qu'ils font semblant de penser qui amène la discorde. » *De l'Allemagne*, 4ᵉ partie, ch. 2.

Un sanglant reproche s'appliquera, je le crains bien, au dix-neuvième siècle. « Sous le rayonnement de jour en jour plus vif du flambeau de la science, la vérité, pourra-t-on dire, lui crevait les yeux ; elle brillait partout à ses regards en traits éclatants, et par un amour mal entendu de son repos, par un respect de convention pour des idoles vermoulues, ce siècle affadi n'a pas eu le courage de la confesser. Il a menti à sa conscience, et joué, dans l'ordre moral, une bien autre comédie que la comédie politique des quinze ans de la Restauration. »

Plus, d'ailleurs, que le surnaturalisme qui tombe, quoi qu'on fasse pour le soutenir, — plus répugne encore à ma raison et à mon cœur l'idée qu'aucune intelligence n'aurait présidé à l'arrangement de cet univers si savamment ordonné. — Dieu contrevenant par le miracle aux lois que lui-même a établies, Dieu se démentant lui-même choque ma raison ; c'est tout bonnement absurde. — Pas de Dieu ! le monde sans Dieu ! cela me paraît tout aussi inadmissible au point de vue rationnel. Et Dieu, si vous le retranchez, fait essentiellement faute à mon sentiment intime, à mon impérieux besoin de justice et de proportionnalité. Or, pas plus que les lumières de la raison, les aspirations du cœur ne sont faites pour nous tromper. « Dieu, comme l'a écrit feu Rigault, l'un des meilleurs esprits qu'ait comptés la rédaction d'élite du *Journal des Débats*, Dieu n'est pas un méchant Dieu, qui leurre les hommes par de faux amours et de faux espoirs. »

Ma foi religieuse est donc le théisme, le théisme rationnel, également éloigné de toutes les formes de l'athéisme et du surnaturalisme miraculeux. (1) Le temps me paraît venu, pour les hommes de bonne volonté, d'adorer enfin Dieu, suivant la parole de Jésus, en esprit et en vérité : le Dieu de tous les mondes, le seul Dieu toujours VIVANT, qui ne saurait être, quoi qu'en dise magistralement M. Guizot, le Dieu des miracles et de la damnation éternelle.

Solidarité de tous les hommes unis dans une même destinée générale ; responsabilité individuelle de chacun, évalué d'après son concours à la réalisation normale de cette destinée ; persistance du moi dans une série d'existences qui satisfasse au sentiment de justice distributive que nous avons tous au fond du cœur, tant qu'il n'a pas été étouffé par la déraison sophistique ou faussé par les préjugés superstitieux, tels sont les principes moraux, exempts d'arbitraire, sur lesquels je m'appuie. Ils peuvent supporter, je crois, la comparaison avec tous ceux qu'on voudra leur opposer.

Dans l'ignorante naïveté des âges primitifs, nos pères étaient excusables d'attribuer à Dieu les rôles qu'ils lui ont fait jouer vis-à-vis de notre humanité terrestre, ne

---

(1) Cette opinion a un organe dans le *Déiste rationnel*, journal mensuel, dirigé avec talent par M. Riche-Gardon, qui compte parmi ses collaborateurs M. Henri Disdier, de Genève, M. Lenglet, conseiller à la cour impériale de Douai, et qui reçoit les communications de plusieurs disciples éclairés de la doctrine sociétaire, MM. Hip. Renaud, le Dr Jouanne (de Riz), Ch. Küss, etc.

concevant pas d'autre monde que le sien, ni d'autre humanité qu'elle-même. Aujourd'hui que nous commençons à nous faire une juste idée de la place infinitésimale qu'occupe notre planète dans la série innombrable des corps célestes, c'est, de notre part, le comble du délire de l'orgueil qu'abaisser le Dieu infini à ces apparitions et à ces communications fantastiques qui forment le point de départ des religions surnaturelles.

Par leurs dogmes, les religions du passé ne font plus guère aujourd'hui qu'entretenir la division parmi les hommes. Elles contribuent aussi à faire des athées de ceux qui s'avisent de raisonner sur Dieu d'après les données de ces dogmes et qui ne peuvent se résoudre à dire : *Credo quia absurdum.*

C'est trop insister, pensera-t-on, sur la même idée.

Je le fais avec conviction, persuadé que là se rencontre, et pas ailleurs, le principal obstacle au progrès social.

Formes de gouvernement, tyrannies, entraves, barrières politiques et administratives, qu'est-ce, en effet, que tout cela — choses désormais instables et changeantes, pour ainsi dire, comme les modes de nos vêtements ; qu'est-ce que cela auprès du perpétuel *veto*, prononcé au nom du ciel, et qui n'a besoin de se motiver par aucune autre raison, sinon que Dieu l'a voulu ainsi ?

Le véritable obstacle à la civilisation que nous nous efforçons si vainement, depuis trente ans, d'introduire parmi les Arabes de l'Algérie, cet insurmontable obstacle, où réside-t-il ? Dans les marabouts et dans le Koran, dont les marabouts sont les interprètes. La masse du peuple est encore arabe, c'est-à-dire superstitieuse, en Europe ; et pour surcroît de malheur elle est jugée par les gouvernements plus superstitieuse qu'elle ne l'est en réalité. Voilà surtout pourquoi l'évolution sérieuse de la société, sa marche régulière en avant se trouve entravée, au préjudice du bien général et contre l'intérêt de stabilité des gouvernements eux-mêmes.

Sur la question des formes politiques, je ne professe pas, d'ailleurs, l'indifférence, tout en la tenant pour secondaire par rapport à la question sociale proprement dite.

Pour ce qui est de mon opinion pratique, je suis de ceux qui pensent qu'on doit aider le gouvernement de son pays, quel qu'il soit, à faire le bien, et ne lui refuser son concours que pour le mal. Je trouve qu'il n'y a rien de plus contraire au vrai patriotisme et à la cause du progrès que ces haines obstinées, qui font un point d'honneur de l'abstention et de l'hostilité systématique.

J'estime encore que, quelque prédilection théorique que l'on ait pour telle ou telle forme de gouvernement, il n'est jamais permis, ni même en réalité avantageux pour l'avancement politique et social, d'employer la force dans le but de substituer une autre forme de gouvernement à la forme existante ; qu'enfin l'insurrection ne saurait, dans aucun cas, se justifier que par une atteinte violente aux dernières garanties du droit et de la conscience.

Placé à ce point de vue, confiant dans la droiture de mes intentions, je n'ai pas craint d'exprimer mon sentiment sur les choses et même sur les personnes, avec une impartialité qu'on ne pourra méconnaître.

J'ai, beaucoup plus qu'on ne devait s'y attendre dans une discussion des plus hautes généralités philosophiques et sociales, recouru au témoignage des faits, même contemporains ; et j'ai apprécié librement, à cette occasion, la conduite et les opinions de quelques hauts personnages de notre époque. C'est que les faits, les réalités vivantes sont, à mon sens, le meilleur criterium des théories sociales et politiques. La philosophie que je vais examiner recommande l'observation et l'expérience. J'ai par là essayé de suivre une des judicieuses indications qu'elle donne.

Quiconque m'aura lu conviendra, je pense, que j'ai fait une œuvre sincère, une œuvre de conviction, qu'aucune mesquine considération n'a influencée. Si je me trompe, c'est avec une entière bonne foi.

Je dis certaines choses qui déplairont, les unes plus particulièrement aux conservateurs, les autres aux révolutionnaires. Peu désireux des applaudissements de l'esprit de parti, je dis ces choses qui nuiront peut-être au succès de publicité du livre, parce qu'elles ne sont pas, à mon estime, ce qu'il renfermera de moins vrai, ni par conséquent de moins utile.

Au surplus, je sais l'accueil réservé à la vérité, lorsqu'elle tombe au milieu de gens qui ne la veulent qu'au gré et suivant les convenances de leurs intérêts ou de leurs passions :

Vera loqui si vis, discito sæva pati.

Sæva est trop fort pour notre temps ; les traitements cruels ne vont pas, Dieu merci, à son tempérament. *Disce maligna pati.* La malignité et le dénigrement, voilà seulement à quoi il faut s'attendre de nos jours, quand on se hasarde à dire tout haut quelques vérités importunes.

LETTRE

A M. E. LITTRÉ

SUR LA

PHILOSOPHIE POSITIVE

Amicus Plato, magis amica veritas.

Monsieur et très honoré beau-frère,

Je viens de lire avec la plus grande attention, avec toute la déférence due à votre caractère et à votre savoir, avec l'affectueux intérêt d'un homme qui vous est uni par alliance et qui sent tout le prix d'un tel lien, la partie de vos travaux qui a trait à un ordre d'idées dont je me suis moi-même occupé autrefois. Je veux parler des deux ouvrages que vous avez consacrés à l'exposition de la philosophie positive de M. A. Comte, système qui a la prétention d'avoir résolu scientifiquement le problème social.

J'ai admiré dans ces deux écrits, dans le second surtout, la lucidité de votre exposition, la puissance de votre dialectique, la droiture de votre jugement, toutes les éminentes qualités de votre esprit; j'ai été touché des scrupules de cœur que vous laissez voir, du sentiment pénible qui vous agite et qui se trahit par des accents émus, toutes les fois que vous vous trouvez amené par la force des choses, par l'ascendant supérieur de la vérité, à combattre les opinions de celui auquel vous faites l'insigne honneur de le nommer votre maître. Si la conviction dont vous êtes pénétré ne se communique pas à tous les lecteurs compétents et sérieux qu'ont eus et que pourront avoir vos deux ouvrages, c'est que, vraisemblablement, la doctrine dont vous vous y constituez le défenseur pèche par quelques points essentiels, qui l'empêchent de rallier à elle tous les esprits affranchis du joug des préjugés.

Je ne suis point, tant s'en faut, de l'avis de ceux de vos nombreux amis qui déplorent de vous voir employer une partie de vos grandes facultés à une œuvre de philosophie sociale. Ce sont, à la vérité, des travaux d'une autre nature qui vous ont valu votre illustration, et qui vous ont placé, sans conteste, au premier rang des érudits, des philologues et des littérateurs contemporains. Vos labeurs dans le champ de la philosophie sociale, au contraire, ne vous ont attiré qu'un honorable et glorieux ostracisme.

Néanmoins, quelle que soit la haute valeur de vos autres œuvres, si bien appréciées naguère par un éminent critique (1),

---

(1) M. Sainte-Beuve. *Constitutionnel* du 29 juin, des 6 et 7 juillet 1863.

Ce prince de la critique moderne, qui avait été l'un des juges de votre candidature à l'Académie française, et l'un des plus persévéramment favorables, a tenu à vous venger d'une injuste exclusion. Dans un sentiment d'équité froissée, en même temps qu'il rendait hommage à vos talents divers, il a fait de votre caractère et de votre cœur une apologie tout à fait exceptionnelle; il a dit de vous, de vous Dieu merci plein de vie, des choses qui ne se disent d'ordinaire que des morts. La sagacité de M. Sainte-Beuve ne s'est pas trompée à votre endroit : pas un de ceux qui vous connaissent qui ne rende témoignage de la complète vérité de toutes les appréciations flatteuses dont vous avez été l'objet.

Quant à votre panégyriste, il tombe aussi, lui, sous le jugement de cette critique qu'il exerce avec autant de grâce piquante que de judicieuse autorité. Un de ses jeunes confrères disait de lui dernièrement: « M. Sainte-Beuve est un Gaulois. » — Qu'il nous verse pendant bien des années encore de son excellent cru de la Gaule! les gourmets ne sont pas près de lui dire : Assez!

c'est, selon mon sens, et selon le vôtre aussi sans doute, la part que vous aurez prise à la constitution de la science sociale ou de la sociologie, pour employer votre langage, qui donnera votre véritable mesure comme penseur et comme philosophe ; c'est sur cela principalement que l'avenir basera l'opinion qu'il doit se faire de vous.

Je voudrais, et c'est mon bien vif désir, que cette opinion ne restât pas au-dessous de ce que vous valez en réalité.

Or, dans le système qui vous a, comme vous le dites, *subjugué*, je crois apercevoir non-seulement des lacunes (vous en signalez vous-même, et de si importantes qu'elles ruinent de fond en comble la prétention capitale du système), mais encore des erreurs fondamentales et des contradictions. Aussi me paraît-il un guide sans valeur dans la recherche des lois d'évolution des sociétés humaines en ce qui concerne l'avenir, et ne vous a-t-il conduit, ne pouvait-il vous conduire qu'à une impasse sans soleil et sans air, ou, pour mieux dire, froide et sombre comme le fond d'un sépulcre. — J'éprouve le besoin, et je me fais un devoir, de vous développer ma pensée à ce sujet.

Situation respective.

Je n'ignore pas, je sens mieux que personne, Monsieur et honoré beau-frère, toute la distance qu'il y a entre nous deux sous le rapport du talent et du savoir. Je sais qu'il paraîtra singulièrement présomptueux, de la part d'un homme obscur tel que moi, de venir discuter contre un homme tel que vous, illustre à juste titre et si haut placé dans l'opinion de tous les gens d'étude en Europe.

Le désavantage, la fausse apparence même de ma situation, je m'y résigne pour l'accomplissement de ce que je crois être un devoir ; et je vous demande la permission de soumettre humblement à votre haute sagacité les observations qui m'ont été suggérées par l'étude du système philosophique de M. A. Comte.

Cette étude, je l'ai surtout faite dans vos écrits, et je pense l'avoir faite à la meilleure source.

J'ai, d'après vous, Monsieur, et sur l'état que vous me fournissiez vous-même, essayé de dresser le bilan de la philosophie positive ; et en voyant ce qui restait à son avoir, je suis demeuré surpris (c'est une impression personnelle, erronée peut-être et pour laquelle je vous demande grâce), je suis demeuré surpris de la disproportion qui existe entre les témoignages de reconnaissance que vous lui prodiguez et la valeur de l'apport réel qu'elle avait pu vous faire. Dans votre ouvrage sur M. Comte et sur sa doctrine, vous célébrez partout les services qu'ils vous ont rendus, et je n'aperçois guère d'un bout à l'autre de votre livre (pardonnez-moi cette erreur d'appréciation, si c'en est une, — elle ne peut dans ce cas nuire à la gloire du maître), je n'aperçois, dis-je, que les signes éclatants de la puissance de votre esprit.

La preuve de ce que j'avance ressortirait, au besoin, de cette remarque qui n'échappe à aucun de vos lecteurs : c'est que vous n'êtes jamais aussi fort ; c'est que votre argumentation n'est jamais aussi irrésistible que lorsque vous vous séparez de M. Comte, tout en vous servant de la méthode positive, qui, en tant que méthode générale des sciences fixes, n'appartient en propre à personne, il me semble (1), pour combattre les vues d'application du maître, telle que la rétrograde tentative de fonder un nouveau sacerdoce et un nouveau culte.

A mon jugement, les vues de M. Comte sur le passé de l'humanité, vues que vous admettez encore, et dont quelques-unes, à la vérité, sont plausibles et attestent une puissance d'analyse très remarquable, n'ont, en général, pas plus été obtenues par une méthode rigoureuse que les aberrations de ses derniers temps, qui sont par vous justement répudiées. Celles-ci, quoi que vous prétendiez, Monsieur et très honoré beau-frère, sont les filles légitimes de celles-là ; mais elles ne reposent, ni les unes ni les autres, sur une base vraiment scientifique. Tout en repoussant ces trop manifestes aberrations ultimes de M. Comte, vous maintenez qu'il a trouvé les lois sociologiques, en d'autres ter-

---

(1) C'est une vérité que M. Comte a formellement reconnue lui-même : « La méthode positive est nécessairement, dit-il, comme la méthode théologique ou métaphysique, l'œuvre continue de l'humanité tout entière, sans aucun inventeur spécial. » *Cours de philosophie positive*; conclusions générales. T. VI, p. 706.

mes, fondé la science sociale. Or, ni les principes de philosophie scientifique posés par M. Comte, ni ses vues sur l'évolution successive de l'humanité, quoique celles-ci dénotent une faculté de systématisation vraiment extraordinaire, ne suffisent, suivant moi, pour fournir les bases de la science sociale ou de la sociologie. Le démontrer sera l'objet de la discussion que j'ose entreprendre, à armes bien inégales, contre un adversaire aimé et vénéré.

Je ne me dissimule pas tout ce que ma position vis-à-vis de vous, Monsieur et honoré beau-frère, présente de délicat et de difficile. Vous m'en voudrez du bien que je dirai de vous, mais surtout du mal que je serai forcé de dire, non pas de votre maître, Dieu m'en garde! et que me fait l'homme? mais de son système et de ses idées, qui choquent de tout point, je l'avoue, mon intelligence et mes sentiments.—Je ne saurais lire M. Comte que je ne me sente froissé dans mes plus vives aspirations vers le bien et le beau. Du passé, il réhabilite, pour une partie du moins, ce que le passé a, selon moi, de mauvais; pour l'avenir, il éteint l'espérance : il l'éteint quant aux destinées de l'individu et quant aux destinées de l'espèce. Je ne puis me résigner à ce double suicide, ni me laisser condamner à ce double néant.

Jamais, peut-être, aucun critique ne s'est trouvé dans les conditions de respect et de sympathie où je me trouve moi-même vis-à-vis de l'homme dont je viens combattre les idées. Rapproché de vous, Monsieur, dans des rapports journaliers de famille, ayant usé plus d'une fois avec les miens de la fraternelle et cordiale hospitalité de votre douce retraite du Mesnil, comment, direz-vous, n'ai-je point profité de l'intimité du tête-à-tête pour ouvrir le débat doctrinal que j'engage à présent au grand jour de la publicité?

Un sentiment de déférence, non pas exagéré mais mal inspiré peut-être, m'a empêché d'aborder, dans la conversation, des sujets que vous ne paraissiez pas désirer vous-même qui fussent traités entre nous.

Quand j'ai vu par la lecture et par l'étude approfondie de vos ouvrages philosophiques, quelles étaient les données de l'école à laquelle vous vous rattachez et qui tire de vous, en France, son principal lustre; quand j'ai vu, dis-je, quelles étaient les données de cette école sur le grand problème de la destinée humaine, notre affaire à tous, notre affaire capitale, notre affaire urgente et incessante même; (car de la façon de comprendre cette destinée, découlent des solutions pratiques qui sont de tous les jours), — j'ai pensé qu'il y avait lieu d'examiner à fond la valeur de ces données.

Par suite de la grande et générale estime dont vous jouissez, Monsieur, vous pouvez, à un moment donné, être appelé, sinon à jouer un rôle que fuirait votre modestie, du moins à émettre un avis qui serait décisif. Que vous le vouliez ou non, vous êtes devenu le porte-drapeau d'une école qui compte parmi les écoles sociales de notre temps, et qui ne dissimule pas sa prétention de les dominer toutes, par la certitude de son point de départ et par la supériorité de ses vues. De là, pour chacun, le droit d'examiner le fondement d'une telle prétention, et de mettre en regard des vues de l'école qui s'arroge le titre de *positive*, d'autres vues et d'autres conceptions dont l'opinion publique sera juge en dernier ressort. Pour moi, en voyant ce que, sous le couvert de la philosophie positive, on nous a présenté jusqu'à présent de déductions sociales, j'ai pensé, modestie à part, que j'avais, si je ne m'abuse, mieux que cela à vous offrir.

En même temps donc que j'apprécierai le système de M. Comte, je serai conduit à présenter sur les questions morales, économiques, politiques, sur les questions sociales, pour tout dire, en un mot, des aperçus qui ne me paraissent entièrement dépourvus ni d'utilité ni d'opportunité. Je vous supplie, Monsieur et très honoré beau-frère, d'apporter à leur examen impartial la dixième partie de l'attention scrupuleuse que j'ai apportée moi-même à l'étude des solutions produites par M. Comte et par ses disciples.

Position de la question.

Avant d'entrer en matière, peut-être convient-il de se pourvoir tout d'abord contre un jugement très absolu, par lequel, au début même de votre ouvrage sur *Auguste Comte et la philosophie positive,* vous mettez hors de cause toutes les autres écoles socialistes ou organiques, pour maintenir uniquement celle de M. Comte :

« Me servant, dites-vous, de termes qui ont été tant de fois employés dans les débats durant la Restauration et le règne de Louis-Philippe, je nommerai principes critiques ceux qui émanent de la révolution et ont pour caractère essentiel de viser aux réformes politiques, et principes organiques ceux des écoles qui, dépassant la révolution, ont pour caractère essentiel de viser aux réformes sociales.

» Entre ces écoles organiques, on peut tirer une ligne de démarcation profonde. Les unes prennent pour point de départ une conception de la nature humaine ou de la société, et de là déduisent des systèmes marqués du sceau de l'infidélité par leur origine même. L'autre, car je ne peux pas dire les autres, n'arrive à la conception de l'ordre social qu'après la conception des ordres inférieurs et plus généraux qui constituent le monde organique et le monde inorganique ; celle-là est marquée du sceau de la réalité par son origine même ; elle est due à Auguste Comte. » *A. Comte et la Philosophie positive,* par E. Littré, p. 11.

Je n'élèverai point la difficulté que pourraient vous faire beaucoup de partisans de la révolution, qui soutiennent qu'elle a visé aussi aux réformes sociales et que, pour eux, les réformes politiques n'étaient que le moyen d'accomplir les réformes sociales. Je sais, d'après votre propre opinion sur le caractère et sur l'esprit de la révolution commencée en 1789, que vous ne vous éloignez pas complètement de cette manière de voir et que, par conséquent, votre distinction entre les principes critiques et les principes organiques n'est qu'une façon de caractériser les uns et les autres, n'impliquant pas qu'il y ait entre eux incompatibilité ou contradiction.

Mais, au sujet des assertions contenues dans votre second alinéa, les objections se présentent en foule à mon esprit.

Si, d'après vous, on prend pour point le départ une conception de la nature humaine ou de la société, et que de là on déduise un système social, il se trouve marqué du sceau de l'infidélité par son origine même. — Oui, si l'on part d'une conception imaginaire ; non, si la conception est vraie, si elle a été obtenue par une étude approfondie, intégrale, par une observation exacte de la nature humaine. Je défie même qu'on puisse, en sociologie, prendre un autre point de départ valable que cette connaissance de l'homme et qu'une conception, par conséquent, de la nature humaine. J'ajoute que, pour procéder à une telle œuvre, à la combinaison d'un système social, à l'établissement d'un *à priori*, si l'on veut, en sociologie, *à priori* qu'il ne serait pas méthodique d'exclure, pourvu qu'on lui impose l'essentielle condition d'être *expérimentalement vérifiable* ; j'ajoute qu'il faut avoir une idée du but et de l'objet de la société.

Ainsi, d'une part, connaissance de l'homme acquise par l'observation ; d'autre part, admission du développement complet de l'homme, c'est-à-dire du développement de l'humanité tout entière, comme étant l'objet essentiel de la société, voilà le point duquel il faut partir et le but auquel il faut tendre. Ce sont là deux conditions indispensables pour travailler fructueusement à la constitution de la sociologie, et elles ont fait défaut à M. Comte, ainsi qu'on le verra plus tard.

Selon vous, Monsieur, ce par quoi votre maître se distingue de tous ses compétiteurs en matière de conceptions sociales, c'est qu'il ne serait arrivé à la sienne qu'après la conception des ordres inférieurs qui constituent le monde organique et inorganique, et qui font l'objet des sciences astronomiques, chimiques, physiologiques. — Mais est-il aucun de ceux-là qui, sans affecter, au même degré que M. Comte, la prétention scientifique, ait jamais songé à faire abstraction des notions fournies par toutes ces sciences, et voulu fonder un système social en dehors ou à contre sens de leurs données ?

Je ne saurais donc accepter, Monsieur, ni le motif d'exclusion allégué contre toutes les autres écoles organiques, ni la raison de supériorité invoquée en faveur de celle à laquelle vous vous rattachez.

Tout au contraire, en s'imposant pour règle de procéder exclusivement par l'étude du monde extérieur pour n'arriver qu'en dernier lieu à l'étude de l'homme lui-même, étude dans laquelle on peut dire qu'il n'avait pas fait le premier pas lorsqu'il construisait un système d'organisation sociale calqué sur celui du moyen âge, M. Comte se vouait de toute nécessité à un avortement, à l'enfantement de combinaisons incohérentes et contradictoires. La connaissance de ce qui est en dehors de l'homme importe à coup sûr beaucoup ; mais la connaissance de l'homme lui-même importe bien autrement, quand il s'agit de découvrir les conditions sociales appropriées à sa nature.

Je commence par faire deux parts dans le système philosophique de M. Comte : l'une que j'admets pleinement, mais qui me paraît d'un prix moindre que celui que vous lui attribuez ; l'autre, et c'est l'application historique, l'ensemble des déductions sociales qui me paraît être, depuis le commencement jusqu'à la fin, une dérogation aux sages principes posés dans la première partie.

Celle-ci comprend la classification hiérarchique des sciences et l'établissement de ce principe, qui avait été d'ailleurs posé avant M. Comte ; à savoir que les sciences sociologiques, économiques, morales, politiques, sociales en un mot, doivent être constituées d'après la même méthode qui a présidé à la constitution du premier groupe des sciences désignées ordinairement sous le nom de sciences *fixes* ou *exactes*.

M. Comte a fait au classement des sciences une application heureuse de la loi de la série, loi suivant laquelle tous les êtres sont distribués dans la nature (1). Il a pu dresser ainsi un in-

---

(1) Cette classification elle-même n'appartient pas en propre à M. Comte ; elle se trouve, en effet, dans saint Simon, qui fut son maître. On lit dans les *Lettres d'un habitant de Genève à ses contemporains* (1802) : « Tous les phénomènes dont nous avons connaissance ont été
» partagés en différentes classes. Voici une manière de les diviser qui a été
» adoptée : phénomènes astronomiques, physiques, chimiques, physiologi-
» ques... Les phénomènes chimiques étant plus compliqués que les phé-
» nomènes astronomiques, l'homme ne s'en est occupé que longtemps
» après. » *OEuvres choisies* de Saint-Simon, t. I, p. 23 et 25.

Ailleurs, Saint-Simon dit encore (*Mémoire sur la science de l'homme*) : « L'astronomie étant la science dans laquelle on envisage les faits sous les
» rapports les plus simples et les moins nombreux, est la première qui doit
» avoir acquis le caractère positif ; la chimie doit avoir marché après l'as-
» tronomie et avant la physiologie, parce qu'elle considère l'action de la
» matière sous des rapports plus compliqués que la première et moins
» détaillés que la physiologie. » *OEuvres choisies*, t. II, p. 24.

On conviendra qu'il n'a pas fallu beaucoup d'efforts de méditation à M. Comte pour tirer de là son classement, qui ne mérite peut-être pas ri-

ventaire suffisamment exact du savoir acquis dans le domaine des sciences constituées jusqu'à la biologie exclusivement, sans y ajouter pour sa part rien de notable que je sache. Mais la question n'est pas là ; aussi, je fais, en passant, cette remarque sans y attacher autrement d'importance.

J'arrive à ce qui fait, selon vous, le principal mérite de M. Comte : « Il faut se représenter exactement, dites-vous, ce qu'est la philosophie positive par rapport aux sciences dont elle émane. On se tromperait fort si l'on pensait qu'il a suffi pour la constituer de les rapprocher même dans l'ordre hiérarchique si heureusement trouvé par M. Comte. Un travail d'une bien autre portée, d'une bien autre difficulté y était exigé ; la philosophie positive se compose non de sciences partielles, mais de philosophies partielles. A. Comte a donc fait ce que personne n'avait fait avant lui, la philosophie des six sciences fondamentales. »

J'aurais désiré, je l'avoue, qu'avec votre lucidité habituelle, vous m'eussiez exposé la formation de cette philosophie des sciences et montré nettement en quoi elle consiste (1). Serait-ce en ce que M. Comte aurait, comme vous le dites ailleurs, « séparé d'une main ferme l'abstrait du concret ? » distinction qui n'é-

---

goureusement la qualification de *hiérarchique*. Il n'y a là qu'une succession de connaissances d'une complication croissante, à la vérité, mais sans hiérarchie proprement dite. Pour réaliser cette idée de l'ordre hiérarchique appliqué aux sciences, il faut s'élever jusqu'à la science cumulative, la SCIENCE SOCIALE, qui met en œuvre, pour le plus grand bien et le plus parfait développement du genre humain, les données fournies par toutes les autres, et qui n'est pas seulement un des termes, mais le PIVOT de la série, la résultante synthétique des sciences particulières.

(1) J'ai recherché avec un soin extrême tout ce qui, dans votre ouvrage, pouvait me donner des clartés à cet égard. J'ai bien remarqué ce passage que vous reproduisez d'une lettre autrefois publiée par vous dans le *National*, à propos de l'histoire philosophique des sciences : « Est-ce que la science est une ? Oui sans doute elle est une, et par conséquent l'histoire en est possible ; oui elle est une, et la démonstration de cette unité est un grand service rendu par M. Comte. Une classification a résolu le problème : La science, étant devenue une par une admirable classification, se transforme en philosophie.....

» La science coordonnée est cette philosophie même, base de l'éducation de tous les savants (car il sera facile de montrer comment on peut leur faire parcourir ce cercle). »

Je n'aperçois toujours là qu'un rapprochement méthodique et une coordination sériaire des différentes sciences : œuvre importante, il est vrai.

tait pas faite assurément pour la première fois. Serait-ce parce qu'il aurait signalé les procédés logiques plus particulièrement employés dans chacune des sciences? la déduction, par exemple, en mathématique et en astronomie ; dans les sciences supérieures, en physique, en chimie, en biologie, l'observation, l'induction, l'emploi des *à priori* qu'on vérifie ensuite expérimentalement, et qui ne valent, bien entendu, qu'à la condition que l'expérience leur donne sa sanction? Serait-ce enfin parce qu'il aurait établi cette considération, que l'homme a d'autant plus de puissance sur les faits d'une science que celle-ci est plus compliquée?

Tous ces points de vue ont de la valeur assurément. Suffisent-ils pour que M. Comte, lors même qu'il eût été le premier (et la chose est pour le moins douteuse) à les mettre en lumière, suffisent-ils pour que M. Comte ait eu la gloire de fonder la philosophie des sciences fixes? On pourrait le contester, je pense. Toutefois, je n'y contredis pas pour ma part. Où je refuserai absolument à M. Comte ce que vous lui attribuez, c'est lorsqu'il s'agira de la découverte des lois sociologiques.

La philosophie positive, si elle consiste à appliquer à l'étude de tous les objets que nous voulons connaître la méthode et les procédés en usage dans les sciences exactes, la philosophie positive est, à notre époque, en principe du moins, la philosophie de tous les hommes qui pensent. La discussion dès lors ne peut porter que sur l'application ; c'est là que gît la question tout entière, et ce que je dénie formellement à M. Comte, c'est qu'il ait appliqué les procédés d'une telle philosophie à aucune des branches de la science sociale. Du moment qu'il traite de la sociabilité humaine, M. Comte me paraît être dans le faux, moins, il est vrai, quant au passé que par rapport au présent et à l'avenir ; moins sensiblement dans les six tomes de sa philosophie que vous admettez encore, que dans sa politique que vous repoussez aujourd'hui, en majeure partie du moins, par des raisons tout à fait péremptoires.

Voilà, bien déterminé, le terrain sur lequel je me pose en adversaire des conceptions de M. Comte.

Je viens maintenant à la seconde des propositions fondamentales de la philosophie positive que vous formulez ainsi :

« Toutes les questions absolues, c'est-à-dire toutes les questions qui s'occupent de l'origine et de la fin des choses, sont hors du domaine de la connaissance humaine. » Et vous ajoutez : « L'origine des choses, nous n'y avons pas été ; la fin des choses, nous n'y sommes pas ; nous n'avons donc aucun moyen de connaître ni cette origine ni cette fin. »

Permettez-moi d'abord une petite réserve, quant à ces dernières lignes. Vous savez ce qui arrive à qui veut trop prouver. A supposer que de l'origine première et de la fin dernière des choses nous ne puissions rien connaître, ce n'est pas du moins par la raison que nous n'y avons pas été et que nous n'y sommes pas qu'il faudrait décider de notre impuissance à cet égard. Cela rétrécirait singulièrement pour nous le champ de la connaissance. Entre ces deux points extrêmes qui se perdent dans l'infini, nous pouvons arriver à connaître et nous connaissons déjà un grand nombre de points intermédiaires qui dépassent de beaucoup les bornes de l'existence de l'humanité. Est-il besoin de rappeler que, d'après la forme de notre globe, dûment constatée par des sciences dont vous admettez l'irrécusable témoignage, la géométrie, l'astronomie, la physique, il y eut une époque où notre terre se trouvait à l'état liquide ? Pas un membre de l'Académie des sciences qui conserve un doute à cet égard. Nous connaissons ce fait de science certaine, et cependant nous n'étions pas là pour le constater. Par leurs observations, la géologie, la paléontologie nous donnent la notion de révolutions accomplies à la surface de notre planète, bien avant que l'homme y fît son apparition. De même, les calculs astronomiques, celui de la précession des équinoxes, par exemple, peuvent établir dès à présent quels seront les rapports de position du soleil et de la terre dans un avenir de plusieurs centaines de mille ans, qui dépasse, suivant toute probabilité, la durée assignable à notre espèce.

Le principe qui nous interdirait la recherche de l'origine et de la fin des choses ne se fonde donc pas sur la considération, par trop positive aussi, que nous n'y avons pas été et que nous n'y sommes pas.

La tâche de la science, et vous l'établissez parfaitement dans un des beaux passages de votre livre, est de nous faire remonter de plus en plus haut dans le passé, et descendre, par nos prévisions, de plus en plus dans l'avenir ; en un mot, de nous faire parcourir un nombre toujours plus grand de degrés entre les deux termes inaccessibles du temps, comme entre les limites incalculables de l'espace. Aussi n'est-ce pas pour vous que j'ai fait cette réserve sur des expressions qui, si on les prenait à la lettre et en outrant l'excellente méthode de l'apôtre saint Thomas, renfermeraient dans des bornes par trop étroites la faculté de connaître qui a été départie à l'humanité.

Vous fût-il accordé que notre entendement ne saurait recevoir que des notions relatives, et qu'il n'a aucune prise sur l'absolu, je ferais remarquer toutefois que ce principe ne donne aucunement le droit de nier l'existence de l'absolu ; c'est ce que vous proclamez vous-même dans un magnifique langage, que je reproduis :

« Ce qui est au delà (au delà des objets de nos connaissances
» relatives), soit matériellement le fond de l'espace sans bornes,
» soit intellectuellement l'enchaînement des causes sans terme,
» est absolument inaccessible à l'esprit humain. Mais inaccessible ne veut pas dire nul et non existant. L'immensité tant
» matérielle qu'intellectuelle tient par un lien étroit à nos connaissances et ne devient que par cette alliance une idée positive et du même ordre ; je veux dire que, en les touchant, en
» les bordant, cette immensité apparaît sous un double caractère, la réalité et l'inaccessibilité. C'est un océan qui vient
» battre notre rive, et pour lequel nous n'avons ni barque ni
» voile, mais dont la claire vision est aussi salutaire que formidable. »

Je voudrais ainsi détacher dans votre livre, lambeau par lambeau, tout ce qui vous est propre, et l'on verrait le peu que vous devez à M. Comte ; et ce peu encore est-il justement, selon moi, la partie vulnérable et fautive de l'œuvre.

Pourtant, et ne me laissant pas trop imposer par la beauté du langage que je viens de citer, je me demande s'il est tout à fait exact de dire que nous n'ayons absolument ni barque ni voile pour naviguer sur ce redoutable océan de l'infini. Sans que nous en puissions jamais atteindre les limites, il me semble que nous parvenons à embrasser dans nos calculs des portions déjà notables de ce double infini, l'espace et le temps : portions insignifiantes et sans valeur assignable par rapport au tout, mais d'un très grand intérêt par rapport à nous-mêmes, parce que ce sont précisément les portions qui ont trait à notre existence éphémère, à notre situation propre au sein de ces immensités, et qui l'encadrent, si je puis ainsi dire. J'ajoute que c'est l'étendue, relativement à nous très considérable, que nous pouvons en saisir, qui nous donne quelque idée de ces deux infinis.

De même pour l'autre infini, celui de l'enchaînement des causes (principe identique en réalité à celui de l'existence de *lois* de succession des phénomènes), non-seulement la logique nous force à remonter au delà du champ de notre observation, mais elle nous amène à concevoir la nécessité irrécusable d'une cause première, terme initial et ultime de toutes les causes secondes. Comment pourrait-il y avoir un enchaînement de causes, si la chaîne ne s'attachait pas à un premier anneau ?

Vous prétendez, vous autres positivistes, rejeter absolument tous les *à priori*, et vous ne prenez pas garde qu'il en est un dont vous ne pouvez aucunement vous passer, non plus que les métaphysiciens les plus déterminés. En effet, avant de vous mettre à la recherche des lois des phénomènes, il faut bien que vous admettiez, hypothétiquement tout au moins, que de telles lois existent. L'idée de l'ordre ou de lois régissant l'univers, principe de toute étude et de toute spéculation scientifique, est un *à priori* qui s'impose de nécessité absolue. C'est de la métaphysique, de la bonne et essentielle métaphysique, sans laquelle il serait impossible de former un raisonnement, de porter un jugement quelconque, ni de fonder aucune science.

Ces réserves faites sur une question capitale, sur la grosse question entre toutes, je me place volontiers à votre point de vue, sur le terrain de l'observation pure, avec la seule ressource des déductions et des inductions qu'on en peut légitimement tirer, et j'arrive au cœur de la question, à l'examen de l'emploi que M. Comte a prétendu faire de la méthode des sciences exactes pour la constitution de la sociologie.

Des fondements de la philosophie positive.

Il convient de vous laisser exposer vous-même, Monsieur et honoré beau-frère, les points fondamentaux de la philosophie créée par M. Comte :

« La philosophie positive est l'ensemble du savoir humain disposé suivant un certain ordre qui permet d'en saisir les connexions et l'unité, et d'en tirer les directions générales pour chaque partie comme pour le tout. Elle se distingue de la philosophie théologique et de la philosophie métaphysique en ce qu'elle est d'une même nature que les sciences dont elle procède, tandis que la théologie et la métaphysique sont d'une autre nature, et ne peuvent ni guider les sciences ni en être guidées. Les sciences, la théologie et la métaphysique n'ont point entre elles de nature commune. Cette nature commune n'existe qu'entre la philosophie positive et les sciences.

» Mais comment définirons-nous le savoir humain ? Nous le définirons par l'étude des forces qui appartiennent à la matière et des conditions ou lois qui régissent ces forces. Nous ne connaissons que la matière et ses forces ou propriétés. Nous ne connaissons ni matière sans propriétés ou forces, ni forces ou propriétés sans matière. Quand nous avons découvert un fait général dans quelqu'une de ces forces ou propriétés, nous disons que nous sommes en possession d'une loi, et cette loi devient aussitôt pour nous une puissance mentale et une puissance matérielle : une puissance mentale, car elle se transforme dans l'esprit en instrument de logique; une puissance matérielle, car elle se transforme dans nos mains en moyens de diriger les forces matérielles.

» Au moment où M. Comte entra dans la voie qui devait le conduire si haut, le savoir humain n'était pas suffisant pour enfanter la philosophie positive. Il lui manquait une part considérable, je veux dire la notion de l'histoire envisagée comme un phénomène naturel. Un phénomène naturel est celui qui dépend d'une matière et d'une force ; et, comme je l'ai dit, nous ne connaissons pas d'autre espèce de phénomène. Ici, dans l'histoire, la matière, le *substratum* est le genre humain partagé en sociétés; la force est représentée par les aptitudes qui sont inhérentes aux sociétés et dont le fondement est cette condition que les notions scientifiques sont accumulables. Tant que cela n'est pas reconnu, l'histoire ne paraît pas un phénomène naturel; on en connaît le *substratum*, qui est le genre humain; on n'en connaît pas la force qui en fait l'évolution, et la conception en est théologique, si on la croit régie par des volontés surnaturelles, ou métaphysique, si on y admet, pour l'expliquer, des principes *à priori* pris, non dans les choses, mais dans les vues de l'esprit.

» Écartant de l'histoire la théologie et la métaphysique, M. Comte découvrit les lois sociologiques; et bientôt après, guidé par ces lois, il traça le tableau de l'évolution sociale. » *A. Comte et la Philosophie positive*, par E. Littré, Iʳᵉ partie, p. 42, 43.

Et vous ajoutez un peu plus loin :

« Le même penseur, qui avait rendu possible la philosophie positive, la fit sortir bientôt après des éléments dont il venait d'apporter le dernier. Trois points la constituent : la hiérarchie des sciences, la séparation de l'abstrait du concret, et le caractère relatif de toutes les notions qui y entrent. » *Ibid*, p. 43, 44.

Avant d'ouvrir la discussion sur cet important passage de votre livre, ai-je besoin d'avertir, empruntant vos propres expressions, que « cette critique n'est point un triomphe d'argumentation que je poursuis ! » L'intérêt seul de la vérité me guide et me fait violence en quelque sorte pour me pousser à ce débat. Je puis ajouter que le souci de votre gloire entre aussi pour une part dans ma détermination, car c'est avec douleur que je vous verrais consumer les nobles et précieuses facultés de votre âme au service d'un système qui ne conduit, je le répète, qu'à des impasses, au lieu d'éclairer et d'ouvrir les voies du progrès social.

Vous définissez le savoir humain : « l'étude des forces qui appartiennent à la matière, et des lois qui régissent ces forces. ». Je me demande en premier lieu pourquoi mettre les forces sous la dépendance de la matière plutôt que la matière sous la dépendance des forces? Bien qu'il ne puisse y avoir pour nous aucune manifestation de force sans le concours de la matière, cependant la préexistence de la force, du principe moteur ou de l'esprit paraît plus logique que la préexistence de la seconde, du principe mu ou matière. *Mens agitat molem;* voilà ce qui se concevra toujours mieux que l'idée de la matière engendrant l'esprit, les forces, les lois.

En regard de la définition donnée du savoir humain, je cherche où nous placerons l'algèbre, la géométrie, la mathématique en un mot, qui forme une partie si importante de ce savoir. Le nombre, le triangle, le cercle ne sont, que je sache, ni matière, ni force. Ils rentrent, à la vérité, dans les lois.

Mais l'idée de force elle-même appartient à la métaphysique;

c'est une VUE DE L'ESPRIT, qui transporte dans le moteur et le mobile le sentiment de l'action que nous exerçons et de la résistance que nous éprouvons quand nous faisons un effort.

Je ne pousse pas plus loin cette discussion de principes à propos de la définition citée ; j'écarte de même toutes les objections de détail qu'elle pourrait soulever ; je vous laisse libre d'attribuer à la philosophie positive, telle que l'a constituée M. Comte, « l'ensemble du savoir humain, » quoique je doive bientôt vous prouver qu'elle a laissé de côté une partie notable de ce savoir, acquise depuis plus d'un demi-siècle, et celle-là justement qui fournit les assises de l'édifice sociologique.

A l'époque du début des travaux philosophiques de M. Comte, il manquait, dites-vous, Monsieur, dans le savoir humain, la notion de l'histoire *envisagée comme un phénomène naturel*.

Eh quoi ! il a fallu arriver jusqu'aux jours de M. Comte, jusqu'après le premier quart du dix-neuvième siècle, pour que l'histoire, en d'autres termes, le développement du genre humain, fût envisagée comme un phénomène naturel, c'est-à-dire dégagé de toute intervention d'agents surnaturels, et dans lequel il ne faut tenir compte de semblables fictions qu'à raison de l'action très réelle qu'elles ont exercée sur les esprits ! Ainsi Voltaire, en traçant l'*Essai sur les mœurs et l'esprit des nation* ; Vico, en composant son livre de la *Sciencia nuova* ; Condorcet lui-même, que M. Comte veut bien avouer pour son précurseur, Condorcet, en esquissant le *Tableau des progrès de l'esprit humain*, et tous les autres philosophes du dix-huitième siècle, auraient été encore sous l'empire de la croyance aux prodiges qui figurent dans l'histoire des premiers temps de tous les peuples ! Inutile, je pense, d'insister pour montrer le peu de fondement d'une telle supposition.

Poursuivant l'exposition des vues de M. Comte, afin de faire ressortir ses titres de fondateur d'un système original et lui appartenant en propre, vous ajoutez :

« Dans l'histoire, le *substratum* est le genre humain, et le
» genre humain partagé en sociétés ; la force est représentée
» par les aptitudes qui sont inhérentes aux sociétés et dont le

» fondement est cette condition, que les notions scientifiques
» sont accumulables. »

Je ne comprends pas, je l'avoue, la distinction établie entre le genre humain et la force qui produit les phénomènes, objet des récits et des appréciations de l'histoire. Cette force n'est autre que les facultés, les penchants, les passions des hommes. De quoi se composent les sociétés, si ce n'est d'hommes, et quelles aptitudes peuvent-elles recéler qui ne soient inhérentes à l'homme lui-même ? Pour connaître les aptitudes des sociétés, il faudra donc étudier d'abord les aptitudes des membres dont elles se composent. C'est toujours à l'étude, à l'observation de l'être humain, considéré dans ses diverses modalités d'âge et de sexe, qu'on est ramené, si l'on veut saisir la signification et comprendre le but de l'histoire.

Est-ce dans cette idée que « les notions scientifiques sont accumulables, » qu'il faut voir le titre de M. Comte à une priorité? Mais Pascal avait, il y a longtemps, exprimé la même idée par une image saisissante : « Toute la suite des hommes, pendant le cours de tant de siècles, doit être considérée comme un même homme qui subsiste toujours et qui apprend continuellement. » Pensée que M. Comte a citée lui-même avec éloge, *Cours de Phil. posit.*, t. IV, p. 234.

Ce n'est pas, au surplus, pour disputer à M. Comte la priorité de telle ou telle idée que j'ai pris la plume; mon but est bien autre. J'entends parvenir à prouver que l'auteur de la *Philosophie positive* n'a appliqué à l'étude des faits sociaux aucun procédé de la méthode scientifique, et qu'il n'a guère fait, sous ce rapport, que de la métaphysique, et de la très mauvaise métaphysique.

Je reprends la suite de la citation : « Tant que cela n'est pas reconnu, l'histoire ne paraît pas un phénomène naturel ; on en connaît le *substratum*, qui est le genre humain ; on ne connaît pas la force qui en fait l'évolution, et la conception en est théologique, si on la croit réglée par des volontés surnaturelles, ou métaphysique, si on y admet, pour l'expliquer, des principes *à priori* pris, non dans les choses, mais dans les vues de l'esprit. »

Cette force, qui fait l'évolution de l'histoire, elle est tout entière dans les penchants naturels de l'homme, exaltés parfois jusqu'au degré qu'on désigne communément sous le nom de *passions*. Ce sont là les mobiles et les ressorts qui mettent en jeu ses facultés intellectuelles ainsi que ses forces physiques. C'est par l'observation vraiment scientifique de ces mobiles divers, observation faite sans parti pris de blâme ni d'éloge à leur égard, observation intégrale, procédant par analyse et synthèse, qu'il faut commencer toute étude valable en sociologie et même en histoire. — Où trouve-t-on le moindre indice d'une semblable marche chez M. Comte?

Que signifie la conception théologique ou métaphysique de l'histoire? Est-il besoin de prémunir aujourd'hui les esprits avancés contre le préjugé qui consisterait à admettre que l'histoire est une succession de miracles, ou même que le miracle y serait intervenu dans les premiers âges et par intermittence?

Quant au fait d'expliquer l'histoire par des *à priori*, puisés non dans les choses elles-mêmes, mais suggérés par des vues de l'esprit, c'est précisément ce qui est arrivé à M. Comte, ainsi que nous le verrons bientôt.

Je reproduis enfin votre dernière assertion : « Écartant de » l'histoire la théologie et la métaphysique, M. Comte décou- » vrit les lois sociologiques, et bientôt après, guidé par ces lois, » il traça le tableau de l'évolution sociale. »

J'ai cherché, beaucoup cherché dans votre livre, espérant toujours y rencontrer ces lois et ce tableau de l'évolution sociale ; mais j'ai cherché vainement, je n'y ai rien trouvé qui justifiât ce que vous attribuez dans ce passage à M. A. Comte. Disciple si plein de zèle et si soigneux à faire ressortir tous les titres de gloire du maître, vous n'eussiez eu garde d'omettre celui-ci, qui serait assurément le principal, si en réalité il se rencontrait dans l'œuvre de M. Comte. C'est donc en vain que vous voudriez me renvoyer aux six gros tomes de la *Philosophie positive*, pour y chercher les lois sociales, applicables au présent et à l'avenir. J'ai deux bonnes raisons pour ne pas aller me perdre dans cette œuvre volumineuse, malgré tout l'éloge que vous en faites : éloge très mérité, en tant qu'il s'applique à une étude du passé religieux de l'humanité, conçue et exécutée avec une profondeur de vues des plus remarquables (1). La première de ces raisons, vous me la fournissez vous-même aux pages 677, 678 de votre livre, où vous vous exprimez ainsi :

« En résumé, les théories de la morale, de l'esthétique et de la psychologie font défaut dans la Philosophie positive. Elles lui sont pourtant essentielles. Tant qu'elles ne sont pas constituées, une foule de notions vraiment philosophiques restent déclassées, sans lieu certain, sans liaison, sans ensemble. La théorie du sujet est le complément indispensable de la théorie de l'objet. La Philsophie positive pour s'achever, pour fermer son cercle, exige trois chapitres contenant les linéaments de la morale, de l'esthétique et de la psychologie. »

Plus haut, à la page 674, vous avez signalé une autre science, l'économie politique, qui fait totalement défaut dans la philoso-

---

(1) Pour l'acquit de ma conscience, je les ai résolûment abordés, ces formidables volumes, et je me félicite, à plus d'un égard, de l'avoir fait. S'ils sont (les trois derniers surtout, qui m'intéressaient le plus parce qu'ils traitent de la sociologie), s'il sont rebutants au premier abord et difficiles à lire, étant généralement écrits en phrases d'une à la page et en alinéas de quatre ou cinq pages en moyenne, le fond en est riche, et ils offrent un aliment des plus substantiels. Une fois surmontée la difficulté qui tient à la forme du style de M. Comte, on s'aperçoit bientôt qu'on a affaire à un maître dans le domaine de la pensée, mais aussi à un esprit systématique, poussé, en quelque sorte, d'autant plus avant dans la voie de l'erreur qu'il est plus pénétrant à certains égards, et plus vigoureux de sa nature.

Aussi, plus sont éminents les travaux auxquels M. Comte s'est livré sur le mode d'évolution des sociétés dans le passé, plus sont frappants de grandeur et de vérité les aperçus qu'il développe à ce sujet, — plus, en les rapprochant des déductions sociales qu'il en a tirées, j'ai reconnu combien était fautive et trompeuse la méthode, véritablement empirique, qui consiste à conclure du passé historique à l'avenir.

Ainsi, de l'utilité qu'a pu offrir la division du pouvoir spirituel et du pouvoir temporel pendant la phase ascendante et pendant l'apogée du catholicisme au moyen âge, déduire la nécessité de l'existence indéfinie de ces deux pouvoirs dans des conditions respectives analogues, c'est se jeter dans une voie qui conduit à des conséquences dont le vice saute aux yeux. Telle est, par exemple, la séparation générale de la théorie et de la pratique, séparation posée en principe, relativement à tous les ordres de faits, par M. Comte et maintenue par son école.

Après s'être appliqué, avec une sagacité profonde, à faire ressortir les bienfaits dont l'institution catholique a été la source pour l'ordre social, nouveau Pygmalion, M. Comte s'est épris de son œuvre, de ce catholicisme plus idéal encore que réel qu'il avait puissamment reconstruit, et il a voulu le transporter, le faire revivre dans l'avenir, moins le dogme théologique, c'est-à-dire moins le fond, l'essence et l'âme même de l'institution. Or, c'est là non-seulement une illusion, mais ç'a été de plus pour M. Comte

phie positive et qui est cependant, dites-vous, « partie intégrante de la sociologie. »

la source de prévisions des moins vraisemblables et des plus manifestement erronées par rapport à l'avenir social.

Ainsi a-t-il été conduit à outrer encore sur certains points la morale du catholicisme, par exemple, en faisant contracter aux époux l'engagement de renoncer, en cas de veuvage, à toute nouvelle union, afin de perfectionner la règle monogamique établie par l'Église. De là pareillement l'exclusion perpétuelle de certaines fonctions, qu'il prononce contre les femmes, en se fondant sur ce motif, que la vie domestique et de famille est leur naturelle destination. Leur destination naturelle et principale, c'est vrai, mais non pas unique et absolument exclusive. On eut raison dans le passé, on a même encore raison dans le présent, d'écarter les femmes de la plupart des fonctions qui les mettraient en contact habituel et familier avec les individus adultes de l'autre sexe. En sera-t-il toujours de même? ne peut-on concevoir que nos mœurs, rendues un jour plus délicates et plus honorablement libérales, permettront d'avantageuses innovations à cet égard? Déjà, pour ceraines œuvres de bienfaisance, des dames se trouvent associées aux hommes dans certains emplois. Il serait aujourd'hui ridicule de vouloir adjoindre les femmes à l'administration de la justice. Dans quelques siècles, on aura peine à concevoir peut-être que certains procès relatifs aux rapports des sexes, que les procès d'infanticide (à supposer qu'il se rencontre encore quelque exemple d'un crime si contraire au plus puissant des instincts affectifs), que les procès d'adultère et de séduction, aient pu être jugés sans aucune participation des femmes à l'appréciation de tels actes.

On ne saurait trop le répéter, vouloir édifier la science sociale, comme l'a prétendu faire M. Comte sur une donnée essentiellement empirique (l'histoire), c'est se condamner, quelque puissance de génie que l'on ait, à voir faux dans tout ce qui concerne l'avenir.

La lecture du *Cours de philosophie positive* de M. Comte, en changeant mon opinion sur la portée intellectuelle de l'homme, que je n'hésite pas à reconnaître aujourd'hui pour l'un des plus grands esprits qui aient paru dans l'humanité, ne modifie donc point mes conclusions sur la valeur de son système, en tant que programme social et comme plan d'organisation des futurs rapports des hommes entre eux. Plus il y a de vérité dans le tableau qu'il a tracé du passé humanitaire, plus, en le prenant pour type de l'avenir, M. Comte a tourné le dos à cet avenir. Ce n'est pas dans le sens où il l'a compris qu'on peut dire que le passé est gros de l'avenir. Le second sort du premier, il est vrai, mais ce n'est pas pour lui ressembler et pour en reproduire une copie : c'est, au contraire, à la condition d'en différer et d'offrir une physionomie originale. L'impression que j'ai reçue de la lecture du principal ouvrage de M. Comte est un motif de plus pour moi de persister dans la critique de ses vues organiques, qui m'avaient si fortement choqué tout d'abord.

Au cœur même de son œuvre capitale, M. Comte professe partout ce principe que « les vicieuses inclinations prédominent dans l'ensemble de la constitution fondamentale de l'homme. » (*Philosophie positive*, t. V, p. 705, et t. III, Leçon 45e.)

Or, il faut, avec un tel principe, ou se faire catholique, partisan du

Une doctrine qui en est réduite à confesser, par la bouche de son plus éminent adepte, de semblables lacunes, a quelque raison de se montrer modeste, et ne peut aspirer à diriger de longtemps encore ni la conduite des hommes ni la marche des sociétés.

L'autre raison de n'aller pas chercher dans l'œuvre de

---

dogme de la chute, ou se condamner à l'inconséquence et à l'absurde. Il n'y a force d'esprit qui puisse faire qu'on échappe à ce dilemme.

Je trouve, en outre, que, chez M. Comte, la manière générale d'envisager le passé historique constitue une sorte d'optimisme et de fatalisme rétrospectif, qui n'est rien moins que conforme à la saine philosophie. L'humanité s'est développée de telle façon, par tels moyens plus ou moins laborieux et pénibles. N'y avait-il pas d'autres chemins qui auraient pu, au prix de moins de souffrances et de malheurs, la conduire au même but? L'homme individuel se trompe souvent dans la pratique de la vie: l'homme collectif n'a-t-il pu faire aucun faux pas? Voilà une question que M Comte ne paraît pas s'être jamais posée. Si tout a été comme fatal et pour le mieux dans le passé humanitaire, il en sera vraisemblablement de même pour l'avenir. A quoi bon dès lors s'en inquiéter et demander à la science des solutions pour les problèmes sociaux?

Un autre vice fondamental de la méthode de M. Comte, c'est de repousser, en haine de la métaphysique, l'étude de l'homme individuel considéré sous le rapport des facultés affectives et intellectuelles. Il proclame « impuissante et vicieuse toute étude relative à la marche de notre intelligence, quand on y procède du point de vue individuel. » (*Philosophie positive*, t. VI, p. 710.) « Il était indispensable, ajoute M. Comte, de s'élever directement jusqu'à la saine appréciation dynamique de l'intelligence de l'humanité, convenablement envisagée dans l'ensemble de son développement continu. » (*Ibid.*, p. 726.)

Ainsi, M. Comte réprouve la marche logique qui consiste à aller du simple au composé, pour préconiser la marche inverse. Il prétend arriver à connaître la valeur d'une somme totale sans rechercher auparavant la valeur de chacune des unités qui concourent à la former. L'illogisme paraît évident.

Sans se priver des lumières que fournit l'étude de la marche du genre humain, il n'est pas permis de négliger celles que fournit l'étude et l'observation de l'homme individuel que nous avons sans cesse sous les yeux et que chacun de nous sent vivre en lui-même. Ce n'est pas sans raison qu'un prédicateur célèbre disait que le livre dans lequel il avait le plus appris, c'était son propre cœur.

Au surplus, M. Comte s'est chargé lui-même de faire justice de sa conception systématique, en tirant des prémisses par lui posées les déductions sociales qu'il en a tirées en dernier lieu dans son traité de *Philosophie positive*, et qui me paraissent en découler logiquement, quoique ses plus éminents disciples soutiennent le contraire. Arrivant à l'application, le fondateur de la philosophie positive a réfuté son propre système par le genre de démonstration qu'on nomme, en géométrie, la réduction à l'absurde.

M. Comte ce que je suis sûr de n'y pouvoir trouver, je la déduis du programme politique lancé par l'auteur le lendemain de la révolution de Février, et qui se trouve reproduit, en substance, dans le *Discours sur l'ensemble du positivisme*, publié en juillet 1848. Dans la troisième partie de cet écrit, à la suite d'un pompeux éloge du prolétariat, du prolétariat de Paris spécialement, classe qui doit au besoin servir de bras séculier, d'agent de coaction au nouveau pouvoir spirituel, comme au moyen âge (la comparaison est de M. Comte) les masses populaires servirent de point d'appui au pouvoir spirituel catholique pour vaincre les résistances des grands; après l'exposition diffuse de vues théoriques assez obscures, M. Comte aboutit à une conclusion fort claire :

« Ainsi les conditions de la liberté et celles de l'ordre pu-
» blic vont concourir à transférer révolutionnairement le pouvoir
» central à quelques éminents prolétaires, tant que durera l'in-
» terrègne spirituel, »—c'est-à-dire jusqu'à l'avénement du pontificat positiviste. *(Discours sur l'ensemble du Positivisme*, page, 196.)

Notez bien que, pour des raisons plus haut déduites dans cet écrit de M. Comte, il n'y avait d'appelés à former ce pouvoir central, que les prolétaires de Paris. Ainsi, d'après le fondateur du positivisme, voilà tout le reste de la population française réduit à l'état d'ilotes politiques! Une tête capable d'enfanter, même à titre provisoire, une conception aussi monstrueuse, ne pouvait, à coup sûr, être en possession des vraies lois sociologiques.

Un peu plus loin, à la page 197 de la même publication, M. Comte ajoutait :

« Tel est le pacte définitif entre les vrais philosophes et les vrais
» prolétaires, pour diriger la terminaison organique de la grande
» révolution par un sage prolongement du régime propre à la
» Convention. »

Je montrerai, quand je m'occuperai spécialement de la question politique, que M. Comte n'a pas bien compris le régime gouvernemental de la Convention, et qu'il méconnaît le rang que doit occuper, dans un gouvernement démocratique, l'assemblée des représentants du peuple, assemblée qu'il ravale et qu'il dénature en la désignant toujours sous le nom de pouvoir *local*.

Voila donc à quelle conclusion pratique aboutissait M. Comte avec les meilleures intentions du monde, je l'accorde, le lendemain du 24 février : la DICTATURE de quelques éminents prolétaires !

Dans la bouche de M. Comte, dont la parole manquait de toute chaleur communicative et de toute puissance d'entraînement, un tel manifeste, si subversif fût-il, offrait peu de danger (1); mais qu'il se fût rencontré, pour lui servir de porte-voix, un Mirabeau, un Danton, le développant dans les clubs, enflammant pour sa réalisation les masses populaires; et qu'on juge de ce qu'il pouvait, en temps de révolution, entraîner de conséquences, que M. Comte et son école eussent été les premiers à déplorer.

Cette idée d'une dictature prolétaire, dont M. Comte avait annoncé l'avénement et proclamé la nécessité pendant la durée d'une ou de deux générations, il l'abandonna plus tard pour se rallier, après le coup d'état du 2 décembre 1851, à une autre forme de dictature. Son idée fixe en politique, c'est la dictature pour préparer et amener le régime positiviste.

Mais revenons à l'examen du système tel qu'il avait été formulé en des temps calmes, et voyons ce qu'il nous donne comme étant la loi de la sociologie.

« Elle se met, dites-vous, Monsieur, dans un précédent ouvrage, sous cette formule : Toutes nos conceptions sont d'abord théologiques, puis métaphysiques, enfin positives (2). »

Cela revient à dire, il me semble, que la constitution et le développement des sociétés dépendent, sinon uniquement, du moins principalement, de la nature des conceptions dominantes, quant à la cause première du monde et des phénomènes qui

---

(1) Je parle ainsi de M. Comte, non sur ouï dire, mais pour l'avoir entendu moi-même quelquefois dans la salle des Petits-Pères, en 1845 et 1846. L'absence de facultés oratoires que je signale chez M. Comte n'ôte rien d'ailleurs à son mérite comme philosophe. (Voyez la note A à la fin du volume.)

(2) *Conservation, révolution et positivisme*, par E. Littré, p. 97.

s'y produisent, cause toujours ignorée, mais imaginée dans les deux premiers cas (état théologique, état métaphysique de l'esprit humain); cause définitivement retirée de l'étude et de la spéculation, dans le troisième cas (état positif), comme tout-à-fait inaccessible à la connaissance.

Je ne m'occupe ici de la formule que sous le rapport des conséquences que M. Comte en a tirées quant aux formes et aux évolutions des sociétés.

Contrairement à ces conséquences, j'espère pouvoir démontrer que ce qui pousse l'homme à faire société avec ses semblables, ce sont les penchants de sa nature, et non point des vues de son esprit : ce qui ne veut pas dire que je nie l'intervention de ces vues dans l'arrangement des rapports sociaux ; loin de là, cet arrangement est, au contraire, entièrement du ressort de l'intelligence, sous la condition essentielle de se conformer aux légitimes exigences des penchants.—Je démontrerai ensuite que les sociétés se modifient, bien moins encore à raison de telle ou telle croyance de l'ordre théologique ou métaphysique, que d'après les moyens de plus en plus puissants dont l'homme se trouve mis en possession de pourvoir à ses besoins divers par les inventions et les perfectionnements des arts, par les découvertes successives de la science. Je ferai voir enfin que les principes de l'état social, de l'organisation politique, se sont trouvés maintes fois en désaccord avec les principes du système théologique dominant. C'est ce qui avait lieu au moyen âge, par exemple, époque citée par M. Comte avec prédilection.

Quant aux trois points qui constituent, d'après vous, Monsieur, la philosophie positive, et qui sont : « la hiérarchie des sciences, la séparation de l'abstrait du concret, et le caractère relatif de toutes les notions qui y entrent, » il suffit de les rappeler pour faire voir qu'ils ne constituent pas une philosophie véritable, ni surtout une philosophie originale.

L'ordre hiérarchique des sciences est devenu pour M. Comte le principe d'une de ses graves erreurs d'application, lorsque, sans égard pour les dispositions naturelles des sujets à instruire, il l'a indûment transformé en méthode exclusive et uniforme d'enseignement.

Pour ce qui est du mérite d'avoir séparé l'abstrait du concret, j'ai peine à le concilier avec cette proposition de la première leçon du *Cours de philosophie positive* : « Chaque branche de » nos connaissances passe successivement par trois états théo- » riques différents : l'état théologique, ou fictif ; l'état métaphy- » sique, ou abstrait ; l'état scientifique, ou positif. » (T. I, p. 3. Exposition.)

L'*abstrait* se trouve ici formellement condamné avec l'état métaphysique et au même titre que lui.

Je sais bien qu'à la page suivante M. Comte traduira l'abstrait des métaphysiciens en un système de « véritables entités (abstractions personnifiées), conçues comme capables d'engendrer tous les phénomènes observés, » et qu'il réservera pour lui, quand il s'agira de la mathématique, par exemple, un autre *abstrait* à opposer au *concret* ; mais c'est là prêter gratuitement aux métaphysiciens des idées qu'ils n'ont pas, ou que du moins ils n'ont plus depuis longtemps.

Le point par lequel pèche essentiellement le système en tant que philosophie, c'est quand il veut tout renfermer dans la sphère du relatif : ce qui est, en réalité, la négation de la philosophie elle-même et une contradiction dans les termes.

Dire qu'une chose est relative, c'est énoncer qu'elle se rapporte à une autre chose. L'œil, la main, sont des organes relatifs, mais relatifs à un ensemble, à un système coordonné, à une unité d'un ordre supérieur aux simples organes, et dont ceux-ci font partie intégrante. Une logique irrécusable nous montre ainsi de proche en proche les unités diverses se rapportant à une unité d'un ordre supérieur ; et au sommet de la série il faut bien admettre l'existence de l'unité universelle, principe de l'ordre général, de laquelle tout émane, et vers laquelle tout retourne, cause première et fin dernière des choses.

Sur cette question suprême, qui est la question entre toutes, la question des questions, je vous mets aux prises avec un puissant dialecticien qui n'a pas hésité à donner pour titre à son œuvre philosophique ces deux mots qui feront sourire les positivistes : « *La vérité absolue.* »

« Dire que tout est relatif, c'est, écrit M. Gandon, affirmer que tout a une *relation* et se rapporte à un ordre universel qui a pour centre l'absolu.

» S'il n'existait pas un ordre universel qui détermine la relation et la fonction des êtres relatifs, ils tomberaient dans un chaos immense où s'effacerait la diversité de leurs propriétés, de manière qu'on ne pourrait en avoir aucune notion.

» Leur existence est donc subordonnée à un ordre qui distribue leur emploi, fait ressortir leurs propriétés, et assigne à chacun la place qui lui convient dans la création; et l'ordre étant subordonné à un centre unique qui est son principe régulateur, il en résulte que l'absolu est la base du relatif, et que la certitude de celui-ci n'existe que par la certitude de celui-là.

» D'où veut-on que partent les rayons, s'il n'existe pas de centre ? »

Mais j'abandonne ces hautes généralités, qui n'ont, je le sais, aucune prise sur les esprits positivistes, mais qu'apprécieront d'autres classes de lecteurs; et je descends, Monsieur, sur le seul terrain que vous admettiez, sur le terrain solide de l'observation.

Recherche des forces qui produisent les phénomènes historiques et sociaux.

Quand on veut arriver à connaître le jeu d'un mécanisme ou les phénomènes d'un organisme quelconque, il faut étudier le système des forces qui le meuvent ou qui l'animent. Procédons ainsi pour acquérir la connaissance des sociétés humaines et de leur développement.

Nous voici logiquement amenés à l'étude de l'homme, qui est le personnage vivant du drame de l'histoire, et à l'étude des principes d'activité qui résident dans l'homme.

Ici, vous allez m'arrêter, Monsieur, en disant que la méthode positive exige que l'on connaisse l'*objet*, tout l'objet, avant de passer à l'étude du *sujet*; peut-être même exigerez-vous que je fasse la preuve d'une instruction préalable complète en mathématique, en astronomie, en physique, en chimie et en biologie, avant qu'il me soit permis d'aborder l'étude du sujet, ou du *subjectif*, comme vous le nommez de préférence. Hélas! je suis, par rapport à la plupart de ces sciences, un ignorant; je n'en connais que les méthodes générales, et j'accepte de confiance, avec le commun des martyrs, les résultats principaux auxquels elles sont arrivées. Je me rassure pourtant un peu, en songeant qu'il y a par le monde, tel grand chimiste, tel physiologiste, ou, si mieux vous l'aimez, biologiste, très-distingués, qui n'ont jamais été en état de résoudre une équation du 2e degré ; ce qui ne les empêche pas, bien entendu, de croire aux mathématiques. Il me serait impossible, je l'avoue, de faire les calculs à l'aide desquels le bureau des longitudes parvient à déterminer d'avance l'heure et la hauteur des marées de chaque jour, sauf bien entendu la part des influences accidentelles, comme la direction et la force des vents qui souffleront au moment où le phénomène s'accomplira. J'accepte pleinement toutefois la prévision, sachant par quelle méthode infaillible on est parvenu à l'établir, et que toujours elle a été justifiée par l'événement.

Donc, je ne me résignerais pas à ce qu'on m'objectât mon ignorance relative dans les sciences inférieures, pour m'interdire les investigations en biologie, en sociologie et particulièrement en psychologie. Or, la psychologie est une branche essentielle, vous en avez fait la remarque, de la sociologie.

Avant d'entrer en matière, il faut dissiper une confusion qui résulte précisément des expressions *objectif*, *subjectif*, empruntées sans que je m'explique bien pourquoi, à la nuageuse philosophie d'outre-Rhin. De leur emploi il résulte que vous, esprit ordinairement si clair et qui excellez à rendre clairement votre pensée, vous devenez, en certains endroits, obscur et difficile à comprendre, du moins aux bons simples tels que moi qui ne philosophons que par intervalle, accidentellement pour ainsi dire, quand quelque circonstance nous y amène, ainsi qu'il m'arrive en ce moment.

Eh bien ! dans le subjectif, vous réunissez, je crois, deux choses qu'il importe de séparer.

Il y a l'instrument de la connaissance, l'intellect ; il y a les mobiles passionnels de l'homme, les stimulants intérieurs qui lui révèlent ses besoins et le poussent à chercher les moyens de les satisfaire.

Nous allons, en nous servant de cette première faculté, l'intelligence, ou mieux de ce premier ordre de facultés, qui est bien le seul outil qui nous ait été donné pour connaître et comprendre, le seul subjectif en un mot quand il s'agit de la connaissance et de la compréhension, nous mettre à la recherche de l'autre ordre de forces compris dans le domaine de la psychologie, en d'autres termes, à l'étude des penchants naturels de l'homme.

Ces penchants ne sont, par rapport à l'intelligence, dans la fonction que nous allons essayer de remplir, qu'un objectif, une catégorie de forces dont il faut acquérir la connaissance de la même façon que l'on a acquis celle des autres forces de la nature.

Étude des penchants naturels de l'homme.

Les premiers besoins que l'homme éprouve sont assurément ceux qui se rapportent à sa conservation. Ils se révèlent et se satisfont par l'intermédiaire des sens, qui sont au nombre de cinq, comme chacun sait. Il convient par conséquent de former une première série de stimulants ou penchants *sensitifs*, se rapportant plus particulièrement à l'individu et qu'on nommera, si l'on veut, penchants *égoïstes*, quoiqu'ils puissent devenir, dans certaines conditions, des auxiliaires pour le développement des penchants plus élevés, qui poussent directement l'homme à rechercher la société de ses semblables.

Ce rôle est rempli par un second ordre de penchants que l'homme ne peut satisfaire que dans la société des autres hommes.

Le premier de ces penchants que nous rencontrons est celui qui porte un sexe vers l'autre. C'est ce puissant attrait, si mal apprécié, en général, par les philosophes, y compris M. Comte, qui l'appelle l'*instinct perturbateur* et qui ne va pas à moins qu'à exprimer, sous forme d'hypothèse, l'espoir de sa suppression dans l'œuvre de la reproduction humaine (1) ; c'est, dis-je, ce puissant attrait qui porte l'homme à s'unir à la femme et qui jette ainsi les fondements de la famille. Mais en même temps

---

(1) Voyez l'ouvrage *A. Comte et la Philosophie positive*, p. 584, 585.

que cet instinct, s'éveille aussi dans l'âme du jeune homme et surtout de la jeune fille, un délicat sentiment de pudeur qui devra l'accompagner toujours, et présider même à ses légitimes satisfactions. Cet autre instinct, instinct de surveillance, qu'on pourrait appeler l'ange gardien du premier, est aussi naturel que lui, et il ne faut pas moins, pour l'étouffer complétement, que l'influence prolongée des mauvais exemples et de perverses doctrines.

Avec la famille éclot un sentiment nouveau, l'amour du père et surtout de la mère pour leurs enfants, ainsi qu'une certaine réciprocité de la part de ceux-ci : c'est l'affection de *parenté* ou *consanguine*.

Si limité que soit dans le principe le cercle des relations de l'homme avec ses semblables, il y en a cependant parmi eux, vers lesquels il se sent porté de préférence, soit par une similitude de goûts, soit par d'autres motifs de convenance mutuelle, qui établissent entre eux et lui une sympathie particulière ; c'est l'*amitié*.

Enfin, dans l'emploi de son activité, dans l'exercice de son industrie, si rudimentaire qu'on la suppose, l'homme se rencontre avec d'autres individus parmi lesquels il en est de plus adroits, de plus habiles, de plus ardents à la tâche, quelle qu'elle soit, que l'on poursuit en commun. Celui qui se distingue le plus acquiert naturellement un certain ascendant sur les autres ; on le prend pour chef, on le suit, on lui obéit avec confiance. C'est le sentiment *hiérarchique*.

Voilà les quatre forces naturelles qui sont en jeu dans tous les rapports des hommes entre eux. Je défie qu'on cite un sentiment de l'homme pour son semblable, qui ne dépende pas d'un de ces penchants, ou de la combinaison de deux ou d'un plus grand nombre de ces penchants entre eux et avec ceux de la première classe, les penchants *sensitifs*. AMOUR, FAMILISME, AMITIÉ, SENTIMENT HIÉRARCHIQUE, ce sont les penchants sociaux par excellence, les quatre roues du char ; il ne peut bien marcher que si elles fonctionnent régulièrement toutes les quatre, et qu'à la condition que le jeu de l'une ne viendra pas enrayer, détraquer la marche de chacune des trois autres.

Procurer ce fonctionnement régulier et intégral, harmonique par conséquent, c'est le but à poursuivre. *Hic opus est.*

Pour cela, il faut tenir compte du mode d'exercice de ces deux ordres de penchants, et nous découvrirons trois tendances qui s'y rapportent :

1° Un besoin de variété, d'*alternance*, (vous avez prononcé le mot, Monsieur, à propos des travaux intellectuels et de l'hygiène cérébrale) besoin qui se fait sentir à l'homme dans toutes ses occupations et dans tous ses plaisirs ;

2° Une disposition *émulative*, une tendance à se surpasser les uns les autres, qui ajoute beaucoup à l'énergie des efforts : sentiment qu'on excite surtout dans les établissements d'instruction de la jeunesse, parce que là il ne peut recourir aux manœuvres odieuses qu'il emploie trop souvent dans le monde ;

3° Enfin la disposition à s'exalter jusqu'à l'enthousiasme quand plusieurs essors passionnels ont lieu à la fois ; ce qui, dans certaines circonstances, électrise une masse d'hommes et leur communique un élan, une fougue aveugle, auxquels rien ne saurait résister. De telles explosions d'enthousiasme collectif n'ont guère lieu, dans nos sociétés incohérentes, que dans un jour de révolution, de bataille ou d'assaut, c'est-à-dire, pour des œuvres de bouleversement et de destruction.

Peut-on concevoir des dispositions sociales qui feraient servir ces grandes et précieuses forces à des effets utiles, à l'œuvre de la production par exemple ? Je conçois cela pour ma part, et j'ai la ferme conviction que la réalisation de telles formes sociales est possible, qu'elle aura nécessairement lieu un jour, plus tôt, plus tard, cela dépend de nous en grande partie ; à tout prendre, c'est une question de temps, rien de plus.

J'ai énuméré les tendances primordiales de l'homme, divisées en trois classes, dont l'une se rapporte à l'exercice et à la satisfaction des sens : besoins du corps ; la seconde à la formation des liens affectueux : besoins du cœur ; la troisième aux modulations que doivent exercer ces trois ordres de tendances pour le maintien d'un juste équilibre entre elles et pour l'obtention de leur maximum d'effet.

A ces douze stimulants, qui incitent l'homme vers sa destinée, un sentiment se superpose qui en est la résultante générale, la fusion en quelque sorte, de même que la couleur blanche est la fusion des sept couleurs du prisme. Je veux parler de ce sentiment de justice qui ne connaît de limites ni dans le temps ni dans l'espace, qui soulève l'indignation des âmes généreuses contre l'iniquité, fût elle commise aux antipodes et à l'égard de gens qu'on n'a jamais vus et qu'on ne verra jamais. C'est encore ce sentiment d'universelle sympathie, *charitas humani generis*, qui crie par la bouche d'un poëte de l'antiquité : *Homo sum, humani nihil à me alienum puto*; et par la bouche de Jésus : Aime Dieu par-dessus toute chose et ton prochain comme toi-même !

C'est enfin ce besoin que l'homme éprouve de reporter sa pensée vers la cause supérieure du bien qu'il ressent et de l'ordre qu'il voit régner dans l'univers, pour témoigner à cette cause son hommage et sa reconnaissance : sentiment bien naturel, car il est général, on le trouve partout où il y a des sociétés d'hommes. C'est à lui qu'il faut rapporter l'origine de tous les cultes, dont quelques-uns ont été et sont encore si absurdes qu'ils révoltent à bon droit la raison. Est-ce un motif pour nier le sentiment religieux? non, vraiment. Et par cela même que ce sentiment existe, gravé dans nos cœurs par la nature elle-même, son existence seule atteste que ce n'est point à une pure chimère qu'il s'adresse. La question se représentera plus d'une fois encore.

Je ne fais que jeter des indications sommaires. La façon dont agit chacun de ces stimulants et qui les spécifie très bien, car ils n'ont pas tous la même allure, pas tous la même intensité dans les deux sexes ; ils prédominent successivement suivant les âges ; ils sont susceptibles d'un double essor, direct ou inverse, faux ou vrai, bienfaisant ou nuisible ; vertu là, vice ici : tout cela donnerait lieu à des remarques nombreuses et irrécusables ; car notez bien qu'il n'a été procédé dans cette étude qu'à l'aide de l'observation, qui est un des moyens scientifiques par excellence, moyen très justement recommandé, très fructueusement usité depuis Bacon.

La prédominance plus ou moins grande d'un ou de plusieurs

de ces stimulants dans les individus produit les caractères. Ils sont bas, communs, si les appétits sensitifs prévalent; nobles si ce sont les affections du cœur; magnanimes, si les sentiments tout à fait supérieurs de justice, d'amour de l'humanité et de Dieu (je demande provisoirement pardon pour ce mot, rayé du vocabulaire positiviste); si la volonté de l'accord avec les vues de Dieu, jugées d'après ce que nous savons des lois de l'univers; si enfin ce qu'on a appelé l'UNITÉISME exerce l'ascendant suprême. (Voyez la note B à la fin du volume.)

Les caractères sont influencés en outre par la combinaison des penchants avec des facultés intellectuelles plus ou moins fortes.

Mais je m'arrête. Je pense en avoir assez dit pour indiquer où il faut chercher les forces qui sont en jeu dans les phénomènes sociaux et par conséquent dans le drame de l'histoire.

J'emprunte à un illustre écrivain la belle comparaison que voici : « Les aspirations générales du genre humain sont pour la société ce que la boussole est pour le navire; elle ne voit pas le rivage mais elle y conduit (1). »

C'est aux yeux de l'intelligence à découvrir le rivage, mais en se servant des indications de la boussole.

Or, ces indications au point de vue du travail, qui est la destinée terrestre de l'homme et son principal moyen de perfectionnement, conduisent à une forme de société désignée sous le nom d'ordre sociétaire ou Association, qui tire parti de toutes les forces que je viens de passer en revue pour le bien général, en même temps que pour le bonheur, pour le complet développement de chaque individu. Cet ordre lui-même, véritable synthèse passionnelle, est susceptible d'une vérification expérimentale dans une exploitation agricole d'une demi-lieue à une lieue carrée de terrain, réunissant de douze cents à dix-huit cents personnes de tous les âges.

Mais ce n'est pas ici le lieu de tracer les conditions d'une telle expérience dont le succès résoudrait d'un seul coup tous les problèmes sociaux. Je me borne à faire observer qu'elle

---

(1) Lamartine, *les Girondins*, liv. XXXIX.

n'exige pas qu'il soit porté une atteinte quelconque à l'autorité, soit religieuse, soit politique, non plus qu'à aucun intérêt, ni enfin qu'il soit rien changé dans le système général des relations sociales établies. Il s'agit, à côté de tous les anciens éléments sociaux restés intacts, d'essayer une combinaison nouvelle ; d'élever à côté des édifices existants, et sans y toucher, un édifice offrant, pensons-nous, des dispositions plus avantageuses et satisfaisant mieux aux besoins de la vie industrielle et sociale ; il s'agit de construire, dans un petit coin de la ruche, et sans toucher aux autres alvéoles, un alvéole d'un nouveau modèle : si les abeilles s'y trouvent mieux que dans les anciens, elles imiteront ; sinon, non.

Bien différente est la marche qu'a suivie M. Comte. Pour lui, la *méthode historique* est la seule base fondamentale sur laquelle puisse réellement reposer le système de la logique politique et sociale. *Phil. pos.* t. IV, p. 450.

Or, il a bien distingué en sociologie, l'état *statique* et l'état *dynamique* ; mais, au sujet du premier de ces deux états, on peut dire qu'il ne l'avait pas même ébauché, lorsque déjà il procédait à l'exposition du second et qu'il en tirait des déductions très peu motivées par rapport à l'avenir social.

L'auteur de la *Philosophie positive* avait cependant posé lui-même ce sage principe : « Aucune loi de succession sociale, indiquée même avec toute l'autorité possible par la méthode historique, ne devra être finalement admise qu'après avoir été rattachée à la théorie positive de la nature humaine. » *Ibid.* p. 466.

Il fallait donc nécessairement commencer par l'étude méthodique de cette nature, en d'autres termes, faire la *statique sociale*. Or, M. Comte va jusqu'à déclarer « qu'elle ne saurait être faite dans l'état actuel de nos connaissances, » p. 354, et la leçon qu'il lui consacre est un tissu de contradictions. C'est ainsi, pour en signaler une seule, que l'auteur proclame, p. 517, « l'indispensable obligation de connaître d'abord l'agent du phénomène que l'on se propose d'analyser, » et qu'il donne plus loin, p. 582, comme parfaitement positive « une philosophie qui prend l'histoire pour principale base scientifique ; » sans pouvoir être contrôlée par la notion de l'agent des phénomènes, puisque d'après l'aveu de la page 354, cette notion ne saurait être encore acquise dans l'état présent de la science.

M. Comte a tracé admirablement, dites-vous, Monsieur et honoré beau-frère, dans les trois derniers tomes de la *Philosophie positive*, la *dynamique* de l'histoire.

Je ne conteste pas que M. Comte ait trouvé et développé beaucoup d'aperçus justes et vrais par rapport à l'histoire. Je citerai comme exemple la prédominance qu'il signale, après Saint-Simon et d'autres, de l'activité militaire pendant la première phase de l'évolution sociale, et sa décroissance successive ensuite au profit de l'activité industrielle; l'affinité qui existe entre le régime théologique et le régime militaire d'une part, entre la science et l'industrie d'autre part; les compétitions qui résultent de la prédominance simultanée de deux de ces ordres, et qui se manifestent par les rivalités, dans le premier cas, du sceptre et de la tiare, des savants et des chefs de l'industrie, dans le second. C'est avec toute raison encore que M. Comte fait ressortir l'influence utile du régime théologique et militaire pour commencer l'éducation et la discipline du genre humain. Cela est si vrai que de nos jours même on envoie au régiment, comme à une école nécessaire, les sujets indisciplinables, c'est-à-dire les individus dont on n'a pas su découvrir et employer les vocations.

Où M. Comte fait, je n'hésite pas à le reconnaître, véritablement preuve de génie, c'est quand il scrute tout ce qui a trait au rôle social des croyances et des cultes, quand il détermine la part d'influence qu'ont successivement exercée dans l'éducation et dans l'évolution de l'humanité, le fétichisme, le polythéisme et le monothéisme, envisagé dans sa représentation la plus haute, le catholicisme. A bien des catholiques, même parmi les plus éclairés, l'auteur de la *Philosophie positive* a dû révéler d'éminents mérites qu'ils ne soupçonnaient peut-être pas dans les institutions objet de leur foi. Sauf la conclusion antithéologique, la cinquante-quatrième leçon du Cours de M. Comte fournirait, pour les séminaires, un sujet d'enseignement des plus solides et des plus fructueux.

Cependant, de toutes ces considérations qu'a développées M. Comte avec une grande profondeur de vues, j'en conviens, de ces considérations, très remarquables assurément, à une dynamique complète de l'histoire, il y a quelque distance ; et cette dynamique elle-même, en supposant qu'il n'y manquât rien, ne fournirait pas encore les lois sociologiques, pas plus que l'étude d'individus de notre espèce, depuis la naissance jusqu'à l'âge de huit ou dix ans, ne pourrait suffire à donner les éléments d'une physiologie complète de l'homme, à déterminer la totalité des fonctions de l'être humain dans ses phases successives d'adolescence et de virilité.

Mais dans la dynamique de l'histoire, telle que l'a construite M. Comte, les éléments les plus essentiels font défaut : le régime économique et industriel, base de l'existence et support de tout l'édifice social, y est à peine accusé. Il fallait y faire entrer surtout la considération des *mobiles*, qui ont en réalité poussé les hommes à l'action et déterminé les événements, objet des récits de l'histoire.

Pour fournir simplement quelques indications, je dirai que les invasions des peuples barbares, par exemple, ont été, en général, amenées par le besoin qu'éprouvaient ces peuples de se procurer des moyens de subsistance qui leur faisaient défaut soit dans leur patrie originelle, soit dans les contrées où les avait refoulés l'extension de la conquête romaine : recherche de satifaction des penchants de la première classe ou essor des passions *sensitives*.

Les guerres commerciales elles-mêmes ne sont pas autre chose que la poursuite des moyens de nourrir une population industrielle, parfois exubérante, en d'autres termes, de procurer des débouchés à ses produits.

« Amour, tu perdis Troie ! » Et depuis le fameux siège de dix ans jusqu'à certaines guerres quasi-contemporaines, du dix-huitième siècle, par exemple, quelle part d'influence il faut bien reconnaître à la douce et cruelle passion dans les sanglants démêlés des hommes ! influence tantôt cachée, tantôt, mais plus rarement, patente.

Est-il besoin d'indiquer le mobile qui poussa les farouches compagnons de Romulus à l'enlèvement des jeunes filles sabines ?

Toute l'histoire du peuple romain nous montre un essor

continu de l'ambition, de la passion hiérarchique ou du commandement :

> Tu regere imperio populos, Romane, memento !

Les croisades ont eu pour cause générale, on ne saurait le nier, une explosion de l'enthousiasme religieux. C'est un essor de l'Unitéisme, la plus noble des passions.

Le même sentiment, combiné avec l'idée que tous les biens de la terre avaient été promis aux Croyants par Dieu et par Mahomet, son prophète, surexcité dès lors par toutes les convoitises et par les passions les plus brutales, le même sentiment avait présidé aux conquêtes des sectateurs de l'Islam, contre lesquels les croisades furent une réaction, un acte de légitime défense et de justes représailles.

C'est encore lui, toujours mal compris, il est vrai, le haut sentiment de l'unité en Dieu, qui souffla les guerres civiles de religion, signalées par tant d'atrocités.

Il ne suffit donc pas qu'un sentiment soit noble et juste en lui-même pour qu'il ne puisse jamais enfanter des actes coupables et funestes. Plus un sentiment aura de puissance et d'élévation, plus, s'il est mal éclairé, il sera susceptible de produire d'effets désastreux.

Un autre noble sentiment, le sentiment hiérarchique, faussé, dévié sous le nom d'ambition, remplit le monde de désordres et de ruines. Il est tantôt l'instigateur des grands crimes politiques, et tantôt le principe des sublimes dévouements.

Les pactes de famille, les guerres de succession qui ont joué un si grand rôle dans les événements du moyen âge et de l'ère moderne jusqu'au milieu du dix-huitième siècle, signalent l'influence de la passion familiale dans la politique. C'est à un abus de la même passion que se rattache le népotisme, qui tend à faire dominer la faveur là où le mérite et la capacité devaient être seuls pris en considération.

Les rivalités d'une classe à une autre qui se sont produites dans toutes les sociétés : luttes des plébéiens contre les patriciens, du tiers contre la noblesse, ont pour principe une passion de la troisième catégorie, l'*Emulative*, la *Cabaliste*, qui se trouve en accord quelquefois avec la justice, et qui devient ainsi un moyen de faire triompher le droit. La Révolution française elle-même eut pour cause essentielle la rivalité de la bourgoisie contre les ordres privilégiés. Une classe longtemps subordonnée se redresse contre une classe supérieure qui a perdu le titre de sa supériorité, la raison d'être de ses privilèges, et qui veut les garder néanmoins contre une juste revendication ; 1789 (et par cette explication je n'entends pas amoindrir ce grand élan national et humanitaire) 1789 fut donc un violent essor de cabaliste, le tiers, ayant derrière lui et pour allié dans la lutte la grande classe des travailleurs manuels ; la noblesse comptant pour auxiliaire, dans sa résistance, le clergé, corporation comme elle privilégiée.

La passion chez les agresseurs répondait à un principe de justice et d'équité ; ils avaient pour eux le droit ; ils devaient triompher, quoique l'histoire nous ait souvent montré le spectacle du contraire.

L'amour du changement a aussi sa part dans les révolutions.

L'histoire serait tout à refaire du point de vue de la théorie passionnelle, à la clarté du jour nouveau qu'elle projette sur la cause intime des événements, et en faisant la juste part des mobiles divers que cette théorie a définis avec précision, classés avec méthode et nettement caractérisés.

Un point de comparaison.

Au lieu de la méthodique analyse des penchants de l'homme dont j'ai plus haut donné un aperçu, analyse qui frappe, si je ne m'abuse, par son caractère de netteté et d'évidence, et dont la première publication a désormais plus de cinquante ans de date, voyons où en est encore aujourd'hui la science psychologique de M. Comte et de ses disciples.

M. Comte a découvert que, parmi les sentiments de l'homme, les uns sont *personnels*, les autres sont *altruistes*. — Quoi que vous en disiez, cher beau-frère, ce mot a dû choquer l'oreille d'un homme de goût et d'un linguiste tel que vous. Mais ce n'est là qu'un mince inconvénient, si le mot sert à éclaircir le sujet.

D'après la division donnée par la science positiviste, je cherche à démêler quels sont les sentiments *personnels*, quels sont les sentiments *altruistes*, puisque altruiste il y a, et je me trouve tout d'abord dans un assez grand embarras. — Le sentiment qui attire un sexe vers l'autre, dans laquelle des deux catégories le placerons-nous? Certes, il y a là, pour l'homme, la recherche d'un plaisir personnel; mais il s'y joint en général, sauf les cas de dépravation que je laisse de côté, le désir d'être agréable à la personne aimée, désir qui va inspirer les plus délicates attentions et rendre capable des plus grands sacrifices. Ainsi ce sentiment très personnel se trouve être en même temps le principe des plus tendres égards, du plus généreux dévouement; il est donc aussi *altruiste*, si nous avons le courage de lui appliquer ce vilain mot.

Le père et la mère, en chérissant leurs enfants, affection qui est pour eux la source des plus douces jouissances, subissent-ils l'empire d'un sentiment personnel ou altruiste?

Je me fais une fête d'assister à une réunion d'amis, qui seront de leur côté, je suppose, charmés de me voir au milieu d'eux? Est-ce à un sentiment personnel ou altruiste que j'obéis en m'y rendant?

Il en est de même partout où je veux appliquer la division de M. Comte. La philosophie positive n'a pas eu la main heureuse, on en conviendra, en posant la première assise de sa psychologie et de sa morale.

L'essence d'un sentiment affectueux n'est-elle pas, en effet, d'avoir son foyer dans la personne qui l'éprouve, et son but dans la personne où les personnes auxquelles il se rapporte? En d'autres termes, son existence ne suppose-t-elle pas un sujet et un objet?

Cette division de M. Comte, vous la présentez vous-même, Monsieur, en de meilleurs termes à la vérité, mais sans qu'elle en acquière plus de fondement. Vous dites à la page 215 de votre livre : « Nous trouvons dans l'homme des impulsions per-
» sonnelles, des impulsions impersonnelles, et la raison qui
» juge les unes et les autres. »

En y réfléchissant, vous abandonnerez, je pense, l'idée d'impulsions *impersonnelles*, qui supprime un des deux termes du rapport qu'exige un sentiment quelconque. En s'élevant aux sentiments généreux que vous voulez désigner par les impulsions impersonnelles, l'homme fait acte précisément de haute personnalité, de personnalité d'autant plus grande que le sentiment irradie, si vous me passez cette image, avec plus de force, à une plus grande distance et sur un plus grand nombre de personnes ou d'objets.

Vous poursuivez ainsi : « A mesure que la raison de l'huma-
» nité se développe, elle limite les impulsions personnelles, et
» agrandit les impulsions impersonnelles. »

Erreur, la raison n'a point l'empire que vous lui attribuez sur les impulsions, qui sont de la nature de ces forces essentielles et irréductibles dont vous parlez ailleurs. Ici, comme en tout ce qui concerne les phénomènes de l'ordre moral, vous êtes en contradiction formelle avec la vraie philosophie positive ; vous faites ce que vous reprochez à M. Comte d'avoir fait dans son *Traité de politique*, vous suivez la méthode *subjective*, vous attribuez au sujet une puissance qu'il n'a pas sur l'objet.

Tâchons d'abord de déterminer le rôle respectif de l'intelligence et des impulsions : le nœud de la question est là.

Connaître et *juger*, voilà la fonction de l'intelligence (1).

Ce que vous nommez les impulsions, ce que d'autres nomment les penchants, les passions, voilà, au vrai, les ressorts qui font mouvoir l'homme.

Quelque élevé que soit le rôle de l'intelligence, elle n'est, comme le corps, qu'un instrument au service des impulsions, du désir, du sentiment ; elle n'est mise elle-même en jeu que sous l'influence de ce stimulant, mobile de tous nos actes, soit intellectuels, soit physiques.

Sans souscrire aux conséquence matérialistes qu'en tirait l'auteur, j'admets la justesse de cette proposition de Broussais :

---

(1) Pour compléter l'étude psychologique de l'homme, il faudrait placer ici l'analyse des facultés intellectuelles ; mais cette analyse n'est pas indispensable comme l'est celle des *impulsions*, ou analyse passionnelle, à la constitution de la science sociale. Une très remarquable étude des facultés de l'entendement a été publiée dans la Revue intitulée *la Phalange*, livraisons d'avril et de mai 1849, par mon ami M. le Dr Barrier, ancien chirurgien en chef de l'Hôtel-Dieu de Lyon, et l'un des disciples les plus distingués de l'Ecole sociétaire.

« Les émotions de la sensibilité deviennent les mobiles de nos actes de toute espèce. » *De l'irritation et de la folie.*

L'intelligence ne peut ni empêcher l'impulsion de se faire sentir, ni changer le but vers lequel cette impulsion nous porte. Elle ne peut qu'indiquer les moyens et déterminer, entre ces moyens, le choix de ceux qui conviennent pour atteindre le but ; elle peut même nous faire renoncer à le poursuivre, mais toujours par des motifs tirés de l'ordre des forces impulsives. Un désir ne fléchit jamais que devant un autre désir, bien que celui-ci, pour s'éveiller dans l'âme, puisse avoir besoin de l'intermédiaire de la réflexion, d'une opération de l'intelligence par conséquent.

Avant que l'homme, l'être doué de raison, cède à la sollicitation d'un de ses désirs, avant qu'il se livre à l'acte appelé par cette sollicitation, il y a une délibération de l'intelligence, une opération des facultés réflectives, qui a pour résultat de permettre ou d'empêcher l'accomplissement de l'acte sollicité. Là est le principe de la liberté et de la responsabilité de l'homme, principe essentiel que la théorie sociétaire ne contredit nullement, qu'elle consacre formellement au contraire, et qu'elle applique dans toutes ses institutions, dans toutes les dispositions du plan d'organisation qu'elle offre à une vérification expérimentale.

Pour les impulsions, comme pour les autres forces de la nature, l'intelligence doit, au lieu de tenter la chimérique entreprise de les changer, se borner à les étudier sans parti pris, à en observer les tendances, à chercher les conditions moyennant lesquelles seraient possibles, et leur conciliation entre elles, et leur emploi intégral pour le bien collectif ainsi que pour le bien et pour le perfectionnement individuel.

Tant que ce principe n'est pas admis, c'est bien en vain qu'on cherchera les lois de la sociologie. On ne fera toujours, comme il est arrivé à M. Comte, que se buter contre quelque *instinct perturbateur* qu'on voudra supprimer. Mais, hélas ! ou plutôt Dieu merci ! la nature ne se laisse pas supprimer : *Tamen usque recurret.*

Cours du mouvement social.

Étant ainsi déterminés et classés, comme nous l'avons fait voir, les penchants naturels de l'homme, l'observation des modes divers suivant lesquels ils cherchent leur satisfaction dans les divers états sociaux réalisés jusqu'ici, va nous fournir une *caractéristique* de chacun de ces états sociaux ou périodes sociales. Car il ne suffit pas de dire que l'humanité a passé par l'état sauvage et barbare, pour s'élever à l'état de civilisation que nous voyons régner aujourd'hui chez les nations les plus avancées. Outre que ces trois désignations ne comprennent pas tous les termes de la série, ainsi que nous le montrerons bientôt, il importe de signaler avec précision ce qui distingue essentiellement l'état sauvage de l'état barbare, et celui-ci de l'état civilisé. La chose est d'autant mieux possible qu'il existe encore actuellement, comme vous en faites la remarque, des échantillons de toutes ces sociétés.

Avénement de l'homme sur la terre.

Pour prendre les choses *ab ovo* (au risque de me faire inviter, comme l'Intimé, à passer au déluge) je serais tenté, n'était la crainte que, en tant que question d'origine, ce point ne vous semblât hors du domaine de la connaissance; je serais tenté, dis-je, de me demander à quel degré du développement physiologique le premier ou plutôt les premiers couples humains firent leur apparition sur le globe terrestre. A moins de supposer des êtres spéciaux, placés là tout exprès afin de pourvoir à leurs besoins et d'assurer leurs premiers pas sur la terre, on ne comprend pas comment nos premiers parents auraient pu résister aux chances de destruction qui entouraient leur berceau, s'ils eussent été créés dans l'état d'impuissance physique et intellectuelle où se trouve, à sa naissance, l'enfant produit par la génération. La logique nous conduit donc forcément à admettre que ces premiers couples apparurent, à leur origine, avec les attributs de l'âge adulte.

J'en veux tirer simplement cette conséquence que la nature procède autrement pour la production des espèces que pour leur perpétuation ; qu'il ne faut pas la croire bornée aux moyens que nous la voyons mettre en œuvre tous les jours.

Il existe partout des traditions d'un âge d'or, d'un Éden, d'un état primitif de bonheur, traditions dont il convient de tenir compte, je pense ; mais ces indices ne sont pas assez précis pour que j'ose les alléguer vis-à-vis des sectateurs du positivisme.

Passons là-dessus, et prenons pour premier échelon social l'état sauvage, qui pourrait bien, eu égard aux traditions d'un état primitif de bonheur perdu, n'être que le deuxième échelon.

Période sauvage.

Vivre sans prévoyance, au jour le jour, de la proie qu'il peut atteindre, ou des fruits, des racines de quelques plantes qui ont poussé spontanément, c'est le propre du Sauvage. Le besoin de se nourrir, qui manque fréquemment des moyens de se satisfaire, pousse le Sauvage à l'anthropophagie, qui devient un goût passionné, une coutume chez beaucoup de peuplades. La chasse, la pêche sont à peu près sa seule industrie. La femme est durement traitée ; elle n'est guère qu'une bête de somme au service d'un mâle grossier et brutal. Les vieillards, les infirmes sont abandonnés. Avec ses ressources toutes précaires, toutes dépendantes du hasard, le Sauvage ne peut pas mieux faire. Tout le commerce est borné au *troc* de quelques objets usuels. Le Sauvage jouit cependant d'un bien que la masse perdra dans les sociétés suivantes ; je veux parler de l'indépendance : il est son maître.

Ses croyances et son culte se rapportent au fétichisme.

Période patriarcale.

Sitôt que l'homme s'est mis à apprivoiser quelques animaux, à faire quelques réserves de graines ou de fruits, il forme avec ses semblables des réunions plus fixes quant aux personnes qui les composent, et aussi plus nombreuses. Le chef de famille domine non-seulement sur ses descendants directs, mais sur un certain nombre d'étrangers à la famille que les chances de la guerre ou d'autres circonstances lui ont asservis. Ainsi se trouve produite une autre forme de société dont la principale industrie consiste dans l'élève des troupeaux ; et l'alimentation des troupeaux, en l'absence de ressources agricoles, exige la vie nomade, le changement de pâturages. Cette nouvelle société est le Patriarcat ; elle se compose de tribus.

Ici, la polygamie s'établit au profit du chef ; elle était très-exceptionnelle dans l'état sauvage. Les personnages que la Bible offre à notre vénération sous le nom de patriarches étaient à peu près tous polygames. Leur esprit d'astuce est dépeint dans les fourberies respectives de Laban et de Jacob, son gendre. Le commerce, sous la forme de *trafic*, prend naissance ; c'est à des marchands ismaélites, qui passaient près du lieu où les fils de Jacob faisaient paître leurs troupeaux, que Joseph fut vendu par ses frères. Ici, l'esclavage, qui n'était qu'un fait sous le régime précédent, se trouve constitué, et l'esclave devient un objet de négoce.

Dans ce passage du précédent échelon social au Patriarcat, tout n'est pas progrès, tout du moins n'est pas amélioration. Ainsi, la masse y perd l'indépendance que possédait le sauvage. La finesse, ou plutôt le développement de certains sens, qui distingue ce dernier et qui lui signale de loin la présence d'une proie à surprendre ou d'un péril à éviter, comme on le voit dans les romans de Cooper, cette finesse de l'odorat, de l'ouïe, s'émousse, et elle continuera de s'émousser dans les sociétés suivantes, à mesure que l'exercice des facultés intellectuelles prédomine.

Que s'est-il passé dans cette constitution de la société patriarcale, échelon dont les auteurs ne tiennent, en général, pas compte, qui est pourtant essentiel dans la série, et qui existe encore, témoin les peuplades arabes, circassiennes, etc.? Il s'est opéré une certaine concentration, un groupement de forces humaines, forces qui étaient d'abord toutes divergentes dans l'état sauvage ; et les facilités de subsistance s'en trouvant augmentées, la férocité diminue, les mœurs s'adoucissent ; quelques observations suivies, quelques faibles perfectionnements dans les travaux commencent les traditions scientifiques et industrielles de l'humanité.

L'adoration des astres, le sabéisme, ou bien un polythéisme confus, et même un monothéisme grossier, *prématuré*, comme l'appelle M. Comte, tels sont les objets des conceptions et des pratiques religieuses de cette période sociale.

Période barbare.

Si la possession et le soin des troupeaux caractérisent le Patriarcat, l'emploi de l'agriculture, comme moyen principal de subsistance, signale l'avénement d'une autre période sociale. L'extension de l'autorité du chef sur une masse de plus en plus considérable d'hommes, l'abus du sentiment hiérarchique porté d'une part jusqu'à l'oppression la plus cruelle, jusqu'au dernier délire de l'orgueil; poussé, d'autre part, jusqu'au dernier degré de la bassesse et de la servilité, voilà le type de la société barbare. Elle pivote sur l'esclavage des travailleurs et sur la réclusion des femmes. La forme du commerce est le *monopole*, exercé au profit du despote. On n'y connaît comme moyen de gouvernement que la force, comme loi que la volonté arbitraire du chef. Le culte est polythéique ou monothéique, le plus puissant des dieux multiples ou le dieu unique étant conçu d'après le type qu'offre le maître terrestre.

Tel fut l'état de ces grandes nations de l'Asie que les Grecs et les Romains désignèrent toujours avec raison sous le nom de *Barbares*.

Période civilisée.

Ils appartenaient incontestablement, eux, à une période plus avancée, ces Grecs, ces Romains qui nous ont laissé les plus beaux chefs-d'œuvre qu'ait enfantés le génie des arts et de la poésie. Leur société, si brillante sous ce rapport, et qui avait amélioré la condition des femmes, reconnu des droits à l'épouse (et c'est par là qu'elle se caractérise essentiellement comme société civilisée), avait retenu cependant un des caractères de la Barbarie, l'esclavage des travailleurs.

Je n'engagerai pas ici de controverse sur la question de savoir comment et par quelles influences l'état social du moyen âge et la société moderne ont succédé à la civilisation grecque et romaine. Toute cette période, sauf les perturbations apportées par les invasions des Barbares, appartient à la forme sociale qui subsiste encore chez les nations les plus avancées du globe, à la *Civilisation*. Cette société ne serait-elle elle-même qu'un échelon pour nous élever à des formes plus parfaites de la sociabilité humaine ? Rien que de se poser une telle question, dénote, il me semble, chez celui qui se l'est posée, une assez grande portée de vue.

A chacune de ces périodes que nous avons envisagées correspond un genre d'habitation spéciale. Le Sauvage a sa hutte, sa cabane ; le Patriarcal vit sous la tente ; le Barbare habite des maisons et des villes d'une saleté repoussante ; le Civilisé ne commence que fort tard à assainir sa demeure et ses cités encombrées d'une population exubérante.

Les sociétés que nous avons parcourues jusqu'à présent appartiennent toutes à la phase d'enfance de l'Humanité, envisagée comme un être collectif qui a ses âges, ainsi que les individus. Outre les caractères propres à chacune, elles ont des caractères communs dont il a été formé une gamme ou série sous les noms suivants : Indigence, fourberie, oppression, carnage (effusion du sang humain), intempéries outrées, maladies provoquées, cercle vicieux (1).

Sous chacun de ces chefs se rangent tous les divers genres d'infortunes subies, toutes les sortes d'iniquités commises dans

---

(1) Sous le 6e terme de la série : *maladies provoquées*, quelle longue et lamentable liste d'affections le médecin aurait à énumérer ! Il faudrait dérouler d'abord tout le martyrologe de l'industrie civilisée, plus meurtrière que la guerre elle-même. Il faudrait signaler, en outre, les funestes effets, et des privations, et des excès de tout genre, soit périodiques, soit habituels ; là se rencontrerait l'espèce morbide que le professeur d'hygiène, de la Faculté de médecine de Paris, M. Bouchardat, a récemment instituée sous le nom de *misère physiologique* : dénomination qui pèche peut-être sous le rapport de l'exactitude, mais dont le sens est facilement saisi.

le monde. Ils se résument dans un caractère fondamental et synthétique, qui est la contrariété des intérêts, le conflit des passions, d'où résultent, d'une part, un égoïsme général, sentiment dominant pendant tout le cours de ces sociétés ; et d'autre part, une duplicité d'action qui réduit de beaucoup la puissance utile des efforts déployés ; un conflit des éléments sociaux qui les annule en partie les uns par les autres pour le bien, et les fait rivaliser pour le mal.

L'auteur de la théorie que j'expose sur les destinées de l'humanité a désigné, par une image fort juste, toutes ces sociétés pendant lesquelles le mal domine ; il leur a donné le nom de *Limbes sociales* ou de *sociétés limbiques*. Il les comparait à autant de boîtes de Pandore, d'où se répandaient sur le monde tous les fléaux qui désolent l'humanité. Remarquons, toutefois, que ces formes sociales ont leur raison d'être, puisqu'elles ont pour mission de préparer les matériaux d'autres sociétés mieux constituées, qui répondront aux aspirations légitimes de l'homme vers la justice et le bonheur. Dans notre état social actuel, comme dans ceux du passé, le bonheur ne figure qu'à titre d'exception ; les fléaux changent quelque peu de forme, mais le malheur y est toujours le lot du plus grand nombre.

Toutes ces sociétés ont en outre, y compris la Civilisation que nous allons examiner, un caractère commun, l'exercice *morcelé* du travail, — en agriculture et en économie domestique, par exemple ; c'est-à-dire que ces industries reposent sur le groupe étroit de la famille, d'où une perte incalculable de forces, un gaspillage énorme de richesses par l'insuffisance des moyens d'action et par l'absence de toutes les économies qui résultent des approvisionnements et des préparations faits sur une grande échelle.

Les sociétés ne sautent pas brusquement d'une période à la période suivante. Il y a des transitions graduées, des emprunts successifs de quelques-uns des caractères de la période supérieure, jusqu'à ce que le caractère décisif, le caractère de base ou pivotal soit lui-même admis, ce qui détermine l'évolution ou transformation d'une période en une autre. Il y a, par conséquent, des sociétés mixtes, participant largement aux caractères de deux périodes contiguës. Telles sont la Russie et la Chine, Etats demi-barbares, demi-civilisés.

Je vous demande pardon de vous retenir aussi longtemps, Monsieur et honoré beau-frère, sur des considérations qui ne vous paraissent peut-être pas encore avoir un trait direct à la question qui s'agite entre nous, et qui sont cependant tout à fait essentielles pour que nous ayons une base de nos jugements en sociologie. Sur quoi pourrions-nous les asseoir, en effet, d'après la méthode vraiment positive, si nous ne commencions par faire une chose que M. Comte a omis de faire et qui consiste :

1° A étudier, d'une part, les ressorts sociaux, c'est-à-dire les penchants naturels de l'homme, les germes de toutes ses passions, les mobiles de tous ses actes;

2° A étudier, d'autre part, les éléments sociaux, c'est-à-dire les modes suivant lesquels ces penchants ou passions prennent essor; suivant lesquels s'accomplissent les rapports des hommes entre eux, les modes suivant lesquels s'exécutent les fonctions auxquelles s'applique l'activité humaine dans les diverses formes de sociétés jusqu'à présent réalisées.

Cette étude, nous allons la poursuivre à l'égard de la *Civilisation*, c'est-à-dire de la période sociale dans laquelle se trouvent engagées les nations les plus avancées du globe, la nôtre en particulier.

Notez bien que l'étude sociologique dont je donne un précis a été faite en dehors de toute direction théologique ou métaphysique; qu'elle est basée uniquement sur l'observation des faits. Il y a lieu de contrôler cette observation ; elle peut se trouver fautive ou incomplète en quelques points. Mais ici la méthode positive a été appliquée à l'étude des faits sociaux, dès avant que le nom de cette méthode eût été prononcé par Saint-Simon et répété ensuite par M. Comte.

La civilisation.

Il importe de s'entendre bien d'abord sur le sens du mot CIVILISATION.

Suivant quelques-uns, civilisation et progrès seraient synonymes. Dès lors, il faudrait admettre qu'il n'y a que les nations civilisées qui soient susceptibles de progrès, et que dès qu'une nation fait un progrès quelconque, si minime fût-il, elle serait par cela même civilisée. C'est se mettre en contradiction avec tout le langage historique.

Si, d'après la définition qu'en donne M. Guizot (*Histoire de la civilisation en Europe*), le mot civilisation veut dire, et dans un sens absolu, *la meilleure organisation des relations sociales*, il n'y a point, à ce compte, de peuple civilisé sur la terre; car tous présentent, dans cette organisation, des vices nombreux et d'autant mieux sentis, en quelque sorte, que ce qu'on nomme communément leur civilisation est poussé plus loin.

Veut-on seulement parler de la *meilleure organisation relative?* Il faut alors distinguer. Nos institutions sociales, à nous autres peuples civilisés, sont généralement bien supérieures, sans doute, à celles des Barbares, des populations mahométanes, par exemple. Celles-ci, toutefois, ne sont pas autant que nous, nations civilisées, atteintes de cette plaie du paupérisme qui va croissant avec la civilisation comme en Angleterre, en Belgique; ni de cette autre plaie des naissances illégitimes, des enfants trouvés et abandonnés, dont la proportion est si grande en France et dans quelques États de l'Allemagne, dans la catholique Bavière particulièrement. Établissez de même la comparaison entre des pays très civilisés, telle que la Grande-Bretagne et d'autres qui le sont moins, tels que le Portugal et l'Espagne, et vous trouverez que, sous le rapport de la misère des classes inférieures et du nombre des crimes (contre la propriété particulièrement), tout l'avantage est en faveur du pays le moins civilisé. Si, dans un même pays, dans le nôtre, par exemple, vous consultez la statistique criminelle, vous trouvez que les régions les plus avancées, dans la carrière industrielle notamment, fournissent aussi beaucoup plus de condamnés pour crimes que celles qui sont les plus arriérées. Rapprochez, sous ce rapport, les départements de la Seine, de la Marne, de l'Aube, de la Seine-Inférieure, du Nord, des départements de la Haute-Loire, des Hautes-Alpes, de la Corrèze, du Lot, des Alpes, du Morbihan.

Comment donc admettre la définition de M. Guizot, définition qui, comme tant d'autres qu'on trouve en foule dans les ouvrages de philosophie et d'histoire les plus estimés, répond beaucoup plus à un idéal de l'auteur qu'à une réalité ?

Ceux qui regardent de plus près dans les faits de la civilisation y découvrent tout autre chose que ce qu'y a vu M. Guizot, lorsqu'il lui assigne pour caractère « la distribution plus équitable du bien-être entre tous les individus. » (ouvrage cité). Il y a longtemps qu'on en a fait la remarque, la nation qui compte le plus de millionnaires est aussi celle qui renferme le plus d'indigents ; et, appréciant la distribution des richesses telle qu'elle s'opère dans l'état civilisé, un économiste d'une louable sincérité, Sismondi, constate ce résultat : « Les efforts sont aujourd'hui séparés de leur récompense ; ce n'est pas le même homme qui travaille et qui jouit ensuite. » (*Nouveaux principes d'Economie politique.*)

Par suite d'une sorte de respect superstitieux qui s'attache au mot civilisation, l'on a coutume de faire deux parts dans les phénomènes que présente notre état social. Tout ce qui dans ces phénomènes paraît un bien, c'est de la civilisation ; mais le mal, le mal évident, incontestable, ce n'est plus ce qu'il faut appeler civilisation, seul mot qui existe cependant pour désigner notre état actuel de société. Ainsi, l'on a donné au mot civilisation un sens tout arbitraire, et l'on a fait de la civilisation une chose insaisissable.

Mais voici qu'un observateur rigoureux est venu étudier, démêler, classer les faits ; distinguer d'une part ce qu'il y a de réellement bon, par rapport aux sociétés précédentes, dans cette forme des relations sociales qui constitue la Civilisation, — d'autre part ce qu'elle offre d'essentiellement mauvais ; assigner la fonction qu'elle remplit dans le développement de l'humanité ; relever, parmi les phénomènes qu'elle présente, ceux qui concourent à cette fonction, ceux au contraire, qui tendent à y mettre obstacle, ou bien encore qui, une fois la tâche accomplie, deviennent des désordres inséparables d'un retard trop prolongé dans une période sociale dont il fallait sortir à temps pour s'élever à la période supérieure, — et grâce à lui la lumière s'est faite.

Nous comprenons maintenant que la forme civilisée est un vêtement, dans lequel l'humanité a grandi, mais qui, par cela même, devenu trop étroit, gêne aujourd'hui d'une façon intolérable tous ses mouvements ; il doit être remplacé par un vêtement plus ample, ajusté à la taille actuelle de l'humanité et qui lui permette de continuer sa croissance.

PHASES SUCCESSIVES DE LA CIVILISATION.

De même que l'humanité a ses âges qui correspondent à ceux de la vie individuelle : enfance, adolescence, apogée ou maturité, déclin et vieillesse ; de même chaque période sociale a ses phases correspondantes.

Une période présente à considérer des caractères *permanents* qui règnent pendant tout le cours de sa durée, et des caractères *successifs* qui sont propres à telle ou telle phase. Disons encore que, dans chaque période, la première époque, la *vibration ascendante*, comme l'appelle l'auteur de la doctrine que j'expose, a pour objet de créer les ressources au moyen desquelles l'organisation sociale pourra être élevée à une période supérieure. Si l'on manque de faire usage des ressources de l'apogée pour opérer cette transformation, la société dépérit : elle se trouve en proie à des crises, à des souffrances par suite desquelles il se peut qu'elle retombe à une période inférieure. C'est alors surtout qu'elle offre ce caractère de *cercle vicieux* signalé par le même auteur ; c'est-à-dire qu'il ne s'y produit plus aucun bien qui n'entraîne à sa suite des inconvénients corrélatifs qui l'annulent, et que tout remède qu'on tente d'appliquer au mal devient un péjoratif.

Si, malgré ces crises et grâce aux puissants moyens dont la science et l'industrie l'ont pourvue, la société qui se trouve ainsi sur la pente du déclin parvient néanmoins à réaliser la forme sociale supérieure, ce ne sera qu'au prix d'une sorte d'alanguissement sénile (4ᵉ phase) qui permettra de reconstituer la cohésion de ses éléments aux dépens de l'indépendance personnelle de la majorité de ses membres. Ces aperçus deviendront plus clairs par l'application qui va en être faite à la civilisation actuelle.

Quoique la forme en doive paraître étrange au premier coup d'œil, je crois utile de placer sous les yeux du lecteur le tableau des caractères successifs de la Civilisation, tel que Fourier le traçait il y a quarante ans.

TABLEAU DU MOUVEMENT DE LA CIVILISATION

VIBRATION ASCENDANTE.

ENFANCE OU PREMIÈRE PHASE

Germe simple...... Mariage exclusif ou monogamie.
— *composé*...... Féodalité patriarcale ou nobiliaire
Pivot, - *Droits civils de l'épouse*
Contre-poids....... Grands vassaux fédérés.
Ton........... Illusions chevaleresques.

ADOLESCENCE OU DEUXIÈME PHASE.

Germe simple....... Priviléges communaux.
— *composé*...... Culture des sciences et arts.
Pivot, *Affranchissement des industrieux.*
Contre-poids....... Système représentatif.
Ton.......... Illusions en liberté.

APOGÉE ou PLÉNITUDE

Germes............ Art nautique, chimie expérimentale.
Caractères............ Déboisements, emprunts fiscaux.

VIBRATION DESCENDANTE.

DÉCLIN OU TROISIÈME PHASE.

Germe simple...... Esprit mercantile et fiscal.
— *composé*...... Compagnies actionnaires.
Pivot, *Monopole maritime.*
Contre-poids....... Commerce anarchique.
Ton.......... Illusions économiques.

CADUCITÉ OU QUATRIÈME PHASE.

Germe simple...... Monts-de-piété *ruraux* et *absorbants*.
— *composé*...... Maîtrises en nombre fixe.
Pivot, *Féodalité industrielle.*
Contre-poids....... Fermiers de monopole féodal.
Ton.......... Illusions en association.

Voilà une page d'histoire sur laquelle, Monsieur, j'appelle toute votre attention. Elle en dit plus, à elle seule, que plusieurs milliers de volumes d'annales de la civilisation antique et de la civilisation moderne.

Un de nos amis communs, M. Abel Transon, qui exerce précisément aujourd'hui, à l'Ecole polytechnique, les mêmes fonctions d'examinateur, longtemps remplies par M. Comte, dans un article publié il y a trente ans passés, faisait ressortir la justesse avec laquelle avaient été déterminés ces caractères successifs de la Civilisation. Tout cela est déjà ancien, comme vous voyez, mais la date n'y fait rien : les bonnes choses, les idées justes ne vieillissent pas ; je vais donc reproduire une partie du très remarquable commentaire de Transon.

« Les deux premières phases de la Civilisation sont marquées par des progrès très réels, savoir l'attribution des droits civils à l'épouse et l'affranchissement des industrieux.

» L'attribution des droits civils à l'épouse est l'issue régulière de Barbarie en Civilisation. « Si les barbares adoptaient le *mariage exclusif*, ils de-
» viendraient en même temps civilisés par cette seule innovation ; et si
» nous adoptions la *réclusion et la vente des femmes*, nous devien-
» drions barbares par cette seule innovation. » (*Théorie des quatre mouvements* — 1808).

» Après ce premier progrès, le grand bienfait de la Civilisation est d'opérer *l'affranchissement des industrieux*, c'est-à-dire d'émanciper l'industrie du patronage des hommes de guerre...

» La détermination des germes et caractères de l'apogée est un des exemples les plus frappants de la sagacité avec laquelle M. Fourier dégage toujours les faits primordiaux du milieu des faits secondaires.

» En effet, le résultat providentiel de la Civilisation, c'est de créer les sciences et la grande industrie, sans lesquelles il serait impossible de constituer l'association. Mais pour que le trésor des sciences acquises se conserve, et pour qu'il s'augmente le plus rapidement possible, et pour que la vérité soit à la portée de tous, il fallait qu'entre les points du globe les plus éloignés, des communications fussent établies. Aussi longtemps que l'art nautique n'était pas connu, la science demeurait donc très imparfaite et ses progrès peu assurés. (Peut-être devrait-on généraliser l'expression de M. Fourier en disant, au lieu d'art nautique : *moyens de communication*). Et quant au second germe de l'apogée, il est certain que l'industrie, entendue dans son sens technologique, n'a pas de constitution régulière avant l'établissement de la chimie expérimentale. C'est la chimie seule qui peut maintenir et perfectionner d'une manière systématique les procédés des arts.

» L'établissement de la chimie et celui des moyens de communication étaient donc les faits matériels à accomplir, avant de procéder au remplacement de l'ordre incohérent ou civilisé.

» Après cela, comme l'APOGÉE, outre les ressorts qui rendent possible la transformation sociale, doit contenir, comme propriétés caractéristiques, les faits généraux qui engendrent la décadence si on ne sait pas s'élever a une période supérieure, il fallait déterminer ces faits caractéristiques. Par rapport à la Civilisation, il est facile de comprendre pourquoi M. Fourier a indiqué les *déboisements* et les *emprunts fiscaux*.

» En effet, la décadence sera double : il y aura décadence matérielle et décadence politique.

» La décadence matérielle, c'est la détérioration des climatures qu'à la longue la civilisation produit inévitablement. Il est bien vrai qu'à l'origine, la Civilisation améliore les climats en défrichant les forêts, ouvrant des issues aux eaux stagnantes, etc. Mais au delà d'un certain terme, l'exploitation incohérente et l'opposition toujours croissante de l'intérêt individuel avec l'intérêt général amènent un bouleversement dans le système naturel des cultures. Le déboisement des forêts sur les hauteurs est l'expression la plus saillante de ce désordre, parce qu'il ruine complétement le régime des eaux, en détruisant les agents que la nature emploie pour soutirer d'une manière continue l'humidité de l'atmosphère. Aussi voyons-nous nos vallées les plus importantes, la Loire et la Garonne, soumises à des alternatives d'aridité extrême et de débordement qui ruinent le cultivateur.

» L'*emprunt*, cette nécessité de la Civilisation moderne, est l'acheminement le plus direct à la féodalité industrielle, et par conséquent une cause essentielle de décadence politique. »

(Journal *la Réforme industrielle*, n° du 11 janvier 1833.)

Les faits, qui ont rapidement marché depuis l'époque déjà éloignée où nous reporte la publication de cet article, ont justifié, de la façon la plus nette les prévisions de la science.

Je ne résiste pas à la tentation d'en fournir la preuve tirée d'un livre au millésime de 1864, livre sensé et profond, malgré la piquante légèreté de la forme, et qui doit faire tomber les écailles de bien des yeux : « Le million, écrit M. About, a pris en main toutes les affaires lucratives. Il est armateur, assureur, conducteur d'omnibus, cocher de fiacre, maçon, filateur, tisserand, mineur, forgeron, tailleur, cordonnier, aubergiste et restaurateur, remorqueur, lapidaire, directeur de théâtre, marchand de nouveautés, épicier, chiffonnier, boulanger, verrier ; l'eau, la houille, le gaz, le zinc, le fer et l'acier lui appartiennent en propre. Il est tout, il a tout. Il a même raison, s'il faut qu'on vous le dise ! car il n'a pas accaparé pour vendre cher, mais pour produire à bon marché ; car il n'est pas la richesse égoïste d'un seul, mais la fortune de tous mise en commun dans l'intérêt de tous! ». (*Le Progrès*, par E. About, page 159.)

Ici, la thèse du spirituel écrivain devient très contestable. Toute sa pénétrante sagacité ne le préserve pas de l'*illusion en association*, caractère de la quatrième phase.

L'homme qui, dès 1808, découvrait dans l'état social de l'Angleterre et de la France, où les esprits étaient livrés alors à des préoccupations toutes différentes; l'homme qui voyait poindre déjà les germes d'une féodalité nouvelle qui devait surgir du sein de l'industrie, féodalité non plus du château fort et de l'épée, comme au moyen âge, mais du coffre-fort et du billet de banque, celui-là faisait preuve, à coup sûr, d'une portée de vue extraordinaire.

Vous citez quelque part, Monsieur, comme indice de la clairvoyance de M. Comte, qu'il aurait prévu, bien avant 1848, la chute du régime constitutionnel de 1830. Il n'était pas besoin d'être grand prophète pour cela, et je pourrais montrer, de la part des plus obscurs comme des plus célèbres publicistes du temps, une foule de prévisions formelles du même genre, imprimées entre ces deux dates. Et pourtant, il a tenu peut-être à bien peu de chose que ces prédictions, toujours un peu hasardées, ne se vérifiassent pas. Supposez un homme conciliant et sachant faire à propos une concession inoffensive, M. Molé peut-être à la place de M. Guizot, et la chute était retardée de dix, de vingt, de trente ans, plus ou moins, sinon prévenue définitivement : chance dont aucun gouvernement, qui ne veut pas s'aveugler, ne saurait se flatter, j'imagine.

Quoi qu'il en soit de cette hypothèse, car nous sommes ici forcément dans le champ des conjectures, vous convenez ensuite que M. Comte s'est cependant trompé en prédisant, après la proclamation de la république en 1848, que cette forme de gouvernement ne serait plus détruite en France.

A l'inverse des prévisions de Fourier, qu'il tire des propriétés inhérentes au mécanisme social, objet de ses études, propriétés méthodiquement observées et analysées; à l'inverse de ces prévisions qui ont par là un caractère vraiment scientifique, celles de M. Comte portent sur des faits accidentels et de surface en quelque sorte (un événement révolutionnaire, un changement de gouvernement), faits qui ne sont pas même susceptibles d'entrer dans les calculs de la science. Ainsi, ce qui caractérise la Civilisation à certaines de ses phases, dans celle où nous sommes précisément, c'est l'instabilité des gouvernements et la multiplicité des chances de révolutions.

Quant aux formes de gouvernement elles-mêmes, la Civilisation en comporte de très diverses, depuis l'absolutisme qui règne en Russie et qui régnait naguère en Prusse et en Autriche, jusqu'au système de la monarchie constitutionnelle ou gouvernement représentatif, à simple estampille monarchique comme en Angleterre, jusqu'au système républicain comme en Suisse et aux États-Unis d'Amérique (1). Dans l'état présent de la France, tel qu'il est depuis 1789, il n'y a pas de raison pour que nous ne soyons pas ballottés périodiquement d'un de ces extrêmes à l'autre, ainsi que cela s'est vu plus d'une fois déjà. Celui qui, au nom de la science (au nom de la science, entendons-nous bien !) viendrait m'annoncer quelle sera dans cinquante ans la forme du gouvernement de notre pays, je le renverrais avec sa prédiction à M. Mathieu (de la Drôme), car elle aurait moins de fondement encore en politique que n'en paraissent avoir celles de l'honorable ex-représentant du peuple en météorologie. Soit dit sans défaveur pour les prévisions de

---

(1) Ces formes de gouvernement, quelle que soit la supériorité relative de telles d'entre elles sur les autres, n'empêchent pas les grands fléaux, la guerre, par exemple, de se déchaîner sur les peuples. Sous le régime absolutiste, le carnage s'exerce aux bords de la Vistule ; dans le Nouveau Monde, les deux moitiés de la grande république de Washington et de Franklin se heurtent en pratiquant les massacres et les ravages d'une guerre fratricide dans des proportions bien autrement colossales.

A ce propos, faisons remarquer combien les esprits les plus libéraux et les plus avancés sont encore loin d'avoir des notions justes sur le rôle respectif du pouvoir délibérant et du pouvoir exécutif dans l'État. Je dis pouvoir *délibérant* et pouvoir *exécutif*, car l'un est la tête, et l'autre doit être seulement le bras ; il n'y a pas de milieu. Si, même dans la république américaine des États-Unis, le pouvoir exécutif avait été réduit à ses attributions légitimes, est-ce que l'élection d'un président quelconque, est-ce que la volonté de M. Lincoln, ou celle de ses adversaires du Sud, auraient pu entraîner une guerre civile, et la plus gigantesque guerre civile qu'on ait jamais vue ?

M. Mathieu, si elles sont déduites, comme il le prétend, d'observations suffisantes pour les motiver; mais ces observations n'ont pas, tant s'en faut, semblé telles jusqu'ici à l'Académie des sciences, l'autorité légitime, non toutefois infaillible, en semblable matière.

Comme citoyen, je respecte et je tiens pour articles de foi toutes les dispositions de la constitution qui nous régit, constitution qui a d'ailleurs elle-même la sagesse de se déclarer perfectible et par conséquent modifiable. Comme philosophe, on ne saurait accepter pour vérités *scientifiques* des pactes qui ont tant de fois varié ; je dirai même, sauf irrévérence, que je soupçonne plus d'un personnage du monde officiel de croire aux constitutions, à peu près comme le cardinal Dubois, — quand il officiait, ce qui n'arrivait pas souvent, — pouvait croire au Symbole.

Mais laissons de côté la question de forme et de vitalité plus ou moins grande des gouvernements de la Civilisation, pour reprendre notre étude sur des points plus profitables à considérer et généralement plus négligés que celui-là.

La Civilisation actuelle en Angleterre, en France, en Allemagne, est une troisième phase avancée (1). Elle en a développé les deux germes : *Esprit mercantile et fiscal*, *Compagnies-actionnaires*, jusqu'à rendre non-seulement imminente, mais apparente et réalisée en partie, la *Féodalité industrielle*, caractère pivotal de la quatrième phase. Ces deux germes, en assurant, en complétant de plus en plus la victoire des gros capitaux dans la lutte établie sous le nom de concurrence, amènent l'avènement de cette féodalité du coffre-fort et de l'usine, qui sera pour les derniers temps de notre civilisation, ce que furent pour les premiers la féodalité militaire et nobiliaire.

Le commerce anarchique, avec ses fraudes et ses désordres de toute espèce, accompagne la troisième phase dont les *illusions* portent sur l'*économie politique*, sur la *liberté commerciale* (2).

---

(1) Voir ci-dessus le tableau, page 52.

(2) Tel est l'empire des illusions à cet égard qu'on les voit dominer et aveugler des esprits d'une haute portée et d'une remarquable sûreté de coup d'œil. Je citerai comme exemple M. Émile de Girardin. Le rédacteur

Notre course rapide à travers la troisième phase de la Civilisation, nous conduit au seuil de la quatrième phase, marquée par le triomphe complet de la féodalité nouvelle, assise sur le travail et la finance, au lieu de l'être, comme l'ancienne, sur la

---

en chef de la *Presse* n'est pas de ces publicistes qui se tiennent sans cesse à deux genoux devant l'idole vulgaire appelée l'opinion publique. Mais par contre, il pousse l'aversion pour les idées communes jusqu'à tomber quelquefois dans le paradoxe. C'est ce qui arrive à M. Émile de Girardin quand, par suite de ce vice de raisonnement que Fourier désignait sous le nom de *simplisme* et qui consiste à ne voir qu'un seul côté des choses, il poursuit la chimère de la liberté illimitée en tout, sans règle ni frein, ne prenant pas garde que toute liberté a besoin de contre-poids; qu'à défaut de contre-poids elle dégénère en abus, en vexations pour les uns et en dommages pour le corps social tout entier. Le paradoxe de M. de Girardin n'a pas grand inconvénient quand il s'agit de l'usage de la presse, pour laquelle il n'est guère à craindre que le pouvoir renonce trop facilement aux moyens dont il est armé contre ses écarts, moyens qui, en tant qu'ils sont arbitrairement préventifs ou même purement répressifs, et surtout compressifs, ne sont ni de mon goût, ni conformes à la saine théorie des contre-poids; mais quand il s'agit de la vente d'un objet de consommation usuelle et de première nécessité tel que le pain, l'application du principe de la liberté illimitée, allant jusqu'à affranchir le marchand de tout moyen légal d'évaluation pour la quantité et de toute indication de prix fixe, ouvrirait la porte à des abus devant le danger desquels l'autorité administrative recule avec raison partout.

Il serait fâcheux que la compromettante idée de la libertée illimitée en toute chose et sans garantie rendît M. de Girardin, pour tous les gouvernements, un homme impossible. J'aurais désiré, pour ma part, que son incontestable valeur fût mise à l'essai dans l'exercice du pouvoir.

Il y a un autre paradoxe de M. de Girardin, l'opinion de l'impuissance absolue de la presse, qui se concilie mal avec les chaleureux efforts qu'il a faits tout dernièrement pour détourner notre pays d'entreprendre une guerre européenne en faveur de la Pologne. Avec l'opinion qu'il professe de la complète inanité des efforts des publicistes pour influer en quoi que ce soit sur le cours des événements et sur les idées de leurs contemporains, M. de Girardin a un extrême mérite d'abnégation à soutenir, comme il le fait, une ardente polémique dont il sait d'avance qu'il ne sera tenu aucun compte. Ici encore, M. de Girardin va trop loin, et il dépasse la limite du vrai en défendant la thèse de l'impuissance absolue de la presse. Celle-ci ne réussira pas, sans doute, à changer les décisions bien arrêtées d'un gouvernement despotique, ni les volontés bien arrêtées aussi d'une majorité parlementaire. Mais l'enseignement que donne alors la presse sur les questions qu'elle discute, s'il est de nul effet sur les joueurs, n'est pas entièrement perdu pour la galerie, pour la masse du public qui lit et qui prend ainsi des idées qu'il finira par faire prévaloir un jour. La raison, ce sera long, sans doute, mais gardons-nous d'en désespérer, la raison finira par avoir raison, et la presse ne sera pas pour rien dans son triomphe.

profession des armes. Mais, pour dominer en plein, la féodalité *postérieure* a besoin, comme l'*antérieure*, comme la féodalité de première phase, de parvenir à la possession du sol. L'antique fable d'Antée, fils de la Terre, qui tirait ses forces du sein de sa mère, et qui, dans sa lutte avec Hercule, les renouvelait chaque fois qu'il en touchait la surface ; cette fiction mythologique est un apologue d'un sens profond, et que l'histoire des sociétés a vérifié plus d'une fois. C'est à la classe des possesseurs de la terre, des propriétaires du sol que la domination finit toujours par appartenir, quoique la situation actuelle paraisse démentir cette observation. Laissez écouler un demi-siècle, un siècle peut-être, et l'on verra ce que deviendront toutes vos valeurs industrielles, toutes vos richesses en papier, comparativement à la terre, exploitée savamment avec toute la somme de capitaux nécessaire, sous le régime de l'association agricole !

Après avoir monopolisé les transports, la fabrique et les grandes opérations commerciales, les gros capitalistes songeront à s'emparer de l'agriculture, qu'ils ont dédaignée jusqu'alors, parce que les bénéfices qu'elle procure sont minces, et qu'ils avaient une plus riche proie à dévorer d'abord. Mais le moment viendra où les capitaux qui sont à la disposition des grandes Compagnies financières, ne trouvant plus d'emploi suffisant dans les autres industries, ces compagnies en reporteront une partie sur l'industrie agricole, qui manque d'argent, et qui n'en peut obtenir aujourd'hui qu'à des conditions ruineuses. Les Compagnies feront la banque rurale ; elles avanceront des fonds, à un taux raisonnable, aux cultivateurs qui ne craindront pas de recourir à ces institutions de crédit. C'est ainsi que, tout en améliorant leurs terres, ils s'endetteront de plus en plus, jusqu'à se voir forcés de les céder à leurs créanciers. Ces établissements auraient de l'analogie avec nos monts-de-piété ; leur gage serait la terre, et Fourier les désigne sous le nom de monts-de-piété *ruraux*, germe simple de la quatrième phase de Civilisation. L'institution du Crédit foncier est un premier pas dans la voie ici signalée.

Les *Maîtrises en nombre fixe* (germe composé) résulteront du besoin d'opposer une digue à l'anarchie commerciale et aux désordres qui en sont la conséquence : falsifications, agiotage, banqueroutes, etc. Voici quelques indices sur le mode à suivre pour établir cette mesure : « La maîtrise, dit Fourier, ne doit jamais être limitée en nombre ni exclusive ; il faut seulement, par une patente croissante, éliminer de certaines professions tout le superflu numérique, et tous ceux qui ne présenteraient pas des ressources pour coopérer à la solidarité qui doit être le but du gouvernement. Elle doit s'adresser aux classes passibles de banqueroute : aux marchands et aux fabricants. Tant que le corps social confie à des marchands son revenu annuel, son capital même, il doit exiger d'eux une garantie solidaire (1). »

L'opération ainsi conseillée devient un engrenage en *Garantisme*, en période sociale immédiatement supérieure à la Civilisation, et qui consistera dans l'institution d'un système général de garanties réelles pour toutes les classes de la société.

Mais reprenons la marche des deux dernières phases de la Civilisation.

A mesure que le sol sera envahi par les compagnies-actionnaires, fondatrices des banques rurales, elles créeront, pour son exploitation, de grandes fermes où les cultivateurs, dépossédés de leurs petites propriétés, viendront travailler moyennant salaire, comme font les ouvriers dans nos usines et manufactures. Cette situation, qui ne tarderait pas à se généraliser pour les masses, les ramènerait à un état de servage non plus *individuel* mais *collectif*. « Les deux premières phases de Civilisation, écrivait Fourier dès 1808, opèrent la diminution des servitudes personnelles et directes ; les deux dernières phases opèrent l'accroissement des servitudes collectives et indirectes. » (*Théorie des quatre Mouvements*.)

Déjà les ouvriers et les employés des chemins de fer, par exemple, se trouvent en grande partie dans la situation ici indiquée. En dehors de ces grandes exploitations, il n'y a plus

---

(1) A consulter et à méditer, par les gouvernements surtout, les chap. 49 et 50 du *Nouveau monde industriel*, chapitres intitulés : « Construction de la quatrième phase civilisée et de son ambigu en *garantisme*; Construction partielle de la sixième période sociale, Garantisme. » (*Le Nouveau-Monde industriel et sociétaire*, édition de 1829, p. 505 à 520).

pour eux d'emploi possible de la fraction de métier qu'ils y exercent; ils sont donc et ils seront de plus en plus dans la dépendance des compagnies.

La population ouvrière gagnera cependant, à ce régime, des conditions d'existence plus assurées. La minorité possédante et maîtresse ne tardera pas à prendre, même par calcul d'intérêt, des mesures favorables au grand nombre, ainsi qu'on le voit déjà faire aux grandes Compagnies pour leurs employés, auxquels, en cas de maladie, elles procurent des secours médicaux et elles continuent leurs appointements. On entrera par là dans la voie des solidarités et garanties sociales qui, généralisées, constitueront, comme il a été dit, une forme de société aussi supérieure à la Civilisation que la Civilisation est supérieure elle-même à la société barbare.

Tel sera le cours naturel des choses, qui amènera lentement la Civilisation à se transformer en une société supérieure. A supposer qu'on évite ou qu'on traverse, sans mortel dommage, les grandes crises auxquelles la Civilisation demeure toujours plus ou moins exposée, Fourier estimait qu'il faudra trois cents ans au moins pour constituer, dans son entier, le régime des garanties.

La possibilité d'une autre issue plus brillante et plus prompte a été découverte par un coup de génie; elle est, comme tous les *à priori* des sciences supérieures, susceptible d'une vérification expérimentale dont les conditions sont pour la plupart scientifiquement déterminées. Je reviendrai sur cette grande vue.

Pour achever notre étude sommaire de la Civilisation, il resterait à parcourir la longue et triste gamme des caractères *permanents*, de ceux qui l'accompagnent dans tout son cours. Un tableau, tracé de la main de Jean-Jacques, fait vivement ressortir quelques-uns de ces caractères :

« Qu'on admire tant qu'on voudra la société humaine, il n'en sera pas moins vrai qu'elle porte les hommes à s'entre-haïr à proportion que leurs intérêts se croisent, à se rendre mutuellement des services apparents et à se faire, en effet, tous les maux imaginables. Que peut-on penser d'un commerce où la raison de chaque particulier lui dicte des maximes directement contraires à celles que la raison publique prêche au corps de la société, et où chacun trouve son compte dans le malheur d'autrui ? Il n'y a peut-être pas un homme aisé à qui des héritiers avides, et surtout ses propres enfants, ne souhaitent la mort en secret; pas un vaisseau en mer dont le naufrage ne soit une bonne nouvelle pour quelque négociant; pas une maison qu'un débiteur de mauvaise foi ne voulût voir brûler avec tous les papiers qu'elle contient; pas un peuple qui ne se réjouisse du désastre de ses voisins. C'est ainsi que nous trouvons notre avantage dans le préjudice de nos semblables, et que la perte de l'un fait presque toujours la prospérité de l'autre. Mais ce qu'il y a de plus malheureux encore, c'est que les calamités publiques font l'attente et l'espoir d'une multitude de particuliers ; les uns veulent des maladies, d'autres la mortalité, d'autres la famine. J'ai vu des hommes affreux pleurer de douleur aux apparences d'une année fertile.... Qu'on pénètre donc au travers de nos frivoles démonstrations de bienveillance ce qui se passe au fond des cœurs, et qu'on réfléchisse à ce que doit être un état de choses où tous les hommes sont forcés de se caresser et de se détruire mutuellement, et où ils naissent ennemis par devoir et fourbes par intérêt.

» Si l'on me répond que la société est tellement constituée que chaque homme gagne à servir les autres, je répliquerai que cela serait fort bien s'il ne gagnait encore plus à leur nuire. Il n'y a point de profit légitime qui ne soit surpassé par celui qu'on peut faire illégitimement, et le tort fait au prochain est toujours plus lucratif que les services. Il ne s'agit donc que de s'assurer l'impunité, et c'est à quoi les puissants emploient toutes leurs forces, et les faibles toutes leurs ruses. » (*Discours sur l'origine et les fondements de l'inégalité*, note 9.)

Le paradoxal Jean-Jacques exagère, direz-vous. J'en doute ; mais qu'importe? Si le fond du tableau est vrai, c'est assez. Le seul tort de Rousseau, c'est d'avoir considéré ces antinomies de la Civilisation comme essentiellement inhérentes à toute société humaine; c'est de n'avoir pas cherché si, dans un ordre différent de société, les rapports des hommes entre eux ne pourraient pas devenir différents de ceux dont les déplorables conséquences le frappaient si douloureusement.

Avec moins d'éloquence, mais dans un langage plus positif Fourier énonce le résultat de cette opposition des intérêts qu'établit le mécanisme civilisé. « Partout, dit-il, on voit chaque classe intéressée à souhaiter le mal des autres, l'intérêt individuel en contradiction avec l'intérêt collectif. L'homme de loi désire que la discorde s'établisse dans toutes les riches familles et y crée de *bons procès* ; le médecin ne souhaite à ses concitoyens que *bonnes fièvres* et *bons catarrhes* (1) ; le militaire souhaite une *bonne guerre*, qui fasse tuer moitié des cama-

---

(1) De peur de fausse interprétation, je crois devoir joindre à ce passage une Note dont j'en faisais suivre la citation dans un écrit publié en 1839, réédité en 1843 et en 1849 (*Fourier, sa vie et sa théorie*).

« Loin de nous assurément l'intention de dire que tel soit en réalité le vœu du médecin. A Dieu ne plaise que nous imputions ce sentiment odieux et indigne aux membres d'une profession qui se distingue en général par son dévouement à l'humanité, non moins que par ses lumières ! Ce serait, nous le savons, calomnier nos confrères comme nous-même. Mais il n'en demeure pas moins certain, qu'à ne consulter que son intérêt, et s'il pouvait être jamais entièrement dépouillé de ces généreuses sympathies que développent si éminemment, au contraire, les études et les occupations médicales ; il n'en est pas moins certain, disons-nous, que le médecin serait porté à désirer tout autre chose que de voir ses concitoyens jouir constamment et sans aucune exception d'une santé florissante.

» La position civilisée, celle où notre société place le plus généralement les individus les uns à l'égard des autres, est partout tellement fausse qu'il en résulte qu'un médecin délicat n'ose pas toujours faire à ses malades autant de visites qu'il le croirait utile. Pour bien faire discerner ce qu'il faut entendre par la *position civilisée*, nous dirons qu'elle n'est déjà plus celle où se trouve, à l'égard de ses malades de l'hôpital, le médecin chargé d'un service public dans un de ces établissements ; encore moins celle où se trouve le médecin vis-à-vis des familles qui reçoivent ses soins par abonnement fixe. Ces deux dernières dispositions se rattachent à l'ordre garantiste et sociétaire. L'institution des hôpitaux et des maisons de santé est contraire au mécanisme général de la Civilisation, qui a pour pivot le morcellement domestique, et suivant lequel chacun doit être traité chez soi.

» Un mot d'observation encore à propos de la citation qui donne lieu à cette note. Chose étrange ! ceux qui soutiennent contre nous que la nature humaine est essentiellement mauvaise, et que nous rêvons une chimère en croyant à la bonté native de tous les penchants de l'homme, ces gens-là sont les mêmes qui se scandalisent quand nous faisons ressortir ce qui résulte pour chacun de l'état d'hostilité où le constitue, par rapport à la masse, la position que lui fait la société actuelle, et quand nous osons soupçonner que, ayant ainsi toujours intérêt au mal d'autrui, l'on pourrait bien finir quelquefois par le souhaiter, par s'en accommoder du moins assez facilement. »

rades afin de procurer de l'avancement ; l'accapareur veut une *bonne famine*, qui élève le prix du pain au double et au triple ; *item* du marchand de vins, qui ne souhaite que *bonnes grêles* sur les vendanges, et *bonnes gelées* sur les bourgeons ; l'architecte, le maçon, le charpentier désirent un *bon incendie*, qui consume une centaine de maisons pour activer leur négoce. »

Faisons remarquer, à ce propos, que sous l'active administration de M. le baron Haussmann, l'architecte, le maçon et le charpentier, non plus que les extracteurs et marchands de pierres à bâtir, ne sont pas réduits à attendre d'un incendie ou de quelque autre calamité l'occupation que réclament leurs intérêts professionnels. Par suite de l'énergique impulsion qui lui a été communiquée depuis dix ans, l'édilité parisienne a procuré à l'industrie du bâtiment plus de besogne que n'auraient pu faire quelques centaines de grands incendies. Il ne faut pas s'en plaindre : Paris y a gagné beaucoup en salubrité et en agrément ; c'est un fait incontestable. Il y a cependant une hypothèse en vue de laquelle les dépenses de toutes ces constructions nouvelles peuvent donner lieu à un regret. Elles ne se trouveront pas disposées suivant les convenances de l'ordre nouveau, basé sur l'association, s'il vient à s'établir. Je sais bien qu'une telle éventualité n'est admise ni à la préfecture de la Seine, ni dans aucune autre région officielle ; — et pour votre malheur, Messieurs du gouvernement, comme pour le nôtre à tous, je crains bien que vous n'ayez raison dans vos prévisions. L'idée d'une expérience à tenter en sociologie, quelque rationnelle qu'elle soit, n'entre pas aisément dans les esprits. La routine est et demeure, en matière sociale plus qu'en tout autre ordre de choses, la reine du monde.

Résignons-nous donc à subir, longtemps encore peut-être, les vicissitudes et les aménités du régime nommé Civilisation. — Parmi les propriétés qu'il possède, il en est qui ont donné lieu à des dictons très significatifs. Ainsi, l'on dit proverbialement : *La pierre va toujours au tas*, pour indiquer le mode injuste de répartition des avantages de toute espèce. Si Fourier relève comme un des caractères communs à la Civilisation et à la Barbarie, qu'*une minorité d'esclaves armés y contient dans l'ordre une majorité d'esclaves désarmés*, de

Maistre avait plus brutalement encore exprimé cette terrible nécessité en faisant du bourreau la clef de voûte de l'édifice social.

Ce qui différencie principalement, d'ailleurs, ces deux états de société, c'est la substitution à la violence ouverte, seul ressort de la Barbarie, c'est la substitution, en régime civilisé, de la contrainte dissimulée, de la contrainte voilée de motifs plus ou moins spécieux, qui est le mode d'action général en Civilisation.

Vainement cette société étale des prodiges d'industrie et de luxe dans ses expositions universelles, cela n'empêche pas que la masse des ouvriers vive au jour le jour d'un salaire incertain, à peine suffisant pour leur subsistance et celle de leurs familles, — quand il n'y a pas de chômage. Mais que les travaux viennent à s'arrêter, soit par le contre-coup de calamités lointaines, soit par suite de ces engorgements périodiques de produits qu'amènent des spéculations mal combinées ou de coupables manœuvres commerciales, il faut voir alors comme la misère sévit dans les grands centres industriels, et quelle disproportion il existe toujours entre l'immensité des besoins et la quantité limitée de ressources que tout le bon vouloir des autres classes et de l'État peut mettre à la disposition des travailleurs atteints par le fléau ! (1)

En temps ordinaire, à défaut du mal présent, la crainte du mal à venir, l'inquiétude du lendemain assiége incessamment l'esprit de l'homme du peuple. Mais il n'est pas le seul en proie à ce tourment. Dans notre siècle agité par de si grandes pertur-

---

(1) Voici sur ce sujet quelques lignes d'une éloquente franchise empruntées à M. Ch. Dolfus :

« La misère est au milieu de nous comme une honte, comme un démenti infligé à notre orgueil. Son existence opiniâtre, toujours renaissante et qui fait presque rougir du développement de notre puissance matérielle, nous heurte et nous offense... Nous définissons la misère, nous l'étudions dans ses causes spéciales et individuelles ; nous la connaissons et nous la comprenons, mais nous ne l'avons pas vaincue ; elle reste le cauchemar de notre sommeil, et parfois le remords de nos fortunes ; elle suffit pour tenir en échec notre civilisation : cela nous irrite et nous humilie. Nous avons des congrès d'économistes où sont formulées savamment les lois du travail humain ; nous avons des expositions de l'industrie où s'étalent des pro-

bations, les soucis cruels pénètrent jusqu'au sein des palais et doivent y causer parfois de pénibles insomnies. Ce ne sont pas les têtes couronnées seulement qui, de nos jours, ont été éprouvées par d'assez vives terreurs ; les classes riches et pourvues ont eu leurs moments d'appréhension, quand on leur parlait de ces *barbares du dedans*, contre lesquels certains amis de l'ordre n'hésitaient pas, dans leur effarement, à faire appel aux barbares du dehors : « Plutôt les Cosaque que le socialisme ! » Voilà ce que nous avons entendu, ce que nous pourrions encore entendre peut-être...

La puissance du capital est assurément la plus forte puissance de notre temps. La dynastie des Rothschild est probablement la plus solide des dynasties qu'il y ait aujourd'hui en Europe. Cela veut-il dire qu'elle soit à l'abri de tout revers dans les crises dont la Civilisation est possible? Je ne saurais pousser l'optimisme jusqu'à le croire. Le vent des révolutions qui a déraciné les royautés séculaires peut s'élever, le faux socialisme aidant, à un tel degré de violence qu'il arrive à bousculer les coffres-forts, quelque résistance qu'ils offrent par leur masse.

Je ne souhaite pas qu'il en advienne ainsi, tant s'en faut. Si l'expérience à faire en sociologie, si l'expérience proposée par Fourier n'est ni comprise, ni par conséquent soumise à vérification, le seul parti que nous ayons à prendre, nous autres qui connaissons les voies du progrès pacifique et qui voulons y pousser, c'est de concourir, autant qu'il est en nous, à la formation régulière des troisième et quatrième phases de la Civilisation, seul acheminement vers le régime des Garanties. Sous ce rap-

---

diges ; nous chantons des dithyrambes sur la lyre bourgeoise... Mais voici que passent auprès de nous des hommes, des femmes, des enfants en haillons. Nous perçons les monts et nous taillons le roc; nous jetons des ponts sur les fleuves et nous relions les mondes, mais il y a des milliers d'êtres dont l'existence hâve n'est qu'un long dépérissement. » (*Revue germanique et française*. 1er avril 1864.)

Vient ensuite, il est vrai, dans le même article, une tirade contre l'utopie et contre les systèmes socialistes, au milieu de laquelle on trouve cet aveu : « La racine du socialisme, chaque homme de cœur la porte en lui. »

Faut-il cultiver cette racine, la nourrir des sucs vivifiants de la science, ou bien, au contraire, l'extirper ? voilà ce que je demande à M. Dolfus.

port, que mes anciens amis de l'École sociétaire me permettent de le leur dire, nous avons fait, je crois, fausse route à l'époque de la fondation des compagnies pour la création et l'exploitation des lignes de chemins de fer, en combattant, comme nous le fîmes, ces compagnies. (Note C, fin du volume.)

L'État, dont nous voulions, dans l'intérêt général, substituer l'action à la leur, l'État repoussait nos vues et nos conseils ; il passait de gaieté de cœur, comme s'il se fût agi pour lui d'un triomphe, sous les fourches caudines des princes de la finance. De ces derniers, qui auraient pu l'aider à réaliser ses plans, l'École se fit par là des ennemis irréconciliables ; de l'autre, elle n'obtint aucune reconnaissance, loin de là : que peut-on gagner à défendre, malgré lui, qui ne veut pas même être défendu ? Sans efficacité pour sauvegarder l'intérêt du public, nos efforts allaient à l'encontre de la formation de la quatrième phase civilisée, seule voie du progrès social en dehors de l'essai sociétaire.

Pas mieux que le précédent avis sur le mode d'exécution et d'exploitation des grandes lignes de chemins de fer, n'était accueilli, par les ministres des finances de Louis-Philippe, MM. Humann, Lacave-Laplagne et Dumon, le conseil que, à propos des emprunts, nous leur donnions, de s'adresser, non plus exclusivement, suivant la routine, à quelques maisons de banque, mais plutôt par voie de souscription nationale, à toutes les bourses : mode d'emprunt qui, depuis, a été pratiqué si largement et avec tant de succès par le gouvernement de Napoléon III. Il est vrai qu'une facilité de plus d'emprunter, fût-ce à de meilleures conditions, devient aisément, pour les gens prodigues, une cause de plus d'accélération de la ruine. Mais ceci n'est point notre affaire. Il s'agissait, une fois admise la nécessité de l'emprunt, d'indiquer le moyen de le faire aux conditions les moins onéreuses pour l'État et les plus équitables quant à la répartition des bénéfices de la spéculation ; si bénéfices il y avait pour les prêteurs. Sous ces deux rapports et sous le rapport politique en outre, le mode nouveau d'emprunt par souscription nationale vaut infiniment mieux que l'ancien mode, qui mettait l'État, sans aucun contre-poids, dans la dépendance et à la discrétion des banquiers.

Tout ce que la Civilisation a de bon, elle l'emprunte aux périodes sociales supérieures, et spécialement au *Garantisme*, qui vient immédiatement après elle dans la série des sociétés. Ainsi, les tribunaux de prudhommes, les Assurances diverses, les Caisses de retraite, les Sociétés de secours mutuels, l'Assistance publique, les prêts ou avances au travail, sont des institutions de l'ordre garantiste. Aussi ont-elles beaucoup de peine à s'acclimater dans la Civilisation, et sous l'influence des deux caractères suivants de cette société : contrariété des intérêts et cercle vicieux, quelques-unes d'entre elles produisent presque autant de mal que de bien.

Prenons, si l'on veut, pour exemple les Sociétés de secours mutuels, qui jouissent, non sans motif assurément, de toute la faveur du gouvernement et de l'opinion. Est-il rien de plus louable qu'une pareille institution ? Cependant les conseils d'administration de ces Sociétés sont obligés de prendre toutes sortes de précautions pour que leurs ressources ne soient pas dilapidées par des sociétaires de mauvaise foi, qui, avec des ruses souvent fort difficiles à démasquer, même pour l'art médical, simulent des maladies et des besoins dans le but de puiser plus que de droit dans la bourse commune.

La situation du médecin lui-même vis-à-vis de ces Sociétés est fort délicate. Le rétribue-t-on à l'année et par tête de sociétaire ? on est porté à l'accuser de négligence. Le rétribue-t-on à raison du nombre de visites ? on le soupçonne de les multiplier sans nécessité suffisante. Vient ensuite, vis-à-vis des confrères, la question de privilége, privilége établi au profit de quelques-uns, si les sociétaires ont leurs médecins attitrés; aussi la majorité des membres de la profession médicale se montre-t-elle peu favorable à l'institution des médecins cantonaux, malgré le bienfait évident d'une telle institution pour la classe pauvre des campagnes.

Nous touchons ici à l'assistance publique. La ville de Paris a fait, depuis un certain nombre d'années, et elle s'efforce de plus en plus de faire tout ce qui est humainement possible, dans les conditions sociales actuelles, pour remplir le devoir sacré de venir en aide à l'infortune. Les hôpitaux pour traiter les malades ; les hospices pour recueillir les vieillards, les aliénés, les infirmes, les enfants abandonnés, n'ont jamais été aussi largement ouverts, aussi généreusement pourvus qu'ils le sont aujourd'hui. Les bureaux de bienfaisance procurent le traitement à domicile et des secours de toute espèce à une population dont le chiffre s'accroît de jour en jour dans des proportions inquiétantes. — Outre l'assistance administrative, il y a la charité privée, dont l'Impératrice donne noblement l'exemple, soit par les secours qu'elle répand, soit par son patronage sur diverses Sociétés de bienfaisance, telles que la Société maternelle, la Société des prêts de l'enfance au travail, l'Orphelinat du prince impérial ; charité privée qui s'exerce encore d'une façon collective par la grande Société de Saint-Vincent-de-Paul, par les ministres des différents cultes, dépositaires des dons de leurs coreligionnaires. — Hélas ! tant d'efforts ne parviennent pas à combler le gouffre de la misère. Il semble, au contraire, que plus on met dans ce gouffre, plus il se creuse et s'élargit.

A Dieu ne plaise qu'on interprète mes réflexions dans le sens d'une restriction à apporter aux dons de la charité, aux libéralités de la bienfaisance ! Ce n'est pas moi qui donnerai jamais le conseil ni, autant que je pourrai, l'exemple de fermer la main prête à s'ouvrir pour secourir le malheur. Mais, en tant que philosophe, je tâche d'aller au fond des choses et de ne pas me laisser abuser par des apparences sur l'efficacité réelle de nos efforts pour soulager la misère et en tarir les sources.

L'assistance, l'assistance publique surtout, a souvent pour effet d'étouffer les vertus qui mettraient à même de n'y pas recourir. Parlez aux ouvriers d'économie, de prévoyance pour le cas éventuel de maladie et d'accident : vous en trouverez plus d'un pour vous répondre : « Bah ! l'hôpital n'est pas pour les chiens ! » Je n'invente pas le mot, comme vous pensez.

Le sentiment de dignité et d'amour-propre qui détournait autrefois de recourir au bureau de bienfaisance, si ce n'est dans les cas d'impérieuse nécessité, ce sentiment précieux s'éteint de plus en plus dans les cœurs. L'exemple entraîne de proche en proche. Cela se voit surtout dans les territoires annexés du nouveau Paris. Que dans une maison où logent plusieurs ménages d'ouvriers, l'un d'eux se fasse inscrire au bureau de bienfaisance, tous à la file feront successivement de même ; et les mesures adoptées pour limiter les inscriptions ne suffisent pas pour défendre les ressources déjà insuffisantes des bureaux contre la foule croissante des gens qui les réclament. L'inconduite, dira-t-on, et l'immoralité sont là dedans pour beaucoup. N'importe, les institutions de bienfaisance n'en sont pas moins tenues de venir en aide aux victimes que ces vices ont faites. Voici une femme abandonnée avec trois, quatre jeunes enfants ou plus, abandonnée par un mari qui trouve plus commode de garder en entier son salaire pour satisfaire ses goûts d'ivrognerie et de débauche, que de le partager avec ceux dont il devait être le soutien. Cela empêche-t-il que femme et enfants abandonnés ne tombent à la charge de l'assistance?

Puisque j'ai touché à cette plaie, qui grandit, de la désertion du ménage par son chef, j'engagerais volontiers, si je l'osais, M. le Directeur de l'assistance, qui est grand partisan de la statistique, et je suis loin de l'en blâmer, j'engagerais, dis-je, M. le Directeur de l'assistance à faire dresser un relevé du nombre des femmes et des enfants abandonnés par leurs époux et pères, qui figurent sur les registres des bureaux de bienfaisance. Il y aurait là un renseignement instructif sur le progrès de la moralité dans les classes ouvrières des grandes villes (1). Ce document mériterait aussi l'attention du législateur, et lui révélerait peut-être qu'il y a, comme on disait jadis, quelque chose à faire. Bien des faits sont inscrits dans le Code comme passibles d'une sanction pénale, qui sont moins odieux assurément que l'abandon, par un chef de famille, des enfants auxquels il a donné le jour. Ce n'est point, toutefois, une peine de plus que je vou-

---

(1) Je n'entends pas dire par là qu'il y ait moins de moralité parmi les ouvriers que dans les autres classes de la société. Je m'associe volontiers à l'observation très juste qu'ajoutait M. Jules Simon, après avoir, dans la séance du Corps législatif du 19 janvier dernier, mentionné le même fait que je signale ici. A propos de la nécessité dans laquelle se trouvent beaucoup de femmes de se procurer des moyens d'existence par un travail personnel, l'honorable député s'exprimait ainsi :

« Toutes les femmes ne sont pas mariées, et toutes les mères, même celles qui sont mariées, ne sont pas certaines de n'être pas abandonnées par le père de leur enfant. Je ne dis pas cela seulement pour les ouvriers ; c'est dans toute la société française qu'on n'a plus autant de respect pour le lien sacré de la famille. »

drais voir édicter au sujet de l'acte dénaturé que je dénonce. Je ne voudrais pas non plus que le déserteur du groupe de famille y fût ramené, comme le déserteur du drapeau, par la gendarmerie ; son retour forcé vaudrait probablement à la pauvre femme plus de mauvais traitements que d'aide effective. Je voudrais seulement qu'il fût obligé, de loin comme de près, de consacrer à l'entretien de la femme et des enfants qu'il a quittés, une part proportionnelle du salaire, des appointements ou des ressources quelconques qu'il se procure. La loi pourrait et devrait le contraindre à remplir ce devoir de justice.

La réflexion que je tenais à émettre au sujet de toutes les formes d'assistance qu'avec un zèle digne de meilleurs résultats l'on multiplie et développe, dans les grands centres de population du moins (car les campagnes sont, sous ce rapport, très négligées), c'est qu'elles contribuent à faire perdre aux individus l'habitude de compter sur eux-mêmes ; c'est qu'elles les accoutument à attendre d'autre chose que de leurs propres efforts, les moyens de satisfaction d'une grande partie de leurs besoins. Il y a aujourd'hui, dans Paris et dans sa banlieue, bon nombre de femmes du peuple qui, au lieu de se livrer à un travail quelconque (le travail des femmes rapporte, hélas ! si peu !), passent la plus grande partie de leur temps à écrire ou à se faire écrire des demandes de secours, puis à les colporter partout où elles espèrent en obtenir quelque résultat. Si S. M. l'Impératrice juge, d'après la quantité de placets qui lui sont adressés à cette fin, du degré de prospérité du peuple de France, elle en doit concevoir une bien triste opinion.

Chassée de la rue par un préfet de police (M. Debelleyme) qui a laissé de sa courte administration les souvenirs les plus honorables, la mendicité s'est réfugiée ailleurs ; elle s'est tournée d'un autre côté. Elle ne s'adresse plus que par exception aux passants, de peur du sergent de ville qui la guette ; mais, en fait, elle ne subsiste pas moins toujours. Demandez plutôt aux sœurs des maisons de secours, aux administrateurs et aux commissaires des bureaux de bienfaisance, auxquels elle ne laisse ni paix ni trêve ; demandez-le même, pourrais-je vous dire, si je ne connaissais votre éloignement pour ces hautes régions, aux secrétaires des commandements de Leurs Majestés et de Leurs Altesses impériales.

La mendicité n'est qu'une des formes, qu'un des modes de manifestation de l'indigence, qui est elle-même inséparable de toute société ayant pour base le MORCELLEMENT au lieu de l'ASSOCIATION.

Je suis en plein dans la sociologie, je pense, et dans la sociologie la plus positive, quoique un peu pathologique. D'après ce que je sais des spéculations de M. Comte, l'inventeur selon vous, Monsieur, des lois sociologiques, il n'y a pas risque cependant que je le rencontre sur le terrain où je me trouve conduit.

En insistant, outre mesure peut-être, sur des faits secondaires, je n'ai pas en vue de vous apprendre des choses que vous connaissez tout aussi bien que moi, mais plutôt d'aller au-devant du reproche banal des hommes pratiques envers nous autres, les utopistes : ils prétendent que nous vivons toujours dans nos rêves, et que nous ne comprenons rien aux réalités présentes. C'est pour écarter ce reproche que je me suis autant arrêté sur des faits de détail, sans perdre de vue toutefois les faits plus généraux et les principes eux-mêmes.

Remontons, je le veux bien, vers de plus larges horizons : *Paulò majora.*

Quatre sociétés subsistent simultanément sur la terre : les sociétés sauvage, patriarcale, barbare et civilisée. Cela s'observe aujourd'hui comme il y a déjà bien des siècles. Aucune de ces sociétés, la plus avancée pas plus que celles qui le sont moins, ne peut s'assimiler les autres. Dans son contact avec les peuples barbares ou sauvages, la Civilisation peut les détruire (c'est ce qu'elle fait partout) ; mais elle ne peut aucunement les amener à ses coutumes. « Puisses-tu être réduit à labourer un champ ! » voilà tout ce que le Sauvage trouve de plus cruel à souhaiter à son ennemi. — Quand ce n'est pas par le fer et le feu que nous détruisons les populations sauvages dans les contrées où nous nous trouvons, nous autres civilisés, en contact avec elles, c'est en les abrutissant par l'eau de *feu* ou en les empoisonnant de nos maladies contagieuses. Puis, viennent des savants en histoire naturelle, certains anthropologistes qu'on pourrait nommer les théoriciens d'une sorte d'anthropophagie, qui, pour rassurer nos consciences, nous démontrent, par des raisons anatomiques et physiologiques, que ce sont là des races inférieures, condamnées à disparaître devant les progrès de la civilisation !

Plus rapprochée de la nôtre dans la série, la société barbare ne montre aucune disposition à se modifier dans le sens de nos mœurs et de nos institutions. La Barbarie mahométane est campée en Europe depuis quatre cents ans ; elle règne depuis un temps bien plus long sur la rive africaine de la Méditerranée, à trois jours de navigation des États les plus civilisés ; bien mieux, depuis trente-quatre ans, nous sommes, nous autres Français, par le droit de la guerre et de la conquête, installés en maîtres au milieu d'elle, en Algérie : rien dans tout cela qui lui fasse faire un pas vers la Civilisation. Les Barbares restent eux-mêmes : *Sint ut sunt, aut non sint ;* c'est aussi leur devise (1).

---

(1) Je cite, à ce propos, de nobles paroles prononcées par l'empereur Napoléon III, lors de sa visite à Alger, en 1860 :
« Le Dieu des armées n'envoie aux peuples le fléau de la guerre que
» comme châtiment ou comme rédemption. Dans nos mains, la conquête,
» ne peut être qu'une rédemption, et notre premier devoir est de nous
» occuper du bonheur des trois millions d'Arabes que le sort des armes a
» fait passer sous notre domination.
» La Providence nous a appelés à répandre sur cette terre les bienfaits
» de la civilisation. Or, qu'est-ce que la civilisation ? c'est de compter le
» bien-être pour quelque chose, la vie de l'homme pour beaucoup, son
» perfectionnement moral pour le plus grand bien. Ainsi, élever les Arabes
» à la dignité d'hommes libres, répandre sur eux l'instruction, tout en
» respectant leur religion, améliorer leur existence en faisant sortir de cette
» terre tous les trésors que la Providence y a enfouis, et qu'un mauvais
» gouvernement laisserait stériles, telle est notre mission : nous n'y failli-
» rons pas. »

Plus est élevée la position de celui qui les exprime, plus il convient de prendre acte de pensées aussi progressives et de sentiments aussi généreux, qui deviennent des engagements formels, un programme qu'on ne saurait laisser protester ensuite.

Si, cependant, ces bienfaits que vous voulez, Sire, répandre sur les Arabes, *tout en respectant leur religion*, c'est cette religion même, ou du moins ce qu'il y a en elle d'exclusif, qui les repousse ?...

Ce n'est pas, au surplus, chez les Musulmans seuls, que les doctrines religieuses mal entendues font obstacle au progrès social.

D'ailleurs, nous nous aimons si fort entre nous, nous autres nations civilisées, que nous préférons voir les plus belles contrées de l'Europe et du monde en la possession des Turcs, des Barbares, sectateurs de Mahomet, que si elles devaient passer sous la domination de l'une quelconque d'entre les puissances chrétiennes. Et nous nous disons des frères en Jésus-Christ ! Par leurs rivalités, par les ombrages qu'ils s'inspirent réciproquement, nos gouvernements civilisés font vivre artificiellement, à Constantinople, un reste de barbarie qui, sans leur appui, se serait écroulé depuis longtemps déjà, miné par les forces de décomposition qui travaillent au sein de ce cadavre. C'est spécialement la main de la pudique Albion qui maintient debout, en Europe, une société dont la caractéristique est le harem et l'eunuque. Applaudissez maintenant à la grande et chrétienne politique des lords Palmerston, Russel et consorts !

L'Angleterre, comparée aux autres grands États de l'Europe, a cependant, grâce à son attachement au gouvernement représentatif, un mérite, et il est immense : c'est d'être, à certains moments de crise, le seul refuge de la liberté, l'unique asile sûr, sinon toujours hospitalier, des proscrits politiques. Mais cela n'excuse ni le machiavélisme de son gouvernement au dehors, ni les vices de son état social au dedans, vices dont le résultat le plus saillant est la misère des classes inférieures. Le peuple anglais, a-t-on dit avec raison, est, de tous les peuples de la terre, celui qui a le plus *travaillé* et le plus *jeûné*. John Bull, si patient qu'il soit de sa nature et si bien asservi qu'on le tienne au joug des traditions, John Bull lui-même finira par se lasser des déceptions qu'on lui sert sous l'étiquette de système représentatif. Quelque influence que procure à l'aristocratie britannique sur les affaires du monde (et l'on voit à Suez comme à Constantinople et à Damas dans quel sens humanitaire cette influence s'exerce), quelque influence que procure aux lords des trois royaumes un tel régime intérieur, il n'a rien d'aimable pour les classes qui en portent le faix sans compensation.

Malgré tout le soin qu'on met à en distraire son attention et à la reporter vers d'autres points, la bête (qu'on me passe la crudité du mot, je n'entends nullement insulter le brave peuple d'Angleterre), la bête finira par sentir où le bât la blesse, et alors, ma foi, gare ! Il pourrait bien y avoir, au delà du détroit, un 89 et même un 93. Pour moi, j'estime que le règne des Pitt et des Palmerston aura un terme, et qu'il touche peut-être à sa fin ; car après l'avoir longtemps satisfait, exalté, il arrive à humilier aujourd'hui l'amour-propre national, qui fut son soutien.

Quand on a vu combien, en général, les révolutions sont fécondes en maux de toute espèce, et comment elles sont presque toutes à peu près stériles pour le bien, l'on n'est guère porté à désirer qu'il en éclate de nouvelles. Cependant, je saluerais avec joie, je l'avoue, celle qui renverserait le machiavélique gouvernement de l'aristocratie anglaise, dont la main se rencontre partout pour entretenir et envenimer les plaies sociales, pour empêcher, pour retarder l'ère de l'entente générale des peuples et la réalisation de toute mesure unitaire dans le monde.

En refusant naguère, sous de vains prétextes, d'accéder au Congrès européen proposé par l'empereur Napoléon, le gouvernement anglais a mis de nouveau à découvert le fond de sa politique : politique toute de jalousie étroite, s'appliquant à entretenir les défiances, la mésintelligence entre les autres États, et ne redoutant rien autant que leur cordial accord, qui amènerait de si grands, de si heureux changements dans les destinées de l'humanité.

J'ai dit sans ménagement ce que je pense du gouvernement britannique. Je ne voudrais pas cependant qu'on me rangeât parmi les anglophobes ou les anglophages, à la suite de M. le marquis de Boissy, par exemple. Loin que je me place au même point de vue que l'honorable sénateur, je regarderais une guerre entre l'Angleterre et la France comme le plus grand des malheurs pour le progrès social.

Ces réflexions ne sont pas un hors-d'œuvre, puisqu'elles se trouvent amenées par la considération des influences qui prolongent, au delà de son terme naturel, la domination de la Barbarie ottomane sur les deux plus belles contrées de l'Europe et de l'Asie.

Je reprends ma thèse du développement successif des sociétés.

Voilà qui doit être entendu désormais : dans la marche de

l'humanité vers le but de ses destinées, Sauvagerie, Patriarcat, Barbarie, Civilisation sont autant d'étapes successives et pénibles. La Civilisation est celle que parcourent, depuis vingt-cinq siècles et plus, ses groupes les plus avancés, ses têtes de colonnes, qui furent, dans l'antiquité de nous la mieux connue, les Grecs et les Romains, dans l'âge moderne, les peuples de la chrétienté.

Cette marche de l'Humanité a été jusqu'à présent purement instinctive, car ni le but n'était nettement déterminé, ni la route n'était jalonnée, surtout dans la direction de la marche en avant. Aujourd'hui, ces deux conditions se trouvent remplies.

Du point où nous sommes parvenus, nous apercevons clairement le chemin qui a été fait jusque-là ; grâce au génie de Fourier, nous découvrons comment la route se prolonge au delà.

L'étape qui succède immédiatement à la Civilisation, dans l'ordre régulier de la série, est celle qui fonde les garanties sociales, dont aucune, pas même la première de toutes, le droit de vivre en travaillant, n'est admissible ni praticable en Civilisation. Aussi la revendication de ce droit, en d'autres termes, du droit au travail, y a-t-elle été toujours, et non sans motif, traitée comme subversive et séditieuse au premier chef.

Par delà le régime des garanties, qui fait cesser l'antagonisme des intérêts, mais qui ne crée point l'attrait dans la majorité des travaux productifs, une autre période sociale est déterminée par les prévisions de la science, période ayant pour base l'ASSOCIATION ; substituant au salaire la répartition proportionnelle ; appliquant les individus, les âges, les sexes suivant leurs goûts respectifs à l'œuvre de l'utilité commune ; employant, comme ressort d'impulsion au travail le plaisir et l'honneur au lieu de la contrainte de la faim, mobile à peu près unique de la classe laborieuse en Civilisation, et réalisant ainsi la vraie liberté sociale, qui, en l'absence du travail attrayant, ne saurait être qu'un leurre pour la masse. Enfin, la possibilité de constituer expérimentalement un embryon de ce nouvel ordre social se montre à nous, comme résultant de l'étude combinée des penchants de l'homme et des conditions d'exercice les plus avantageuses de nos principales industries : agriculture, ménage, fabrique.

Vous dites quelque part, Monsieur : « Une méthode, quelle grande chose ! » Et moi, je dis : l'idée d'appliquer la méthode expérimentale à la solution des problèmes sociaux, l'idée de faire en sociologie une expérience suivant les règles des expériences scientifiques, quelle idée colossale ! Et pourtant elle est toute conforme à la méthode la plus usitée et la plus féconde dans les sciences supérieures, la méthode des *à priori* qu'on soumet à la sanction de l'expérience. Vous l'avez déclaré vous-même : « Une hypothèse est véritablement scientifique lorsqu'elle est vérifiable par l'expérience. » *A. Comte et la Phil. posit*, p. 541.

Si vous m'avez fait l'honneur de me lire jusqu'ici, Monsieur et honoré beau-frère, vous me demanderez peut-être à quoi bon cette longue exposition des vues d'un autre auteur que M. Comte sur la marche et le développement des sociétés humaines ?

Longue, je regrette qu'elle le soit ; j'aurais voulu la resserrer davantage.

Quant au but de cette exposition, il se justifie parfaitement, je crois, par l'objet même du débat. En la présentant, je suis en plein dans la question.

A vous qui affirmiez, mais sans en fournir aucune preuve, que M. Comte avait trouvé les lois de la sociologie (en d'autres termes, la théorie scientifique de l'organisation sociale), j'ai dû démontrer qu'il existait en dehors de l'école de M. Comte, et dès une époque bien antérieure à celle où le fondateur du positivisme commençait son œuvre philosophique, qu'il existait, dis-je, des travaux considérables ayant pour objet ces mêmes lois ; que ces travaux avaient été conçus et dirigés d'après la méthode rigoureuse employée dans les sciences exactes ; qu'ils avaient abouti, si je ne me trompe, à la découverte et à la démonstration des lois qui président au développement des sociétés ; qu'il y avait là, en tout cas, un ensemble de recherches approfondies et poussées si loin, qu'il n'était pas permis de n'en tenir aucun compte lorsqu'on traitait magistralement de la constitution de la science sociale. Ce dernier point était surtout impérieusement commandé aux adeptes d'une philosophie qui, se définissant elle-même « l'ensemble du savoir humain » (j'omets le surplus de la définition donnée précédemment page 15) sont tenus par cela même de se mettre au courant de toutes les parties acquises de ce savoir.

De notre façon d'envisager la formation et le développement des sociétés humaines il ressort que ce n'est point un seul élément, la conception plus ou moins incomplète ou erronée des causes ou de la cause de l'univers, qui préside à cette formation et dirige ce développement, ainsi que l'admet M. Comte; mais que ce sont, d'une part, les penchants naturels de l'homme qui l'ont poussé à la formation des sociétés, et, d'autre part, les inventions et les perfectionnements des arts et des sciences qui ont déterminé principalement les progrès et les transformations de ces sociétés.

Je pourrais, par un simple raisonnement, faire voir combien l'on a exagéré l'influence des conceptions dogmatiques, des croyances religieuses sur l'évolution des sociétés. En effet, l'état social ou l'ensemble des éléments sociaux est par rapport aux croyances et aux cultes, qui sont un de ces éléments, ce que le tout est à une de ses parties. Quelque influence qu'on veuille attribuer à cet élément, il ne saurait contrebalancer, à lui seul, l'influence commune de tous les autres. Cela est si vrai, que les missionnaires chrétiens ont beau convertir et baptiser quelques populations sauvages, ils ne les élèvent point pour cela à l'état civilisé. Il y manque certaines choses que ne sauraient suppléer l'admission d'un dogme et quelques pratiques de liturgie. On peut même soutenir que l'état social fait beaucoup plus ses conceptions religieuses et son culte, que ces conceptions ne font l'état social, quoique je ne conteste pas l'influence relative qu'elles y exercent.

Traduisant mon opinion par des faits, je dirai que la découverte du levier (pour commencer par les choses les plus simples), celle de l'emploi du silex pour confectionner des instruments et des armes de chasse; celle de l'usage du feu et des métaux; celle de l'apprivoisement et de la domestication de certaines espèces animales; l'invention de la culture du blé et de la vigne; celle de la bêche et de la charrue, du marteau, de l'enclume, de la scie et de la lime ; celle du tissage de la laine ; l'idée du creusement d'une pirogue et de la construction d'une barque ; celle de l'emploi de la force du vent pour la mouvoir ; la découverte si importante, au point de vue intellectuel, de l'alphabet et de l'écriture ; celle de la lampe et des autres moyens d'éclairage artificiel ; celle des cadrans, du verre ; d'autres inventions dans lesquelles le génie mécanique apparaît plus spécialement, tels que le treuil, la vis et la poulie ; plus près de nous, l'invention de l'étrier, que les anciens ne connaissaient pas ; celle des moulins ; l'importation chez nous des chiffres arabes, due à un moine d'Aurillac qui, depuis, fut pape sous le nom de Sylvestre II ; la découverte de la boussole, du billet de banque, de la poudre à canon, de l'imprimerie, de la houille, du télescope, du thermomètre et du baromètre, de l'électricité, (pour ne plus parler que de ce qui est tout à fait capital) ; de la chimie, de la vaccine, de l'éclairage au gaz, des usages de la vapeur, etc. ; je dis que toutes ces précieuses découvertes, dont le nombre s'accroît, dont les applications s'étendent incessamment dans des proportions qui tiennent du prodige ; je dis que ces découvertes ont plus fait, en réalité, pour l'avancement du genre humain que tous les dogmes contradictoires qui ont été prêchés dans le monde : dogmes qui, après avoir temporairement contribué au progrès, deviennent tous, plus tard, d'après la théorie historique du positivisme, le principal obstacle que le progrès rencontre.

Sur ce point, sur la prépondérance des inventions scientifiques et industrielles pour la réalisation du progrès effectif, je suis d'accord avec Turgot, comme on le verra par une citation que je reproduirai, et avec Condorcet, c'est-à-dire avec les penseurs éminents que vous donnez pour les précurseurs de M. Comte.

Mais ne semble-t-il pas qu'en signalant ainsi, comme les principaux agents du progrès social, les services des arts et de la science, je soutiens la thèse qui devrait être celle de l'école positiviste? Cette école, qui a pour principe que les conceptions théologiques et métaphysiques ne répondent à rien de réel, fait honneur cependant à ces conceptions, et surtout au monothéisme catholique, de tous les progrès sociaux accomplis antérieurement au positivisme. Que ce système historique soit celui de gens qui croient à la réalité de l'objet des conceptions théologiques, je le comprends; mais qu'il soit préconisé par M. Comte et son école, qui nient formellement l'existence de cet objet, voilà ce que je ne puis comprendre en aucune façon.

Ainsi, d'après M. Comte, c'est une idée chimérique, une pure erreur, qui a servi de flambeau au genre humain pendant tant de siècles, et qui l'a guidé, aussi sûrement à peu près que l'eût pu faire la vérité elle-même, dans la voie du progrès social. Pour moi, au contraire, c'est à la part de vérité contenue dans les conceptions théologiques qu'est due toute la salutaire influence qu'elles ont pu exercer. Si elles ne répondaient à rien de réel, comme le soutient M. Comte, elles n'eussent pu que nuire sans aucune compensation. L'erreur n'a jamais produit aucun bien. Je pense là-dessus comme Condorcet : « Le véritable ennemi du genre humain, c'est l'erreur. »

II.

EXAMEN

DE LA

FORMULE HISTORIQUE DE M. COMTE

Que faut-il entendre par ces trois états de l'esprit humain : l'état *théologique*, l'état *métaphysique* et l'état *positif*? dont M. Comte a fait trois espèces d'entités, contre deux desquelles il escrime incessamment, en disant qu'il faut changer l'*état mental.*

L'esprit humain, ou mieux l'intelligence, la faculté qui nous est donnée pour connaître, est susceptible de conceptions diverses ; mais elle-même ne peut changer, ni dans sa nature, ni dans ses propriétés essentielles : ce n'est pas pour vous, Monsieur et honoré beau-frère, que j'ai besoin d'en faire la remarque. L'intelligence est un instrument sûr, je dirai même avec Descartes, infaillible, en tant qu'il ne s'applique qu'aux objets sur lesquels il a prise et qu'il s'y applique dans toutes les conditions de son fonctionnement régulier, conditions qui sont déterminées par la logique. Vous l'avez dit excellemment vous-même, en combattant une des erreurs de votre maître, l'identification de la mathématique avec la logique, — vous avez dit : « La logique est l'étude des conditions intellectuelles auxquelles la connaissance est soumise. » D'après ce principe, l'intelligence ne doit admettre que ce qui s'impose à elle avec le caractère de l'évidence ; tels sont les axiomes mathématiques que vous maintenez ne lui être fournis eux-mêmes que par l'observation ; tel est le principe dont je pourrais dire également qu'il est, jusqu'à un certain point, le résultat de l'observation : Tout effet implique une cause, quoique j'admette encore une autre source dans l'esprit humain à ces notions-principes.

M. Taine, qui n'est pas, tant s'en faut, un adversaire de la philosophie positive, M. Taine a senti le besoin de défendre contre M. Stuart Mill, le chef du positivisme en Angleterre, cette autre source de nos connaissances qui n'est pas dans l'observation seule. « Il y a, dit cet écrivain, des jugements qui sont instructifs et qui cependant ne sont pas des expériences ; il y a des propositions qui concernent l'essence et qui cependant ne sont pas verbales ; il y a une opération différente de l'expérience, qui, par delà l'observation, ouvrant aux sciences une carrière nouvelle, définit leur nature, détermine leur marche, complète leurs ressources et marque leur but. Voilà la grande omission du système : l'abstraction y est laissée sur l'arrière-plan. » (*Le Positivisme anglais*, p. 117, 118.)

La division admise par M. Comte des trois états de l'esprit humain n'est que très imparfaitement fondée ; car il a toujours été, il a été à la fois, en variant du plus au moins, dans les trois états : théologique, métaphysique et positif (1).

---

(1) L'objection avait été faite à M. Comte, ou il l'avait lui même aperçue, et il a essayé d'y répondre.

« Je puis affirmer, dit-il (*Philosophie positive*, t. IV, p. 709), n'avoir jamais trouvé d'argumentation sérieuse en opposition à cette loi, depuis 17 ans que j'ai eu le bonheur de la découvrir, si ce n'est celle que l'on fondait sur la considération de la simultanéité, jusqu'ici nécessairement très commune, des trois philosophies chez les mêmes intelligences. Or, un tel ordre d'objection ne peut être convenablement résolu, que par l'usage rationnel de notre hiérarchie scientifique, qui, disposant les parties essentielles de la philosophie naturelle selon leur complication et leur spécialité croissante, conformément à l'ensemble de leurs vraies affinités, fait aussitôt comprendre que leur essor graduel a dû nécessairement suivre la même succession, en sorte qu'une seule phase de l'évolution totale a pu faire provisoirement coïncider l'état théologique de l'une d'elles avec l'état métaphysique et même avec l'état positif d'une partie antérieure, à la fois plus simple et plus générale, malgré la tendance continue de l'esprit humain à l'unité de méthode. Ces anomalies apparentes étant ainsi pleinement régularisées, la difficulté ne serait vraiment insoluble que si la

L'intelligence de l'homme n'a jamais cessé de s'enquérir de la cause de l'univers et des causes secondaires de tous les phénomènes qu'il présente; et il n'est pas à présumer que, malgré les efforts de l'école positiviste, elle renonce de sitôt à ce genre de recherches, recherches fructueuses dans une certaine mesure, en tant du moins qu'il s'agit des causes secondes — état théologique; — elle a toujours plus ou moins fait des abstractions, distingué l'abstrait du concret, quoique vous fassiez à M. Comte un mérite particulier d'avoir effectué cette séparation — état métaphysique; — enfin, pour une foule de choses, pour tout ce qui tient à la vie ordinaire, l'intelligence s'est montrée de tout temps, et quelles que fussent ses aberrations théologiques, extrêmement positive; on n'avait pas attendu M. Comte pour étudier la plupart des propriétés des corps et une foule de phénomènes d'après la méthode positive, puisque, à tout prendre, cette méthode ne consiste, il me semble, qu'à généraliser l'emploi des procédés suivis dans les sciences exactes, et par conséquent à l'étendre à l'étude des faits du domaine intellectuel et moral, du domaine social pour tout dire en un mot. Or, nous avons déjà vu, nous verrons de plus en plus, que M. Comte a partout erré en sociologie, et je pourrais, pour toute preuve, renvoyer le

---

simultanéité pouvait présenter un caractère inverse; ce dont je défie qu'on puisse indiquer un seul exemple réel, qui d'ailleurs ne saurait prouver que la nécessité de perfectionner ou tout au plus de rectifier notre théorie hiérarchique, sans qu'il en dût rejaillir aucune incertitude légitime sur la loi d'évolution elle-même. »

J'avoue ne pouvoir comprendre la valeur d'une telle réponse à l'objection tirée de la simultanéité des trois états intellectuels, pris par M. Comte pour caractériser les trois phases distinctes de l'évolution de l'esprit humain. Ce peut être là une vue ingénieuse, vraie même à certains égards; mais elle ne saurait s'appliquer aux états sociaux successifs ni fournir une caractéristique de chacun d'eux, puisqu'ils ont toujours été régis à la fois, par un mélange, à diverses doses, des trois modes de concevoir : théologique, métaphysique et positif.

Les faits, l'histoire effacent donc la fameuse division des trois états.

Mais j'accorde qu'elle pût servir à distinguer entre elles les sociétés successives, d'après la prédominance qu'a exercée ou qu'exerce, au sein de chacune d'elles, l'une ou l'autre des trois conceptions. Quelles conséquences découlent de là pour ce qui est de l'avenir social du genre humain? Comment en déduirez-vous les lois sociologiques, c'est-à-dire les rapports nécessaires qui dérivent de la nature des hommes en tant qu'êtres sociables?

lecteur à la troisième partie de votre ouvrage, où cette démonstration est admirablement faite.

Aussi, après la lecture de cette troisième partie, notamment des chapitres IV, VI et XIV, ai-je peine à m'expliquer comment vous avez pu les écrire, sans retirer à M. Comte le titre que vous lui avez attribué dans la première, de créateur des lois sociologiques. Pour ce qui a trait au présent et à l'avenir de la société, M. Comte est complètement en dehors du vrai : vous l'établissez d'une façon si péremptoire qu'aucun des disciples de M. Comte, s'il en a conservé qui lui soient restés fidèles jusqu'au bout dans sa politique et dans son pontificat comme dans sa philosophie, qu'aucun, dis-je, des disciples orthodoxes, ne sera tenté, je présume, d'essayer de vous réfuter à cet égard. Dans votre esprit, ce n'est donc que par rapport au passé que M. Comte pourrait garder encore quelque autorité en sociologie. J'examinerai un peu plus loin la valeur de ses vues historiques. Un des inconvénients de cette trilogie de M. Comte, (état théologique, état métaphysique, état positif), c'est de donner une idée très-fausse de l'état mental habituel de la plupart des hommes. De ce qu'on serait à l'état théologique pour un certain ordre d'idées, il semble, d'après cette division et d'après l'importance fondamentale que M. Comte y attache, qu'on ne saurait être à l'état positif par rapport à aucun autre. C'est ce qui est démenti par l'expérience de chaque jour, et M. Comte le reconnaît lui-même. Ainsi, le croyant, qui se trouve à l'état théologique pour ce qui est du domaine de la foi, fait souvent preuve d'esprit très fructueusement positif par rapport à toutes les choses qui sont en dehors de ce domaine. C'est ainsi qu'on doit de grandes et précieuses découvertes à des catholiques, à des protestants très sincères et très convaincus. Il suffit de nommer Pascal, Newton et Leibnitz.

Le père Secchi, le savant directeur de l'Observatoire de Rome, croit, je n'en doute pas, puisqu'il est prêtre catholique, au miracle de Josué arrêtant le soleil. Cela empêche-t-il le père Secchi, en sa qualité d'astronome, de calculer la marche des corps sidéraux comme si elle était soumise à des lois invariables ? Une heureuse inconséquence soustrait l'esprit à la domination des croyances, qui seraient omnipotentes à l'égard de tous les faits absolument, si l'on devait en juger rigoureusement d'après la doctrine de M. Comte. Voyons maintenant ce que vaut sa conception historique.

Vous donnez là-dessus, Monsieur, très peu de renseignements; je le regrette, parce que, grâce à votre clarté concise, qui diffère tant de la manière d'exposer de M. Comte, il eût été facile de savoir à quoi s'en tenir au juste et de saisir le système dans son essence.

Il me paraît cependant qu'il consiste en ceci : le passé de l'humanité se partage en trois époques ou âges (il eût été plus juste de se servir d'un autre terme puisque des échantillons des divers états sociaux qu'on veut désigner par là existent encore simultanément sur la terre), époques qui correspondent aux trois conceptions caractérisées par les noms de fétichisme, polythéisme et monothéisme. La nature de ces trois conceptions serait, suivant M. Comte, ce qui décide du degré d'avancement de l'état social.

Pour cette trilogie comme pour la précédente (théologie, métaphysique et positivisme), je ferai observer que l'esprit humain, à en juger par les croyances religieuses des peuples, n'a jamais été peut-être purement et absolument fétichique, polythéique ou même monothéique.

En effet, le Sauvage, en même temps qu'il a son *grigri*, son *manitou* particulier, le Sauvage admet généralement l'existence d'un grand Esprit, d'un grand Manitou, qui a le gouvernement général de l'univers.

Dans le polythéisme, nous rencontrons un Jupiter, le dieu suprême, le maître souverain des dieux et des hommes, dont la suprématie correspond au principe monothéique.

Enfin, dans le monothéisme chrétien lui-même, dans le monothéisme catholique particulièrement, avec le dogme d'un Dieu en trois personnes dont chacune a des attributs spéciaux, le Père créateur, le Fils incarné, le Saint-Esprit vivificateur; avec l'admission d'une créature privilégiée entre toutes, d'une Vierge qu'on rapproche le plus qu'on peut de la Divinité, en même temps qu'on l'éloigne du reste des humains, par le dogme récemment proclamé de l'immaculée Conception, par exemple, (ce qui fait une double infraction aux lois naturelles, d'abord pour la naissance de Jésus, ensuite pour celle de Marie) est-on, philosophiquement parlant, tout à fait en dehors du principe polythéique ? — Parmi les gens qui récitent leur *Credo in unum Deum*, combien n'en voyons-nous pas qui, par le port d'amulettes, de scapulaires ou de médailles de saints, par le placement d'un rameau bénit à leur chevet, croient se préserver ainsi de certaines tentations et de certains périls, se rapprochant, par ces pratiques, du fétichisme ?

Il existe un passage de votre livre où vous signalez vous-même ce qu'a de défectueux la loi des trois états, ce grand titre de gloire de M. Comte. — « Cette loi, dites-vous, page 50, ne comprend ni le développement industriel, ni le développement moral, ni le développement esthétique. A la vérité, elle porte ce caractère excellent d'être relative aux spéculations où l'évolution par filiation est la plus manifeste ; et, par conséquent, de donner une notion positive de la marche de l'histoire. M. Comte s'y est abandonné, et elle ne l'a pas trompé. »

On dirait, en vérité, que M. Comte porte malheur même à votre style, dont je ne reconnais plus l'allure naturelle, quand, au lieu d'exprimer vos propres opinions, ce sont les vues boiteuses de M. Comte que vous cherchez à défendre. Mais voyons donc comment la loi des trois états « est relative aux spéculations où l'évolution par filiation est la plus manifeste. » Ces spéculations, si je m'en rapporte à d'autres passages de votre livre, sont celles de l'ordre scientifique. Or la loi de M. Comte désigne ainsi qu'il suit les trois états qu'elle pose : état théologique, état métaphysique, état positif. Où trouvez-vous, dans les deux premières catégories, une place pour loger les notions scientifiques proprement dites, les seules précieuses cependant au point de vue de la philosophie positive, les seules vraiment susceptibles d'évolution par filiation, les seules qui aient réellement fait avancer la société humaine ? Vous l'avez déclaré vous-même : « Les sciences, la théologie et la métaphysique n'ont point de nature commune. » (*A. Comte et la phil. pos.*, p. 42.)

La loi sociologique, avez-vous dit dans un autre ouvrage, se met sous cette formule : « Toutes nos conceptions sont d'abord théologiques, puis métaphysiques, enfin positives. »

Aujourd'hui, vous reconnaissez que la formule est incomplète, et, par conséquent, fautive; que devriez-vous en conclure, si votre esprit se trouvait à l'état de complète indépendance par rapport à M. Comte et à son système?

D'après votre propre examen, fait dans les conditions d'une extrême bienveillance et d'un respect, je dirai même excessif, rien ne reste debout de la prétendue loi sociologique de M. Comte, et vous vous obstinez à lui maintenir le titre de fondateur de la sociologie! de cette science qui, d'après vous-même, reste encore à faire : cela résulte des lacunes que vous signalez aux pages 674, 675, 676 et 677 de votre ouvrage.

Mais il ne suffit pas de saisir une contradiction chez un esprit logique tel que vous, Monsieur; il faut l'expliquer.

La contradiction vient de ce que, dans la première partie de votre livre, vous identifiez la connaissance de l'évolution sociale dans le passé (point de vue purement empirique) avec la sociologie elle-même; et de ce que, dans la troisième partie, l'envisageant comme elle doit être envisagée, c'est-à-dire comme une science véritable, vous en cherchez les conditions, les fondements réels, et vous reconnaissez qu'ils font encore défaut. Vous signalez ces grandes lacunes : les théories de la morale, de l'esthétique, de la psychologie, de l'économie politique, lacunes avec lesquelles et tant qu'elles subsistent, il n'y a pas de science sociologique possible; vous le déclarez nettement vous-même.

Est-il vrai maintenant que les sociétés aient été toujours d'autant plus avancées que la croyance dominante se rattachait au principe religieux le plus avancé lui-même, au monothéisme, par exemple, plutôt qu'au polythéisme?

Il suffit, pour montrer l'inexactitude, l'inconstance d'un tel rapport, de comparer l'état social des Grecs du temps de Périclès, ou des Romains du siècle d'Auguste, polythéistes les uns et les autres, avec l'état social des peuples mahométans, qui sont des monothéistes très-purs.

On peut juger du degré d'avancement d'une société par la condition qu'elle fait à la femme, par le degré d'élévation que la femme y atteint. Trouvez-vous chez les femmes musulmanes, depuis l'hégire jusqu'à nos jours, des types qui approchent de Cornélie, la mère des Gracques, ou bien même de cette Aspasie qui réunissait dans sa maison les Périclès, les Sophocle, les Alcibiade et les Socrate ; qui se montrait capable de prendre part aux entretiens de ces grands hommes sur les sujets les plus ardus de la philosophie et de la politique, et qui était recherchée par eux plus encore pour les qualités de son esprit que pour les charmes de sa personnne?

Qu'on ne me prête pas, d'ailleurs, l'intention de proposer Aspasie pour modèle aux femmes, dont le rôle naturel est d'être épouses et mères, et d'entretenir, par conséquent, dans leurs cœurs, les vertus qu'exigent ces deux fonctions sociales. Je ne cite la brillante Aspasie que sous le rapport du développement intellectuel, par lequel elle s'élève bien au-dessus des femmes parquées dans les harems. Celles-ci n'ont au surplus, elles-mêmes, aucune idée de la moralité féminine telle que nous la concevons, et leurs époux, ou plutôt leurs maîtres, ne comptent guère, pour s'assurer leur fidélité, que sur la réclusion dans laquelle ils les tiennent, et sur la surveillance qu'ils exercent autour d'elles. La dignité de la femme, le respect de la femme pour elle-même est chose à peu près inconnue chez les peuples barbares. Il n'en était pas ainsi dans l'ancienne Rome, toute païenne qu'elle était : témoin Lucrèce et Virginie, qui ne peuvent survivre à une souillure dont une femme turque se préoccuperait fort peu.

La croyance à un seul Dieu est supérieure, sans doute, au polythéisme, et j'aurai l'occasion de la défendre plus tard contre le positivisme. Mais de ce qu'une société qui professe cette croyance se montre cependant plus arriérée, étant à l'état barbare comme tous les peuples mahométans, qu'une société comme celle des beaux siècles de Rome et d'Athènes, qui était incontestablement civilisée, n'est-il pas logique de conclure que la conception religieuse n'a pas, sur la forme sociale, sur le degré d'avancement des sociétés, toute l'influence, l'influence absolue en quelque sorte, que lui attribuent et M. Comte et tant de gens en dehors du positivisme?

Examinons s'il est vrai qu'une corrélation constante existe entre les dogmes religieux et les institutions sociales, et faisons cet examen sur le moyen âge, qui est comme l'idéal de M. Comte en fait de société. « Un système, dit-il (Préface du *Discours*

sur l'ensemble du Positivisme, p. VIII), un système et un culte
» qui acceptent pleinement le programme moral et social du
» moyen âge, se montrent dignes de remplacer à jamais le ca-
» tholicisme et même s'y substituent déjà, quelque petit que
» soit encore le nombre des vrais positivistes. Désormais, c'est
» des prolétaires et des femmes que les prêtres de l'humanité
» attendent le principal appui de leurs efforts... »

Dire qu'un pareil langage a pu trouver, à Paris, des gens pour l'accueillir, en l'an de révolution républicaine 1848!... Penseurs du dix-huitième siècle, hommes de 1789, vous dont les généreux efforts nous ont conquis le peu de tolérance et de liberté dont nous jouissons, auriez-vous pu jamais soupçonner qu'une tentative de réédification du système moral et surtout social du moyen âge, moins Dieu et le pape, ou plutôt avec un nouveau pape, le pontife de l'humanité! qu'une telle tentative, aussi contradictoire que rétrograde, serait présentée un jour à vos descendants, comme le dernier terme du progrès, comme le *nec-plus-ultrà* de la sociabilité humaine?

Ceci est propre à M. Comte ; vous le repoussez, Monsieur et honoré beau-frère, de toutes les forces de votre raison, comme philosophe ; avec toute l'énergie de votre sentiment, comme démocrate. Je vous en félicite, et je suis heureux de pouvoir vous féliciter d'avoir, dès le principe et toujours, répudié toute participation à l'œuvre hiérophantique de M. Comte.

Il convenait de signaler l'admiration de ce dernier pour le moyen âge, sentiment qui dominait chez lui dès l'époque où il écrivait la *Philosophie positive*, et qui l'a conduit à une contrefaçon des institutions catholiques du moyen âge, anachronisme et contre-sens manifeste dans le siècle où nous vivons (1).

---

(1) L'auteur de la *Philosophie positive* a formellement exprimé ses vues à cet égard : « Ce qui devait, dit-il, périr dans le catholicisme, c'était la doctrine et non l'organisation, qui n'a été passagèrement ruinée que par suite de son inévitable adhérence élémentaire à la philosophie théologique, destinée à succomber graduellement par l'irrésistible émancipation de la raison humaine; tandis qu'une telle constitution, convenablement reconstruite sur des bases intellectuelles à la fois plus étendues et plus stables, devra finalement présider à l'indispensable réorganisation spirituelle des sociétés modernes. » *Cours de Philos. pos.*, t. V., 54e Leç., p. 490.

Le progrès réalisé par le moyen âge, au lieu d'en voir les principales causes dans les inventions scientifiques et industrielles, si sensément notées par Turgot; dans les efforts d'affranchissement faits par les bourgeois et les artisans, fondateurs des communes, efforts si bien racontés par Augustin Thierry et par d'autres, M. Comte l'attribue à peu près exclusivement à l'influence du sacerdoce catholique. En cela, il se trompe, sinon pour le tout, du moins pour une bonne part.

L'influence civilisatrice du christianisme, influence que je suis loin de nier, a été, en général, exagérée par les historiens. Ceux-ci, pour les premiers siècles de l'Église et jusque vers la fin du moyen âge, ont été presque tous des ecclésiastiques. De là une tendance fort naturelle à faire honneur au catholicisme de tout le bien qui s'accomplissait. Si l'Église intervient pour assurer le triomphe de la monogamie, pour limiter, en proclamant la trêve de Dieu, les désastres des guerres continuelles que se font les seigneurs féodaux, c'est aussi sous l'empire de ses doctrines que se répand cette croyance à la fin du monde pour l'an mille, croyance qui amène l'octroi d'une immense quantité de terres au clergé, mais qui entraîna l'abandon presque général des cultures et des autres soins temporels, d'où résultèrent des famines et des pestes effroyables. On doit lui faire porter aussi la responsabilité du sang répandu par torrents dans les guerres religieuses, et des supplices infligés à des milliers de victimes par l'Inquisition, dont la procédure dépasse tout ce qu'on a jamais inventé de plus odieux et de plus attentatoire aux liens de la famille, puisqu'elle obligeait la femme à dénoncer son mari, les enfants leur père, et réciproquement.

Le christianisme a, dit-on, brisé les fers des esclaves Comment donc se fait-il qu'après la découverte du Nouveau Monde, à une époque où le catholicisme était encore dans toute sa puissance, l'esclavage ait été rétabli dans les possessions des Européens en Amérique(1)? D'où vient que ni les papes, ni les grands docteurs modernes de l'Église, tels que Bossuet, ne se sont jamais

---

(1) Je dois dire que M. Comte a dignement flétri l'indulgence que l'Église a montrée pour le rétablissement moderne de l'esclavage à l'égard des noirs. (*Phil. pos.* t. v, p. 408.)

élevés, que je sache, contre cette institution, et qu'il ait fallu, pour l'abolir dans nos colonies, les deux révolutions de 1789 et de 1848, envers lesquelles le clergé catholique ne s'est pas montré bienveillant, tant s'en faut?

Bossuet, le grand Bossuet, a, contre le pasteur Jurieu, défendu l'esclavage, en même temps que le droit divin des rois. « L'es-
» clave, dit l'aigle de Meaux, n'a point d'état, point de tête,
» *caput non habet;* aucun bien, aucun droit ne peut s'attacher
» à lui... De condamner cet état (l'esclavage), ce serait non-
» seulement condamner le droit des gens où la servitude est
» admise, mais ce serait condamner le Saint-Esprit qui ordonne
» aux esclaves, par la bouche de saint Paul, de demeurer en
» leur état, et n'oblige point leurs maîtres à les affranchir. »
(Cor. VII, 24. Eph. VI, 7). *Cinquième avertissement sur les lettres de M. Jurieu.*

Telle est, sur la question de l'esclavage, la doctrine proclamée par celui qu'on a nommé le dernier Père de l'Église!

A l'époque du moyen âge, le clergé, disent ses apologistes, s'est interposé efficacement entre les seigneurs et le peuple opprimé; il a, autant qu'il le pouvait, adouci le servage. Mais les dignitaires ecclésiastiques eux-mêmes et les communautés religieuses se sont fait attribuer des droits féodaux, qu'ils exerçaient non moins durement quelquefois que les seigneurs séculiers. Enfin, n'est-il pas fâcheux, pour l'influence heureuse qu'on prête ici à l'institution catholique, qu'il se trouve que les derniers serfs qui aient existé en France, presque à la veille de 89, étaient possédés par les moines de Saint-Claude, et que ce soit Voltaire qui ait dû plaider et arracher enfin leur affranchissement?

Qu'on ne m'accuse pas cependant d'être systématiquement hostile au christianisme. J'ai pour la doctrine et pour la personne de Jésus le plus profond respect. Mais ce n'est pas l'exemple et l'esprit du doux Maître qui a toujours prévalu dans la réalisation de sa doctrine par le catholicisme. Malgré ce qu'avait dit le Christ : « Qu'on ne couд pas le neuf sur le vieux, qu'on ne met pas le vin nouveau dans les vases qui ont contenu le vieux vin, » le catholicisme a maintenu la Bible œuvre de Dieu au même titre que l'Évangile, et il s'est inspiré de l'esprit de la première autant que de celui du second. C'est ce qu'il fit particulièrement au moyen âge, tout en persécutant d'une façon cruelle les fils d'Abraham, restés fidèles à la loi de leurs pères.

C'est l'autorité religieuse fondée par le législateur des Hébreux, ce sont les continuateurs, les légitimes représentants du sacerdoce institué par Moïse qui mirent à mort le Christ. Entre l'ancienne loi de Dieu et la nouvelle, il y a pour trait d'union le Calvaire : l'une a fait, l'autre a fourni la victime. On peut dire que c'est la Bible qui a tué Jésus, coupable d'apporter l'Évangile au monde : Dieu le père a tué Dieu le fils. Ce drame douloureux et sublime, que, chaque année, célèbre l'Église, n'est pas autre chose que l'ancienne parole de Dieu luttant contre la nouvelle. Le fils de Marie a beau prétendre qu'il ne vient pas détruire la loi mais l'accomplir : la vieille loi et ses représentants ne s'y trompent pas. Ils frappent le novateur qui se dit le Messie, assurant par là son triomphe, au lieu de l'empêcher. Triomphe légitime, car il était le progrès, l'envoyé de Dieu par conséquent contre une tradition immobile.

Mais depuis la mort de Jésus, depuis que sa doctrine s'est réalisée dans des institutions, l'esprit du Dieu de la Bible y a pénétré. De là deux influences qui se sont manifestées dans le catholicisme et qui y ont vécu à côté l'une de l'autre, dominant alternativement, selon le caractère des hommes et des temps.

L'une vient de celui qui a proclamé le dogme de la fraternité universelle, qui a résumé la loi et les prophètes dans l'amour de Dieu et du prochain, qui a commandé de faire du bien même à ses ennemis, et qui, par la parabole du bon Samaritain, a montré que ce n'est point d'après leur croyance, mais d'après leur charité qu'il faut juger les hommes. C'est là l'influence qui a adouci et changé le sort de l'esclave, qui a fondé les hôpitaux et tous les établissements charitables.

L'autre influence provient du Dieu exclusif et jaloux, qui défend à son peuple tout commerce avec l'étranger, qui commande d'exterminer les Amalécites jusqu'au dernier, qui s'irrite contre Saül parce qu'il a laissé la vie à leur roi vaincu, et qui fait couper par morceaux ce malheureux Agag par la main de son grand-prêtre Samuel, l'impitoyable exécuteur des volontés de ce Dieu implacable. C'est là l'influence qui a fait proscrire, égorger, brûler par milliers les mécréants et les hérétiques. On lui doit l'Inquisition et ses atrocités ; elle a suscité les guerres de religion, inspiré la Saint-Barthélemy et conseillé les dragonnades.

Chacune de ces influences a eu, à toutes les époques, ses représentants dans l'Église : d'une part, saint Vincent de Paul, de l'autre, Torquémada, pour les caractériser par les deux types les plus accentués.

La plupart des récits de la Bible, même expurgés, ne sont pas de saines lectures, ni pour les enfants, ni pour les pères et mères, ni pour les gouvernants, ni pour les gouvernés. Bossuet en tirait la doctrine du pouvoir absolu des rois sur la personne et sur les propriétés de leurs sujets. Les fanatiques y ont, de tout temps, trouvé à souhait des arguments et des exemples pour leurs passions intolérantes et pour les actes les plus atroces.

M. Comte apprécie défavorablement aussi l'influence de la Bible sur les populations chrétiennes, influence plus prononcée chez les nations protestantes, et qui contribue à entretenir leurs dispositions réfractaires à l'émancipation philosophique.

Où l'Église a réellement exercé une influence salutaire et progressive, c'est, je l'ai déjà dit, quand elle a lutté énergiquement dans la première phase de la civilisation actuelle, pour le principe du mariage exclusif, sans le triomphe duquel la société pouvait retomber à l'état barbare. Encore ici, le triomphe de l'Église a été plus apparent que réel ; il n'a surtout pas été complet. Privés de la faculté d'avoir plusieurs épouses, les grands et les rois ne se sont pas fait faute de maîtresses en titre ou sans titre. Voyez la vie de nos rois de France et des princes de leur sang. A part quelques monarques pieux et dévots exaltés comme saint Louis, quelques esprits sombres et atrabilaires comme Louis XI, dominés exclusivement par l'ambition, ou bien des caractères faibles et timorés comme Louis XIII, la plupart de nos rois se sont livrés, par la galanterie, à une polygamie effective. Au lieu d'avoir un sérail *fermé* comme les sultans, recruté par l'enlèvement ou l'achat de jeunes filles étrangères, ils ont eu des sérails *libres*, approvisionnés par leur noblesse avec un empressement de concurrence qui n'avait rien de désintéressé ni de chevaleresque. Ainsi firent, entre autres, Charles VII, devenu malgré lui le *Victorieux*; et dans la ligue collatérale, ce duc de Bourgogne, Philippe le Bon, qui comptait plus de trois cents bâtards : ainsi firent, de plus en plus, le père des lettres, François Ier, mort victime de son libertinage ; le digne fils de François, Henri II (je ne parle pas des goûts infâmes d'un de ses petits-fils, Henri III) ; ainsi le premier des Bourbons, Henri IV, grand roi, mais *vert galant* (1) ; ainsi Louis XIV, ce vice majestueux ; Louis XV, le vice dépravé. Qu'on vienne donc après cela vanter le triomphe obtenu sur la passion ! Et si à côté de tout ce haut scandale j'inscrivais l'adage :

« *Regis ad exemplar totus componitur orbis,*
» Sur l'exemple du roi tout le monde se règle, »

adage, hélas ! trop souvent justifié par les sujets, dans la mesure de leurs moyens !...

Ils n'étaient d'ailleurs infectés d'aucune philosophie, ni vol-

---

(1) Ceux qui fredonnent la romance du roi vert-galant ne se doutent guère, la plupart, que la *charmante Gabrielle* pourrait bien avoir été une empoisonneuse. Dans une histoire des médecins de nos rois, que publie M. A. Chereau, on lit, à propos de l'un de ceux d'Henri IV :

« Notre archiâtre (Jean Dailleboust) mourut dans le mois de juillet 1594, empoisonné, dit-on, par les ordres et les amis de Gabrielle d'Estrées, duchesse de Beaufort, à cause d'une remarque imprudente qu'il aurait faite au Béarnais, touchant la naissance de l'enfant (César, duc de Vendôme) né en juin 1594, qu'on voulait absolument qu'il eût eu de cette favorite. Telle était la passion désordonnée de Henri de Navarre pour cette prostituée, pour *son menon,* comme il l'appelait !

» Pierre l'Estoile écrivait dans son registre-journal, à la date du 24 juillet 1594 : « Ce jour même on eut des nouvelles de la mort de
» M. Daillebout, premier médecin du roy, auquel on disoit qu'une parole
» libre qu'il avoit dite à Sa Majesté touchant son petit César, avoit cousté
» la vie, non de la part du roy, qui ne cognoit point ces bestes et mons-
» tres de poisons, mais de la part de celle (comme tout le monde tenoit)
» qui s'y sentoit intéressée, à laquelle le roy, contre sa promesse, l'avoit
» redite, ne pensant qu'il en dust couster la vie à un bonhomme de mé-
» decin, fidèle serviteur de Sa Majesté. »

Gabrielle, qui était sur le point de se faire épouser par son royal amant, jugea, elle, que la couronne de France valait bien la vie d'un bonhomme de médecin, qui s'avisait de n'être pas à son égard assez *bonhomme !*

Quoi qu'il en soit, si la remarque de l'archiâtre était fondée, il en résulte qu'Henri IV, ce grand tricheur au jeu d'amour, était triché aussi quelquefois ; c'était justice.

tairienne, ni phalanstérienne, ni spinosiste, ni positiviste, ces princes aux mœurs si exemplaires ! Ils tenaient beaucoup à leur titre de *fils aînés* de l'Église ; ils avaient, en sûreté de conscience, *ad majorem gloriam Dei*, et pour la rémission de leurs péchés, ils avaient, suivant l'usage des temps et selon le degré de puissance du clergé sous leurs règnes, fait brûler, égorger, torturer, emprisonner des hérétiques et des philosophes. O tout-puissant empire des croyances sur la conduite des hommes ! Tout-puissant, oui, pour gêner et molester autrui ; nul, quand il s'agit de se gêner soi-même et de réprimer ses propres passions. Le prédicateur ne nous avertit-il pas : « Fais ce que je dis. »

Revenons à notre thèse, dont je me suis laissé écarter un moment par le besoin de protester contre une apologie qui doit être suspecte aux amis du progrès, car elle est le point de départ de tous ceux qui s'efforcent de nous ramener en arrière, vers un état de société plus ou moins analogue à celui du treizième siècle.

L'ordre politique et social du moyen âge aurait été produit, suivant M. Comte, par le catholicisme. S'il en est ainsi, je doute qu'il y ait là sujet de louer sans réserve le catholicisme. Mais comment se fait-il alors qu'au lieu d'organiser la société politique et civile suivant son principe, le catholicisme l'ait organisée ou laissée s'organiser sur un principe contraire ? L'ordre féodal est basé sur l'hérédité ; l'ordre ecclésiastique exclut l'hérédité et les priviléges de naissance des fonctions sacerdotales, dont la hiérarchie se fonde sur la capacité constatée par l'élection des inférieurs ou par le choix des supérieurs. Pourquoi ne voit-on jamais l'autorité religieuse chercher à transporter son principe électif dans la société politique et civile ? Loin de là, l'Église s'est toujours montrée contraire aux tentatives qui ont eu pour but de substituer l'élection à l'hérédité dans la transmission du pouvoir temporel. Témoin le rôle du clergé dans nos révolutions (1). On a vu, au moyen âge, des évêques se faire seigneurs et princes séculiers ; on a vu le pape

---

(1) Je sais bien que M. Comte répond à cela par l'argument tiré de a décadence progressive du catholicisme depuis trois siècles. Dégénéré aujourd'hui, le catholicisme n'a plus, dit-on, la conscience de sa mission sociale. Mais l'a-t-il jamais eue au degré que lui prête M. Comte ? A-t-il

lui-même acquérir la souveraineté temporelle, et l'on voit de nos jours si la papauté y tient, à cette souveraineté, exercée de telle façon que le gouvernement pontifical passe, de l'aveu de tout le monde, pour le plus mauvais des gouvernements civilisés, et qu'il ne se maintient à Rome aujourd'hui, comme celui du sultan à Constantinople, que grâce à un appui étranger.

Il m'est toujours agréable de rendre justice aux gens que je combats. Aussi vais-je citer, sur le pouvoir temporel de la papauté, un passage plein de haute raison, extrait du grand ouvrage de M. Comte. Après avoir établi la nécessité de cette souveraineté temporelle pour soustraire le chef de l'Église à une juridiction particulière, l'auteur ajoutait ce qui suit :

« La papauté et même la dignité du caractère pontifical se trouvaient dès lors exposées sans cesse à une imminente altération directe par le mélange permanent des hautes attributions propres à la papauté avec les opérations secondaires d'un gouvernement provincial.

» Le chef spirituel de l'Europe a fini par se transformer en un petit prince italien électif, tandis que tous ses voisins sont héréditaires; mais d'ailleurs essentiellement préoccupé, comme chacun d'eux, et peut-être même davantage, du maintien précaire de sa domination locale. Quant à l'Italie, elle a dû y perdre sa nationalité politique ; car les papes ne pouvaient, sans se dénaturer complétement, étendre sur l'Italie entière leur domination temporelle; et cependant la papauté ne devait pas, sans compromettre gravement son indépendance, laisser former, autour de son territoire spécial, aucune grande souveraineté italienne. La douloureuse fatalité déterminée par ce conflit fondamental constitue certainement l'une des plus déplorables conséquences de la condition d'existence que nous venons d'examiner, et qui a exigé, en quelque sorte, sous un aspect capital, le sacrifice politique d'une partie aussi précieuse et intéressante de la communauté européenne, toujours agitée, depuis dix siècles, par d'impuissants efforts pour constituer une unité nationale nécessairement incompatible avec l'ensemble du système politique fondé sur le catholicisme. » (*Philosophie positive*, t. v, p. 364-365.)

Les événements en cours d'accomplissement aujourd'hui sont le commentaire de cette appréciation.

---

jamais compris cette mission comme le lui attribue, dans son cinquième volume notamment, l'auteur de la *Philosophie positive*? Un corps pour lequel la tradition fait loi aurait-il pu, si jamais il l'eût possédée véritablement, perdre ainsi complétement la notion de son rôle et abdiquer l'esprit même de son institution ?

Revenons à l'examen de l'influence sociale exercée par le catholicisme pendant sa phase ascendante.

Il n'est pas exact d'attribuer à l'Église, et surtout à l'Église seule, l'ordre tel quel qui s'est établi au moyen âge. A sa formation concoururent, ainsi que l'a démontré M. Guizot, outre l'élément chrétien, les éléments romain et germanique. Ce moyen âge était donc l'héritier d'une autre civilisation. Vous l'avez écrit vous-même, Monsieur : « C'est aux Romains qu'il faut
» reporter l'organisation politique du vaste agrégat européen occi-
» dental... Rome, par le plus admirable système de conquête dont
» l'histoire fasse mention, soumettant l'Espagne, la Gaule et la
» Bretagne, mit sur le bord du Rhin la frontière du monde
» civilisé, laquelle était naguère sur l'Adriatique. L'empreinte
» de l'organisation fut telle que, même après l'inévitable disso-
» lution, les provinces restèrent romaines d'esprit, et firent
» passer, au grand profit de l'occident, les envahisseurs dans le
» giron de la mère commune. » *Conservation, révolution et positivisme*, par E. Littré, p. 141.

Le christianisme trouva donc faite, en grande partie, l'œuvre civilisatrice, dont on lui reporte communément tout l'honneur. Qu'il ait contribué beaucoup à la sauver d'un complet naufrage, lors de l'invasion des Barbares, c'est déjà un beau titre et il est juste de le lui reconnaître.

Tout favorable qu'il est à l'Église, M. Guizot, après avoir exposé ce que l'Europe doit à cette force morale, au milieu du déluge de force matérielle qui vint, à cette époque, fondre sur la société, M. Guizot fait cependant des réserves :

« La présence d'une influence morale, le maintien d'une loi divine, et la séparation du pouvoir temporel et du pouvoir spirituel, ce sont là les trois grands bienfaits, qu'au cinquième siècle, l'Église chrétienne a répandus sur le monde européen.

» Tout n'a pas été, même dès lors, également salutaire dans son influence. Déjà, au cinquième siècle, paraissaient dans l'Église quelques mauvais principes, qui ont joué un grand rôle dans le développement de notre civilisation. Ainsi prévalaient dans son sein, à cette époque, la séparation des gouvernants et des gouvernés, la tentative de fonder l'indépendance des gouvernants à l'égard des gouvernés, d'imposer des lois aux gouvernés, de posséder leur esprit et leur vie sans la libre acceptation de leur raison et de leur volonté. L'Église tendait, de plus, à faire prévaloir, dans la société, le principe théocratique, à s'emparer du pouvir temporel, à dominer exclusivement. Et quand elle ne réussissait pas à s'emparer de la domination, à faire prévaloir le principe théocratique, elle s'alliait avec les princes temporels, en soutenant, pour le partager, leur pouvoir absolu, aux dépens de la liberté des sujets. » *Histoire de la civilisation en Europe*. 2ᵉ leç., p. 51, 52.

Ces déviations n'ont point échappé à la pénétration de M. Comte; il en a rapporté la cause principale au dogme lui-même.

« L'autorité presque indéfinie, dit-il, dont la foi armait spontanément de toute nécessité les interprètes exclusifs des volontés et des décisions divines, ne pouvait manquer d'encourager continuellement, chez la puissance ecclésiastique, les exagérations abusives et même les vicieuses usurpations auxquelles son ambition ne devait être déjà que trop spécialement disposée, par suite du caractère essentiellement vague de ses doctrines fondamentales. » *Phil. pos.*, t. v, p. 325.

Ces sages observations n'ont pas empêché le fondateur du positivisme de se porter héritier de l'institution catholique, même sans stipuler la clause : Sous bénéfice d'inventaire.

Admettons que la distinction des trois états fétichique, polythéique et monothéique, soit parfaitement fondée. Cela donne seulement l'ordre de l'évolution de la conception théologique ou religieuse, mais non pas la loi sociologique, qu'il faut chercher, comme je l'ai fait voir, dans l'ensemble des phénomènes sociaux, et non pas dans un seul, quelque important qu'il soit par son objet, par sa prétention à régir tous les autres.

L'histoire elle-même du passé, si parfaitement connue, si exactement interprétée qu'on la suppose, ne suffirait pas, d'ailleurs, pour autoriser à conclure, de cette notion seule, l'avenir social du genre humain. Contrairement à une opinion très répandue, l'histoire ne contient pas, nécessairement, les lois sociologiques. Elle ne donne la connaissance du développement de l'humanité que pour une seule phase de ce développement, pour la période jusqu'à présent parcourue. Qui peut nous garantir qu'il ne serait pas téméraire de juger de toutes les phases subséquentes uniquement d'après cette phase initiale?

L'analogie entre la vie de l'individu et la vie de l'espèce est par vous acceptée. Vous tirez, Monsieur, de cette analogie, quelques excellentes inductions, que nous rencontrerons plus tard. C'est là une idée mère, qu'il ne faut pas craindre de presser, car elle est féconde en aperçus non moins précieux que lumineux.

Eh bien! figurons-nous un être intelligent, qui observerait un ou plusieurs individus de notre espèce, depuis la naissance jusqu'à l'âge de dix ans, mais qui n'aurait, pour lui donner une idée de la race humaine et de ses fonctions physiologiques et sociales, que ces échantillons d'impubères. Supposons encore que cet esprit observateur n'aurait, pour lui servir de sujet d'induction, le spectacle d'aucune des espèces animales rapprochées de l'homme. Pourrait-il, de l'étude des phénomènes physiques, affectifs et intellectuels que lui présenteraient ces enfants, déduire les changements qui s'opéreront en eux, quand, à la période de l'adolescence, la vie sexuelle va, chez eux, s'éveiller; quand, après avoir vécu jusque-là pour l'individu, ils se sentiront appelés à vivre pour l'espèce. Non-seulement leurs formes extérieures, jusqu'alors si peu dissemblables qu'on distinguait à peine le petit garçon de la petite fille, prennent un aspect nouveau, se dessinent par des contrastes qui frappent au premier coup d'œil, mais chez eux le moral n'est pas moins transfiguré que la constitution physique. Toutes les préoccupations de l'enfant ont fait place à une préoccupation nouvelle, à un sentiment jusque-là inconnu, qui, à peine éclos, domine tous les autres et les teint, pour ainsi dire, de sa nuance.

Qui pourrait affirmer qu'il ne puisse rien se passer d'analogue dans la vie du grand être appelé Humanité? Est-ce qu'elle n'aura pas aussi, elle, cette Humanité, son épanouissement pubère, son heure de floraison éclatante? Qui pourrait croire qu'à cette heure, solennelle entre toutes, au lieu de vêtir splendidement sa robe nuptiale, elle traînera encore les haillons du passé et les lisières de son enfance?

LA QUESTION DE DIEU.

Arrivé à ce terme de l'évolution de l'idée religieuse, qui est marqué par le monothéisme chrétien et catholique, M. Comte, au lieu de chercher à épurer cette idée, en nie l'objet. Il fait donc de l'athéisme, quoiqu'il s'en défende, et vous trouvez vous-même tout à fait sophistique sa défense à cet égard. Mathématique ou non, cet athéisme n'était pas nouveau : Lalande et Laplace avaient précédé M. Comte, sans parler des athées célèbres de l'antiquité. Mais quelques noms, même glorieux à d'autres titres dans la science, qu'il puisse invoquer, l'athéisme est une triste et déplorable erreur. Elle n'a pu résulter que de l'idée imparfaite qu'on avait d'abord donnée de Dieu, et qui, ne satisfaisant plus ni aux notions fournies par la science, ni aux sentiments plus larges de sociabilité développés dans les âmes, a porté quelques hommes à nier Dieu plutôt que de consentir à l'admettre tel qu'on le leur avait dépeint. Ainsi, par exemple, le Dieu capricieux et cruel de la Bible, perfectionné encore dans le sens odieux par le dogme catholique de la damnation éternelle, répugne invinciblement à la raison éclairée, au cœur sympathique de l'homme du dix-neuvième siècle (1). On a beau faire, de nos jours, pour atténuer les traits,

---

(1) A la cruauté s'ajoute tout ce qu'il y a de plus révoltant dans l'injustice et dans l'arbitraire chez le Dieu des réformateurs Luther et Calvin, qui conservent la damnation, en même temps que le premier nie le *libre arbitre* de l'homme, et que le second pousse plus loin qu'aucun autre théologien la doctrine de la *prédestination*, du choix qu'entre les hommes voués universellement au supplice sans fin, Dieu aurait fait, de toute éternité, d'un petit nombre d'élus sans aucune considération de mérite personnel. Ce mérite, d'après Calvin, ne résulterait que de la *grâce*, don purement gratuit et arbitraire de Dieu.

Ce Dieu, qu'ils n'ont pu déshonorer, pardonne sans doute aux auteurs de toutes ces conceptions pour lui si injurieuses ; mais l'humanité, si longtemps obsédée d'affreux cauchemars dont elle a tant de peine à se délivrer tout à fait, l'humanité leur doit-elle la même indulgence ?

« Les dogmes religieux, dit avec raison Fourier, nous peignent Dieu comme un Satrape, ami de la terreur et de la flagornerie. »

C'est sur de pareilles idées de Dieu que se fondent les imprécations de

pour adoucir le caractère que lui prêtent la Bible, d'une part, et la théodicée catholique, d'autre part, on ne réussit pas à accommoder ce Dieu à nos connaissances ni à nos sentiments actuels.

Ce n'est pas un motif pour que la science, non plus que le sentiment, soit autorisée à nier la réalité de l'objet des conceptions théologiques.

Au lieu de rejeter le principe, le fondement de ces dogmes, ce qu'il fallait faire, c'était le dégager des voiles qui le couvrent, des fictions avec lesquelles on aurait grand tort de le confondre. En agissant ainsi, l'on arrive à reconnaître la nécessité d'une cause première, quoiqu'il soit impossible de remonter par l'observation jusqu'à cette cause, principe nécessaire des lois du monde, et que la constatation d'une seule de ces lois démontre irrésistiblement à tout esprit logique (1).

M. Proudhon : « Père Éternel, Jupiter ou Jéhovah ! nous avons appris à te connaître : tu es, tu fus, tu seras à jamais le jaloux d'Adam, le tyran de Prométhée. » *Les Contradictions économiques*, ch. VIII : *De la Providence.*

Avec plus de force encore que la raison elle-même, le sentiment proteste contre le Dieu qui aurait décrété la damnation éternelle. Un compatriote de Proudhon et de Fourier, M. Max. Buchon, dans un élan d'inspiration pathétique, prête à Dieu ce langage :

« Ne vous l'ai-je pas défendue, à vous autres, la vengeance ? Et pensez-vous que mes lois soient chose si futile que je ne commence par me les appliquer à moi-même ?...

» Eh quoi ! le cœur de celle qui vous donna le jour renfermerait assez d'indulgence pour toujours vous pardonner, et moi qui façonne dans mes mains le cœur de toutes les mères, moi qui le fais vivre de ma propre vie, moi qui le parfume de tant d'amour et de pitié, afin qu'aux jours mauvais vous y trouviez toujours un refuge, je resterais en arrière de mon humble créature ! »

M. Comte proteste aussi, et d'une façon assez originale, contre le dogme de la damnation :

« Certes, dit-il, l'obligation de damner Homère, Aristote, Archimède, etc., devait être bien douloureuse pour tout philosophe catholique, et néanmoins elle était strictement imposée par l'imparfaite nature du système. » *Ph. pos.*, t. V, p. 449.

(1) Cette suprême question, que la philosophie positive prétend interdire à l'esprit humain, est celle dont il semble qu'à l'heure présente il se préoccupe de prédilection. Un de mes amis, M. H. Destrem, vient de publier un livre intitulé : *Du Moi divin et de son action sur l'univers.* De ce livre, à plus d'un égard remarquable, je citerai la page suivante :

L'idée essentielle, base et fondement de toute science, c'est qu'il y a de l'ordre dans l'univers, et que des lois invariables en régissent tous les phénomènes. Que l'idée de l'ordre implique celle d'une intelligence qui l'a conçu, de même que l'effet implique la nécessité d'une cause ; c'est de la logique toute pure, dût l'argument paraître aux sectateurs de la philosophie positive entaché de métaphysique. Étant admis le principe que des lois fixes régissent les faits du monde, en quoi la conception que ces lois sont l'effet de l'intelligence et l'expression même de la volonté de Dieu, en quoi le théisme, par exemple, de Voltaire, de Cicéron, de Platon, met-il plus obstacle, est-il moins favorable à la recherche de la vérité, au développement de la science, que le système athéistique de M. Comte ?

Mais ici ce n'est plus M. Comte seul, c'est vous-même, Monsieur et bien-aimé beau-frère, que j'ai le regret d'avoir à combattre.

Le chapitre de votre livre dans lequel vous faites justice des idées baroques par lesquelles M. Comte prétend remplacer les anciennes théories religieuses, chapitre intitulé *Retour à l'état théologique*, commence par le passage suivant :

« L'état positif est celui où l'esprit humain conçoit que les phénomènes sont régis par des lois immanentes, auxquelles il n'y a rien à demander par la prière ou par l'adoration, mais auxquelles il y a à demander par l'in-

---

« Quand on aborde les problèmes de l'ordre moral, la première question qui se pose est celle-ci : Sous les noms de lois ou rapports nécessaires, que faut-il entendre au juste ?

» Ainsi posée, la question n'est susceptible que d'une réponse pour qui ne veut pas se payer de mots. Les expressions Loi ou Rapport nécessaire ne peuvent, à peine d'être vides de sens, signifier que ceci : *Les différentes manières dont agit, oblige d'agir, ou invite à agir* QUELQUE CHOSE DE SUPÉRIEUR, *en qui cette loi, ce rapport nécessaire ont leur raison d'être et puisent leur force effective.* Qui parle de lois universelles, de rapports nécessaires, sous-entend quelque chose, base, principe et force de ces lois ; c'est ce que nous appelons, avec toute la philosophie, l'Absolu, en attendant que nous l'appelions Dieu.

» De ce que nul phénomène ne s'accomplit sans qu'il entre dans son accomplissement deux choses : un acte immédiat produit par un être fini, un rapport nécessaire qu'aucun être fini ne peut créer, il suit nécessairement qu'il existe, concurremment avec le fini lui-même, quelque chose de supérieur, c'est-à-dire l'Absolu. »

telligence et par la science, en usant de leurs propres réactions et complications ; de sorte qu'en les connaissant de mieux en mieux, et en s'y soumettant de plus en plus, l'homme acquiert sur la nature et sur lui-même un empire croissant, ce qui est le tout de la civilisation.

» L'état théologique, au contraire, est celui où l'esprit humain conçoit que les phénomènes sont l'œuvre de volontés, ou si le développement social en est arrivé au monothéisme, d'une seule volonté toute-puissante et toute sage. Cette Providence, collective s'il s'agit du polythéisme, unique s'il s'agit du monothéisme, gouverne le monde, en dispense les bienfaits et les rigueurs, met son doigt sur les événements humains et a un regard pour la destinée de l'homme individuel.

» Tel est le contraste entre les deux doctrines, d'un côté des lois, de l'autre des volontés; d'un côté, un monde qui est régi par les propriétés des choses et duquel l'homme fait partie ; de l'autre, un monde arrangé et approprié pour l'habitation transitoire de l'homme par une Providence dont la puissance, la justice et la bonté ne s'endorment jamais. » A. *Comte et la Phil. pos.*, p. 570.

Ce que je ne saurais concéder, Monsieur, quant aux deux derniers alinéas de cette citation, c'est l'opposition que vous y établissez entre des *lois* et des *volontés*.

La volonté, même à ne la considérer que dans l'homme, a ses lois, et lorsqu'elle se fait *arbitraire*, elle contrevient aux lois de sa nature. Mais les volontés de Dieu, du Dieu que je conçois, ne peuvent avoir rien d'arbitraire et ne se manifestent jamais que par les lois imprimées à tous les êtres. C'est l'existence même de ces lois, c'est leur concordance d'où résulte l'harmonie de l'univers et qui révèle un ensemble de combinaisons bien supérieures à tout ce que l'intelligence humaine aurait jamais pu imaginer, ce sont ces lois mêmes qui me révèlent, dans leur auteur, une intelligence sans borne.

La proportion plus ou moins grande, mais toujours minime et comme insignifiante par rapport à leur ensemble, la proportion plus ou moins grande de ces lois qu'il parvient à saisir et à embrasser est ce qui donne la mesure de l'intelligence de chacun de nous, et la découverte de la moindre d'entre elles suffit pour faire proclamer celui qui réussit à la faire un homme de génie ; et vous voudriez que dans leur établissement, que dans le merveilleux ensemble de tous les phénomènes de la nature, on ne reconnût pas la marque d'un pouvoir intelligent ! Pour moi, le spectacle de l'univers suffit à me révéler un Dieu non-seulement intelligent, mais encore bienveillant. Bienveillant, car il n'a départi à chaque classe d'êtres animés qu'une dose de prévoyance et de sensibilité en rapport avec le sort qui lui était réservé dans la nature ; il a, en un mot, pour me servir des termes d'une École à laquelle je me fais honneur d'appartenir, il a distribué les attractions proportionnellement aux destinées. Et les destinées (comprises dans le sens le plus général) sont, suivant une définition publiée en 1808, « les résultats passés, présents et futurs des lois mathématiques de Dieu sur le mouvement universel. »

Ceci exclut bien l'idée de toute intervention d'une volonté capricieuse et changeante dans l'ordonnance et le gouvernement des affaires du monde, sans contredire la part de liberté laissée à l'homme, et qui le fait responsable dans la mesure de cette liberté même.

Ce Dieu n'a que faire de mettre son doigt sur les événements humains. Il est toujours au cœur même de tous ces événements, car ils se déroulent toujours en conformité des lois immuables qu'il a établies : — événements heureux pour l'homme, s'il a su se conformer à ces lois ; — malheureux, s'il ne sait ni les reconnaître ni régler sur elles sa conduite. Quand je dis l'homme, on comprend que je parle du genre humain, car il y a une telle solidarité entre tous les membres de la grande famille, que le bonheur n'est possible pour les uns qu'à la condition de s'étendre à tous graduellement.

En faveur de l'idée d'une cause personnelle et intelligente de l'univers, on peut alléguer une raison de fait, une conclusion légitime, il me semble, une induction de ce que nous connaissons par l'observation et par l'expérience à ce qu'il nous est interdit de connaître par la même voie. Toute manifestation qui dénote du calcul, de la combinaison, émane, c'est l'expérience qui nous l'apprend, d'un être doué d'intelligence. Une montre, comme on l'a dit cent fois, suppose nécessairement un horloger. Si donc l'univers est un ensemble de phénomènes qui accuse une puissance de combinaison dépassant, dans une proportion infinie, la portée des plus grands esprits dont l'humanité s'honore, la logique nous force d'admettre à cet univers, si harmonieusement constitué, si savamment ordonné, une cause douée de personnalité et d'intelligence, bien que notre intelligence finie ne puisse, à raison de la nature infinie de cette cause, parvenir à la comprendre.

La sanction immédiate des actes par la conscience fournit pareillement une preuve irréfragable, non-seulement de la liberté relative de l'homme, mais encore de l'existence de Dieu, et de l'un des modes d'influence qu'il s'est réservés sur sa créature d'élite.

Ainsi la raison, d'accord avec le sentiment, et d'autant plus qu'elle acquiert une notion plus exacte des phénomènes, qu'elle s'élève à une conception plus claire des lois du monde, la raison proclame la nécessité d'un principe intelligent supérieur à l'homme.

In orbe deos fecit timor; la crainte fit les Dieux, a dit le poëte. Pourquoi ne serait-ce pas l'amour, la reconnaissance, aujourd'hui que nous parvenons à comprendre qu'il n'y a aucune force dans la nature qui ne soit favorable aux hommes, pouvu qu'ils apprennent à la connaître et à en faire usage conformément à ses propriétés? N'est-il pas naturel que, mis un jour en possession du bonheur, jouissant d'un état social qui le lui assure, l'homme éprouve le besoin d'élever un sentiment de gratitude vers quelque chose au-dessus de lui? N'est-il pas plus doux, au lieu de rester sous l'impression du vide de ces insondables profondeurs de l'espace et du temps, que vous avez si poétiquement dépeintes, n'est-il pas plus consolant, Monsieur, en même temps que plus rationnel, de penser que partout il y règne de l'intelligence et du sentiment: une intelligence analogue à celle de l'homme, mais avec des proportions infinies; intelligence dont les conceptions réalisées sont l'univers même et les lois qui le régissent; un sentiment correspondant à celui de l'homme, mais avec une puissance illimitée d'amour et dont les irradiations constituent le monde moral lui-même?

Ne mettez donc pas en opposition, quand il s'agit de Dieu, d'une part des volontés, d'autre part les propriétés des choses (ou mieux des êtres), car les volontés de Dieu, nous ne les connaissons que par ces propriété mêmes; et ce que nous en saurons de plus en plus, y compris l'existence de lois sociales faites pour assurer le bonheur du genre humain, nous atteste une Providence dont la puissance, la justice et la bonté ne s'endorment, en effet, jamais.

Que le monde, si par là vous entendez l'universalité des choses, ait été arrangé tout exprès pour l'humanité de notre planète, il serait désormais par trop vaniteux à nous de le supposer, quand nous savons que l'immensité des cieux est peuplée d'un nombre infini de soleils analogues au nôtre, ayant vraisemblablement, comme lui, leur cortége de planètes; mais que notre Terre ait été appropriée pour l'habitation transitoire de l'homme qui en est l'être intelligent et sociable par excellence, qui a reçu le pouvoir d'en modifier si profondément, pour son usage, les productions diverses, et de faire régner à sa surface l'ordre et la fécondité, c'est une attention dont nous pouvons, sans outrecuidance, nous flatter d'avoir été l'objet. Cela entrait, sans nul doute, dans le plan de l'ordre universel; mais il n'est pas moins évident que la Terre a été donnée à l'homme pour domaine, qu'il en a la gérance, et que, de l'un à l'autre pôle, il ne se présente aucun être pour lui disputer cette haute fonction.

M. Comte a beau nous dire, après Saint-Simon, le maître qu'il a durement renié, que si l'espèce humaine disparaissait du globe, l'espèce la mieux organisée après elle se perfectionnerait.

C'est là, vous en faites la remarque, une conjecture à laquelle il ne faut attacher aucun prix, non-seulement, comme vous le dites, parce qu'elle n'a pour elle aucun commencement de preuve et d'expérience, mais encore, suivant moi, parce qu'elle jure avec la nature vraie de l'homme et du rôle qui lui est assigné sur la terre. — Placer deux espèces rectrices sur le même globe serait aussi absurde que de donner deux cerveaux au même individu. Dieu, ou si mieux vous l'aimez, la nature, ne tombe pas dans ces fautes-là, dans la duplicité d'action.

L'homme, en effet, n'est pas seulement un des termes de la série animale, il en est le PIVOT; il est l'être qui cumule et réunit en lui tous les attributs partiellement distribués aux autres espèces. Aussi par le vêtement, le logement, par l'usage du feu, l'homme parvient-il à se mettre à l'abri des intempéries de l'air et des saisons, mieux qu'aucun animal avec sa laine, son poil ou ses plumes. — Par la mécanique, il surpasse incomparablement la force des plus grands et des plus puissants mammifères. L'arme à feu, les engins divers de l'artillerie perfectionnée lui donnent des moyens de destruction près desquels ceux du tigre et du lion, ces terribles carnassiers, sont bien peu de chose. — Il possède, à l'aide du chemin de fer et de la vapeur, une vitesse de locomotion qui dépasse beaucoup celle du cheval et du cerf. Grâce à la navigation, il parcourt, depuis longtemps, les océans et les fleuves aussi aisément que n'importe quel poisson. A l'exemple de l'oiseau, il prendra possession du domaine de l'air et il le traversera dans toutes les directions. C'est là un *à priori* que je déduis du rang et du rôle de l'homme dans la création, et que l'expérience vérifiera certainement un jour. Bon courage donc à ceux qui cherchent et qui, pensant avoir résolu théoriquement le problème, veulent soumettre à la sanction de l'expérience la solution trouvée !

Tout cela paraît bien accuser, convenez-en, Monsieur, quelque intention, quelque volonté intelligente.

Combien il faut supposer de prodigieux hasards pour constituer l'harmonie que nous voyons régner dans la nature, si tout cela s'est produit sans calcul aucun, sans vue et sans plan quelconque ?

« Si Dieu n'existait pas, il faudrait l'inventer ; »

ce vers de Voltaire vous paraît d'une naïveté sans égale. L'auteur ne péchait pas d'habitude, cependant, par excès de naïveté. Vous vous méprenez, permettez-moi de le dire, sur la pensée de l'écrivain le plus clair qu'il y ait jamais eu et qui, à cet égard comme à tous les autres, forme avec M. Comte un si parfait contraste. Voltaire n'a pas voulu dire, cela est évident, qu'il faut quand même *inventer Dieu*, et, comme on dirait au Palais, pour le besoin de la cause. Il a voulu dire, et il a dit de la façon la moins équivoque, que la logique conduit invinciblement à admettre l'existence, à reconnaître la nécessité d'un intelligent ordonnateur des choses.

Que ne preniez-vous aussi à partie cet autre vers ?

« Mortels, à vos plaisirs reconnaissez un Dieu ! »

dont la pensée a été heureusement reproduite par Béranger :

> Le plaisir seul, à ma philosophie,
> Révèle assez des cieux intelligents.

Mais qui vais-je citer là? Voltaire, Béranger!... Fi donc! le bon sens est trop vulgaire pour se trouver de mise en philosophie. Qu'on nous y parle, dans l'abstrus langage de la métaphysique allemande que vous employez peu d'ordinaire, et je vous en loue ; qu'on nous parle du *subjectif* et de l'*objectif*, du *moi* et du *non-moi*, du *phénomène* et du *noumène*, à la bonne heure ! Voilà de savantes formules qui élucident tout d'abord les questions et résolvent fructueusement les problèmes de la destinée humaine !

Sur cette question capitale de l'existence de Dieu, un savant chimiste qui paraît marcher aussi avec les partisans du positivisme, M. Berthelot, fait une concession dont il convient de prendre acte. « Au sommet de la pyramide scientifique, écrit M. Berthelot, viennent se placer les grands sentiments moraux de l'humanité, c'est-à-dire le sentiment du beau, celui du vrai et celui du bien, dont l'ensemble constitue pour nous l'idéal. Ces sentiments sont des faits révélés par l'étude de la nature humaine ; derrière le vrai, le beau, le bien, l'humanité a toujours senti, sans la connaître, qu'il existe une réalité souveraine dans laquelle réside cet idéal, c'est-à-dire Dieu, le centre et l'unité mystérieuse et inaccessible vers laquelle converge l'ordre universel (1). »

Il est vrai que la concession faite au nom du sentiment, M. Berthelot la retire presque aussitôt au nom de la raison. Cependant le sentiment et la raison, ces nobles attributs de l'homme, ne doivent pas demeurer éternellement en désaccord. Les aspirations du sentiment, que l'auteur reconnaît pour légitimes, doivent pouvoir se justifier par la raison ; ou bien il faudrait supposer qu'elles ont été données à l'homme pour le

---

(1) *Revue des Deux-Mondes* du 15 novembre 1863, article intitulé : *La Science idéale et la Science positive*, p. 457.

tromper : ce qui n'est pas admissible pour qui a l'idée que tout dans l'univers est régi par des lois, et qu'il y a ordre et harmonie entre les parties et l'ensemble.

Sans que nous puissions comprendre l'entité représentée par le mot Dieu (1), du moment qu'elle est affirmée par le sentiment général de l'humanité, force est bien d'en admettre l'existence ou de professer cette opinion que, lorsque tous les autres sentiments de l'homme ont leurs objets corrélatifs, il existe chez lui une aspiration qui ne correspond à rien, qui n'a point d'objet réel. Cela serait contradictoire avec tout ce que l'étude de l'homme nous a enseigné. Aussi, suivant nous, la voix du sentiment suffit pour autoriser l'affirmation de l'existence de Dieu.

---

(1) Un écrivain qui a controversé avec talent contre les nouveaux *critiques de l'idée de Dieu*, arrivant dans la conclusion de son livre à définir lui-même cette idée d'après les données spiritualistes, s'exprime ainsi :

« Revenons à ces simples expressions de la vieille métaphysique pour désigner Dieu : la Première Cause, l'Etre des êtres, on y ajoutant l'attribut qui détermine le mieux son rapport avec le monde, l'intelligence. » *L'idée de Dieu et ses critiques*, par E. Caro, p. 495.

Puis l'auteur ajoute : « Ce Dieu vivant, ce Dieu intelligent est aussi le Dieu aimant. » *Ibid.* p. 498.

C'est fort bien à mon avis ; voilà deux attributs qu'on ne saurait refuser à Dieu.

Mais au sujet du second, je demanderai à l'auteur pourquoi il a repoussé précédemment la conception qu'il expose en ces termes :

« Ferons-nous de Dieu le type simplement agrandi de l'âme humaine?... Concevoir Dieu comme une âme semblable à celle que nous connaissons par sa nature et par ses facultés, élevées seulement à un degré supérieur, ce serait s'exposer à un sérieux grief d'anthropomorphisme. » *Ibid.* p. 490.

Je réponds qu'il nous est impossible d'avoir aucune idée de Dieu, si nous ne prenons pour point de départ et pour échantillon l'âme humaine elle-même, envisagée dans ses deux principales facultés, l'amour et l'intelligence. Cette conception découle du texte même de la Bible, qui doit être, du moins je le présume, une autorité pour l'écrivain que je cite. « Faisons l'homme à notre image et ressemblance. » (Gen. I. 26.) Si ces paroles ont un sens, elles signifient que l'âme humaine est le type réduit de l'âme de Dieu. Qu'il y ait ou non anthropomorphisme dans cette interprétation, je ne comprends pas qu'il en puisse être donné une autre au passage cité du récit de Moïse. C'est de l'étude de l'âme humaine que nous pouvons nous élever à la seule notion qu'il nous soit possible d'acquérir de Dieu.

Telle était aussi l'opinion de Bossuet : « La connaissance de nous-même doit, dit-il, nous élever à la connaissance de Dieu. Commençons par la connaissance de ce qui est dans notre âme. » (*De la connaissance de Dieu et de soi-même*).

Au milieu du naufrage des croyances traditionnelles emportées par l'irrésistible courant de la science moderne, sauvons du moins, en la dégageant de tout alliage, sauvons l'idée de Dieu ! Elle reste seule debout, invulnérable et à l'abri de tout risque d'être entamée par les progrès de la science, quels qu'ils puissent être. Contentons-nous, suivant l'audacieuse image de V. Hugo à propos des superstitions qui déshonorent l'idée de la Divinité, contentons-nous « d'écheniller Dieu ; » il y a bien assez à faire ; mais gardons-nous de toucher, pour chercher à l'abattre, au tronc vénérable à l'abri duquel les opprimés, les malheureux de tous les temps vont chercher un refuge, une consolation et l'espoir du redressement des griefs dont ils souffrent : ce qui n'entraîne pas la conséquence, loin de là, qu'ils ne lutteront pas eux-mêmes de tous leurs efforts contre les causes de leurs souffrances. *Aide-toi, le ciel t'aidera !*

Rien dans l'idée de Dieu qui dispense l'homme du soin de ses propres affaires ici-bas. Elle l'invite, au contraire, en lui donnant la promesse qu'il y réussira, elle l'invite à concourir de toutes ses forces à l'établissement du règne de l'ordre et du bien dans son domaine terrestre.

Le positivisme aura beau faire, même avec le concours de ses doctes alliés de la Germanie, les paroles que prononça Voltaire en guise de bénédiction sur la tête du petit-fils de Franklin : Dieu et Liberté ! demeurent toujours le mot d'ordre du dix-neuvième siècle.

Nous y ajoutons pour le compléter, pour le préciser, quant à l'application sociale : Garanties générales et Association !

Faut-il, après cette discussion, mentionner l'inqualifiable conception religieuse de M. Comte, son « inaltérable Trinité qui
» dirige, dit-il, et je cite d'après vous, nos conceptions et nos
» adorations toujours relatives, d'abord au Grand Être (l'huma-
» nité), puis au Grand Fétiche (la terre), ensuite au Grand
» Milieu (l'espace). »

Ces vues révoltent, à bon droit, votre jugement. « A ce besoin,
» dites-vous, qu'éprouve M. Comte, de trouver, coûte que
» coûte, le nombre trois et une trinité, on peut soupçonner des
» influences de son enfance catholique. Quoi qu'il en soit, le

» grand fétiche, le grand milieu et le grand être devenant l'objet
» d'un culte, on ne peut donner que le nom de théologie à un
» pareil ensemble. »

Le nom de théologie ne suffit pas ; il porterait à faux. C'est celui d'*idolâtrie* qui qualifie proprement la conception dernière de M. Comte ; et l'auteur de la philosophie que vous admirez tant, lorsqu'il en vient à réaliser son système, aboutit à une entreprise qui ferait, quant à la manifestation religieuse, rétrograder le genre humain de trois ou quatre mille ans.

III

LES PRÉCURSEURS

J'arrive à l'examen de ce que vous dites, Monsieur et honoré beau-frère, de quelques hommes éminents que vous désignez comme les précurseurs de M. Comte. Ici, contrairement à votre appréciation, je trouve, moi, que les précurseurs sont plus grands que le Messie, par la portée et surtout par la justesse de leurs vues d'avenir : ce qui est, à mon estime, le point capital. De beaucoup supérieur sans doute, et plus profond, et plus complet dans ses considérations sur la série des sciences et sur leur connexité, M. Comte, dès qu'il s'agit d'inductions ou de conclusions économiques, politiques et morales, retombe au dessous de ses devanciers. Or, c'est toujours sur leurs affirmations par rapport à la société et d'après le fruit qu'on en peut tirer pour la meilleure organisation des relations sociales, que je base mon jugement à l'égard des hommes qu'il s'agit ici de comparer entre eux.

Turgot.

Voici le premier de ces hommes, Turgot, qui établit l'enchaînement des âges du genre humain et le grossissement successif de l'héritage que chaque génération transmet à la suivante :

« Tous les âges sont enchaînés par une suite de causes et d'effets qui lient l'état du monde à tous ceux qui l'ont précédé ; les signes multipliés du langage et de l'écriture, en donnant aux hommes le moyen de s'assurer la possession de leurs idées et de les communiquer aux autres, ont formé, de toutes les connaissances particulières, un trésor commun qu'une génération transmet à l'autre, ainsi qu'un héritage toujours augmenté des découvertes de chaque siècle; et le genre humain, considéré depuis son origine, paraît aux yeux du philosophe un tout immense, qui lui-même a, comme chaque individu, son enfance et ses progrès. » *Deuxième Discours sur les progrès successifs de l'esprit humain*, 1750, p. 52, œuvres, Paris, 1808.

On ne peut, sur ce passage, que répéter votre jugement : « Tout cela est aussi bien dit que bien pensé. »

Turgot signale l'existence encore actuelle et simultanée, sur la terre, de tous les états sociaux par lesquels le genre humain a passé. Mais c'est surtout d'avoir commencé à apprécier le moyen âge que vous le louez, sans prendre garde qu'il l'apprécie par un tout autre côté que celui qui a valu à ce même moyen âge l'admiration démesurée de M. Comte.

« Quelle foule, dit Turgot, d'inventions ignorées des anciens et dues à un siècle barbare! notre art de noter la musique, les lettres de change, notre papier, le verre à vitres, les grandes glaces, les moulins à vent, les horloges, les lunettes, la poudre à canon, l'aiguille aimantée, la perfection de la marine et du commerce. »

Turgot saisit parfaitement les faits progressifs du moyen âge, et il se garde bien de les placer, comme le fait M. Comte, dans les conditions du pouvoir spirituel, dans la dogmatique et la casuistique de cette triste époque, qui jetèrent sur l'esprit et sur le cœur de l'homme un si lugubre voile de terreur et de deuil, qu'elles auraient hébété l'un et étouffé l'autre, si la nature n'était toujours plus forte que toutes les contraintes que l'on prétend lui imposer, fût-ce même au nom de Dieu. L'ami de Voltaire et des encyclopédistes, le ministre philosophe de Louis XVI, qui ne rencontra pas de plus violents adversaires de ses vues libérales et philanthropiques que les représentants de ce pouvoir spirituel du moyen âge, si cher à M. Comte, ne juge pas assurément comme ce dernier les influences qui servirent la cause du progrès dans ces siècles d'infortune, d'ignorance et de superstition.

Sur la question de Dieu, il ne pensait pas non plus comme

l'école positiviste, si l'on en juge par les premiers mots de l'édit de suppression des jurandes : « Dieu, en donnant à l'homme des
» besoins, en lui rendant nécessaires les ressources du travail, a
» fait du droit de travailler la propriété de tout homme, et cette
» propriété est la première, la plus grave et la plus imprescripti-
» ble de toutes. »

De telles pensées sont toujours bonnes à remettre sous les yeux de tous, mais particulièrement de ceux qui ont en main une part quelconque des pouvoirs sociaux.

Le passage de son *Histoire du progrès de l'esprit humain* dans lequel Turgot expose la donnée dont M. Comte s'est fait un si grand titre de gloire, sous le nom de loi des trois états de l'esprit humain, ce passage nous montre que, dans l'opinion de Turgot, l'état social fait sa conception religieuse beaucoup plus que celle-ci ne fait l'état social : « Tout ce qui arrivait sans que les hommes y eussent part eut son Dieu, auquel la crainte ou l'espérance fit bientôt rendre un culte, et ce culte fut encore imaginé d'après les égards qu'on pouvait avoir pour les hommes puissants, car les dieux n'étaient que des hommes plus puissants *et plus ou moins parfaits*, selon qu'ils étaient l'ouvrage d'un siècle *plus ou moins éclairé* sur les vraies perfections de l'humanité. »

En terminant le chapitre que vous avez consacré à Turgot, vous rappelez que, voulant combler une lacune de la loi des trois états, vous avez, dans vos *Paroles de philosophie positive*, esquissé un développement du genre humain en quatre périodes, répondant à quatre périodes semblables du développement de l'individu. « Alors, j'ignorais, ajoutez-vous, que j'avais été précédé par Saint-Simon ; aujourd'hui, j'ai hâte de reconnaître ce plagiat involontaire. »

Et, après avoir ainsi qualifié, trop rigoureusement à mon avis, une simple coïncidence, vous citez le passage de Saint-Simon, écrit en 1808, qui renfermait, avec quelque différence, l'analogie par vous indiquée entre le développement humanitaire et le développement individuel. (1)

---

(1) Cette idée était loin d'ailleurs d'être neuve. On en trouve des traces dans Rabelais, dans Bacon ; elle joue, au dix-septième siècle, un grand rôle

Comment se fait-il que, d'un autre penseur qui, dans un ouvrage publié en cette même année 1808, établissait d'une façon bien autrement précise que vous ne l'avez fait vous-même en 1860, ce parallèle entre la vie de l'espèce et la vie de l'individu ; comment se fait-il que, de l'auteur de la *Théorie des quatre mouvements et des destinées générales* (1808), du *Traité de l'association domestique-agricole* (1822), du *Nouveau*

---

dans la querelle des anciens et des modernes, Fontenelle et Perrault soutenant, à l'appui de leur thèse (la supériorité des derniers), que l'antiquité est la jeunesse du monde, et que l'âge moderne en est la maturité.

Dans sa correspondance (année 1754), Grimm écrivait, en parlant de l'abbé Terrasson : « Il s'applaudit de la meilleure foi du monde d'avoir trouvé la comparaison des différents âges du genre humain avec ceux d'un individu. Les Grecs étaient dans l'enfance, les Romains dans l'adolescence et les modernes sont dans l'âge viril, et voilà pourquoi nous valons mieux que les anciens. »

Dans un autre passage que celui qui est par vous cité, Saint-Simon s'exprime ainsi :

« Examen comparatif fait de l'histoire de l'individu et de celle de l'espèce, je présume que l'humanité est arrivée à l'époque de sa durée correspondante à celle de quarante ans pour l'individu. » *Introd. aux trav. scientif. du dix-neuvième siècle*. Œuvres choisies, tome Ier, page 179. Il dit encore ailleurs : « L'espèce humaine a fini de monter la vie ; elle n'a pas encore commencé à la descendre. » *Mém. sur la gravitation*. Ibid. T. II, page 236.

C'est le cas de répéter : rien de nouveau sous le soleil. Mais Fontenelle, l'abbé Terrasson et Saint-Simon se trompent pareillement, quant au parallélisme qu'ils établissent entre les deux termes de la comparaison. Quoi ! l'humanité serait dans son âge viril, c'est-à-dire à l'apogée de son existence, et elle demeurerait encore divisée, comme nous la voyons, en sociétés incompatibles : les sociétés sauvage, barbare et civilisée, qui n'ont entre elles aucun lien régulier, qui n'entrent en rapport les unes avec les autres que pour se déchirer, les plus fortes anéantissant les plus faibles, et détruisant jusqu'aux derniers de leurs représentants, comme nous Européens nous l'avons fait des indigènes du nouveau monde ! Et la plus avancée de ces sociétés présenterait encore le désolant spectacle de misère et de crime qu'offre notre civilisation ! Non, il n'en saurait être ainsi. Le genre humain, ses progrès mêmes comme ses souffrances l'attestent, le genre humain est encore dans l'enfance ; les sociétés jusqu'à présent réalisées appartiennent toutes à la première phase de son développement. Selon Fourier, les deux périodes sociales qui succéderont à la Civilisation, le Garantisme et l'Association simple, ne sortent pas même de la phase d'enfance de l'humanité. L'âge pubère du genre humain (ou la phase de la carrière de l'humanité qui correspond à la puberté chez l'individu) ne commencera qu'à partir de la période sociale désignée sous le nom d'Association composée ou Harmonie, huitième échelon dans la série des sociétés.

monde industriel et sociétaire (1829), vous n'ayez rien lu, rien connu ? Car, avec le scrupule qui vous fait restituer à Saint-Simon ce qui lui appartient, vous n'eussiez pas manqué d'en faire autant pour Fourier, qui ne se borne pas à signaler quatre phases dans la carrière de l'humanité, correspondantes aux quatre principaux âges de la vie de l'homme, mais qui, de plus, montre de quelles périodes sociales se compose la première de ces phases ou enfance de l'humanité ; ce qui caractérise soit l'ensemble de ces périodes, soit chacune d'elles en particulier, notamment celle dans laquelle nous sommes aujourd'hui, nous autres peuples civilisés. Il y a vraiment, dans l'ignorance absolue où vous paraissez être resté jusqu'à ce jour des travaux que je vous signale ici, une sorte de fatalité.

KANT.

J'arrive à Kant, dont vous reproduisez un très remarquable opuscule, dans lequel se rencontrent, sur la destinée sociale de l'homme, des vues profondes et vraies, telles que vous n'en citez aucune appartenant à M. Comte. Ce qui me frappe tout d'abord dans le travail du philosophe de Kœnigsberg, c'est l'idée que « l'humanité doit arriver à la plénitude du développement de ses dispositions innées. »

Nulle part on ne rencontre une vue pareille chez l'auteur de la *Philosophie positive*, qui paraît beaucoup plus préoccupé de placer l'humanité sur le lit de Procuste du moralisme du moyen âge, que de chercher une combinaison sociale propre à développer toutes les dispositions mises par la nature au sein de l'espèce humaine.

Avant d'aller plus loin, je ne saurais pourtant vous dissimuler que les partisans de la philosophie de Kant s'étonneront que l'on ait pu découvrir en lui un précurseur de M. Comte. La théorie de la connaissance, telle qu'elle est exposée par Kant, se trouve en opposition directe avec le principe fondamental du positivisme. Suivant le philosophe allemand, outre la *perception*, qui n'est que le premier degré de la connaissance, qui n'atteint que les phénomènes, que le relatif, il y a en nous une faculté supérieure, la faculté de concevoir, qu'il appelle la raison et qui nous permet de nous élever à des notions absolues, à la notion de la substance, de l'être, de la cause et à celle de l'infini. Ceci est, il me semble, en contradiction formelle avec le fondement de la philosophie positive.

L'accord se rencontrât-il ensuite entre quelques vues partielles de Kant et certaines opinions de M. Comte, qu'il n'y aurait pas raison suffisante de présenter le premier comme le précurseur du second.

Quoi qu'il en soit, je vais citer des extraits de l'écrit sociologique de Kant, que vous avez publié le premier en France, et que je vous remercie vivement, pour ma part, de m'avoir fait connaître.

« PREMIÈRE PROPOSITION. — *Toutes les dispositions naturelles d'une créature sont déterminées pour arriver finalement à un développement complet et approprié.* — Cela se confirme chez tous les animaux par une observation aussi bien extérieure qu'intérieure ou de dissection. Un organe qui est sans usage, une disposition qui n'atteint pas son but, est une contradiction dans la doctrine téléologique de la nature. Car si nous nous départons de ce principe, nous n'avons plus une nature régulière, mais une nature qui se joue sans dessein ; et le désespérant hasard prend le fil de la raison. »

Il ne se peut concevoir rien de plus opposé à la manière de voir générale de M. Comte et aux principes généraux de sa philosophie. Vous signalez vous-même, Monsieur, cette contradiction.

Ce serait ici le lieu d'essayer, sous les auspices de Kant, la défense de ces pauvres causes finales, que vous traitez, Monsieur, avec tant de dédain, et qu'admettaient cependant Bacon, Newton, Leibnitz et Voltaire lui-même, malgré quelques plaisanteries en désaccord avec sa manière générale de penser et de philosopher.

Dans la Préface que vous venez tout récemment de placer en tête de la deuxième édition, qui achève de s'imprimer, de la *Philosophie positive* d'A. Comte, vous combattez l'idée d'un plan ou d'un dessein dans la nature par des arguments qui me paraissent, en vérité, bien faibles contre tous les vivants et incessants témoignages d'un tel plan et d'un tel dessein.

« Un des exemples, dites-vous, qu'on prend le plus volontiers en faveur de la finalité est celui de l'œil ; il est excellent ; l'œil est un instrument, et un opticien, dans son atelier, disposerait de la sorte les divers milieux, la courbure du cristallin, l'ouverture de la pupille, pour qu'une image nette vînt se projeter sur la rétine. Par conséquent, il est naturel de conclure « qu'une cause intelligente a eu devant soi l'effet parti-
» culier que chacune des parties devait produire, et l'effet commun qu'elles
» devaient produire toutes ensemble, » en d'autres termes, que cette cause a eu un plan et s'est proposé un but qu'elle a atteint. Soit : voilà l'hypothèse vérifiée pour ce cas et pour tous les cas analogues (1). »

C'est beaucoup déjà contre votre opinion, Monsieur, car il est admis, en bonne philosophie scientifique, qu'un fait positif n'est détruit ni par un, ni par plusieurs faits négatifs qu'on lui oppose. Si donc il résulte clairement de la structure de l'œil, ainsi admirablement adapté à sa fonction, qu'un vrai calcul et qu'une pensée, par conséquent, a dû déterminer cette structure en vue de la fonction elle-même, un dessein analogue aurait beau ne pas s'apercevoir dans tels ou tels faits de l'univers, qu'on ne serait nullement fondé à nier le calcul intelligent là où il apparaît avec évidence. Et qui peut affirmer, d'ailleurs, que ce n'est pas nous qui nous trompons dans l'interprétation de ces autres faits? et que si nous n'y découvrons pas l'action d'un principe

---

(1) M. Comte, lui, ne fait pas cette concession, qui est, en effet, compromettante pour le système de la négation des causes finales. Il cite, au contraire, « comme un exemple de cette absurde disposition à s'émerveil-
» ler sur des complications évidemment nuisibles, la puérile affectation de
» certains philosophes à vanter la prétendue sagesse de la nature dans la
» structure de l'œil, particulièrement en ce qui concerne le cristallin dont
» ils sont allés jusqu'à admirer l'inutilité fondamentale, comme s'il pou-
» vait y avoir beaucoup de sagesse à introduire aussi intempestivement
» une pièce qui n'est point indispensable au phénomène, et qui néan-
» moins devient, en certains cas, capable de l'empêcher entièrement. Il
» serait aisé d'en dire autant d'une foule d'autres particularités organi-
» ques, et, entre autres, de la vessie urinaire, qui, envisagée comme un
» simple récipient de l'appareil dépurateur, n'a sans doute qu'une impor-
» tance très secondaire, et dont la principale influence dans les animaux
» supérieurs et surtout dans l'homme, consiste certainement à déterminer
» souvent un grand nombre de maladies incurables. En général, l'analyse
» pathologique ne démontre que trop clairement que l'action perturbatrice
» de chaque organe sur l'ensemble de l'économie est fort loin d'être tou-
» jours exactement compensée par son utilité réelle dans l'état normal. Si,
» entre certaines limites, tout est disposé de manière à pouvoir être, on

intelligent, ce n'est point parce qu'elle y fait défaut, mais plutôt parce que notre esprit est insuffisant à l'y saisir, à comprendre les motifs des dispositions qui choquent au premier abord et qui déconcertent notre raison bornée? Cette observation faite, je continue de vous citer :

« Mais il ne s'agit pas de faire un choix, et il importe d'examiner comment la doctrine se comporte à l'égard d'autres conditions. De ces conditions, en voici une entre mille : ce chien qui vous lèche la main a la salive inoffensive ; mais par un procédé chimico-vital qui jusqu'à présent dépasse la subtilité de l'art humain, il va se former dans cette salive un principe délétère qui donnera la mort à l'animal et à ceux en qui ses morsures l'inoculeront. Ce n'est pas tout; ce nouvel état dans lequel il est mis lui inspire un funeste désir de mordre, de sorte que la cause qui a combiné le virus a en même temps tout disposé pour qu'il ne se perdît pas inoffensif. Que dire de cette singulière cause finale ? Et comment accorder la finalité qui paraît régir ce cas-ci avec la finalité qui paraît régir le cas de l'œil ? »

A cet exemple du virus rabique, vous ajoutez celui « des espèces parasites que la cause, quelle qu'elle soit, d'où proviennent les êtres organisés, a jetées par tribus innombrables dans le sein de tous les animaux. »

Là-dessus, vous triomphez de cette enfantine illusion de l'humanité : les causes finales ! « La science, dites-vous, qui n'est

---

» chercherait néanmoins vainement, dans la plupart des arrangements effectifs, les preuves d'une sagesse réellement supérieure, ou même seulement égale à la sagesse humaine. » *Philosophie positive*, t. III, p. 462.

Garo est bien dépassé, comme on voit. Si, cependant, j'osais plaider pour la nature contre les accusations de M. Comte, je ferais observer ceci : de ce que la vision s'exerce encore après l'extraction du cristallin, on n'est pas autorisé à conclure que cette pièce de l'appareil optique soit inutile à la fonction; et pour ce qui est du réservoir urinaire dans lequel se développent quelquefois des calculs, s'il n'existait pas, l'homme et les animaux seraient réduits à l'état incommode et dégoûtant que réalise l'incontinence d'urine, poussée jusqu'à l'écoulement involontaire et continu du liquide, produit d'une dépuration nécessaire.

Cette prétention *titanique* a plus de sagesse que la nature, prétention essentiellement contraire à la vraie philosophie positive, et qui porte à ne plus se contenter de rechercher les dispositions naturelles, pour s'y conformer, pour en tirer parti, et pour les développer dans le sens de leurs tendances, mais à y substituer les *vues arbitraires* de l'esprit; voilà précisément ce qui a égaré M. Comte dans ses conceptions sociales, toutes dès lors entachées d'arbitraire et de contradiction.

devenue positive que depuis qu'elle expérimente et vérifie, ne veut plus d'une finalité qui ne se vérifie ni ne s'expérimente. »

Je ne vois pas en quoi la finalité s'oppose à ce que l'on expérimente et vérifie : elle me paraît fournir au contraire une raison, un motif, de vérifier et d'expérimenter, en suggérant l'idée que la vérification et l'expérience aboutiront à quelque chose de fructueux, à des notions certaines sur quelques objets de la nature, et à de l'utilité par conséquent pour le genre humain.

Je serais tenté, pour le surplus de l'objection, de vous renvoyer à un poëte que vous aimez, à cet épisode des *Géorgiques* qu'on nous faisait expliquer au commencement de nos humanités, *Ante Jovem :*

>..... *Curis acuens mortalia corda...*
> *Ille malum virus serpentibus addidit atris,*
> *Prædarique lupos jussit, pontumque moveri...*
> UT VARIAS USUS MEDITANDO EXTUNDERET ARTES.

Voilà une première raison pour qu'il y ait une part de mal dans le monde, mal qui n'est pas au-dessus de la puissance qui a été donnée à l'homme pour le combattre et pour en triompher, en déployant contre lui, contre cet obstacle qui était nécessaire sans doute, au développement des facultés de l'homme, toutes les ressources de ces mêmes facultés. (La vertu de l'obstacle a été, cependant, par M. Comte, signalée quelque part comme moyen d'éducation de l'humanité.)

A l'égard du cas particulier de la rage, l'homme est-il bien sûr de n'être pour rien dans la production de cette affreuse maladie, pour lui-même si redoutable ? dans sa production chez le chien particulièrement, le compagnon sympathique, l'esclave passionné et dévoué, l'associé volontaire de notre espèce, et celui de tous les animaux qui participe le plus à notre genre de vie, et qui pénètre, pour ainsi dire, dans notre intimité ? Il a été dernièrement émis dans une discussion, à l'Académie impériale de médecine, une hypothèse, non encore suffisamment vérifiée sans doute, mais à l'appui de laquelle cependant quelques observations ont été alléguées : hypothèse d'après laquelle l'état morbide qui donne naissance au virus de la rage pourrait bien résulter, chez la race canine, de la compression d'un des plus puissants instincts naturels, de celui qui a pour fin (la finalité se mêle à tout, se rencontre partout) l'entretien des espèces animales.

Exiger, pour la justification de la doctrine des causes finales, que le mal n'existe à aucun degré dans l'univers, c'est vouloir que cet univers ne se compose pas d'êtres finis, que ces êtres ne subissent dans leur existence aucun changement; c'est vouloir, en d'autres termes, que le mouvement universel, que le cours de la vie s'arrête; c'est méconnaître une des conditions essentielles de l'univers.

Qu'on prenne pour sujet d'observation la classe d'êtres que l'on voudra, toujours aux deux termes extrêmes de chaque carrière, il y a des phases d'irrégularité : au premier terme, la faiblesse de l'enfance; au dernier, le déclin de la vieillesse, aboutissant à la mort, qui n'est elle-même qu'un passage, une transformation. Rien ne se perd, rien ne s'anéantit; tout se modifie sans cesse. Cette condition de phases irrégulières, exceptionnelles en quelque sorte, est inséparable de toute vie particulière. La part de l'exception et la théorie des transitions, voilà un des aspects de l'étude générale des êtres, que M. Comte a peut-être entrevu, mais sur lequel il n'a pas à beaucoup près suffisamment insisté, et qui résout une foule de contradictions apparentes dans l'organisation du monde.

De ce point de vue, l'existence du virus de la rage et d'autres virus encore, le venin de la vipère, la nocuité du ténia pour quelques espèces ou quelques individus apparaissent véritablement comme des objections puériles contre l'idée d'un plan de la nature, prémisse et conséquence à la fois de toute conception d'un ordre et d'un système de lois régissant l'univers.

Cédons de nouveau la parole au grand philosophe allemand.

« QUATRIÈME PROPOSITION. — *Le moyen dont la nature se sert pour mettre à effet le développement de toutes ses dispositions est l'antagonisme de ces dispositions dans la société; antagonisme qui, finalement, devient la cause d'un ordre social régulier.* — Par antagonisme, j'entends ici *l'insociable* sociabilité des hommes, liée à une perpétuelle résistance qui menace constamment de dissoudre cette société. Telle est, en effet, évidemment, la disposition de la nature humaine.

L'homme est enclin à s'associer, car, dans l'association, il se sent plus homme, c'est-à-dire plus apte au développement de ses facultés naturelles. Mais il est aussi très enclin à s'isoler, car il trouve simultanément en lui l'insociable disposition à vouloir tout régler à son gré, et dès lors, il s'attend de toutes parts à la résistance, de même que, de son côté, son penchant le porte à la résistance contre les autres. Or c'est justement cette résistance qui éveille toutes les forces de l'homme, le porte à surmonter sa paresse, et à conquérir, pressé par le désir de l'honneur, de la domination ou des richesses, un rang parmi ses semblables, qu'il ne peut ni souffrir ni quitter. Là se font en réalité les premiers pas hors de la rudesse, vers la culture, qui gît essentiellement dans la valeur sociale de l'homme ; là se développent peu à peu tous les talents ; là se forme le goût ; là se fait le travail de la civilisation, qui, avec le temps, transforme le consentement forcé, et pour ainsi dire pathologique, à l'association en un ensemble moral. Sans ces qualités d'insociabilité, en soi peu aimables, d'où naît la résistance que chacun doit trouver nécessairement à l'encontre de ses prétentions égoïstes, on verrait se produire une vie de bergers d'Arcadie, dans la plénitude de l'union, du contentement et de l'amour réciproque : vie où tous les talents demeureraient éternellement enfouis dans leurs germes ; les hommes, doux comme les brebis qu'ils paissent, procureraient à peine à leur existence plus de valeur que n'en a celle du bétail ; il resterait dans la création, en tant que nature rationnelle, quant au but, un vide qui ne serait pas comblé. Grâces donc soient rendues à la nature pour les incompatibilités, pour les luttes de la vanité malveillante, pour la cupidité insatiable, même pour la passion de commander ! Sans cela, les excellentes dispositions qui sont dans l'humanité dormiraient éternellement enveloppées. L'homme veut la concorde ; mais la nature, sachant ce qui est bon pour l'espèce, veut la discorde. Il veut vivre à l'aise et satisfait ; la nature veut qu'il sorte de l'indolence et d'un contentement inactif et se précipite dans le travail et dans la peine pour inventer des moyens de s'en dégager par son habileté. Tout cela décèle l'arrangement d'un sage Créateur, et non sans doute la main d'un esprit malfaisant, qui a maladroitement gâté ou envieusement corrompu l'œuvre magnifique de la Divinité. »

Voilà, parfaitement signalée par Kant, la passion qui fait le désespoir des amis de la douce fraternité, des partisans du monotone et insipide unisson, parmi lesquels on commet tous les jours l'insigne erreur de ranger Fourier et ses disciples. Aujourd'hui même, je trouve dans mon journal de médecine, l'*Union médicale* du 12 novembre 1863, un spirituel article d'un confrère que je n'ai pas l'avantage de connaître, M. le docteur Pigeaux, lequel, en rendant compte du livre de mon ami A. Toussenel, intitulé : *Tristia, Histoire des misères et des fléaux de la chasse en France*, termine ainsi sa bienveillante et ingénieuse appréciation de l'ouvrage :

« Je le dis avec regret, si l'auteur ne nous a pas convaincu, il pourrait bien n'avoir converti que peu de personnes aux lois de la physiologie passionnelle. Il soupire après l'harmonie, qu'il appelle de tous ses vœux à remplacer la civilisation actuelle. Puisse-t-il ne pas être trompé dans son attente! Mais nous, qui ne voyons dans les œuvres merveilleuses du Créateur qu'une série continue et incessante d'antagonismes, seul moyen de prévenir la dégénérescence des êtres, nous avons bien peur que l'harmonie fouriériste ne doive être colloquée au voisinage de Salente et d'Utopie, républiques modèles, imaginées par Fénélon et Thomas Morus. Ces enchanteurs des belles âmes pourraient bien avoir trouvé un pendant non moins séduisant, mais non moins chimérique, au dix-neuvième siècle. »

Or, une des trois passions rectrices de l'ordre sociétaire, c'est la *Cabaliste*, que Fourier définit ainsi :

« La cabaliste, ou esprit de parti, est la manie de l'intrigue, très ardente chez les ambitieux, les courtisans, les corporations affiliées, les commerçants, le monde galant.

» L'esprit cabalistique a pour trait distinctif de mêler toujours les calculs à la passion : tout est calcul chez l'intrigant ; ne fût-ce qu'un geste, un clin d'œil, il fait tout avec réflexion, et pourtant avec célérité.

» La cabaliste est pour l'esprit humain un besoin si impérieux, qu'à défaut d'intrigues réelles, il en cherche avidement de factices au jeu, au théâtre, dans les romans. Si vous rassemblez une compagnie, il faut lui créer une intrigue artificielle en lui mettant les cartes à la main ou en machinant une cabale électorale.

» La propriété principale de la cabaliste, en mécanique de série, c'est d'exciter les discords ou rivalités émulatives entre les groupes d'espèces assez rapprochées pour se disputer la palme et balancer les suffrages.

» Le discord des nuances contiguës est la loi générale de la nature. La couleur écarlate s'allie fort mal avec ses contiguës, cerise, nacarat, capucine ; mais fort bien avec ses opposées, bleu foncé, vert foncé, noir, blanc. La note *re* ne s'accorde point avec *ut* dièse, ni avec *mi* bémol, qui lui sont contiguës, très peu avec *ut* et *mi* naturel, qui lui sont sous-contiguës. Redisons qu'il faut, en harmonie sociétaire, des discords comme des accords...

» Nos moralistes blâment l'esprit cabalistique ; cependant les économistes et les littérateurs ne cherchent qu'à l'exciter dans toute branche d'industrie ou de jouissance, par les variations de modes, par controverses en affaires de goût, en peinture, en poésie, etc., sur des raffinements de l'art inaperçus du vulgaire.

» Nos compagnies administratives, dans leur messe d'installation, demandent au Saint-Esprit de les préserver de l'esprit de cabale, de les rendre tous frères, tous unis d'opinion ; c'est inviter le Saint-Esprit à se mettre en révolte contre Dieu ; car si le Saint-Esprit anéantissait l'esprit cabalistique, il détruirait la passion que Dieu a créée pour opérer sur les discords que doit contenir toute série bien échelonnée.

» Le Paraclet, loin de déférer à leur demande incongrue, laisse les passions dans l'état où Dieu les a créées ; aussi voit-on, au sortir de la messe, que les députés, loin de vouloir s'unir d'opinion, vont organiser des comités cabalistiques, des menées d'intrigue et d'esprit de parti. Tel est constamment le fruit de cette prière déraisonnable, où ils invitent l'Esprit-Saint à imiter les philosophes et à vouloir changer les lois de Dieu sur l'emploi des passions. »

(*Le nouveau monde Industriel et Sociétaire*, p. 83, 84. Paris, 1829).

Ceux qui ont lu Fourier ne tomberont jamais dans la méprise de lui imputer des fadeurs sentimentales qui sont, suivant lui, contraires au vœu de la nature, manifesté par les passions.

Pour revenir à Kant, au lieu de maudire et de damner, à la façon des moralistes vulgaires, l'esprit de rivalité et les passions ambitieuses des hommes, il leur reconnaît un but d'utilité pour l'avancement de la société humaine. Il y a loin de là, sans doute, à la conception de dispositions sociales qui, en employant ces passions telles que la nature les a faites, leur ôteraient tout ce qu'elles ont de malfaisance dans le régime actuel et appliqueraient au bien leur puissante énergie, dans l'œuvre productive d'abord et dans les autres fonctions industrielles.

Par le mot industrie, nous n'entendons pas, comme on le fait communément, la fabrique et le commerce par opposition à l'agriculture. L'INDUSTRIE désigne pour nous tous les emplois UTILES de l'activité de l'homme, et les fonctions industrielles comprennent : 1° l'agriculture ; 2° le ménage ou industrie domestique ; 3° la fabrique ; 4° le commerce ; 5° l'enseignement ; 6° la culture des sciences ; 7° celle des beaux-arts.

Redisons-le, Kant, dans sa seconde proposition et dans les développements qu'il lui donne, se montre bien au-dessus de ces esprits étroits qui, ne voyant dans les instincts et dans les passions que des éléments perturbateurs, veulent les réprimer, les comprimer, et finalement les supprimer. Si Kant, dans le passage que nous venons de citer, est le précurseur de quelqu'un, ce n'est point à coup sûr de M. Comte, qui, sur la question de l'emploi social des instincts et des passions de l'homme, se montre aussi arriéré par rapport au philosophe de Kœnisberg que l'est le moyen âge par rapport au dix-huitième siècle. Contre les entraves que lui avaient imposées les institutions du moyen âge, le dix-huitième siècle a revendiqué les droits de la nature humaine ; c'est déjà quelque chose. La découverte des conditions de l'exercice normal de tous ces droits était réservée aux premières années du siècle actuel, et à l'homme dont Victor Hugo a dit naguère, par opposition à un savant d'un grand mérite, et l'un des deux auxquels M. Comte a dédié son grand ouvrage : « Il y avait (en 1817) à l'Académie des sciences, un Fourier célèbre, que la postérité a oublié, et dans je ne sais quel grenier un Fourier obscur, dont l'avenir se souviendra (1). »

La septième proposition de Kant que nous allons reproduire a pareillement pour objet une vue que Fourier et son école ont développée avec une insistance particulière et dont la récente manifestation de l'empereur Napoléon III, son appel aux autres souverains pour la réunion d'un congrès qui règlerait toutes les affaires internationales, semble indiquer que l'heure soit venue. La démarche du chef du gouvernement français, si elle n'obtient pas immédiatement le succès qu'elle mérite, provoquera du moins un mouvement de l'opinion qui, dans un avenir plus ou moins rapproché, forcera les gouvernements de l'Europe à former l'autorité collective, le tribunal d'arbitrage, le conseil amphictyonique de tous les États, qui prononcera sur les différends susceptibles d'éclater entre eux.

M. Comte (je ne laisse échapper aucune occasion de lui rendre justice) a aussi mentionné « la grande république européenne, également pressentie par l'âme du noble roi Henri, et par le génie du grand philosophe Leibnitz. » *Phil. pos.* T. V. p. 635.

« SEPTIÈME PROPOSITION. — *Le problème d'une parfaite constitution sociale implique le problème d'une constitution régulière des rapports*

---

(1) *Les Misérables.* Édit. in-12, 1863. T. I, p. 289.

internationaux, et ne peut être résolu sans que celui-ci le soit. — Que sert-il de travailler à établir une constitution régulière parmi les individus, c'est-à-dire à fonder une chose publique? Cette même insociabilité qui exista jadis entre les individus existe encore entre les États ; et ces mêmes maux qui forcèrent les individus à entrer dans la régularité des lois civiles forceront les États ou êtres collectifs à entrer dans la régularité des lois politiques. C'est-à-dire que, par les guerres, par un appareil militaire exagéré et qui n'est jamais mis de côté, par la gêne qui finalement en résulte pour chaque État, même au milieu de la paix, elle les pousse à des essais d'abord imparfaits; et puis, après beaucoup de dévastations, de renversements, d'épuisements, à ce que la raison, sans tant de tristes expériences, aurait pu leur dire, qu'il faut sortir de la sauvagerie sans loi, et entrer dans une fédération de peuples où chaque peuple, même le plus petit, attendrait sa sûreté et l'exercice de ses droits, non de sa propre force ou de sa propre décision, mais seulement de la grande fédération et de la volonté collective. Quelque visionnaire que paraisse une telle idée, objet de raillerie dans les écrits d'un abbé de Saint-Pierre ou de Rousseau (peut-être parce qu'ils en crurent la mise à exécution trop voisine), néanmoins, elle est l'issue inévitable de la gêne où les hommes se mettent réciproquement, et qui forcera les États, quelque peine qu'ils y aient, à prendre une résolution qui ne coûta pas moins à l'homme sauvage. Je veux dire renoncer à une liberté brutale et chercher repos et sécurité dans une constitution régulière. Toutes les guerres sont donc autant de tentatives (non dans l'intention des hommes, mais dans celle de la nature), pour procurer de nouveaux rapports entre les États.

» La liberté barbare des États produit à son tour ce que produisit la liberté barbare des premiers hommes; grâce à l'emploi de toutes les ressources en préparatifs militaires, et grâce aux ravages que la guerre cause, elle contraint notre espèce à trouver un principe d'équilibre et des conditions d'association qui fassent cesser un désastreux antagonisme.

». Avant que ce dernier pas s'accomplisse, la nature humaine souffre les maux les plus durs, sous l'apparence trompeuse d'un bien-être extérieur; et Rousseau n'avait pas tellement tort de préférer l'état sauvage, dès lors qu'on laisse de côté ce dernier échelon que notre espèce a encore à franchir. Nous sommes cultivés à un haut point par l'art et la science; nous sommes civilisés jusqu'à la surcharge, en toutes sortes d'agréments et de bienséances sociales. Mais il s'en faut encore de beaucoup que nous devions nous tenir pour moralisés. Aussi longtemps que les États emploient toutes leurs forces à leurs vaines et violentes vues d'agrandissement, gênant sans cesse le lent effort de l'amélioration interne par l'opinion publique, et lui retirant même tout appui à cet effet, il est impossible de rien attendre de satisfaisant. Le progrès en ceci consiste en un long remaniement de chaque association politique au profit de la culture des citoyens ; et tout bien qui n'est pas enté sur des dispositions moralement bonnes, n'est qu'apparence trompeuse et reluisante misère. Le genre humain demeurera dans une telle condition provisoire jusqu'à ce qu'il se soit tiré, de la façon que j'ai dite, du chaos de ses relations politiques.

Huitième proposition. — On peut, en somme, considérer l'histoire de la race humaine comme l'accomplissement d'un plan caché de la nature, à l'effet de produire une constitution politique parfaite, aussi bien dans les rapports intérieurs que dans les rapports extérieurs, constitution qui est l'unique théâtre où elle puisse développer toutes les dispositions mises par elle en l'humanité.

Cette proposition est une conséquence de la précédente, et on voit que la philosophie a, elle aussi, son millénaire, mais un millénaire à l'accomplissement duquel elle peut contribuer par son idée, et qui par conséquent n'est rien moins qu'une vision. Il ne faut plus qu'un point, c'est que l'expérience découvre quelque chose du dessein de la nature. Je dis quelque chose; car ce cycle semble exiger, pour se clore, un si long temps que la petite portion que l'humanité en a déjà parcourue ne permet pas d'en déterminer la forme et de conclure la relation des parties au tout, avec plus de sûreté que toutes les observations célestes faites jusqu'à présent ne permettent d'assigner la trajectoire que suit, dans le ciel étoilé, notre soleil avec toute l'armée de ses satellites. Et cependant, remarquons qu'avec le principe général de la constitution systématique de l'univers et avec le peu qu'on a observé, on est autorisé à conclure qu'il existe en effet une telle trajectoire. Quoi qu'il en soit, la nature humaine est ainsi faite, qu'elle n'aura aucune indifférence pour la plus lointaine phase que notre espèce doive atteindre, pourvu qu'il y ait assurance suffisante d'atteindre cette phase; indifférence qui, ici, est d'autant moins à craindre que nous pouvons, ce semble, par le sage emploi de notre propre raison, hâter un événement si fortuné pour nos descendants. De là vient que les moindres indices d'une approche vers ce terme nous sont très importants. Aujourd'hui, les États sont dans un rapport si artificiel entre eux, qu'aucun ne peut se négliger dans la culture intérieure sans déchoir, vis-à-vis des autres, en force et en influence; conséquemment le progrès, ou du moins le maintien de ce but de la nature, est passablement assuré même par les vues ambitieuses et politiques. De plus, la liberté civile ne peut plus guère maintenant être entamée sans qu'on n'en éprouve dommage dans les industries et particulièrement dans le commerce; ce qui est derechef une cause d'affaiblissement de l'État dans ses relations extérieures. Or, cette liberté civile croît progressivement; si l'on empêche le citoyen de chercher sa prospérité de la façon qu'il lui plaît, mais compatible avec la liberté des autres, on empêche du même coup l'activité courante des affaires; ce qui a aussi pour contre-coup de diminuer les forces de l'État. Ainsi s'en va de plus en plus toute limitation imposée aux faits et gestes de chacun ; ainsi est accordée la liberté universelle de religion; ainsi surgit peu à peu, avec caprices et folies intercurrentes, une époque de lumières, lumières qui sont un grand bien et qui doivent soustraire le genre humain aux ambitions conquérantes de ses chefs, ne fût-ce que par le seul motif d'intérêt. Ces lumières et, avec elles, une certaine participation du cœur dont l'homme éclairé ne peut se défendre pour le bien, parfaitement compris de lui, doivent peu à peu monter jusqu'aux trônes et influer sur les principes de gouvernement. Bien que, par exemple, les maîtres du monde n'aient, présentement, point d'argent pour tout ce qui tient à l'amélioration du monde, et en particulier pour l'éducation, parce que d'avance tout est absorbé par les prévisions des prochaines guerres, pourtant ils trouveront leur propre avantage à ne pas entraver du moins les faibles et lents efforts de leurs peuples dans cette voie. Enfin, la guerre devient de plus en plus une entreprise non-seulement tout artificielle et pleine d'incertitude, quant à l'issue entre les parties, mais encore singulièrement grave à cause des arrière-souffrances imposées à l'État par une dette toujours croissante et dont l'extinction ne peut plus se prévoir. En outre, chaque ébranlement en un point se fait sentir à tous les États voisins dans notre partie du monde, où l'industrie a tellement lié les intérêts ; si bien que les voisins, pressés par leur propre danger, s'offrent, quoique sans autorité légale, pour arbitres, et, de la sorte, de loin, préparent tout pour la formation future d'un grand corps sans modèle dans le passé. Bien que ce grand corps politique ne soit, quant à présent, que tout à fait rudimentaire, cependant un commun sentiment commence à pénétrer dans tous les membres, dont chacun est intéressé à la conservation du tout, et cela fait espérer qu'après bien des remaniements il s'établira, ce qui est la vue suprême de la nature, une association politique de l'humanité, devenue le sein où se développeront toutes les dispositions primordiales de l'espèce humaine. »

« NEUVIÈME PROPOSITION. — *Une tentative pour traiter l'histoire universelle selon un plan de la nature ayant pour but la pleine association civile dans l'espèce humaine, doit être considérée non-seulement comme possible, mais encore comme favorable même à ce plan de la nature.* »

(Du développement de cette dernière des propositions de Kant, je ne reproduis que la partie qui m'intéresse le plus. On pourra la lire en entier, d'ailleurs, dans l'ouvrage de M. Littré.)

« .... Une vue consolante, s'ouvrant vers l'avenir, montrera dans un grand éloignement l'espèce humaine s'élevant à une condition où tous les germes déposés en elle peuvent se développer complétement. Une telle justification de la nature, ou mieux de la Providence, n'est pas un motif sans importance pour choisir un point de vue particulier d'où l'on contemple le monde. A quoi sert de vanter la magnificence et la sagesse de la création dans le règne brut, et de les recommander à la contemplation, si la partie du grand théâtre de la sagesse suprême qui contient le but de tout le reste, à savoir l'histoire de la race humaine, doit demeurer une objection éternelle, et si, forcés d'en détourner le regard avec mécontentement, et désespérant d'y apercevoir jamais une intention pleinement raisonnable, il nous faut ne l'attendre, cette intention, que d'un autre monde? »

Ce passage, si particulièrement remarquable, pourrait servir de préambule à la théorie sociétaire. Mais écoutons encore le philosophe allemand, car il va nous présenter une réflexion fort judicieuse sur les embarras croissants de cet encombrement de détails que l'histoire accumule, et terminer par une considération bien propre à faire impression sur l'esprit des hommes préposés au gouvernement des États.

« Penser que par cette idée d'une histoire universelle qui, d'une certaine façon, a un fil *à priori*, je veux expulser les travaux de l'histoire proprement dite, de celle qui raconte les événements, ce serait se méprendre sur mon projet; ce n'est qu'un aperçu de ce qu'une tête philosophique, pourvue, d'ailleurs, de très amples connaissances historiques, pourrait tenter à un autre point de vue que celui de l'empirisme. Au reste, le détail, d'ailleurs fort louable, avec lequel nous écrivons présentement l'histoire de notre temps, doit naturellement faire que chacun se demande, non sans inquiétude, comment nos arrière-descendants s'y prendront pour embrasser la masse d'histoire que nous leur transmettrons au bout de quelques siècles. Sans aucun doute, ils n'apprécieront celle des époques plus anciennes, dont les documents auront depuis longtemps péri, qu'au point de vue qui les intéressera, c'est-à-dire celui où l'on examine les services rendus ou les dommages causés par les peuples et par les gouvernements au corps même de l'humanité. Partir de là pour faire appel à l'ambition des chefs d'État et de leurs serviteurs, et pour la diriger vers le seul moyen qui doit transmettre leur glorieux souvenir aux temps les plus reculés, ce peut être par surcroît un petit motif de tenter une telle histoire philosophique. »

Après avoir cité l'opuscule de Kant, vous rendez justice, Monsieur, en le résumant aux vues élevées qu'il contient; mais vous lui faites ensuite une querelle, suscitée par la doctrine de M. Comte, et dont bien peu de lecteurs, je crois, en dehors de l'école positiviste, admettront la justesse :

« Il n'est pas difficile, dites-vous, p. 69, malgré l'éminence du philosophe de Kœnigsberg, de faire une juste critique de son esquisse. C'est la philosophie positive et les principes trouvés par M. Comte qui me donnent cette confiance. Il est certain que l'histoire est un phénomène naturel soumis à des conditions déterminées ; il est certain que Kant a vu qu'il en devait être ainsi ; mais il est certain aussi que le fondement qu'il donne à sa conception est tout à fait ruineux. Ce fondement n'est autre qu'un principe métaphysique, à savoir que la nature ne fait rien en vain, et que, comme les facultés humaines n'ont pas leur développement dans l'individu qui est éphémère, elles doivent l'avoir dans l'espèce qui est durable. Je n'ai pas besoin de dire à des esprits nourris des doctrines positives que nous ne savons en aucune façon si la nature veut ou ne veut pas quelque chose en vain. C'est une vue subjective indûment transportée dans le domaine objectif. La conception de Kant est donc une intuition, non une démonstration, qui, après lui, restait à faire ; il n'avait fait que poser le problème.

» Et cependant la solution était à côté de lui. Ou bien il ne connut pas Turgot ; ou le connaissant, l'importance du passage que j'ai cité lui fut masquée par les habitudes métaphysiques, et il préféra une démonstration subjective et illusoire à une démonstration objective et réelle. Au lieu d'imaginer un hypothétique dessein de la nature, il n'avait qu'à voir, chez son illustre devancier, comment les conceptions humaines, en tant que concernant l'interprétation du monde, furent successivement théologiques, métaphysiques, positives. A ce fait général ou loi il aurait rattaché le principe de l'histoire. »

Le principe que la nature *ne fait rien en vain* est celui sur lequel reposent toutes les recherches qui se font en histoire naturelle, en biologie, quand on veut déterminer les fonctions encore ignorées d'un organe ou d'un appareil d'organes quelconque. Sur quoi se fondent les physiologistes qui tentent de découvrir, par exemple, les fonctions encore très obscures de la rate ? N'est-ce pas sur ce principe que la nature ne fait rien en vain, et que là où elle a placé un organe, il y a lieu d'admettre qu'il doit se rencontrer aussi une fonction ?

Le meilleur argument qui pût se produire contre la philosophie de M. Comte, et je vous remercie de me l'avoir fourni, c'est de voir contester en son nom cette vérité qui peut passer pour un axiome : La nature ne fait rien en vain.

Quand nous n'apercevons pas la raison d'une disposition naturelle, ce n'est pas la nature que nous devons accuser d'avoir agi sans motif, c'est l'insuffisance de nos lumières que nous devons soupçonner, que nous pouvons affirmer.

L'emploi des *à priori* qu'on soumet à la vérification expérimentale, ce procédé, le plus fructueusement usité dans les sciences supérieures, en biologie, par exemple, supposent tous le principe que la nature ne fait rien en vain. C'est quand on pense avoir saisi quelqu'une de ses vues qu'on institue, s'il y a lieu, une expérience pour s'assurer qu'on ne s'est point trompé à cet égard.

La preuve de l'excellence du principe, tout entaché de métaphysique qu'il vous paraisse, duquel Kant est parti, c'est qu'il l'a conduit aux vérités que vous résumez vous-même dans ces termes :

« Kant admet que des lois constantes, qu'il nomme le dessein de la nature, régissent le développement du genre humain, autrement dit l'histoire. Comme l'essence de ce développement est un progrès, une amélioration, il en résulte que les générations antérieures insciemment — mais réellement — travaillent pour l'avantage des générations postérieures; et la philosophie, en ouvrant cette perspective, procure aux hommes qui passent salutaire sentiment d'une association avec le lointain avenir.

» Cette pensée le conduit à une autre. Tandis que les hommes commencent dans l'enclos, comme il dit, de la société civile, à secouer l'antique sauvagerie, cette sauvagerie continue à exister d'État à État. Pour en sortir, il faudra qu'il se forme une grande fédération qui fasse pour les êtres collectifs ce qui a été fait pour les êtres individuels.

» Kant a très bien vu que les nations européennes et leurs filles devenaient de plus en plus les arbitres du sort des autres populations, et qu'à elles allait appartenir la gestion des intérêts communs.

» Il a conçu que la formation d'un grand corps politique, sans modèle dans le passé, était le résultat nécessaire du progrès qui transportait la morale civile dans la politique.

» Enfin la solidarité de tous les membres de la famille humaine lui est apparue aussi clairement qu'elle nous apparaît aujourd'hui à la lumière de tant d'événements. »

Montrez-nous quand et comment, de la fameuse loi des trois états, M. Comte a déduit des conséquences plus avancées que ne l'a fait Kant de ses observations sur des faits qu'il rattache avec raison à un dessein de la nature. Et si l'on doit juger de l'arbre par ses fruits, il est évident que la doctrine de Kant sur l'histoire vaut bien celle de M. Comte. D'ailleurs, n'avez-vous pas reconnu vous-même que cette catégorisation des conceptions humaines en théologiques, métaphysiques et positives ne répondait pas à l'ensemble des faits sociaux? Elle n'a donc pas droit de s'appeler la loi ou les lois sociologiques, suivant la dénomination très mal justifiée que vous lui donnez (p. 43).

Mais, en vérité, plus je cherche à approfondir la valeur de cette prétendue loi, plus j'en découvre la vanité, constatée par vous-même et par les propres aveux de M. Comte.

Vous dites, p. 49 : « Tant qu'on se tient dans l'ordre scientifique et que l'on considère la conception du monde d'abord théologique, puis métaphysique, finalement positive, la loi des trois états a sa pleine efficacité pour diriger les spéculations de l'histoire. »

Ou je ne saisis pas le sens de ce passage, ou j'y vois les conceptions de la théologie et de la métaphysique transportées dans le domaine scientifique ; ce qui me paraît en opposition avec la donnée fondamentale du positivisme.

Vous ajoutez : « Mais en histoire, tout n'est pas renfermé dans l'ordre scientifique. M. Comte dit quelque part qu'il fallait bien supposer quelques notions qui ne fussent ni théologiques, ni métaphysiques. »

Belle concession vraiment que M. Comte daigne nous faire ! Il y a eu de tout temps, non pas quelques, mais toutes les notions communes et pratiques qui n'étaient, par bonheur, asservies aux aberrations ni de la théologie, ni de la métaphysique ; et c'est grâce à ces notions, et par l'effet salutaire de ces notions que la société humaine a vécu et a marché.

Retranchez de l'histoire toutes les absurdités débitées sous le nom de conceptions théologiques et toutes les spéculations arbitraires enfantées par la métaphysique, et le genre humain n'en subsistera pas moins, et un peu plus commodément à beaucoup d'égards, pourvu que vous supposiez maintenues et appliquées les notions industrielles et scientifiques qui ont seules pourvu, depuis le commencement du monde jusqu'à nos jours, à ses besoins essentiels, et contribué par là, plus qu'aucune autre chose, au développement de la sociabilité. Si je comprends qu'il y ait une conséquence logique à tirer de la vraie Philosophie positive, c'est bien celle-ci ; et ce sont justement des conséquences opposées que M. Comte en a déduites, et dont son admiration pour le moyen âge théologique est le plus clair résultat. Remarquons, en effet, que ce ne sont point les efforts de ces artisans du moyen âge réunis en corps de métiers, et d'où est issue notre bourgeoisie de 1789, qui attirent l'attention de M. Comte, bien différent en cela de M. Augustin Thierry, qui fut aussi, à un certain degré, disciple de Saint-Simon ; non, c'est l'organisation du clergé, du pouvoir spirituel, et son influence, suivant M. Comte, toute salutaire sur l'état social. Or, sans partager les opinions parfois exagérées de M. Michelet, on peut voir chez cet historien, dans son livre de *la Sorcière* en dernier lieu, de quels genres de bienfaits les classes inférieures, les femmes et les enfants du peuple en particulier, étaient redevables à l'influence du clergé, à l'influence des idées répandues dans le monde par la corporation cléricale.

Vous nous apprenez, Monsieur, que ce fut par M. Gustave d'Eichtal, en 1824, que M. Comte eut connaissance de l'opuscule de Kant. J'ignore si M. G. d'Eichtal est aujourd'hui, comme l'a naguère avancé la *Revue de l'instruction publique* (1), partisan du système de M. Comte, et je n'ai point qualité pour m'enquérir de ce qu'il en peut être. Ce que je sais bien, c'est que l'autorité philosophique de l'un n'a point toujours dominé l'esprit de l'autre ; car j'ai rencontré en 1832, à Ménilmontant, M. Gustave d'Eichtal parmi les fils du Père Suprême, au milieu desquels je me suis moi-même égaré un moment, en assez bonne compagnie d'ailleurs, puisque sous la paternité religieuse de M. Enfantin, se trouvaient là des hommes qui ont acquis depuis une juste célébrité, tels que M. Félicien David, M. Michel Chevalier, M. Ch. Duveyrier, pour ne citer que trois d'entre eux. J'ajoute ce bon Charles Lambert (depuis Lambert-Bey), resté jusqu'à sa dernière heure fils soumis du Père Suprême et sur lequel, ce nonobstant, on chantait naguère l'office des morts à Saint-Sulpice. Lambert, que sa douceur faisait nommer la *mère* dans la famille saint-simonienne, me fut, à raison de cette disposition, donné pour directeur spirituel. Il avait dans sa cellule un exemplaire du *Traité de l'Association domestique-agricole* de Fourier, qui me tomba entre les mains. Je dévorai l'ouvrage, et, après deux jours d'une lecture ininterrompue, je pris congé des moines de Ménilmontant, guéri à tout jamais de la manie sacerdotale.

(1) Numéro du 17 septembre 1863.

Condorcet

Je passe à Condorcet dont il ne serait pas difficile de défendre les vues contre les critiques de M. Comte, auxquelles vous vous associez, Monsieur et honoré beau-frère, non sans payer toutefois un juste tribut d'admiration « à l'héroïque penseur qui écrivit son *Esquisse* sous le coup d'une condamnation à mort, esquisse qui reste une tentative immortelle. » *A. Comte et la Phil. pos.*, page 72.

La critique, vous la formulez ainsi :

« Condorcet a cru pouvoir coordonner convenablement les faits en prenant, presque au hasard, pour origine de chaque époque, un événement remarquable, tantôt industriel, tantôt scientifique. En procédant ainsi, il ne sortait pas du cercle des historiens littérateurs. Il lui était impossible de former une vraie théorie... Page 70. »

Les titres seuls des premiers chapitres de l'ouvrage de Condorcet : *Esquisse d'un tableau historique des progrès de l'esprit humain*, prouvent que l'auteur n'a pas pris *au hasard* l'événement qui caractérise chaque époque. Je me borne à copier ces titres :

« *Première époque*. Les hommes sont réunis en peuplades. — (C'est la période sociale de Sauvagerie, parfaitement caractérisée par Condorcet en ces termes) : « Société peu nombreuse d'hommes subsistant de la chasse et de la pêche. »

« *Deuxième époque*. Les peuples pasteurs. — Passage de cet état à celui d'agriculteurs.

« *Troisième époque*. Progrès des peuples agriculteurs jusqu'à l'invention de l'écriture alphabétique. »

On le voit, Condorcet rattache toujours le progrès de chaque époque à un grand fait positif, au lieu de le faire dépendre, ainsi que fait M. Comte, de l'admission de tels ou tels dogmes, en un mot des conceptions tantôt théologiques, tantôt métaphysiques : système qui pèche par le fond et qui nous laisse dans un vague indéfini. Si l'on rapproche des vues politiques et sociales de M. Comte à l'égard de l'avenir d'autres productions de Condorcet, telles que son fragment sur les *Efforts combinés de l'es-*

pèce humaine pour le progrès des sciences, et son *Plan de constitution*, présenté à la Convention nationale, on trouvera que partout la supériorité de rectitude appartient incontestablement au philosophe du dix-huitième siècle.

Le *Plan de constitution* de Condorcet demeure comme un important document à consulter par tout peuple qui tentera d'établir chez lui un gouvernement républicain. De cette œuvre, à d'autres égards si remarquable, le principal et presque l'unique défaut, défaut reproduit dans toutes les constitutions postérieures, était de renvoyer aux assemblées primaires la nomination du pouvoir exécutif. C'était exposer le peuple, qui avait déjà manifesté sa volonté dans l'élection de ses représentants, à se déjuger lui-même; c'était créer dans l'État deux pouvoirs émanant de la même source, entre lesquels il n'y a pas, dès lors, de raison pour que l'un cède le pas à l'autre. Dans le conflit, aussi inévitable que funeste, qui résulte de cette fausse situation, de cet accouplement monstrueux de deux têtes sur le corps de l'État, on comprend que celui des deux pouvoirs qui tient dans sa main l'armée et qui dispose de tous les emplois, doit l'emporter dix fois contre une. C'est dans cette ornière qu'ont versé successivement tous les essais de gouvernement républicain tentés dans notre pays. D'autres influences, sans doute, et en premier lieu l'état des mœurs, ont contribué à ce résultat; mais il y a eu là, dans les constitutions mêmes, une faute logique fondamentale, qui, indépendamment des circonstances particulières, préparait l'avortement et le rendait inévitable.

On sait comment la discussion du plan de constitution de Condorcet fut empêchée par le triomphe des dominateurs terroristes de la Convention, et comment, proscrit lui-même et arrêté, il mourut dans la prison de Bourg-la-Reine, à la façon antique, en prenant du poison pour dérober sa tête à l'échafaud.

La situation dans laquelle Condorcet écrivit son ouvrage est bien faite pour exciter les sentiments d'une admiration tout exceptionnelle. « Qu'est-ce, s'écrie M. Jean Reynaud, qu'est-ce qu'Archimède poursuivant un problème de géométrie au milieu du sac de Syracuse, auprès de Condorcet poursuivant celui de la destinée du genre humain au milieu de l'épouvantable bouleversement dont il n'était que trop averti, puisqu'il s'en voyait la victime? Son livre est, comme le discours de Socrate, le testament d'un philosophe mourant, et de nombreux héritiers l'ont reçu, qui en seront les exécuteurs..... »

Je reviens sur les termes dans lesquels vous résumez, Monsieur, l'état de l'histoire philosophique avant M. Comte :

« Turgot, dites-vous, avait découvert que les conceptions humaines, d'abord théologiques, devenaient ensuite métaphysiques, et finissaient par être positives. »

Mais Turgot se garda bien de faire de cette vue, qui ne porte que sur un des aspects de l'état social, la loi d'évolution du genre humain. Vous lui en faites un sujet de blâme, et moi un sujet d'éloge.

Vous continuez : « Kant, qui aperçoit nettement la nécessité de concevoir l'histoire comme réglée par des conditions inhérentes à l'humanité, ne sait faire porter cette importante notion que sur une idée *à priori*. Enfin, Condorcet n'a pour guide que la philosophie négative du dix-huitième siècle dans une œuvre où elle ne pouvait apporter que contradiction. »

J'ai fait voir précédemment en quoi consiste cette idée à *priori* tant reprochée à Kant; elle consiste à supposer que la nature ne fait rien en vain. Quant à la fin de non-recevoir opposée à Condorcet, et que l'on tire du caractère de la philosophie du dix-huitième siècle, elle ne sera pas, je présume, admise par la majorité des lecteurs judicieux. Il pourra même arriver à plus d'un, qui aura suivi cette discussion, de penser qu'en fait de philosophie on peut prendre pour guide un système plus trompeur que celui des encyclopédistes. Je ne puis m'empêcher de faire remarquer, en finissant, combien il est étrange de voir appliquer la qualification de *négative* à une philosophie dont les plus éminents représentants et le plus puissant de tous, Voltaire, par exemple, professaient la croyance à Dieu et même à l'immortalité de l'âme, par les adeptes d'une autre philosophie dont le premier principe est de rejeter l'une et l'autre croyance, à titre de conception théologique ou métaphysique.

Ce qui suit, je ne le dis pas pour vous, Monsieur et honoré beau-frère, qui n'avez jamais figuré à aucun titre parmi les détracteurs du grand apôtre de la tolérance et de la liberté de penser au dix-huitième siècle. Mais c'est une chose remarquable que la haine unanime vouée à Voltaire par tous ceux qui veulent maintenir l'humanité dans ses vieilles lisières ou lui en fabriquer de nouvelles. C'est qu'il est toujours là, le malin vieillard, avec sa lèvre sardonique, déconcertant les malencontreux efforts des ennemis de la raison et se riant de leurs folles tentatives de réaction contre la libre pensée. Tout dernièrement, M. Enfantin, qui est encore le Père pour quelques hommes attardés parmi les décombres du sanctuaire inachevé de la religion saint-simonienne, M. Enfantin, dans une publication sur la vie éternelle, détachait sa ruade à Voltaire, absolument, à la forme près, comme le pourraient faire MM. Dupanloup et Veuillot : « Depuis vingt ans au moins, dit avec satisfaction le Père Suprême, qui est-ce qui lit Voltaire et Rousseau ? Quelques curés et quelques Veuillot pour se divertir. »

S'il est des gens que Rousseau et surtout Voltaire puissent divertir, ce ne sont à coup sûr ni les curés, ni les évêques, ni les papes des cultes anciens ou nouveaux. M. Cousin en jugeait ainsi lorsque, il y a une vingtaine d'années, fatigué des attaques et des tracasseries sans fin de MM. les cléricaux contre l'Université, il menaçait *in petto* de lâcher sur eux Voltaire.

Qui est-ce qui lit encore, demande-t-on dédaigneusement, les deux grands écrivains, qui sont les pères de notre révolution ? Mais tous ceux d'abord, et il y en a beaucoup, qui aiment cette révolution, et qui savent quelque gré aux deux puissants apôtres qui en ont semé les germes dans l'esprit de nos pères.

Qui est ce qui lit encore Voltaire ? Mais M. Flourens quelquefois, j'imagine, cet homme de haute science et d'exquis bon sens, qui, pour tenir Voltaire dans la grande estime qu'il ne cesse de témoigner pour lui, doit l'avoir lu et doit le relire encore de temps en temps, non sans fruit tout à fait, je suppose, ni sans plaisir ; — mais M. Sainte-Beuve aussi, je présume, ce critique de tant de goût, qui fut poëte et homme de sentiment à ses heures ; — mais M. Edmond About, cet esprit si vif, qui se contente modestement, dit-il, « d'une miette balayée sous la table où Rabelais et Voltaire, les Français par excellence, ont pris leurs franches lippées ; » — mais M. Arsène Houssaye, enfin, qui s'est fait l'historiographe du roi Voltaire avec un succès de vogue qui prouve que le règne n'est pas fini, tant s'en faut.

Si je ne me trompe, on lira Voltaire encore et Jean-Jacques lui-même longtemps après qu'auront été oubliées toutes les homélies des soi-disant papes et pontifes de ce temps-ci (1).

De M. Enfantin à Saint-Simon la transition est toute naturelle.

Saint-Simon.

Des hommes que vous rapprochez de M. Comte à raison de l'influence qu'ils auraient pu exercer sur l'enfantement de la philosophie positive, il reste encore Saint-Simon et le docteur Burdin : le docteur Burdin, qui serait étonné peut-être, s'il vivait encore, de toute l'importance que vous lui attribuez en philosophie générale et en sociologie, sur la foi d'une conversation

---

(1) On doit le dire à la louange de M. Comte, il apprécie Voltaire bien autrement que ne le fait M. Enfantin. Après avoir fait la part du protestantisme dans l'émancipation de l'intelligence humaine, et montré que les esprits sur lesquels il règne sont moins propres que les esprits catholiques à pousser jusqu'au bout la décomposition des conceptions théologiques, M. Comte ajoute : « On peut aisément reconnaître que l'indispensable essor de la doctrine révolutionnaire aurait fini par être entièrement étouffé sans ce mémorable ébranlement déiste qui a surtout caractérisé le siècle dernier, et qu'on peut justement qualifier de voltairien, du nom de son principal propagateur. » *Philosophie positive*, t. V, p. 693.

Un peu plus loin, M. Comte dit encore, p. 722, 723 : « Il n'est pas vraisemblable que les chefs ultérieurs de la propagation négative aient pris leur doctrine autrement que comme adaptée à une simple transition : le principal d'entre eux, Voltaire, dont la légèreté caractéristique n'annulait pas l'admirable sagacité spontanée, me paraît au moins s'être presque toujours essentiellement préservé d'une pareille illusion. » Il ajoute enfin, p. 738, que « la postérité la plus lointaine assurera à Voltaire une position vraiment unique. »

Ame humanitaire s'il en fut, Voltaire ressentait comme une injure personnelle, comme un supplice qui lui eût été appliqué à lui-même, toute atteinte à la liberté de penser, toute violation des lois de la justice et de l'humanité. Voilà ce qui caractérise éminemment l'apôtre de la tolérance, le défenseur de Calas et le commentateur de Beccaria. Qu'il ait eu ses faiblesses, je ne le nie pas ; mais les grandes qualités l'emportent de beaucoup. M. Comte, au lieu d'en faire un de ses petits saints de tous les jours, aurait pu consacrer un mois de son calendrier à celui dont Gœthe a dit : « Après avoir enfanté Voltaire, la nature se reposa. »

rapportée par le premier et probablement refaite et beaucoup augmentée par lui. On sait que Saint-Simon avait assez pour habitude de mettre ses propres idées dans la bouche de divers interlocuteurs. Ce qu'il y a de certain, c'est que le docteur, qui a survécu trente ans au philosophe, n'a, dans ce long espace de temps, donné aucune suite aux vues dont celui-ci lui fait honneur, ni rien publié, que je sache, qui s'y rapporte de près ou de loin. Il n'existe de lui qu'un ouvrage peu connu intitulé : *Études médicales*. Le principal titre de M. Burdin à la célébrité, c'est, je crois, le prix de *trois mille* francs par lui proposé, ou plutôt le défi de *trois mille* francs par lui porté à la lucidité magnétique ou somnambulique (1).

Héritier d'un des plus grands noms de France, Henri de Saint-Simon eut le mérite, mérite assez mince aux yeux d'un philosophe, mais assez rare encore cependant, de s'affranchir complétement des préjugés et de l'esprit de sa caste. Sous l'Empire, si, au lieu de se donner le fâcheux renom d'*idéologue*, il eût consenti à n'être que M. le marquis de Saint-Simon, Napoléon, en l'honneur duquel il a brûlé, j'en conviens, un gros grain d'encens idolâtre, Napoléon, qui cherchait à entourer son trône des représentants de la vieille aristocratie, eût fait de lui volontiers un des grands de sa cour, un chambellan tout au moins. Sous la Restauration, si, au lieu de publier sa fameuse parabole qui, dans sa crudité, manquait du moins de convenance, il eût voulu flatter un peu l'ancien régime, les Bourbons ne l'auraient pas laissé plongé dans la misère. Saint-Simon a donc fait à l'idée de généreux sacrifices; il faut lui en savoir gré.

Examinons maintenant en eux-mêmes les titres du penseur.

---

(1) J'ai fini par découvrir qu'il y avait eu deux frères Burdin, médecins l'un et l'autre. Il se peut que l'interlocuteur de Saint-Simon ne fût pas le même que le membre de l'Académie de médecine. Le premier était médecin militaire. Saint-Simon dit de lui, à la date de 1813 : « Le docteur Burdin est à l'armée. »

Recherche faite dans les archives de la guerre, il se trouve qu'il y avait deux docteurs Burdin, médecins militaires et employés à l'armée, en 1813, plus un troisième pharmacien. — L'avis de M. Dubois (d'Amiens), secrétaire perpétuel de l'Académie de médecine, c'est que le docteur Burdin (de Saint-Simon) n'est pas l'académicien.

A propos de l'auteur de l'*Introduction aux travaux scientifiques du dix-neuvième siècle* et de la *Lettre d'un habitant de Genève*, etc., envers lequel, Monsieur, vous vous montrez, à mon avis, un peu sévère, une première réflexion me vient à l'esprit; c'est que Saint-Simon a joué de malheur avec ses disciples : les uns l'ont payé de bien peu de gratitude ; d'autres ont compromis sans son aveu, dans une tentative de fondation théocratique qu'ils ont baptisée de son nom, ce qu'il pouvait y avoir de bon dans ses idées, et, plagiaires du christianisme, ont prétendu faire de leur maître une sorte de Révélateur.

Qu'il y eût bien de la confusion dans cette tête de Saint-Simon qui bouillonne sans cesse, comme vous le dites, c'est chose incontestable. Cependant il rencontre des aperçus lumineux dont il faut lui tenir compte. Tel est celui qu'il expose dans le passage suivant de la *Lettre d'un habitant de Genève* (1803) :

« L'époque la plus mémorable que présente l'histoire des progrès de l'esprit humain est celle à laquelle les astronomes ont chassé les astrologues de leur société. Les phénomènes chimiques étant plus compliqués que les phénomènes astronomiques, l'homme ne s'en est occupé que longtemps après. Dans l'étude de la chimie, il est tombé dans les fautes qu'il avait commises dans l'étude de l'astronomie ; mais enfin les chimistes se sont débarrassés des alchimistes. La physiologie se trouve encore dans la mauvaise position par laquelle ont passé les sciences astronomiques et chimiques ; il faut que les physiologistes chassent de leur société les philosophes, les moralistes et les métaphysiciens, comme les astronomes ont chassé les astrologues, comme les chimistes ont chassé les alchimistes. »

Ce n'est pas seulement de la physiologie, c'était de la sociologie elle-même qu'il fallait éliminer les vues arbitraires des prétendus savants désignés par Saint-Simon sous le nom de philosophes, moralistes et métaphysiciens.

L'auteur d'un ouvrage ayant pour objet la science sociale, et publié vers la même époque, établissait, dans un Discours préliminaire, la distinction suivante :

« Sous le nom de *philosophes*, je ne comprends ici que les auteurs de sciences incertaines : les politiques, moralistes, économistes et autres dont les théories ne sont pas compatibles avec l'expérience, et n'ont pour règle que la fantaisie des auteurs. On se rappellera donc, lorsque je nommerai les philosophes, que je n'entends parler que de ceux de la classe incertaine et non pas des auteurs de sciences fixes. » *Théorie des quatre mouvements et des destinées générales*, p. 2; à Leipsig, 1808.

Plus loin le même auteur ajoutait :

« C'est en vain, philosophes, que vous auriez amoncelé des bibliothèques pour chercher le bonheur, tant qu'on n'aurait pas extirpé la souche de tous les malheurs sociaux, l'INCOHÉRENCE INDUSTRIELLE, qui est l'antipode des vues de Dieu. Vous vous plaignez que la nature vous refuse la connaissance de ses lois; eh! si vous n'avez su jusqu'à ce jour les découvrir, que tardez-vous à reconnaître l'insuffisance de vos méthodes et à en chercher de nouvelles? Ou la nature ne veut pas le bonheur des hommes, ou vos méthodes sont réprouvées de la nature, puisqu'elles n'ont pu lui arracher le secret que vous poursuivez. Voyez-vous qu'elle soit rebelle aux efforts des physiciens comme aux vôtres? Non, parce que les physiciens étudient ses lois au lieu de lui en dicter, et vous, vous n'étudiez que l'art d'étouffer la voix de la nature, d'étouffer l'attraction, qui est interprète de la nature, puisqu'elle conduit en tout sens à la formation des sectes progressives (1). Aussi, quel contraste entre vos bévues et les prodiges des sciences fixes! Chaque jour, vous ajoutez des erreurs nouvelles à d'antiques erreurs, et chaque jour on voit les sciences physiques avancer dans les routes de la vérité, et répandre sur l'âge moderne un lustre égal à l'opprobre que vos visions impriment à jamais au dix-huitième siècle (2). » *Ibid.*, p. 30.

On reconnaît ici, ou je me trompe fort, le langage d'un maî-

---

(1) *Sectes progressives.* Fourier, dans son premier ouvrage, désignait ainsi le mode d'organisation des travaux du régime sociétaire, ce qu'il nomma plus tard des *séries de groupes*, opérant par grandes réunions, en courtes séances et par division détaillée de chaque partie du travail entre les groupes. C'est dans les écrits de Fourier lui-même et des vulgarisateurs de sa théorie qu'on doit aller prendre connaissance de cette organisation qui constitue toute une science, la science de l'association, et dont je ne puis donner ici une idée en quelques lignes.

(2) Fourier avait conservé des malheurs de la révolution et du régime de la terreur, dont il avait failli lui-même être victime à Lyon, en 1793, une impression très vive, qui le rendait parfois injuste envers notre grande, et après tout bien méritante révolution. La révolution de 1789 est le plus généreux effort qui ait jamais été tenté pour améliorer la civilisation, pour y introduire, à tout prix, le peu d'équité que cette forme sociale comporte. Mais hélas! le mécanisme civilisé est un cercle vicieux! Je reviendrai là-dessus à propos de certains progrès d'adoucissement des mœurs que vous signalez, en négligeant d'autres côtés par lesquels s'accuse une dépravation croissante. Ce sera l'objet d'un épisode consacré à l'examen de la question du Progrès.

tre : *ab ungue leonem*, comme vous dites quelque part de M. Comte.

Voilà bien carrément posé le principe de se rallier en sociologie à la méthode des sciences fixes, et l'homme qui donnait, dès les premières années du siècle, cette indication, s'est montré fidèle à la suivre. Aussi est-il arrivé à des résultats tout autres que ceux de M. Comte, et dans lesquels ne figure aucune espèce de pontificat, aucune institution de pouvoir spirituel nouveau.

Je reviens à Saint-Simon, auquel vous faites, Monsieur, une place bien humble, tandis que vous élevez M. Comte sur un piédestal qui, du moins sous certains rapports, me paraît, si j'ose le dire, usurpé.

« A aucun moment, dites-vous, Saint-Simon n'a été le maître philosophique d'Auguste Comte ; à plus d'un moment, A. Comte a agi sur la pensée flottante de Saint-Simon. » *A. Comte et la Philosophie positive*, p. 92.

Or, voici quelques extraits des œuvres de Saint-Simon qui mettront le lecteur en mesure de décider jusqu'à quel point votre première assertion est fondée.

Dans la Préface de son *Mémoire sur la science de l'homme* (1813), Saint-Simon expose ce qui suit :

« En se rappelant les notions générales que tous les hommes instruits ont reçues dans leur éducation sur la marche que l'esprit humain a suivie depuis l'origine de son développement, en réfléchissant d'une manière particulière sur la marche qu'il suit depuis le quinzième siècle, on voit :

» 1° Que sa tendance, depuis cette époque, est de baser tous ses raisonnements sur des faits observés et discutés ; que déjà il a réorganisé sur cette base positive l'astronomie, la physique, la chimie, et que ces sciences font aujourd'hui partie de l'instruction publique, qu'elles en forment la base. On conclut de là nécessairement que la physiologie, dont la science de l'homme fait partie, sera traitée par la méthode adoptée pour les autres sciences physiques, et qu'elle sera introduite dans l'instruction publique quand elle aura été rendue positive ;

» 2° On voit que les sciences particulières sont les éléments de la science générale ; que la science générale, c'est-à-dire la philosophie, a dû être conjecturale, tant que les sciences particulières l'ont été ; qu'elle a dû être mi-conjecturale et mi-positive quand une partie des sciences particulières est devenue positive, pendant que l'autre était encore conjecturale, et qu'elle sera tout à fait positive quand toutes les sciences particulières le seront ;

ce qui arrivera à l'époque où la physiologie et la psychologie seront basées sur des faits observés et discutés ; car il n'existe pas de phénomène qui ne soit astronomique, chimique, physiologique ou psychologique. On a donc connaissance d'une époque à laquelle la philosophie qui sera enseignée dans les écoles sera positive. » *OEuvres choisies de Saint-Simon*, p. 14 et 15.

Dans le même écrit, Saint-Simon annonçait « que la politique deviendrait une science d'observation, et que les questions politiques seraient un jour traitées par ceux qui auraient étudié la science positive de l'homme, par la même méthode et de la même manière qu'on traite aujourd'hui celles relatives aux autres phénomènes. » *Ibid.*, p. 147.

Voilà, si je ne me trompe, la substance de tout ce qu'il y a d'admissible dans l'œuvre de M. Comte. Telle est l'idée fondamentale qu'il a paraphrasée dans dix ou douze gros volumes, non sans la gâter notablement, à la fin ; vous en convenez vous-même, Monsieur, lorsqu'il s'agit de la *Politique positive* et des publications ultérieures de M. Comte.

Il n'est pas jusqu'à ses déviations dont l'originalité puisse être contestée au fondateur du positivisme. Ainsi, l'idée de transformer le savant en prêtre, de faire des savants un corps sacerdotal, se trouve formellement exprimée dans la conversation du Dr Burdin, rapportée par Saint-Simon : « La réorganisation du clergé ne peut pas être autre chose que la réorganisation du corps scientifique, car le clergé doit être le corps scientifique (1). » *OEuvr. ch.*, p. 25.

---

(1) La fausseté de cette vue est très bien établie dans un passage de *l'Essai de critique générale* de M. Ch. Renouvier, passage ainsi conçu :

« Un grand nombre d'esprits visent de nos jours à l'organisation définitive des sciences, à leur synthèse totale. Ils se disent dans l'attente d'une époque où toutes les branches du savoir et de la recherche, fixées ou dirigées définitivement, prescriraient à l'humanité son but et, reliées entre elles, seraient sa véritable *religion*. Dans cet ordre d'aspirations et d'espérances, on oublie que la science n'accorde rien à la foi, et que la religion sans la foi n'est plus elle-même. On ignore que les synthèses scientifiques ne méritent pas leur nom, à moins d'une analyse préalable, et que le cours de l'analyse étant indéfini, comme celui de la vie humaine, à l'égard de la connaissance, une synthèse scientifique définitive et totale est un non-sens. Est-ce donc un nouveau mensonge que l'on veut organiser sous l'emblème de la vérité? réclame-t-on de nouvelles chaînes pour l'esprit

Par réminiscence de l'institution catholique et de l'ordre du moyen âge, Saint-Simon insiste, comme le fait M. Comte pour le maintien de la séparation des deux pouvoirs. Le pouvoir *spirituel*, il l'attribue aux hommes de la science et du sentiment ; le pouvoir *temporel*, il le transmet aux chefs de l'industrie, absolument comme fera plus tard M. Comte. Il n'est pas jusqu'au triste honneur d'avoir scientifiquement démoli Dieu, qui ne soit revendiqué pour Saint-Simon par l'éditeur de ses *OEuvres choisies*. A quoi bon dès lors nous parler d'un pouvoir *spirituel* qui, Dieu ôté, n'a plus de sens ni de raison d'être ? Un pouvoir spirituel, dans la société, demeure sans racine et sans base, s'il ne répond pas à un principe spirituel dans le monde. Je signale en passant cette contradiction.

Il y a un passage de votre livre, Monsieur et honoré beau-frère, qu'il importe de citer ; c'est celui dans lequel vous établissez le titre formel de M. Comte à la fondation de la Philosophie positive.

« ..... Dans le fort des orages révolutionnaires, les savants qui suggérèrent à la Convention la fondation de l'École polytechnique y établirent le premier tronçon de la série scientifique, celui qui comprend la mathématique, la science mathématico-physique et la chimie. Ce fut dans la préparation inconsciente de la philosophie positive, une grande idée. Il était naturel que ces savants, qui appartenaient aux sciences d'ordre inorganique, n'allassent pas plus loin. Il était naturel qu'un médecin montât un degré de plus dans cette échelle. Dès lors, on reconnaît que celui qui fonderait la sociologie ne manquerait pas de poser le pied sur l'échelon supérieur et de la mettre à la suite de la biologie. C'est à M. Comte que revint cet achèvement. La série des sciences se construisait peu à peu d'elle-même à la condition de parfaire les sciences supérieures. La fondation de la sociologie fut un événement grand en soi, et grand aussi parce qu'il leva la dernière barrière séparant encore les esprits de la philosophie positive, dont Burdin avait senti le caractère congénère à celui des sciences. » *A. Comte et la Phil. pos.*, p. 95.

---

humain ? veut-on remplacer les hiérarchies politiques et religieuses par un sacerdoce de faux savants, les superstitions par les démonstrations vicieuses, le fanatisme de la foi par celui de la science usurpée, enfin la vérité modeste, partielle, mais pure, que la liberté accompagne, par un système d'erreurs intolérantes, composition hybride où la science et la religion se pervertissent à la fois dans un mélange répugnant ? » *Essai de critique générale*, t. I, p. 521, 523 et 524.

Il est ainsi constaté par vous que c'est en tant qu'il a fondé la sociologie, que M. Comte a parachevé la Philosophie positive. Or, vous démontrez vous-même, dans la troisième partie de votre ouvrage, notamment au chapitre XIV, Conclusion, que la condition essentielle à la constitution de la science sociologique n'a pas été remplie :

« C'est, dites-vous, une grave lacune qu'il n'y ait nulle part, dans la sociologie, un chapitre qui montre la constitution de l'économie politique et les relations de cette fonction fondamentale avec les fonctions supérieures ; c'est aussi un vice grave contre la méthode... » *Ibid.*, p. 675.

Deux pages plus loin vous ajoutez : « En résumé, les théories de la morale, de l'esthétique et de la psychologie font défaut dans la Philosophie positive ; elles lui sont pourtant essentielles. » *Ibid.*, p. 677.

Comment dès lors accepter pour valable le titre de M. Comte à la fondation de la sociologie, et par suite à l'achèvement de la série scientifique, à l'édification de la Philosophie positive?

La nullité du titre de M. Comte, le néant de sa prétendue science sociologique apparaîtront bien mieux encore quand j'examinerai les déductions pratiques qu'il en a tirées, les applications qu'il a entendu faire, et devant lesquelles vous vous êtes bientôt vu forcé de reculer avec tous les hommes de sens qui avaient suivi jusque-là le fondateur du positivisme.

Celui-ci a-t-il trouvé quelque chose de supérieur à la formule de Saint-Simon, qui n'est elle-même qu'un *desideratum*, qu'un vœu louable et non pas un principe scientifique; qui appartient, d'ailleurs, à Condorcet, et qui se trouve dans son rapport à la Convention sur l'instruction publique : « Toutes les institutions sociales doivent avoir pour but l'amélioration physique, intellectuelle et morale de la classe la plus nombreuse et la plus pauvre. »

Quoi qu'il en soit, après comparaison de l'œuvre de Saint-Simon et de celle de M. Comte, il ne paraîtrait pas paradoxal d'avancer que, depuis l'alpha jusqu'à l'oméga, sauf des développements d'une portée souvent profonde, mais d'une justesse parfois contestable, toute la doctrine sociale du second se trouve en germe dans le premier, auquel appartient, entre autres choses, vous le signalez vous-même, la dénomination de *Philosophie positive* (1).

Pour faire la part qui revient à l'un et à l'autre de ces deux hommes, il convient aussi de se reporter aux circonstances dans lesquelles leurs relations commencèrent. Le premier était alors presque sexagénaire ; il avait vécu familièrement avec les plus éminents représentants de la science à son époque, avec les fondateurs de l'École polytechnique, par exemple : le second avait vingt ans à peine ; il venait de quitter les bancs de cette même École. Est-il, d'après cela, malaisé de présumer lequel des deux devait communiquer à l'autre, et lequel recevoir ?

Que l'auteur de la *Philosophie positive* vienne ensuite déclarer que sa rencontre avec Saint-Simon, dont il avait été, au témoignage de madame Comte, l'élève favori, « avait été pour lui un malheur sans compensation, » c'est ce que vous-même, Monsieur, malgré vos préventions de disciple en faveur de M. Comte, vous ne pouvez pas admettre. Sur les torts réciproques, dans la rupture survenue entre les deux philosophes, vous évitez de vous prononcer. D'autres seront tentés de soupçonner peut-être qu'il a bien pu arriver à M. Comte, vis-à-vis de Saint-Simon, ce qui lui arriva plus tard vis-à-vis de M. de Blainville, son protecteur zélé, constant, à toute épreuve.

---

(1) C'était par suite d'un singulier oubli à l'égard de Saint-Simon et de son langage que M. Comte, au commencement du quatrième volume de sa *Philosophie positive*, publié en 1839, écrivait dans une note de la page 7 : « Cette expression (*la physique sociale*), et celle non moins indispensable de *philosophie positive*, ont été construites, il y a dix-sept ans, dans mes premiers travaux de philosophie positive. »

La règle, en matière de priorité, est rappelée par vous, Monsieur, p. 41 de votre ouvrage ; cette règle consiste en ceci, que « foi est faite uniquement par des documents, imprimés ou manuscrits, ayant date certaine. » Comment, dès lors, la prétention de M. Comte doit-elle être appréciée en regard d'une foule de citations de Saint-Simon, dans lesquelles se trouvent employés les termes de *philosophie positive* et de *politique positive*, bien avant l'époque des publications de M. Comte ?

Si l'on rapproche des passages de Saint-Simon que j'ai cités, non pas l'endroit où, vingt-cinq ans après sa mort, il était traité de *jongleur superficiel et dépravé*, par l'auteur de la *Politique positive* (Préf. p. x), mais la Note qui lui est consacrée dans la Préface du VIe tome de la *Philosophie positive*, on concevra de la justice distributive de M. Comte une singulière et bien triste opinion.

« M. Comte fit à l'égard de M. de Blainville ce qu'il faisait à l'égard des gens avec qui il se brouillait ; il oublia le passé et se laissa aller à un blâme immérité. » *A. Comte et la Philosophie positive*, p. 638, 639.

Je ne qualifierai pas un pareil trait de caractère ; mais vous avez dû, noble cœur que vous êtes, vous qui, dans toutes vos relations, vous montrez un modèle achevé de délicatesse et d'honneur, vous avez dû souffrir pour M. Comte en traçant ces lignes, qui vous étaient imposées par votre tâche de biographe véridique, tâche à laquelle vous n'avez d'ailleurs point failli, quoi qu'il ait pu vous en coûter pour cela.

IV

DÉDUCTIONS SOCIOLOGIQUES

TIRÉES

DE LA PHILOSOPHIE POSITIVE PAR M. COMTE

ou

APPLICATIONS SOCIALES DU SYSTÈME

Avant d'aborder les questions qui vont faire ici l'objet de mon examen, il importe d'écarter une fin de non-recevoir que vous opposez, Monsieur et honoré beau-frère, à ceux qui prétendraient juger la doctrine de M. Comte par les conséquences qu'il en a tirées, la philosophie de M. Comte par sa politique et par ses déductions sociales et religieuses.

Vous commencez la troisième partie de votre ouvrage sur A. Comte et la philosophie positive, en vous appliquant à démontrer que c'est parce qu'il a été infidèle aux principes de sa propre méthode, que l'auteur s'est laissé entraîner à des aberrations que vous vous êtes vu, non sans peine, obligé de repousser. Toutes ces aberrations, vous les mettez sur le compte d'un changement de méthode ; vous les faites dériver de la substitution de la méthode *subjective* à la méthode *déductive*.

Vous le blâmez d'avoir employé la première à la constitution de son système politique et religieux. Et cependant vous convenez ailleurs qu'il faudra bien en venir à l'étude du sujet, à la théorie *subjective de l'humanité*, comme vous l'appelez, p. 676 de votre livre : déclaration que j'ai peine à concilier avec une assertion de la Préface où vous dites, p. iv : « Dans la philosophie que M. Comte a fondée, il n'y a aucune place pour la méthode subjective. »

Quoi qu'il en soit de ce désaccord, de cette apparence au moins de désaccord entre vos deux assertions, je demande, m'en rapportant à la dernière, à celle qui figure au couronnement de votre ouvrage, dans le chapitre intitulé : Conclusion, je demande quand donc il sera permis d'aborder cette théorie subjective ?

Selon moi, il était rigoureusement interdit de tirer aucune déduction quant à la constitution de la science sociale, avant d'être arrivé à ce point du savoir par lequel vous déclarez qu'il faudra finir : à la théorie subjective de l'humanité ; en d'autres termes, à la connaissance de l'homme envisagé surtout dans ses impulsions, dans les mobiles qui le font agir. C'est en ceci surtout qu'il était commandé de suivre le conseil de l'antique sagesse : « Connais-toi toi-même. » La principale cause des erreurs de M. Comte et de la fausseté de ses déductions sociales provient de ce qu'il a méconnu la nature humaine, au point de vue de sa constitution passionnelle. Il résulte de là que son système d'éducation, de morale et d'organisation sociale va directement au rebours de cette nature et de ses essentielles exigences.

Les déductions sociales de M. Comte ne sont pas, dites-vous, légitimes, parce qu'elles ont été obtenues par une dérogation à sa méthode ; et elles ne prouvent rien dès lors contre la valeur de la méthode elle-même.

Si la méthode de M. Comte eût été conforme, en tout, aux exigences de la philosophie positive, cette assertion serait fondée ; mais alors il faudrait rejeter, avec sa *Politique positive* et au même titre qu'elle, une grande partie de sa *Philosophie*, pareillement dénommée. En vain M. Comte y avait-il proclamé cette sage maxime : « La sociologie doit seulement emprunter à l'incohérente compilation de faits improprement qualifiée d'*histoire* les renseignements susceptibles de mettre en évidence, d'après les principes de la théorie biologique de l'homme, les lois fondamentales de la sociabilité; » (*Philosophie positive*, t. V, p. 18), il professe dans tout l'ouvrage que sa théorie sociale est principalement et foncièrement *historique*.

Pour ce qui est de scinder, comme vous le voulez faire, les deux parties de l'œuvre de M. Comte, cela me paraît difficile en présence de certaines déclarations précises et formelles des Conclusions générales du *Cours de philosophie positive* : « Le » Traité que je viens d'achever, — dit expressément l'auteur, — » devient désormais le point de départ général de tous les tra- » vaux réservés à mon âge d'entière maturité. » Travaux dont il esquisse le programme (t. VI, p. 887 et suivantes). Un peu plus haut (p. 872), il déclarait ceci : « L'ensemble de ce Traité tend par sa nature à constituer directement la nouvelle puissance spirituelle. »

Entre M. Comte, qui affirme que les déductions sociales qu'il a tirées sont bien la conséquence logique des prémisses posées dans sa *Philosophie positive*, et les disciples de M. Comte, qui nient qu'il en soit ainsi, je trouve, après examen des deux parties de l'œuvre du maître, que ce n'est pas lui qui se montre inconséquent.

Mais admettons que je me trompe à cet égard; je demande alors qu'à la place de ces déductions de leur maître par eux répudiées, les éminents disciples de la philosophie positive veuillent bien nous en montrer d'autres, tirées en conformité des principes et applicables à la solution des problèmes sociaux. Or, je n'aperçois pas qu'il ait été fait par eux, jusqu'à présent, aucune œuvre capitale, aucune tentative vraiment sérieuse de ce genre. Vous-même, Monsieur, qui êtes, selon mon estime, le plus avancé de tous, vous vous bornez à signaler les lacunes; mais vous ne vous mettez pas en mesure de les combler. Vous renvoyez cette tâche à vos successeurs. *A. Comte et la Philosophie positive*, 3ᵉ partie. — Conclusion, p. 679.

Comme exemple des développements d'application que comporte la philosophie positive, vous signalez uniquement l'ouvrage de M. Mill sur le gouvernement représentatif : ouvrage que vous mentionnez avec de grands éloges; mais dans lequel ne se trouve abordée, que je sache, aucune des questions fondamentales qui préoccupent avec raison les esprits sous le nom de questions *sociales* proprement dites : les questions relatives à l'organisation de l'industrie, aux rapports équitables à établir entre le capital et le travail, facultés qui sont incessamment en dissidence et en lutte dans l'état actuel, au grand dommage de la société, et au risque de conflits redoutables, difficilement prévenus.

La philosophie positive peut donc être un bon instrument à appliquer à la solution des problèmes sociaux. Seulement je constate que, de l'aveu des disciples, l'emploi qui en a été fait par le maître à cette grande tâche est fautif, et que les plus autorisés d'entre eux ne se sont pas hasardés encore à l'employer au même office.

Je ne vous suivrai point, Monsieur et honoré beau-frère, à travers toutes les distinctions savantes, parfois un peu subtiles, dans lesquelles vous entrez à propos des méthodes en général et de leur emploi plus ou moins régulier. Je me borne à ce qui peut être considéré comme la conclusion de votre discussion sur ce point.

Par opposition à la méthode subjective appliquée à tort par M. Comte en sociologie, vous exposez ainsi qu'il suit l'office qu'y remplit la méthode déductive :

« Arrivée au point de vue universel, et de là considérant les temps écoulés, la méthode déductive signale, dans les événements successivement accomplis, ceux qui appartiennent à l'ordre du développement régulier, et les sépare de ceux qui appartiennent à la catégorie des perturbations, de quelque cause qu'elles proviennent. Semblable est son rôle pour les événements de l'avenir, c'est-à-dire qu'elle reconnaît ceux qui appartiennent au développement régulier et les sépare de ceux qui n'y appartiennent pas. Mais comme ces événements n'existent pas encore et que, en raison de la complexité de la sociologie, elle ne peut les deviner que dans la limite la plus restreinte, il lui faut attendre qu'ils se produisent. Son office, et c'en est un de suprême importance, qu'elle seule peut remplir, consiste alors à montrer aux gouvernements et aux peuples de quels de ces événements il faut favoriser l'évolution, et quels il faut étouffer à leur naissance. Tel est le programme de la politique positive ; elle est tout entière, non dans des conséquences lointaines, que la sociologie ne comporte pas, mais dans des conséquences prochaines, qui sont fournies par les événements et qu'elle enseigne à juger et à diriger. » *A Comte et la Philosophie positive,* p. 537.

Afin d'attacher une valeur pratique à ce passage de votre livre, que n'avez-vous donné un criterium qui permît de distinguer, d'une part, les faits sociaux appartenant au développement régulier et dont il faut favoriser l'évolution, et ceux, d'autre part, qui appartiennent à la catégorie des perturbations, faits contre lesquels on doit du moins lutter de toutes ses forces, s'il n'est pas toujours possible de les étouffer, comme vous le voudriez, à leur naissance?

En cherchant à mieux assurer la marche de la sociologie, je trouve, Monsieur, que vous lui coupez, ou tout au moins que vous lui liez quelque peu les jambes. Sous prétexte que sa vue ne saurait être assez perçante pour apercevoir distinctement à quelques pas devant elle, vous lui donnez pour consigne de se tenir à la queue et à la remorque des événements. Pour peu qu'elle s'avise de les devancer, elle s'expose à faire fausse route.

C'est lui faire une bien modeste part que de réduire son rôle à l'appréciation des conséquences prochaines, au fur et à mesure de la production des événements. Encore faudrait-il indiquer ce que l'on doit entendre par les *conséquences prochaines*, et jusqu'où s'étendent les conséquences ainsi désignées.

Dans tous les ordres de faits, la mission de la science est de nous donner les moyens de prévoir leur mode d'évolution et de succession. Une science est d'autant plus avancée que ses prévisions, sans perdre de leur certitude, embrassent un champ plus étendu, autrement dit un plus grand nombre de termes de la série qu'elle a pour objet d'étudier.

Quand il s'agit des phénomènes sociaux, qui sont ceux sur lesquels l'homme a spécialement de l'influence, ceux dont il est l'agent, non pas *fatal*, mais volontaire et libre dans une certaine et assez grande mesure, vous n'assignez, pour ainsi dire, à la science qu'un rôle passif et d'expectation. Qu'elle se borne à prononcer après coup ; qu'elle attende le cours aveugle des événements ; qu'elle n'en juge, du moins, que les conséquences prochaines, c'est assez ; car telle est, selon vous, la limite de la portée de sa vue, et à plus forte raison celle de sa puissance.

Je ne crois pas la science sociale aussi myope que vous la faites, et je conçois de son rôle une plus haute idée. Elle doit nous donner la prévision, non pas du détail sans doute, mais du cours général des phénomènes qui sont de son ressort ; elle doit de plus indiquer les moyens de diriger, jusqu'à un certain point, la marche des événements. Sans cela, à quoi servirait-elle ?

Quelle que soit notre différence d'appréciation à cet égard, ce point n'est pas capital : il s'agit simplement ici de plus ou de moins.

Mais ce que je ne saurais du tout vous accorder malgré tous les efforts de raisonnement que vous faites dans le but d'établir cet autre point, c'est qu'il y ait lieu d'absoudre la philosophie positive des erreurs de la politique qui porte la même étiquette. Vous mettez à soutenir cette thèse un talent de discussion, un art de dialectique qui excitent mon admiration, mais sans réussir à convaincre ma raison. Certes, s'il était quelqu'un capable de sauver une partie du système, c'était bien vous.

... Si Pergama dextra
Defendi possent etiam hac defensa fuissent.

Hélas! Pergame ne pouvait être sauvée.

Ainsi en est-il de l'édifice informe, élevé par M. Comte avec des efforts de persévérance, avec une puissance de combinaison, qui révèlent parfois le génie, mais dont il faut déplorer le malheureux emploi dans toute la partie afférente aux prévisions sociales.

Or, suivant moi, la pierre de touche d'un système général d'idées, autrement dit d'une philosophie, c'est la conclusion sociale à laquelle il aboutit, c'est le parti qu'on en peut tirer pour améliorer les conditions de la vie humaine.

Que M. Comte ait été ou non infidèle à sa propre méthode dans la seconde partie de son œuvre; qu'il y ait, comme vous le prétendez, brouillé d'une façon inextricable toutes les méthodes, c'est là déjà, du moins, un grave motif de suspicion contre la sûreté du jugement de M. Comte, mais je m'en préoccupe assez peu. J'arrive, pour juger le philosophe, à ce qu'il nous propose, à ses vues pratiques.

Vainement vous déployez toutes les ressources d'une dialectique habile et ingénieuse pour démontrer qu'il faut prendre une autre base du jugement à porter sur M. Comte ; vainement vous vous évertuez à couper, si je l'ose dire, M. Comte en deux ; à séparer complétement la philosophie positive de la politique positive, à dégager la première de la responsabilité de la seconde et de la solidarité avec elle ; vous n'empêcherez pas qu'on n'applique à la doctrine de M. Comte la maxime de Jésus et du bon sens : L'arbre se connaît à ses fruits.

Voyons donc quels sont les fruits qu'a portés jusqu'à présent l'arbre philosophique sous lequel vous vous abritez.

Je ne prendrai point ici pour objet de ma critique les vues qui ont trait au culte *féticho-polythéo-humanitaire*, institué par l'auteur de la *Philosophie positive* dans les dernières années de sa vie et dont vous-même, Monsieur, vous avez fait justice.

Mon examen portera sur d'autres enseignements de M. Comte, dont vous paraissez admettre encore quelques parties, quoique vous ayez évité, dans votre dernière publication, de présenter à cet égard des développements analogues à ceux qui se trouvent dans votre livre de 1852.

M. Comte ayant mêlé, dans une certaine mesure, ses idées sur l'éducation, sur la morale et sur la politique, à ses conceptions religieuses, je n'ai pu, voulant le citer textuellement, afin de ne pas encourir l'accusation de lui prêter autre chose que ce qu'il a professé ; je n'ai pu, dis-je, faire partout la séparation de ses vues purement sociologiques d'avec ses vues qui ont spécialement trait à la religion et au culte positiviste. Il est entendu que pour celles-ci vous avez repoussé bien loin toute solidarité, et qu'elles appartiennent exclusivement à M. Comte.

Décharge vous étant ainsi donnée de tout ce que vous avez répudié de l'œuvre du fondateur de la doctrine positiviste, voyons comment se trouvent envisagées par lui trois grandes questions sociales : l'ÉDUCATION, la LOI MORALE et la CONSTITUTION POLITIQUE.

1° L'ÉDUCATION.

« L'éducation positive, dit M. Comte (*Discours sur l'ensem-
» ble du positivisme*, p. 167), est surtout destinée à disposer
» nos prolétaires à leur noble office social de principaux auxi-
» liaires du pouvoir philosophique. » On le voit, M. Comte
paraît douter partout que la raison puisse suffire à faire triompher le positivisme. Il complète, à la vérité, sa définition en
ajoutant : « et à leur faire mieux remplir leurs fonctions spé-
» ciales. »

Il divise cette éducation en deux parties : « L'une, essentiellement spontanée, finissant à la puberté ou au début de l'apprentissage industriel, doit s'accomplir, autant que possible, au
sein de la famille ; l'autre, directement systématique, consistera
principalement en une suite de cours scientifiques sur les lois
essentielles des divers ordres de phénomènes servant de base à
la coordination morale... » Je ne m'arrête pas à faire remarquer tout ce qu'il y a d'incompatible entre ces deux mots
scientifique et *moral*, puisqu'on en est encore à trouver, en
dehors des données théologiques et métaphysiques, répudiées
par M. Comte, une base solide à la morale. Je laisse de côté
cette éducation positiviste au sein de la famille, qui devra faire
passer l'enfant par le fétichisme d'abord, puis par le polythéisme,
« sans toutefois, dit M. Comte, exiger des parents aucune hypocrisie. » *Ibid.* p. 169.

Ainsi, les parents seront dispensés de faire acte de foi aux
fétiches et aux dieux multiples adoptés par l'enfant. « Pour tout
concilier, ajoute M. Comte, il suffira d'être vrai en avertissant
l'enfant que ses croyances spontanées conviennent seulement à
son âge et doivent finir par le conduire à d'autres. » *Id., ibid.*

De pareilles choses ne se discutent pas. Vous ne les avez
d'ailleurs jamais admises à aucun degré ni à aucun titre.

Mais ce que M. Comte appelle l'éducation *systématique*, et
qui comprend spécialement l'instruction, ne paraît pas encore
abandonné par vous, Monsieur et honoré beau-frère, comme on
le verra tout à l'heure.

Où se fera l'éducation? dans la famille où à l'école?

Avant d'aborder le fond de la question, je tiens à faire une réserve en faveur de l'éducation mixte, c'est-à-dire en partie extérieure et collective, en partie seulement familiale : combinaison qui me paraît bien préférable à l'éducation exclusivement domestique, préconisée par M. Comte pour toute la période de la vie antérieure à la puberté.

Cette dernière opinion, chez la plupart des personnes qui la partagent, a pour motif le danger que fait courir aux mœurs de l'enfant la fréquentation d'un grand nombre de camarades. Eh bien ! l'on n'est pas complétement à l'abri de ce genre de danger et des vices qu'il entraîne en gardant constamment l'enfant au sein de la famille. Là, il y a des frères et des sœurs ; là, il pénètre du dehors d'autres enfants, et même des adolescents et des adultes étrangers ; là, se trouvent enfin, mêlés aux choses les plus intimes de l'existence, des serviteurs de l'un et de l'autre sexe quelquefois, gens dont la moralité, la discrétion et le respect envers l'enfance laissent communément beaucoup à désirer. Le danger n'est donc qu'amoindri ; c'est quelque chose, je l'accorde.

Mais d'un autre côté, peut-on regarder tous les intérieurs de famille comme autant de sanctuaires sans tache, où l'enfant n'aura jamais sous les yeux que de bons exemples? Quelle illusion que de prendre pour réalité, dans quelque classe qu'on le considère, cet idéal de la famille ! Je soutiens qu'en général l'enfant trouvera au foyer domestique plus de mauvaises choses à imiter qu'il n'en eût rencontré à l'école ou au collége.

Sous le rapport de la justice distributive, la famille pèche communément ; et son opinion, presque toujours influencée par la faveur, par une prédilection non avouée, mais réelle, envers tel ou tel enfant, a besoin du contrôle de l'opinion du dehors. Il est bon, il est nécessaire qu'elle soit contrebalancée, et par le jugement, presque toujours équitable, des petits camarades de jeux et d'études, et par l'appréciation de l'éducateur étranger, de l'instituteur, plus impartial d'ordinaire que ne le sont les parents eux-mêmes. Ceux-ci doivent aimer leurs enfants d'un amour égal, sans prédilection pour tel ou tel d'entre eux. Sans doute, c'est le précepte, le *desideratum* de la morale et de la philosophie. Mais ce n'est pas le fait le plus habituel. Au contraire, il y a presque toujours, dans les familles, des préférés, sur le compte desquels le père et la mère s'aveuglent, et les préférés ne sont pas toujours les préférables, tant s'en faut. Si le père a son préféré et la mère le sien de son côté, c'est pis encore, comme influence sur les enfants, et pour le régime intérieur de la famille.

Il est d'observation que, sauf exception assez rare, les enfants qui n'ont pas quitté le giron de la famille sont des caractères détestables, se croyant de petits phénix s'ils sont les adulés, ou péchant par l'excès contraire s'ils ont été les disgraciés, les rebutés, les parias du groupe familial. Pour se faire une idée juste de ce que l'on vaut en réalité, il faut vivre parmi ses pairs, enfant parmi les autres enfants. Là, dans les jeux, dans les études en commun, la vraie mesure de chacun est bientôt prise. Les exagérations de l'amour-propre et celles de la modestie, qui ont aussi leurs inconvénients, se corrigent, s'atténuent. Rien ne saurait donc remplacer l'éducation publique ou du moins collective. Tel était l'avis de Rousseau, malgré le plan d'éducation particulière, et heureusement impraticable, qu'il a tracé dans son *Émile* :

« Les jeux de l'enfance, dit le citoyen de Genève, doivent toujours être publics et communs à tous ; car il ne s'agit pas seulement ici de les occuper, de leur former, par de gymnastiques exercices, une constitution robuste, de les rendre agiles et découplés, mais de les accoutumer de bonne heure à la règle, à l'égalité, à la fraternité, aux concurrences, à vivre sous les yeux de leurs concitoyens et à désirer l'approbation publique. »

Un écrivain du bord opposé, l'auteur de la *Législation primitive* (M. de Bonald), se prononce dans le même sens : « Ce n'est pas, dit il, dans l'éducation commune que l'égoïsme a pris naissance ; il est le triste et chétif avorton de l'éducation privée. »

Tout récemment enfin, dans un Traité sur la matière, M. Dupanloup donnait aussi la préférence à l'éducation commune sur l'éducation privée.

M. Comte professe, lui, l'opinion contraire. « Dans les sept années, dit-il, comprises entre la dentition et la puberté, cette éducation spontanée commence à devenir systématique, mais seulement quant aux beaux-arts, quoiqu'il importe beaucoup, surtout moralement, qu'elle s'accomplisse encore sans jamais quitter la famille. » *Discours sur l'ensemble du positivisme*, p. 168.

J'aurais été surpris qu'au mépris de l'expérience, M. Comte ne se fût pas prononcé contre l'éducation en commun. Si l'on veut voir juste sur un point quelconque de sociabilité, il faut, en général, prendre le contre-pied de l'opinion adoptée par l'auteur du système positiviste. La suite de ses idées sur l'éducation va nous en fournir la preuve.

La marche à suivre dans l'enseignement.

Satisfaisante pour l'esprit, la classification des sciences, telle que l'a établie M. Comte, ne vaut rien comme méthode d'enseignement. Si l'on calque sur cette classification la marche à suivre dans l'instruction à donner aux enfants, on va droit contre les dispositions naturelles de ceux-ci.

Ce n'est pas aux vérités abstraites des mathématiques, ce n'est pas même à la nature inerte et au monde inorganique par conséquent que l'enfant sera porté à donner d'abord son attention. Ce qui l'intéresse en premier lieu, ce qui excite ses premières impressions, c'est la nature vivante. Le sourire et les caresses maternelles d'abord, puis les personnes de son entourage ; voilà l'ordre de ses toutes primitives connaissances. Un peu plus tard, quand il se mettra à marcher et qu'il pourra se transporter vers les objets qui l'attirent, les animaux, avec leurs diversités d'aspect et d'allures, leur genre de vie, leurs jeux, leurs cris ou leurs chants ; les plantes avec leurs feuillages, avec l'éclat de leurs fleurs, voilà ce qui aura de l'attrait pour l'enfant et ce qui donnera l'éveil à ses facultés d'observation. Il se plaira dans la basse-cour, au jardin, dans la prairie en fleurs, et c'est là que son instruction commence.

Il voudra manier de petits outils, bêcher, planter, bâtir même, porter aux animaux la pitance, etc., avant de s'enquérir d'une théorie quelconque et d'en pouvoir comprendre le but et le prix. Que de notions physiques, biologiques, sociales même amassées dans ces petites têtes, avant qu'elles soient aptes à suivre la démonstration des propriétés du triangle et du cercle ! Il faut conduire l'enfant à la science par les routes qu'indiquent sa nature et ses goûts. Un profond observateur et un grand peintre de la nature humaine, Shakspeare, l'a dit avec raison : « Il n'y a point de fruit dans l'étude où il n'y a pas de plaisir. »

Voilà donc révélée par la nature elle-même la marche qu'il convient de suivre dans les notions à donner à l'enfant. Il faut commencer par celles qu'il recherche de lui-même, qui excitent sa curiosité et qui, bientôt, lui feront sentir la nécessité de la lecture, de l'écriture, de l'art du dessin, puis de la science des nombres, etc.

Vous reproduisez, Monsieur, dans votre publication de 1852 le passage suivant de M. Comte :

« La marche générale de l'éducation systématique est tracée par la loi encyclopédique, qui détermine la hiérarchie des sciences. Car les études scientifiques du prolétaire doivent se rapporter, comme celles du philosophe, d'abord à notre condition inorganique, ensuite à notre propre nature, personnelle et sociale, pour constituer la double base rationnelle de notre conduite réelle. On sait que la première classe comprend deux couples de sciences préliminaires, l'un mathématico-astronomique, l'autre physico-chimique. A chacun d'eux l'initiation positive consacrera deux années. Mais l'extension supérieure et la prépondérance logique du premier obligeront alors à deux leçons hebdomadaires, tandis qu'une seule suffira réellement pour tout le reste de l'éducation prolétaire. Les exigences beaucoup moindres de l'apprentissage industriel, à ce début, permettront naturellement ce surcroît initial d'occupations spéculatives. A cette préparation inorganique succédera l'étude biologique, aisément susceptible alors d'être condensée en une cinquième année, dans un cours de quarante leçons vraiment philosophiques et populaires. D'après tous ces préambules indispensables, une sixième année, de même durée didactique, systématisera définitivement toutes les spéculations réelles par l'étude directe de la sociologie... Un tel fondement permettra à la dernière de ces sept années de noviciat positif de diriger immédiatement l'ensemble de cette éducation vers la principale destination sociale par l'exposition méthodique de la morale, dont chaque démonstration deviendra alors pleinement appréciable, suivant la saine théorie du monde, de la vie et de l'humanité. » *Conservation, révolution et positivisme*, p. 107, 108.

Voilà, j'espère, une initiation laborieuse, à laquelle seront soumis, en régime positiviste, les prolétaires, tous indistinctement ; M. Comte ne paraît pas se douter qu'il y ait des vocations et des aptitudes diverses. Mais ce n'est pas tout encore : « on y joindra, dans les deux dernières années de l'initiation philosophique, l'étude de nos deux principales langues anciennes à titre de complément poétique, lié d'ailleurs aux théories historiques et morales dont le prolétaire sera alors préoccupé. » *Ibid.*, p. 108.

Ce programme de M. Comte, vous l'acceptiez, Monsieur, car vous ajoutiez après l'avoir reproduit :

« Tels sont les linéaments généraux de l'éducation populaire, absolument universelle et comprenant aussi les femmes, sauf les modifications que comporte la nature des choses. »

Je crois qu'il est superflu d'exposer les objections de mille natures qui s'élèvent contre l'exécution d'un pareil plan. Si l'on se place au point de vue des élèves, il apparaît comme tout à fait impraticable, non-seulement à raison de ce que réclament leur apprentissage et leurs travaux professionnels, mais encore et surtout à raison de la variété des dispositions intellectuelles et des aptitudes.—Au point de vue des professeurs qui forment, dans le système de M. Comte, ce qu'il nomme la corporation philosophique, le *pouvoir spirituel*, l'impraticabilité n'est pas moindre. « Chaque système de cours, dit M. Comte, n'exigeant en tout que sept professeurs, dont chacun parcourrait successivement tous les degrés encyclopédiques, le nombre total de ces fonctionnaires resterait assez petit pour qu'ils pussent partout être d'un mérite équivalent, et trouver aussi une égale assistance temporelle. » *Discours sur l'ensemble du positivisme*, p. 173.

Voyez-vous le malheureux professeur obligé d'enseigner successivement, depuis les quatre règles élémentaires de l'arithmétique jusqu'à la biologie, en passant par l'astronomie, la physique, la chimie, et couronnant le tout par l'enseignement de la sociologie qui, dans l'opinion de nos plus savants contemporains, est encore à créer, si tant est qu'ils admettent qu'il y ait là matière à science proprement dite? Il ne faudrait pas moins pour faire chacun des professeurs réclamés par l'utopie pédagogique de M. Comte, qu'un homme possédant tout à la fois le savoir réuni de Poisson, d'Arago, de Pouillet, de Dumas, de Flourens, de Cl. Bernard, et pour la sociologie et la morale de $\times + \times$, car ici l'opinion n'est en mesure de désigner personne comme le représentant de la science.

La Grèce était fière de posséder sept sages; mais il faudrait à la France sept mille fois l'équivalent moderne des sept sages de l'antiquité pour instituer, dans chaque chef-lieu de canton et dans chaque centre populeux, la corporation enseignante rêvée par M. Comte. Conçoit-on, en outre, toutes ces têtes encyclopédiques d'un *mérite équivalent*, avec une assistance temporelle *égale!* On voit que si, d'une part, M. Comte exige dans chaque membre de son corps universitaire une accumulation de connaissances à faire éclater le crâne d'un Newton et d'un Leibnitz, il prend soin d'arranger, d'autre part, sous le niveau égalitaire, un régime de médiocrités, qui serait le plus sûr résultat de sa combinaison.

Il suffit de citer M. Comte pour faire voir que, dans son système d'éducation, il entasse, comme à plaisir, les impossibilités sur les impossibilités; il méconnaît partout le principe si précieux de la division du travail, division qui doit être poussée d'autant plus loin que les sciences elles-mêmes et les arts sont plus avancés.

Faut-il séparer la théorie de la pratique?

Il est un autre principe contre lequel, à la suite de M. Comte, vous vous élevez vous-même, Monsieur, avec plus de force que de raison, me paraît-il. Je veux parler du principe de l'union de la théorie et de la pratique, principe qui, sauf un petit nombre d'exceptions, est de règle générale et d'une utilité reconnue. Ce principe offre un immense avantage, soit dans l'instruction pour intéresser l'élève à ce qu'on lui apprend, soit dans l'œuvre effective, afin que le travailleur ne soit nulle part une simple machine et qu'il sache toujours se rendre compte de ce qu'il fait. Sur ce point, il faut vous accorder la parole et ne pas vous juger sans vous entendre.

« Je viens à l'idée principale d'une telle éducation, c'est-à-dire à l'institution d'un pouvoir éducateur, ou philosophique, ou spirituel. Cette dernière dénomination, consacrée par la tradition historique, est la meilleure. Il faut dans toute légitime organisation de la société, depuis l'admirable ébauche inaugurée par le catholicisme, il faut un pouvoir uniquement consacré à distribuer l'éducation populaire, complétement indépendant en ses fonctions de l'autorité temporelle, et ayant auprès de la conscience de chacun à faire valoir le droit de la morale commune....
» On doit de plus remarquer que séparer le pouvoir spirituel d'avec le pouvoir temporel c'est, en d'autres termes, séparer la théorie d'avec la pratique. Or, personne ne conteste plus, dans tous les départements de la connaissance humaine, que cette séparation est indispensable et aussi favorable à la pratique qu'à la théorie. » *Conser. rév. et posit.*, p. 109, 110.

Si fait vraiment, on vous contestera ce dernier point. C'est l'opinion générale, au contraire, en dehors de l'école de M. Comte, que, sauf pour certains théorèmes de mathématiques pures, sauf pour quelques hautes spéculations de l'ordre des sciences, des sciences cosmiques surtout, il faut, partout ailleurs et toujours, allier la théorie à la pratique, celle-là servant de flambeau à la seconde, celle-ci de moyen de contrôle à la première.

Après avoir posé pour règle ce qui n'est que l'exception, la prétendue nécessité de séparer la théorie de la pratique, vous continuez ainsi :

« Comment en serait-il autrement pour les spéculations les plus compliquées et les plus difficiles, à savoir les spéculations sociales? Comment ici ne conviendrait-il pas plus encore, s'il est possible, qu'en tout autre cas, de distinguer entre l'art et la science, entre la pratique et la théorie et de remettre l'une et l'autre en des mains différentes ? Au reste, en ceci on constate une application de la grande loi historique découverte par M. Comte : plus une science est compliquée, et par conséquent a tardé à se constituer, plus l'art correspondant y est resté longtemps adhérent. Ainsi la biologie, l'une des sciences les plus compliquées, les plus tardives, ne fait que de se dégager de l'art médical ; et la sociologie, encore plus compliquée et plus tardive, n'est pas sortie de sa confusion avec l'art politique. » *Ibid.* 110.

Je crois, Monsieur, que vous faites erreur quant à la science sociale surtout, qui est une science fondée ou à fonder sur l'observation ; et comment observer, si l'on se tient à l'écart des faits, en dehors des phénomènes qui sont l'objet des observations à recueillir pour constituer la science ?

Ce que vous dites au sujet de la biologie qui se séparerait de l'art médical tient à une confusion qu'il importe de dissiper. Il y a ici une simple division du travail, nécessitée par les progrès incessants de la science et de l'art, et non point une séparation, un divorce, une incompatibilité, ainsi que vous semblez l'admettre. Le médecin a besoin d'être et de rester biologiste, puisque vous faites vous-même de la médecine une branche de la biologie ; et le biologiste, de son côté, demandera souvent des éclaircissements, des confirmations à la pathologie, à la thérapeutique, soit médicale, soit chirurgicale.

Pour citer un exemple à ce propos, si M. Flourens arrive, par des expériences de vivisection sur les animaux, à établir la régénération des os par le périoste, n'est-il pas d'un grand prix que la confirmation de ce fait soit donnée par des opérations pratiquées sur l'homme, à Lyon par M. Ollier, à Strasbourg par M. Sédillot, à Paris par MM. Maisonneuve, Jobert (de Lamballe) et d'autres chirurgiens? Il se trouve ainsi démontré que la régénération du tissu osseux par son enveloppe a lieu dans l'espèce humaine comme dans les espèces animales, ce qu'il n'eût jamais été permis de constater par des expériences de laboratoire. La séparation de la biologie d'avec l'art médical n'a pas d'autre signification que le partage du même art entre la médecine proprement dite et la chirurgie, et que la subdivision de ces deux branches principales en spécialités qui s'étendront de plus en plus, en dépit de l'opposition de certains maîtres mal inspirés ; car tout cela répond à ce grand principe de la division du travail, division rendue indispensable par l'insuffisance du même individu à tout embrasser et à tout faire. Notez cependant que la division du travail n'exclut pas, qu'elle exige au contraire que chacun connaisse les généralités de la science à laquelle se rattache l'art qu'il exerce.

Vous confondez en outre, il me semble, vous et M. Comte, la culture de la science qui a pour objet son avancement, avec la fonction qui consiste à l'enseigner. Rarement il arrive que le même homme soit aussi heureusement doué pour l'une que pour l'autre de ces deux tâches. On a vu des savants que recommandaient d'importantes découvertes faire des professeurs plus que médiocres ; d'autres hommes doués d'une heureuse mémoire, d'une élocution facile, d'un talent d'exposition méthodique, lucide, chaleureux même, excellents dans l'enseignement, quoique dépourvus du génie inventif, de cette puissance de concentration de la pensée qui sont les facultés de haut titre auxquelles sont dus ordinairement la création et l'avancement des sciences.

Pour jouir de quelque autorité dans l'enseignement d'une science technique quelconque, il faut avoir pratiqué avec succès l'art qui s'y rattache. Que signifierait, par exemple, un cours ou un Traité de médecine fait par un homme qui n'aurait jamais observé ni traité de malades? C'est à la généralisation d'un tel mode d'enseignement que nous conduirait, en droite ligne, l'idée systématique de séparer absolument la théorie de la pratique. On ne saurait rien concevoir de plus opposé aux progrès et aux résultats fructueux des études. Sous un tel régime, il n'y aurait plus de maîtres, car dans toutes les sciences d'application les maîtres illustres et suivis sont des hommes qui se sont distingués dans la pratique. De par M. Comte, ils doivent se borner à cette dernière tâche, et laisser à d'autres, exclusivement nourris de théories, le soin d'instruire et de former les jeunes gens qui doivent leur succéder un jour dans la carrière active. Le divorce préconisé entre la théorie et la pratique ramènerait, s'il pouvait jamais se consommer, le règne de la scolastique, de ces sciences de mots stigmatisées par Bacon, comme complétement stériles et dénuées de toute valeur effective. On ne saurait rien imaginer, à mon avis, de plus directement opposé à la vraie philosophie positive et aux bonnes tendances de notre époque.

Ce n'est pas seulement dans les professions ordinaires, manuelles ou intellectuelles, que l'enseignement se lie à la pratique ; c'est encore dans l'ordre politique et administratif. Où l'État, sous le système représentatif de 1830, et quelquefois encore depuis la Révolution de 1848, où l'État va-t-il prendre des ministres? N'est-ce pas parmi les hommes dont le haut enseignement avait jeté le plus d'éclat, tels que MM. Guizot, Cousin, Villemain, ou bien qui avaient, comme publicistes, M. Thiers, par exemple, contribué à former l'opinion publique dominante? Et lorsque le cours des événements, lorsque des perturbations révolutionnaires ont renversé ces hommes du pouvoir, ils n'ont rien de plus pressé que de reprendre, sous une forme ou sous une autre, leur rôle de *docteurs* politiques. Ils se mettent à faire de la théorie dès qu'ils cessent de pouvoir faire de la pratique ; — soit qu'ils retracent l'histoire d'une grande époque, comme l'a fait M. Thiers, afin d'en tirer sans doute quelques leçons profitables pour le présent ou pour l'avenir (1) ; — soit qu'ils passent en revue, sous forme de Mémoires, comme le fait M. Guizot, tous les événements auxquels ils ont pris part, et tous les personnages avec lesquels ils se sont trouvés en rapport.

Que ces messieurs, s'ils sont encore susceptibles de s'instruire eux-mêmes, n'eussent eu, depuis leur chute du pouvoir, rien

---

(1) La preuve de cette intention se trouve dans la conclusion de l'ouvrage de M. Thiers, dont je reproduis ici les dernières lignes : « Sans doute, si jamais une nation eut des excuses pour se donner à un homme, ce fut la France, lorsqu'en 1800 elle adopta Napoléon pour chef... Jamais génie ne fut plus réel que celui auprès duquel on cherchait un refuge! Et cependant après quelques années, ce sage devenu fou, fou d'une autre folie que celle de 93, mais non moins désastreuse, immolait un million d'hommes sur les champs de bataille, attirait l'Europe sur la France, qu'il laissait vaincue, noyée dans son sang, dépouillée du fruit de vingt ans de victoires, désolée en un mot, et n'ayant pour refleurir que les germes de la civilisation moderne déposés dans son sein. Qui donc eût pu prévoir que le sage de 1800 serait l'insensé de 1812 et de 1813? Oui, on aurait pu le prévoir en se rappelant que la toute-puissance porte en soi une folie incurable, la tentation de tout faire, quand on peut tout faire, même le mal après le bien! Ainsi dans cette grande vie, où il y a tant à apprendre pour les militaires, les administrateurs, les politiques, que les citoyens viennent à leur tour apprendre une chose, c'est qu'il ne faut jamais livrer la patrie à un homme, n'importe l'homme, n'importent les circonstances. En finissant cette longue histoire de nos triomphes et de nos revers, c'est le cri qui s'échappe de mon cœur, cri sincère, que je voudrais faire parvenir au cœur de tous les Français, afin de leur persuader à tous qu'il ne faut jamais aliéner sa liberté, et pour n'être pas exposé à l'aliéner, n'en jamais abuser. » *Histoire du Consulat et de l'Empire*, t. XX.

Excellente dans le sens de la démocratie, la conclusion de M. Thiers n'est, qu'il le veuille ou non, dynastique à aucun point de vue. Napoléon Ier

de mieux à faire que ce qu'ils ont fait et que ce qu'ils font, je ne voudrais pas le garantir. Ainsi, M. Guizot en particulier, au lieu de se mettre modestement à l'étude des causes de ses revers en politique, revers dont les conséquences ont été si fatales à la dynastie qu'il voulait consolider, à quoi M. Guizot, en réalité, occupe-t-il ses laborieux loisirs? A élever un monument littéraire en l'honneur de la sagacité dont il a fait preuve dans la conduite des affaires de son pays. Il y a peut-être bien à cela, quel que soit le mérite d'exécution de l'œuvre, il y a peut-être à cela, après l'événement de février 1848, un côté tant soit peu ridicule. Avec ses hautes facultés intellectuelles, qu'il serait ridicule aussi de chercher à contester ou à déprécier, M. Guizot, comme caractère, est un type qui se recommande aux Molières de l'avenir, s'il s'en trouve un qui soit tenté de traduire un jour sur la scène théâtrale la haute comédie politique de notre temps.

On trouvera souverainement impertinente, à l'égard de l'un des hommes les plus considérables de notre époque, une pareille réflexion, surtout de la part d'un pauvre petit médecin de banlieue tel que je suis. Mais on trouve tout simple, pourvu qu'il y déploie ses grandes qualités d'écrivain, que M. Guizot

---

ne se résignera jamais, il l'a déclaré lui-même, à ce rôle de « cochon à l'engrais » qui est l'idéal du roi constitutionnel.

Les hommes de la taille de Napoléon ont leur place dans un gouvernement démocratique : Pouvoir effectif et responsabilité ; ils n'en ont pas dans une monarchie constitutionnelle.

Qu'à un Pierre-le-Grand, à un Frédéric II, à un Napoléon échoie par droit de naissance le sceptre d'une telle monarchie, ils échangeront plutôt ce hochet contre le poste de ministre dirigeant et contre le commandement des armées, qu'ils ne se soumettront à la passivité d'une grandeur toute d'apparat. Des princes uniquement occupés de leurs plaisirs, comme les rois d'Angleterre de la maison de Hanovre, ou une excellente mère de famille comme la reine Victoria, voilà les souverains qu'il faut dans un gouvernement représentatif. Pour cette belle forme de gouvernement, gare l'avènement au trône d'un grand homme ! Louis-Philippe déjà (M. Thiers mieux que personne peut s'en souvenir) ne pouvait se renfermer dans le programme que prétendit lui imposer la coalition de 1838 : « Le roi règne et ne gouverne pas. »

Malgré cette observation, je reconnais que la monarchie constitutionnelle a une place essentielle dans l'évolution politique des sociétés comme transition nécessaire entre l'absolutisme, entre la monarchie pure et la forme définitive de gouvernement.

se congratule à son aise dans ses Mémoires, la modestie étant sauvée par la forme, sur l'excellence et la profondeur de ses vues gouvernementales, et qu'il s'y pavane même, autant que son bon goût le lui permettra, dans sa gloire politique. Elle consiste surtout, cette gloire (réserve faite pour la loi 1833 sur l'instruction primaire, dont M. Guizot fut le principal et le très louable auteur), elle consiste à avoir conduit la fortune de la France, à travers la coalition de 1837, à la catastrophe de 1848. Je sais bien que M. Guizot n'a pas été seul pour accomplir toute cette besogne. Mais il faut convenir qu'il y a contribué plus que personne, plus à lui seul que les républicains tant accusés, et que nous autres socialistes de toutes les écoles, dont on a fait les boucs émissaires des péchés d'Israël. *Suum cuique*; mais la plus grosse part dans la catastrophe, dans cette calamité, si calamité fut, revient incontestablement au dieu-terme de la haute bourgeoisie. M. Guizot, envers lequel je n'ai aucun sujet de rancune ou d'animosité, que j'apprécie uniquement d'après l'influence de sa conduite et de ses doctrines sur les événements contemporains, M. Guizot, à moins qu'il ne change beaucoup, ne fera pas lui-même son *meâ culpâ*; cela donne d'autant moins de scrupule de le prononcer pour lui.

Par imitation du formulaire de la bonne compagnie, je me suis laissé allé à écrire les mots de *catastrophe* et de *calamité* à propos de l'événement qui renversa du trône la branche cadette des Bourbons. Non pas, au surplus, tout en plaignant la rigoureuse destinée de cette noble famille, que j'aie, pour mon compte, autrement d'humeur contre la révolution de Février, si ce n'est peut-être à cause de son avortement. Quoique je ne l'eusse appelée ni souhaitée, elle m'apparaissait comme une superbe occasion pour la France, si la France eût été assez éclairée pour cela, de constituer le gouvernement le plus progressif, et aussi le plus solide, qu'elle eût possédé depuis 1789. Il fallait, pour le succès de cette tâche, des lumières qui, de leur aveu, firent défaut chez les chefs du mouvement; il fallait du sang-froid, un certain esprit de justice dans tous les partis et assez de confiance dans le progrès des mœurs et de la raison publique pour ne pas s'abandonner aux lâches terreurs évoquées par les souvenirs d'une autre époque.

C'était trop exiger d'un pays qui est dans la phase de civilisation que nous traversons péniblement, anxieusement.

Je demande grâce au lecteur pour cet épisode, tiré d'un genre de pédagogie transcendante, et qu'on appellera, si l'on veut, un hors-d'œuvre *métapédagogique*.

Les vocations. Chapitre omis dans le système.

Je reprends l'appréciation du système de M. Comte en matière d'éducation. Si les vues erronées y abondent, il offre aussi à relever des lacunes de la plus haute importance. Ainsi, sur les vocations et sur l'éducation professionnelle, deux questions qui se tiennent intimement, aucune indication ne se rencontre dans l'œuvre du réformateur positiviste. Comment reconnaître et faire éclore les vocations naturelles ? Comment employer chacun suivant ses vocations, qui révèlent ses aptitudes spéciales ? Sur ce point capital, M. Comte n'a rien à nous dire, car il ne nous dit absolument rien, si ce n'est, contrairement à tous les observateurs, que les vocations ont peu d'empire chez la plupart des hommes et que chacun, sauf rare exception, doit continuer la spécialité professionnelle de ses parents. Et pourtant la question sociale est là, pour ainsi dire, tout entière dans le discernement, le développement et l'emploi judicieux des vocations.

Un grand poëte, qui sait se montrer parfois réaliste à toute épreuve et calculateur très positif, Victor Hugo, dans un des beaux chapitres de ses *Misérables*, déplore la perte des millions que Paris, — Paris panier percé, comme il l'appelle, — jette incessamment à l'eau par son intestin, c'est-à-dire par son égout : valeurs fertilisantes qui, au lieu de servir à féconder nos champs, vont empoisonner le fleuve et s'engloutir avec lui dans la mer. Bien autrement incalculables et regrettables sont les pertes de toute nature, pertes matérielles, intellectuelles et morales, que subit la société par suite de la méconnaissance des vocations individuelles. Dans notre monde, la tâche est généralement dévolue à chacun par le hasard, en premier lieu par le hasard de la naissance, au rebours le plus souvent de ses instincts, de ses goûts et de ses aptitudes, qui n'ont pu que très exceptionnellement être consultés. De là une exécution défectueuse, sans entrain, sans l'amour du métier et de l'œuvre ; de là cette répugnance générale pour le travail, considéré comme une peine et accepté seulement par les masses comme un pis aller pour échapper à la faim. De là aussi la source la plus commune des malheurs personnels, des vices et même des crimes qui désolent la société.

Il n'y a qu'une pierre de touche des vocations ; c'est celle qu'employa le plus sage des Grecs pour déceler Achille caché parmi les jeunes filles de Scyros. A la vue des armes étalées par Ulysse, le héros ne put se contenir ; le futur vainqueur d'Hector et d'Ilion s'était révélé. Suivant ce classique exemple, plus cité qu'imité, il faut placer l'enfant, l'adolescent en présence des divers travaux vers lesquels ses tendances naturelles pourront le porter ; il faut lui donner les moyens de s'y mettre à l'essai ; il faut le *tâter*, en un mot, pour découvrir les facultés latentes et souvent précieuses qui sont en lui. Mais c'est impossible, dira-t-on : dans l'état actuel de l'exercice des industries et des professions, oui, sans doute ; il n'y a que l'organisation sériaire du travail et l'Association, deux choses allant de pair et s'impliquant l'une l'autre, qui permettent l'éclosion, le développement et l'emploi des vocations. C'est toujours à l'Association qu'il en faut revenir, dès qu'on veut appliquer largement un bon principe et réaliser efficacement une mesure sage et utile dans la société.

Ce que sera, dans ce régime, l'éducation, qui est peut-être la partie la plus admirable et la plus saisissante de la conception de Fourier, je ne puis l'exposer convenablement ici. Il faut lire dans ses ouvrages et dans ceux de ses disciples, ce qui a trait à ce sujet capital, où l'inventeur du phalanstère tire si ingénieusement parti de l'affinité naturelle qu'on observe entre les deux âges extrêmes de la vie, entre le vieillard et le jeune enfant, entre le fonctionnaire émérite et le débutant dans la carrière.

Je me borne au résumé des conditions que remplit l'éducation sociétaire ou harmonienne :

Elle est UNITAIRE ; donnée à tous en raison des aptitudes et des goûts de chacun ;

Elle est *composée*, formant le corps et l'âme à la fois ; — *in-*

tégrale, embrassant toutes les facultés de chaque individu ;

Elle est *pratique*, se liant toujours à l'exercice des fonctions sociales ;

Elle est ATTRAYANTE ; elle entraîne l'enfant au progrès et au bien par une foule de moyens, tous conformes à ses goûts, en premier lieu par le *charme corporatif ascendant*, par sa tendance à suivre et à imiter les enfants d'un âge un peu supérieur au sien, et à recevoir passionnément leurs impulsions.

J'ajoute que cette éducation sera non-seulement *gratuite*, mais encore *lucrative*. Au lieu de rester entièrement à la charge des autres âges, libre et heureuse, l'enfance devient utile en Association, pendant et par son éducation même. « Elle est, dit Fourier, la cheville ouvrière de l'attraction industrielle. »

D'un enseignement peu positif présenté par le positivisme, et incidemment de l'ordre à suivre dans les réformes sociales.

S'il omet de parler de l'enseignement professionnel et de tout ce qui s'y rapporte, M. Comte en revanche est d'une abondance intarissable sur un autre enseignement un peu moins positif.

Relativement à la nécessité que, d'après lui, vous proclamez, Monsieur, d'une corporation spéciale chargée d'enseigner la morale, j'aurais à demander ce qu'il faut entendre, au juste, en philosophie positive, par la morale. Ce mot revient souvent dans votre écrit de 1852 ; M. Comte le prodigue beaucoup plus encore dans son *Discours sur l'ensemble du positivisme*, et vous oubliez, l'un comme l'autre, de définir le terme, de le définir de votre point de vue propre de l'observation pure et des conceptions exclusivement relatives. Faut-il prendre pour une définition la prédilection que vous témoignez pour la morale du moyen âge ? morale principalement répressive, qui partait de Dieu, qu'exclut M. Comte, qui s'appuyait sur le paradis et sur l'enfer, que vous n'admettez pas ; morale du sacrifice qui, privée de son principe et de sa sanction, n'aurait plus, je le crains, de puissance, et paraîtrait au commun des hommes une vraie duperie. Mais on tâchera d'éclaircir ultérieurement ce point scabreux. Pour le moment, je me borne à prendre acte d'une réflexion très judicieuse que vous avez faite à la page 674 de votre dernier ouvrage, et que vous n'avez point empruntée, celle-ci, à M. Comte, ni déduite de sa fameuse loi des Trois États. Vous la devez à vos études physiologiques et à votre propre jugement. La voici :

« Tant à cause de la liaison intime de la sociologie avec la biologie que par l'ordre même des phénomènes qui, dans les deux cas, sont vitaux, il n'y a pas de comparaison plus approximative et donnant tout d'abord une plus exacte idée que la comparaison du corps social avec le corps vivant. » *A. Comte et la Philosophie positive.* P. 674.

Eh bien ! cherchez si, dans le corps vivant, vous trouverez un système spécial d'organes chargé d'enseigner aux autres à remplir leurs fonctions, et qui serait l'analogue du pouvoir spirituel que M. Comte institue à l'effet d'enseigner la morale et le reste Car il n'y a, dans son système, qu'un seul corps enseignant pour toutes les branches des sciences, et un corps exclusivement composé de théoriciens purs. Celui qui mettrait la main à la pratique ne serait plus digne, suivant M. Comte, de faire partie du pouvoir spirituel, de cette sorte de caste scientifico-hiérophantique qui, sans prendre aucune part active au labeur, aux affaires de la société, en serait cependant la directrice et la maîtresse souveraine, dépassant, dans ses prétentions, celles mêmes de la papauté du moyen âge, son modèle et son type.

Cette comparaison, d'ailleurs, entre le corps vivant et le corps social est d'une justesse parfaite et d'une portée plus grande peut-être que vous ne le présumez vous-même. J'ai fait là-dessus autrefois plus d'un thème phalanstérien (pardonnez-moi cette réminiscence) en partant de la définition de Cuvier : « Tout être organisé forme un ensemble, un système unique et clos, dont les parties se correspondent mutuellement et concourent à la même action définitive par une action réciproque. » *Discours sur les Révolutions du Globe.*

Là, il n'y a point de forces qui se combattent et qui se détruisent les unes les autres ; il n'y a ni duplicité d'action, comme nous en voyons tant d'exemples dans l'état social actuel, ni contrariété d'intérêt entre les organes ; le *proufit de l'un* (sauf le cas morbide) n'est pas, comme parmi nous, membres de la société civilisée, le *doumaige de l'autre*, pour répéter la vieille formule de Montaigne. S'il existe entre eux des antagonismes d'action, ces antagonismes concourent à l'harmonie du fonctionnement général, comme au régulier développement, au bien particulier de chacun de ces organes eux-mêmes.

La comparaison entre un corps organisé vivant et la société vous eût, en la poussant un peu, fait sentir un vice de méthode que vous teniez de M. Comte, quant à la marche à suivre dans les réformes sociales. Vous étiez sur la voie. En effet, après la phrase que j'ai reproduite, vous ajoutez :

« Eh bien, dans le corps social, l'économie politique représente ce qu'est dans le corps vivant la nutrition ; c'en est la partie que les physiologistes nomment végétative, celle par où il s'entretient journellement. Or, il est de méthode en biologie que les fonctions supérieures, dévolues au système nerveux, sont sous la dépendance absolue des fonctions inférieures ou de nutrition, sans lesquelles elles ne peuvent exister. Il en est de même du corps social : les fonctions supérieures, celles qui administrent la partie morale, esthétique, scientifique, tiennent rigoureusement à tout l'entretien matériel de la société, entretien que je nomme industrie et qui est l'objet de l'économie politique. C'est donc une lacune grave qu'il n'y ait nulle part dans la sociologie (celle de M. Comte bien entendu) un chapitre qui montre la constitution de l'économie politique et les relations de cette fonction fondamentale avec les fonctions supérieures ; c'est aussi un vice grave contre la méthode. » *Ibid.* p. 574, 575.

Que deviennent, en présence de cette observation sur l'ordre de développement respectif des fonctions nutritives et des fonctions supérieures, toutes les allégations, tous les raisonnements de votre écrit de 1852 contre les écoles socialistes qui prétendent procéder à la réforme sociale par les innovations industrielles, par la réforme économique ?

« Si l'on eût essayé, disiez-vous en 1852, de réaliser par la voie économique, par la voie temporelle, les grands bienfaits que devait apporter la doctrine chrétienne, on n'aurait certainement réussi à rien. »

Qu'en savez-vous? permettez-moi de vous le demander. N'examinera-t-on jamais, quand il s'agit de l'histoire, ce que vaut, par rapport au cas auquel on l'applique, l'argument *post hoc, ergo propter hoc*, qui n'est admis qu'après contrôle dans les autres branches de nos connaissances, en médecine, par exemple?

Les phénomènes sociaux sont, de votre aveu, les plus compliqués de tous, et par cette raison même, ceux sur lesquels l'homme a le plus d'empire. Comment donc oser affirmer, quand il s'agit de ces phénomènes, si variés, si emmêlés, si ondoyants, quoique dépendant toujours de lois constantes, comment oser affirmer qu'il n'existait qu'une seule combinaison susceptible d'amener un résultat donné, qu'il n'y avait, par exemple, qu'une route pour conduire de la civilisation antique à la civilisation moderne? Laissez dire cela à ceux qui croient qu'il a fallu un Révélateur et un Rédempteur-Dieu pour sauver l'espèce humaine; mais vous, positiviste, quelque large part que vous fassiez dans le bien opéré, dans le progrès accompli depuis dix-huit cents ans, à l'impulsion salutaire donnée par la sublime individualité qui se nomme Jésus de Nazareth, vous ne pouvez pas admettre que, si elle n'eût pas apparu parmi les hommes, la race entière aurait péri, ou bien aurait reculé, ou même qu'elle fût restée stationnaire?

Oui, dans l'individu, la vie est d'abord végétative, elle commence par la nutrition; cette fonction est le fondement, le support des fonctions supérieures, qui se développeront plus tard en s'appuyant toujours sur elle. Donc par analogie, et malgré tous les arguments par lesquels vous avez, d'après M. Comte, soutenu la thèse contraire, — une fois connue la loi d'évolution des sociétés, c'est par le régime économique ou industriel qu'il faut commencer les réformes. N'est-ce pas là, en outre, qu'elles sont le plus urgentes? La cause la plus active de destruction, de dégénérescence et de dépravation de l'espèce humaine, n'est-ce pas la misère? Cela est surtout manifeste dans les sociétés avancées en civilisation. Voyez les types d'horrible et hideuse misère que Gavarni a rapportés de Londres. N'est-ce pas dans cette opulente métropole de l'industrie et du commerce que le coroner constate, pour ainsi dire, chaque semaine, qu'un certain nombre de personnes sont mortes de faim sur la voie publique ? « Le pain quotidien, c'est la grande tâche du dix-neuvième siècle, » dit avec raison Daniel Stern (madame la comtesse d'Agoult), une de ces généreuses et vaillantes femmes qui se sont fait un nom glorieux dans les lettres.

La grande pourvoyeuse de la prison et de l'échafaud, la principale recruteuse de la prostitution publique et même secrète, n'est-ce pas toujours la misère ? C'est là le mal le plus pressant, le plus grand, le plus désastreux à tous les points de vue ; c'est à lui qu'il faut aller d'abord pour y porter remède, si la chose est possible.

Vous prévoyiez vous-même, en préconisant la marche contraire, celle qui consiste à procéder par la réforme mentale, qu'on vous renverrait à la fable du *Milan et du Rossignol*, qui se termine par cette moralité éternellement vraie : « Ventre affamé n'a pas d'oreilles. »

Malgré l'apologue qui vous revenait à la mémoire, vous concluiez en disant : « La réforme mentale aura pour conséquence la réforme matérielle. Le temps seul peut propager l'éducation positive qui sera la clôture de la révolution. » *Conservation, révolution et positivisme*, p. 114.

Attendre de l'initiation successive de la majorité des hommes aux connaissances que l'éducation positiviste comporte, attendre d'une telle transformation des esprits les réformes sociales, c'est, je le crains bien, ressembler au villageois du poëte latin qui « attendait que le fleuve eût fini de couler. »

Vous présentez vous-même, Monsieur et honoré beau-frère, d'autres considérations qui tendent à établir que c'est sur le régime industriel, sur les conditions du travail par conséquent, que doivent porter les efforts des réformateurs.

« C'est, dites-vous, la tradition historique elle-même qui, sans aucun arbitraire et sans rien de fortuit ni de passager, nous amène au règne de l'industrie. Devant l'industrie tout le passé tombe et s'évanouit successivement. — Pour l'homme moderne, il ne peut plus y avoir d'autre occupation temporelle, d'autre activité pratique que l'occupation, que l'activité industrielle. »

Cherchez donc quelles modifications doivent être apportées

au régime de l'industrie pour que chaque homme y trouve, avec la constante garantie de son droit naturel au travail, la justice, c'est-à-dire la répartition proportionnelle ; la santé, c'est-à-dire des conditions hygiéniques ; enfin le bonheur et la liberté, qui exigent l'attrait dans les travaux. De toutes ces questions fondamentales je ne vois nulle part que M. Comte se soit préoccupé. Toujours il a devant les yeux son idéal, une contrefaçon de l'ordre du moyen-âge et du pouvoir spirituel catholique, moins les idées qui ont donné momentanément la vie à ces institutions surtout compressives.

Vous êtes assez fort, Monsieur, quand vous parlez en votre nom, pour qu'on ne vous passe rien et qu'on veuille trouver dans chacune de vos pensées une justesse qui ne laisse quoi que ce soit à désirer. Eh bien ! voici une de vos propositions sur laquelle je demande encore à faire une réserve. « Ce n'est pas, dites-vous, l'état social qui fait marcher la science, c'est la science qui fait marcher l'état social. »

Les deux termes réagissent l'un sur l'autre : si la science contribue au progrès de l'état social, celui-ci à son tour favorise d'autant plus le développement de la science qu'il est lui-même plus perfectionné. Les peuples dont l'état social est arriéré, les musulmans, par exemple, bien qu'ils puissent profiter, et qu'ils profitent dans une certaine mesure, de nos progrès scientifiques, ne concourent nullement pour leur part à procurer ces progrès : ce qui tient évidemment au régime social sous lequel ils vivent. Rien n'étonnerait plus le monde savant aujourd'hui que d'apprendre qu'une découverte importante, et surtout qu'une série de découvertes auraient été faites à Constantinople, par des Osmanlis de race et de religion.

Opinion de M. Vacherot sur la méthode d'enseignement positiviste.

J'avais terminé mon travail, lorsque j'ai eu connaissance de la critique qui a été faite du positivisme par un des esprits distingués de ce temps-ci, M. Vacherot.

Ancien directeur des études à l'école normale, M. Vacherot

était surtout compétent pour juger de ce qu'il y a de défectueux dans le système pédagogique que l'école positiviste recommande, en se fondant sur l'ordre de l'évolution historique des sciences. « Parce que l'ordre hiérarchique des sciences exige que les plus simples soient à la base, et les plus compliquées au sommet du système, est-ce une raison, fait très justement observer M. Vacherot, pour assujettir l'éducation des jeunes esprits à une pareille discipline ? Que ce soit là l'ordre logique, je n'en disconviens pas ; mais est-ce bien l'ordre de la nature ? Je crains qu'on ne fasse pas violence impunément aux jeunes esprits et qu'ils ne sortent faussés d'un régime aussi rigoureux. » *La Métaphysique et la Science*, 2e édition, t. III, p. 177.

Puisque j'ai sous la main l'ouvrage de M. Vacherot, je ne me refuserai pas le plaisir de citer le jugement que porte sur vous, Monsieur et honoré beau-frère, un homme de ce mérite. A propos des causes qui ont pu arrêter ou seconder le progrès de la philosophie positive, M. Vacherot s'exprime ainsi :

« Assurément l'esprit intraitable du père de l'école positive, les formes laborieuses et un peu lourdes de sa diction, ses prétentions étranges à la fondation d'une religion, ses idées fort peu libérales, et beaucoup trop empreintes de Saint-Simonisme sur l'organisation hiérarchique des Sociétés, tout cela et d'autres causes encore étaient autant d'obstacles au rayonnement de la philosophie positive. Mais ces obstacles ne suffisent point à expliquer l'isolement de cette école pendant nombre d'années. Le premier disciple de M. Comte, supérieur au maître à certains égards, n'a certes aucun de ses défauts. Esprit très libéral, très cultivé, aussi versé dans les sciences historiques, morales et philologiques que dans les sciences mathématiques, physiques et naturelles, caractère noble et modeste, sans autre passion que celle de la vérité et de la liberté, M. Littré est bien l'homme fait pour ouvrir à tous les amis de la science et de la philosophie l'école dont la rude main du maître semblait avoir voulu garder la clef. Eh bien ! malgré toutes ces qualités, la direction d'un tel homme n'eût pas suffi pour donner à l'école positive la portée, la puissance, la popularité toujours croissante qu'elle a acquise dans ces dernières années. La philosophie des sciences, sous la plume simple, ferme, claire et précise de M. Littré, a gagné de plus en plus le monde savant. Quant à ses conclusions contre la métaphysique, bien qu'elles fussent du goût de la plupart des savants et des lettrés, elles ne pouvaient paraître suffisamment justifiées à tous ceux chez lesquels le sens critique est plus ou moins développé. »

Pour le dire en passant, M. Vacherot, qui a soutenu avec non moins de force que d'éclat sa thèse en faveur de la métaphysique, a fait cependant, dès les premières pages de son livre, un aveu quelque peu compromettant. « La vérité, dit-il, n'a pas toujours dans nos systèmes la rigueur, la précision, l'évidence de vos sciences exactes. On la sent plus qu'on ne l'y voit... Mais si l'esprit n'est pas complétement satisfait, le cœur est atteint et subjugué. » *Métaphysique et Science*, t. I, p. 13.

Pourquoi, s'il en est ainsi de certaines vérités que professe M. Vacherot et qui trouvent dans le cœur seulement leur meilleure raison d'être et leur plus solide preuve, pourquoi ce philosophe ne nous tolérerait-il pas notre *Dieu personnel*, à nous autres qui nous fondons sur le même genre d'argument pour admettre l'existence et la nécessité d'un principe souverain d'ordre et de justice ? Ma métaphysique, à moi, a besoin d'apercevoir, non-seulement l'ordre, mais encore la justice dans l'univers, justice qui est, d'ailleurs, la conséquence obligée de l'ordre

---

2° LA MORALE

« Fais à autrui comme tu veux qu'il te soit fait ; — ne fais à personne ce que tu ne voudrais pas qu'on te fît à toi-même : » Telle est, en sens impératif et prohibitif, la vraie morale de tous les temps et de toutes les situations. Jamais on ne trouvera mieux. C'est à se pénétrer soi-même du divin précepte, et à en rendre facile à tous la pratique, qu'il faut sincèrement s'appliquer.

Le précepte lui-même comporte, dans la pratique, des appréciations qui l'adaptent aux circonstances diverses. Il n'oblige pas à se conduire dans les conditions ordinaires de la vie, comme si l'on était un des malheureux naufragés de la *Méduse*, tenu de se rationner strictement dans l'intérêt et pour le salut de ses compagnons d'infortune.

Mais je commence par le déclarer nettement · dans la société actuelle, où tant de gens manquent encore du nécessaire ; dans une société qui établit partout la contrariété des intérêts et le conflit des passions, il ne peut y avoir d'autre règle morale que la règle chrétienne de la résignation, du sacrifice, raisonnablement entendue, raisonnablement pratiquée. Tant qu'une grande somme de privations et de souffrances demeure le lot de la majorité de nos frères, il est de notre devoir d'en accepter une part proportionnelle, et de ne pas faire comme ces docteurs de la loi, auxquels Jésus lance un anathème mérité : « Et à vous aussi malheur, parce que vous chargez les hommes de fardeaux qu'ils ne peuvent porter et que vous ne touchez pas même du doigt. » Luc. XI, 46.

Objet à juste titre de tous les hommages, cette morale du renoncement est, par malheur, beaucoup moins dans les actions que dans les paroles. C'est une barrière que l'on songe à opposer aux autres beaucoup plus qu'à la respecter soi-même (1).

Les choses en sont venues à ce point que, lorsqu'un homme a incessamment à la bouche les grands mots de morale et de vertu, l'on a quelque sujet de se défier de cet homme. Il y a par le monde bien d'autres Tartufes que celui dont Molière a donné un si admirable portrait, et qui d'ailleurs a laissé une lignée encore assez florissante. Dans ce métier toujours fructueux, les genres abondent, tous d'accord quant au but : piper,

---

(1) « Notre prudence, dit un publiciste sincère, M. Ch. Dolfus, s'attache avec un respect extérieur aux barrières que nos convoitises savent bien tourner. L'hypocrisie rampe dans nos cœurs et les enlace de replis subtils. La société, qui a le sentiment de sa laideur morale, prend le masque pour se cacher à elle-même ses turpitudes : elle grimace la morale » *Essai sur le XIX*e *siècle. Revue germanique et française*, 1er avril 1864.

A propos d'un médecin qui, dans un écrit sur les causes de l'aliénation mentale, avait osé contester la grande part d'influence attribuée communément aux préparations alcooliques, et à l'absinthe en particulier, dans la production de cette maladie, mon ami, M. le docteur Maximin Legrand, fait justement observer que « les gens qui ont un vice se gardent bien de s'en faire les champions. Loin de le défendre, ils le blâment à tout propos, le flétrissent avec plus d'indignation que personne, et rien que d'en entendre parler, cela soulève leur colère ou leur dégoût. » *Union médicale* du 3 mai 1864.

Depuis les jours du satyrique latin jusqu'aux nôtres, le nombre a toujours été grand de ceux *Qui Curios simulant et Bacchanalia vivunt*.

engaigner le prochain par de belles apparences. Si, quand vous traitez d'une affaire avec quelqu'un, il fait claquer bien fort le fouet de sa probité et de son honneur, tenez-vous sur vos gardes ; il y a gros à parier que cet homme cherche à vous tromper, et qu'il tend quelque embûche à votre bonne foi.

Donc, s'il n'y a pas de chose au monde plus respectable que la saine et sincère morale, il n'y a pas non plus de piége dont on se serve plus souvent à l'encontre des autres que le semblant de la morale. C'est l'amorce dont trop souvent l'hameçon est recouvert. Aussi convient-il de l'observer humainement, dans la mesure de ses forces, cette morale, sans l'afficher à tout propos, comme il est arrivé à plus d'un qui a été pris en flagrant délit de contravention à ses propres maximes le plus solennellement proclamées.

Si de l'ordre des faits vulgaires, nous nous élevons à la considération des faits historiques, nous trouvons que derrière le mot vénéré de morale, comme derrière le mot sacré de Dieu, se sont abritées toutes les iniquités, toutes les tricheries sociales, et jusqu'aux attentats qui nous inspirent aujourd'hui le plus d'horreur. C'est au nom de l'idée qu'ils se faisaient de Dieu et de la morale, que tant de peuples de l'antiquité égorgeaient ou brûlaient par milliers des victimes humaines, coutume pratiquée largement aussi chez certains indigènes du nouveau monde, chez les Mexicains, par exemple. C'est au nom des dieux et de la morale qu'Anitus fait condamner Socrate à boire la ciguë ; c'est au nom du Dieu et de la morale hébraïque que les princes des prêtres et les légistes de Jérusalem font attacher Jésus sur la croix ; c'est au nom du Dieu et de la morale du moyen âge que tant d'innocents sont torturés et brûlés comme sorciers ou hérétiques, sans en excepter Jeanne d'Arc, la libératrice de la France, jugée sous l'influence des rancunes anglaises, mais par un tribunal ecclésiastique, composé malheureusement de Français, et présidé par un évêque français. — C'est pour sauver la sainte religion catholique en France, qu'on prépare et qu'on exécute le massacre de la Saint-Barthélemy ; et le pape, chef infaillible de l'Église, fait célébrer à Rome des actions de grâce en l'honneur de cette boucherie. C'est pour venger ce qu'ils regardent comme la cause sainte de la religion et de la morale que le moine Jacques Clément et le fanatique Ravaillac s'arment du couteau régicide.

Dans un autre sens, mais toujours sous la même étiquette, que de crimes commis pendant notre révolution de 1789, si pure dans ses principes et si légitime cependant !

Quand les violences populaires des journées du 31 mai, des 1ᵉʳ et 2 juin 1793, font mettre hors la loi les hommes les plus éclairés de la Convention, désignés sous le nom de Girondins, le sophiste Robespierre monte à la tribune et s'écrie: « Cette insurrection est toute MORALE ! » Des mots de cette famille, on a pu dire avec raison « qu'ils sont par excellence des *mots-poignards* (1). » C'est au nom de la morale républicaine que Fouquier-Tinville envoie à l'échafaud Lavoisier, André Chénier, Marie-Antoinette, la vertueuse madame Elisabeth et tant d'autres innocentes victimes, imprimant au front de la révolution une tache de sang qui ne s'effacera jamais. On abuse tellement de ces noms respectés qu'il n'y a pas une révolution, pas un coup d'état heureux, dont le parti vainqueur n'aille aussitôt rendre grâce à Dieu et n'entende faire célébrer le triomphe comme le triomphe de la morale même.

Il convient donc d'y regarder un peu avant d'accepter comme indiscutable tout ce qu'on prétend nous imposer d'autorité sous cette pompeuse dénomination de morale.

La conscience elle-même, quand elle n'est pas éclairée par la raison, est un guide susceptible de conduire aux plus déplorables égarements. Les phénomènes de conscience, ainsi que nous l'expliquerons plus loin, résultent de l'influence des idées sur les affections. Si les idées sont fausses, elles peuvent fausser les impressions, les jugements de la conscience. De là des actes de conscience, accomplis très consciencieusement, qui n'en sont pas moins criminels. Tels sont les attentats commis par tous les fanatiques.

Avant d'entrer dans l'examen de ce que M. Comte prétend nous enseigner à titre de morale, je suis frappé tout d'abord de la contradiction qui existe entre une telle prétention et les prin-

---

(1) *Manifeste de l'Ecole sociétaire*, rédigé par Considérant. Paris 1842

cipes fort sages de philosophie vraiment positive qu'il avait proclamés dans certains endroits de son ouvrage.

« L'esprit actuel de la politique, dit M. Comte, est toujours hautement caractérisé par la chimérique tendance à exercer, sur les phénomènes correspondants, une action essentiellement illimitée, aberration qui, aujourd'hui bornée aux seuls phénomènes sociaux, a, comme je l'ai souvent fait voir, autrefois dominé sous des formes plus ou moins équivalentes, quoique à des degrés nécessairement moins prononcés, tous les autres ordres des conceptions humaines, tant qu'ils sont restés assujettis à une philosophie théologique ou métaphysique... Quoique la puissance effective de l'homme pour modifier à son gré des phénomènes quelconques ne puisse jamais résulter que d'une connaissance réelle de leurs propres lois naturelles, il est néanmoins incontestable que, dans tous les genres, l'enfance de la raison humaine a nécessairement coïncidé avec la prétention caractéristique à exercer, sur l'ensemble des phénomènes correspondants, une action illimitée... Cette erreur générale ne subsiste plus essentiellement aujourd'hui que pour les seuls phénomènes sociaux, sauf quelques illusions analogues relatives aux phénomènes intellectuels et moraux, et dont les esprits un peu avancés se sont désormais suffisamment affranchis. » *Philosophie positive IV*, 302, 305.

Et nonobstant ces justes observations, M. Comte va tracer des règles de morale indépendamment de toute étude méthodique des penchants naturels de l'homme, et sans souci de faire concorder ces règles avec les tendances des penchants eux-mêmes. C'est ainsi que nous l'avons déjà vu, grand admirateur de ce moralisme théologique du moyen âge qui avait, en vertu du dogme de la corruption originelle, engagé contre la nature humaine une lutte à mort dans laquelle il a fini par succomber, entraînant avec lui les dogmes de terreur qui l'avaient inspiré ; c'est ainsi, dis-je, que nous avons vu M. Comte adopter « pleinement le programme moral et social du moyen âge, » en contradiction directe au principe essentiel de la philosophie positive ci-dessus rappelé.

D'autre part, M. Comte enlève toute base à la morale en niant l'*unité du moi*, qu'il considère comme une erreur que les métaphysiciens ont adoptée, « afin, dit-il, de correspondre à l'unité de l'*âme*, qui leur était imposée par la philosophie théologique.

» Mais les savants positifs ont reconnu, au contraire, que, loin d'être unique, la nature humaine est, en réalité, multiple, c'est-à-dire sollicitée toujours en divers sens par plusieurs puissances très distinctes et *pleinement indépendantes*, entre lesquelles l'équilibre s'établit fort péniblement... Ainsi la fameuse théorie du *moi* est essentiellement sans objet scientifique, puisqu'elle n'est destinée qu'à représenter un état purement fictif. Il n'y a sous ce rapport d'autre véritable sujet d'études positives que l'étude finale de cet équilibre général des diverses fonctions animales, tant d'irritabilité que de sensibilité qui caractérise l'état pleinement normal, où chacune d'elles, convenablement tempérée, est en association régulière et permanente avec l'ensemble des autres, suivant les lois fondamentales des sympathies et surtout des synergies proprement dites. » *Phil. pos.*, t. III, p. 781, 782.

Bâtissez donc sur une pareille donnée la morale ! Et pourtant M. Comte l'a prétendu faire. C'est une de ses nombreuses contradictions.

Oubliant tout ce qu'il a reconnu dans les passages cités et dans d'autres non moins explicites qui lui étaient suggérés par la doctrine de Gall (1), M. Comte renchérit encore sur le moralisme théologique du moyen âge. Car c'est au sujet de cette question spécialement que le positivisme prétend tenir le haut du pavé, et l'emporter même sur le christianisme et sur le catholicisme, dont il paraissait se borner d'abord à rééditer la morale, moins la sanction ultérieure des peines et des récompenses. Mais laissons parler M. Comte :

« Afin de mieux caractériser la destination sociale du positivisme, je me trouve conduit à indiquer sommairement son aptitude nécessaire à systématiser définitivement la morale universelle, ce qui constitue le but de la philosophie et le point de départ de la politique. Tout pouvoir spirituel devant être jugé d'après une telle attribution, rien ne peut mieux manifester la supériorité naturelle de la spiritualité positiviste sur la spiritualité catholique.

» Le positivisme conçoit directement l'art moral, comme consistant à faire, autant que possible, prévaloir les instincts sympathiques sur les impulsions égoïstes, la sociabilité sur la personnalité. Cette manière d'envisager l'ensemble de la morale est propre à la nouvelle philosophie...

» D'après le principe nécessaire de la biologie quant à la prépondérance fondamentale de la vie organique sur toute la vie animale, la sociologie

---

(1) Voyez, dans le *Cours de philosophie positive*, t. III, la 45⁰ leçon, ayant pour titre : « Considérations générales sur l'étude positive des fonctions intellectuelles et morales ou cérébrales. »

explique aussitôt l'ascendant spontané des sentiments personnels toujours plus ou moins relatifs à l'instinct conservateur. Mais elle concilie directement cette véritable suprématie avec l'existence continue des affections bienveillantes, que la théorie catholique représentait comme étrangères à notre constitution, et seulement inspirées par une grâce surhumaine, qui ne comportait aucune loi. Le grand problème consiste donc à investir artificiellement la sociabilité de la prépondérance que possède naturellement la personnalité. La solution repose sur un autre principe biologique, le développement des fonctions et des organes par l'exercice habituel, et leur tendance à s'atrophier par l'inaction prolongée. Or, notre existence sociale provoque nécessairement l'essor continu des instincts sympathiques, tandis qu'elle comprime celui des penchants personnels, dont la libre activité empêcherait bientôt tous les contrats mutuels. *Discours sur l'ensemble du positivisme*, p. 87, 88.

Et M. Comte poursuit de la sorte quinze ou vingt pages durant, sans nous apprendre grand'chose sur sa morale de la sociabilité, sans surtout nous dire comment, par quels moyens sérieux, les intérêts des hommes continuant d'être opposés et leurs penchants d'être en lutte dans la plupart de leurs relations, il triomphera des dispositions peu bienveillantes qui résultent d'un pareil état de choses. Voici pourtant l'indication qu'il donne à cet égard :

« Le régime positif verra toujours mieux qu'aucun autre la principale source de la morale réelle dans l'essor direct, à la fois spontané et systématique, du sentiment social qu'il s'efforcera de développer autant que possible dès l'âge même le plus tendre, par tous les artifices que peut indiquer la saine philosophie. C'est en un tel exercice continu que consistera surtout l'éducation morale, soit privée, soit publique, à laquelle l'éducation mentale sera constamment subordonnée. » *Ibid*, p. 96, 97.

Ainsi c'est par des *artifices* que M. Comte se flatte d'avoir raison des penchants égoïstes que tout, dans le mode actuel des relations sociales, tend à faire prédominer sur les sentiments généreux ! Mais le diable est bien fin, et son fils aîné l'égoïsme aussi ; ils se joueraient, j'en ai peur, des artifices de la saine philosophie.

M. Comte s'en doute un peu lui-même, car il ajoute :

« Une telle initiation, quelque parfaite qu'elle pût être, ne dirigerait point assez la conduite au milieu des énergiques perturbations de la vie entière, si le même pouvoir qui y préside n'en consolidait l'efficacité en prolongeant sa sollicitude systématique sur tout le cours de notre existence tant privée que publique, pour y rappeler convenablement aux individus et aux classes ou même aux nations, soit le vrai sens des principes oubliés ou méconnus, soit surtout leur sage application à chaque cas. Mais ici encore davantage que dans l'éducation proprement dite, l'autorité spirituelle doit moins s'adresser à la raison qu'au sentiment direct. Sa principale force résultera d'une puissante organisation de l'opinion publique, appliquant une irrésistible sanction à la juste distribution de l'éloge et du blâme. » *Ibid.*, p. 97.

Il y a, sans préjudice d'une sanction ultérieure, placée au delà des limites de cette vie (1), — il y a, dis-je, une sanction

---

(1) Dût cette déclaration me faire prendre en pitié par les adeptes du positivisme, je crois, avec l'immense majorité des hommes, à la persistance du moi après la mort. Avec Fourier, avec l'auteur de *Terre et Ciel*, Jean Reynaud, je crois à l'existence antérieure et ultérieure de nos âmes individuelles. S'il en était autrement, une condition essentielle de justice manquerait dans le système de l'univers, et une des aspirations générales du genre humain serait trompeuse. Mais, contrairement à l'opinion de Reynaud, je pense que nous avons pour longtemps encore de la besogne sur notre Terre, et qu'elle est un poste dans lequel nous devons beaucoup nous perfectionner de toute façon, avant que nous méritions de passer à un poste plus élevé, avant que notre humanité, si telle est sa destinée, aille prendre possession d'une autre station sidérale.

En supposant un genre de métempsychose qui nous ferait rentrer successivement dans cette vie après en être sortis par la mort, je conçois pour chaque âme individuelle une alternance de sexe d'une vie à une autre, afin que tous les éléments de l'humanité participent aux mêmes conditions d'épreuve et de raffinement. C'est ainsi que, dans l'organisme des animaux supérieurs, chaque molécule sanguine subit alternativement la modification qui constitue le sang artériel et le sang veineux.

Hypothèses que tout cela, direz-vous. J'en conviens. Mais si l'âme humaine ne peut se passer d'hypothèses sur ce sujet, sur la question de savoir s'il y a pour elle un avenir et quel sera cet avenir, tâchons que l'hypothèse réponde le mieux qu'il se pourra à l'idéal de justice et de bonheur que chacun porte au dedans de soi.

Contrairement à l'opinion de M. Renan et d'autres sceptiques, parmi lesquels cet écrivain range l'empereur Marc-Aurèle, je ne vois rien qui fasse tache à la vertu dans ce fait que l'homme vertueux espérerait, comme conséquence de sa digne et noble conduite, une promotion dans sa destinée individuelle, toujours liée, d'ailleurs, à la destinée générale des autres hommes. C'est se montrer aussi par trop puritain que de vouloir faire le bien sans souci des suites par rapport à nous-même, avec l'idée qu'il ne nous en arrivera ni mieux ni pis que si nous faisions le mal. Est-ce que le mérite de la tempérance est annulé ou amoindri, parce qu'elle a des conséquences avantageuses pour la santé?

immédiate des actes, indépendante de l'opinion publique et moins sujette que celle-ci à errer quant à leur moralité, parce que le tribunal qui la porte connaît de ces actes jusqu'à leurs motifs les plus secrets, jusqu'aux intentions, souvent dissimulées, qui les ont dictés, jusqu'aux moindres circonstances qui ont présidé à leur accomplissement : c'est la sanction donnée par la conscience ; c'est la satisfaction intérieure que l'homme éprouve d'avoir agi conformément aux lois de sa nature, ou le malaise, le remords qu'il ressent d'avoir violé quelques-unes de ces lois. A l'autorité de ce tribunal intérieur nul n'échappe complétement, si brutal et si dépravé qu'il puisse être. Il faudrait, pour cela, avoir perdu entièrement ce qui caractérise l'humanité. Mais sa puissance sur chacun de nous est d'autant plus grande que notre nature est plus délicate, plus élevée, d'un titre plus fin en quelque sorte, et qu'elle réalise mieux l'harmonie de hautes facultés intellectuelles avec des facultés affectives plus larges et plus complètes (1).

Voilà de toutes les sanctions la première, la plus infaillible et la plus efficace : M. Comte ne paraît pas se douter de son existence ; il ne la mentionne seulement pas. Mais cette sanction intime n'exclut pas les autres sanctions, et j'approuve qu'on fasse intervenir le jugement de l'opinion publique, d'une opinion éclairée, bien entendu, et tout à fait compétente.

Cette intervention de l'opinion publique ne saurait avoir lieu à tout propos, pour des actes journaliers de peu d'importance. Et relativement à ce jugement de l'opinion publique, je ne puis admettre qu'il y ait une classe, un pouvoir spirituel, un corps sacerdotal ayant l'attribution spéciale et en quelque sorte exclusive, de diriger cette opinion. Ce serait remettre entre les mains d'une telle corporation une arme dangereuse dont il lui serait facile d'abuser.

---

(1) Un prédicateur protestant définit la conscience : « La voix de Dieu dans nos âmes, la révélation de Dieu en nous, permanente et immanente. »

LES TROIS GRANDS ÉLUS ET LES TROIS GRANDS RÉPROUVÉS DE M. COMTE

M. Comte a voulu donner, par rapport au passé, un spécimen de ces jugements de l'opinion publique. « Il consiste, dit-il, à
» introduire la célébration annuelle aux dates convenables, dans
» tout l'Occident, des trois principales mémoires que nous offre
» l'ensemble de nos prédécesseurs sociaux, celles de César, de
» saint Paul et de Charlemagne, qui constituent les meilleurs
» types respectifs de l'antiquité, du moyen âge et de leur lien
» catholique. » *Disc. sur l'ensemble du positivisme, p. 93.*

Les trois personnages choisis sont assurément des individualités d'une haute valeur. Il semble toutefois que, soit qu'on se place au point de vue particulier de M. Comte, soit qu'on se tienne au point de vue de tout le monde, abstraction faite d'une conception systématique quelconque, il y aurait à redire à cette appréciation.

Prenons César d'abord, grand caractère à coup sûr, unissant les plus généreuses passions à la plus haute intelligence. Aussi je conçois la fascination que César exerce sur l'âme des grands politiques. Il est beau de voir un souverain consacrer les loisirs que lui laissent les affaires publiques à écrire la vie de César et à explorer les traces que ce conquérant a laissées sur le sol de notre patrie. Une étude complète du caractère de ce grand homme ne serait pas moins intéressante, et pourrait être plus instructive encore que le récit de ses exploits. Rechercher de quelle combinaison de passions résultait ce caractère de haut titre, ce serait pour le moins aussi important pour la connaissance des hommes et de l'art de les gouverner, que la recherche de l'emplacement des camps et des champs de bataille qui ont marqué le passage du conquérant dans la Gaule.

Ce qu'il y a lieu d'examiner ici, c'est l'usage qu'a fait de ses éminentes et multiples facultés ce premier des grands saints humanitaires canonisés par M. Comte.

Quoiqu'il ait renversé l'ancienne république pour inaugurer le régime des empereurs romains, signalé par tant de turpitudes,

César a fait de grandes et belles choses. Il était, en réalité, à la tête du parti de la démocratie contre les débris de l'aristocratie romaine, représentée par ses adversaires, les Pompée, les Brutus, les Caton, les Cicéron. La réforme du calendrier qui porte son nom n'est pas le moindre des services qui se rattachent à son souvenir.

César a-t-il cependant laissé après lui un état du monde qui ait procuré de tels avantages aux générations suivantes qu'on doive, à l'exemple des courtisans de ses successeurs, en faire un dieu et l'absoudre complétement de l'immoralité des moyens par lesquels il monta au pouvoir suprême ?

La clémence, la générosité, la magnanimité de César restent à bon droit célèbres. Mais d'autre part, M. Comte, qui arbore la bannière de la morale du moyen âge, peut-il oublier que César était, sous le rapport des mœurs, même païennes, le plus mal famé de tous ses contemporains? On sait de quel surnom, dans leurs jours de mauvaise humeur, ses légionnaires, ses *grognards* à lui (car à 1800 ans d'intervalle, les mœurs militaires reproduisent les mêmes types), on sait de quel surnom les soldats de César flétrissaient leur glorieux général. A Rome, les langues civiles ne l'épargnaient pas davantage. *Mari de toutes les femmes...* (je n'achève pas par égard pour la moralité moderne), que pouvait-on dire de plus? La mort même du grand homme, frappé par des gens qui étaient si loin de le valoir et parmi lesquels figurait son propre fils adultérin, n'apparaît-elle pas comme une expiation de la foi conjugale outragée en même temps que de la liberté violée? Il semble que César lui-même ait eu conscience de quelque chose de semblable quand, apercevant parmi ses agresseurs Brutus qui levait sur lui le poignard, il s'écria : *Tu quoque, fili!* et se couvrit la tête de sa robe, abandonnant son corps sans défense aux coups des assassins.

Si donc il y a motif à glorifier César pour son génie et pour ses grandes qualités, il y a lieu aussi de faire des réserves, non-seulement sous le rapport de la morale privée, dont les anciens tenaient trop peu de compte, mais aussi sous le rapport de la morale politique. Les moyens par lesquels César monta au pouvoir suprême et détruisit la république à Rome ne trouvent pas plus d'excuse aux yeux de l'impartiale histoire, que les moyens analogues, et, à tout prendre, moins mauvais, par lesquels l'un des grands réprouvés de M. Comte, le général Bonaparte, se fraya la route au despotisme militaire sur les ruines de la république française.

Pour ce qui est de saint Paul, il me semble qu'il usurpe une place qui revient de droit à Jésus. A le considérer humainement et au point de vue de M. Renan, par exemple, Jésus est un personnage quelque peu supérieur à saint Paul. D'abord sans Jésus il n'y avait pas de saint Paul; sans le fondateur, il n'y avait pas le propagateur, l'apôtre de la doctrine chrétienne, c'est évident. Donc selon toute justice, et avec le sens commun, il fallait maintenir à Jésus la première place. Au lieu de cela, M. Comte ne se borne pas, comme on dit, à dépouiller saint Pierre pour couvrir saint Paul. Laissons-le exposer sa doctrine à cet égard :

« Aucune de ces éminentes natures (César, saint Paul, Charlemagne) n'a pu jusqu'ici être dignement appréciée, faute d'une saine théorie historique, qui seule peut caractériser leur admirable participation à l'évolution fondamentale. Cette lacune est même sensible envers saint Paul, malgré son apothéose théologique, que le positivisme surpassera naturellement, en représentant historiquement ce grand homme comme le vrai fondateur de ce qu'on nomme improprement le christianisme. » *Discours sur l'ensemble du positivisme,* p. 98, 99.

Je ne pense pas que, même en dehors des églises chrétiennes, où elle sera considérée comme un blasphème, l'assertion de M. Comte trouve beaucoup de partisans. Il faut noter toutefois que saint Paul a été, dans ces derniers temps, l'objet de la prédilection particulière des fabricateurs de nouveaux cultes. Je me souviens qu'il en était ainsi, sous ce rapport, dans le saint-simonisme comme dans le positivisme, et qu'à Ménilmontant comme à la rue Monsieur-le-Prince, on donnait le pas à saint Paul sur Jésus. Etait-ce une manière de superposer M. Enfantin à Saint-Simon, et, suivant la loi du progrès continu, le successeur au prédécesseur? Toujours est-il que, dans une lettre empreinte de mysticisme, adressée à Charles Duveyrier, et dont les principales idées ont été reproduites récemment sous le titre de : *La vie éternelle,* le Père, en 1832, prétendait établir une filiation directe entre lui et saint Paul, où plutôt il y disait être lui-même saint Paul continué, ressuscité, saint Paul VIVANT.

Personnage important dans l'histoire, grand saint aux yeux de l'Eglise chrétienne. dont il a concouru plus qu'aucun autre à répandre les croyances dans le monde païen, quel titre cependant, au point de vue du positivisme, quel titre peut avoir saint Paul à la glorification exceptionnelle dont il se trouve l'objet? Saint Paul a propagé une doctrine *théologique*, c'est-à-dire, dans le système de M. Comte, une *erreur* : erreur qui s'est si bien accréditée, que l'école positiviste, aura beaucoup de peine à l'arracher de l'esprit des hommes. Et c'est pour ce mérite, pour avoir semé par le monde une *erreur*, que le souvenir de saint Paul va se trouver consacré par ceux qui repoussent tout l'enseignement dogmatique de saint Paul! On voit bien que M. Comte n'est pas de l'avis, déjà cité, de Condorcet : « L'erreur est le plus grand ennemi du genre humain. » Si encore le positivisme admettait une part de vérité dans ce que saint Paul a enseigné, et s'il attribuait à cette part de vérité le bien que son enseignement a pu produire! Mais non, il rejette tout le dogme à titre de conception théologique, et il prétend que cette erreur a été si utile, si bienfaisante, qu'on ne saurait assez exalter saint Paul pour l'avoir prêchée.

Charlemagne enfin, dont mieux que M. Comte, Monsieur, vous rehaussez les services, tels que l'extension du christianisme jusqu'au fond de la Germanie, ce qui fermait accès aux grandes invasions barbares, Charles, après avoir fondé un grand empire, ne laisse derrière lui que divisions et guerres entre les membres de sa famille. Les incursions des Barbares furent si peu prévenues en réalité que, du vivant même du grand empereur, s'il faut en croire le moine de Saint-Gall, les Northmans auraient pénétré dans la Méditerranée, et que moins d'un demi-siècle après la mort de Charlemagne, ses faibles successeurs payaient tribut à ces farouches pirates, qui ravageaient leurs Etats. D'autre part, et quelle que fût la rudesse des mœurs de son époque, les moyens qu'employa Charlemagne, envers les Saxons particulièrement, ne doivent pas être absous complètement aux yeux de l'humanité Voici un spécimen de ces moyens d'après un ouvrage de M. Duruy, ministre actuel de l'Instruction publique :

« Dès l'année 787, Charles avait promulgué, pour l'organisation de la Saxe, un capitulaire où la peine de mort se retrouve à chaque article, non-seulement pour les crimes que toutes les nations punissent ainsi, mais pour de simples infractions aux ordonnances de l'Église, pour avoir rompu le jeûne quadragésimal, refusé le baptême, noué des intrigues avec les païens, ou brûlé comme eux le corps d'un homme mort.

» Charlemagne ayant pu poursuivre cette œuvre pendant quarante ans, ces moyens, bien qu'atroces, réussirent. La Saxe sortit de ses mains domptée, mais chrétienne. » *Histoire de France*, par V. Duruy. Nouvelle édition, 1860, t. I, page 150.

Les trois grands élus de M. Comte ne sont pas tous absolument sans péché. César et Charlemagne, du moins, ont versé des flots de sang et causé aux hommes de grands maux, des maux certains pour des biens peut-être contestables et qui, en tout cas, auraient pu être acquis au prix de sacrifices moins rigoureux. C'est du moins là une opinion soutenable quand on n'admet pas la fatalité dans l'histoire, pas plus quant au passé que par rapport à l'avenir.

Si j'avais à désigner des hommes-types pour en faire l'objet d'une consécration solennelle, je les prendrais de préférence parmi ces gloires sans tache qui n'ont coûté ni une goutte de sang ni une larme à l'humanité. A l'exemple de l'antiquité mythologique, qui décernait les honneurs divins aux grands inventeurs : aux inventeurs de la culture du blé et de la vigne, de la navigation, des beaux-arts, de l'industrie des métaux, du commerce, etc., mis au rang des dieux sous les noms de Cérès, Bacchus, Neptune, Apollon, Vulcain, Mercure — mais laissant de côté le sanguinaire dieu des batailles, qui ne se plaisait qu'aux ravages et à la destruction — je choisirais, pour leur consacrer une solennisation universelle, Guttemberg, qui, par la découverte de l'imprimerie, a rendu l'instruction accessible aux masses et qui a, par suite, une part dans presque toutes les découvertes qui ont suivi la sienne ; je choisirais Colomb, qui, par la découverte du nouveau continent, doubla le domaine terrestre de l'homme ; je choisirais Newton, qui a trouvé la loi du monde sidéral ; Lavoisier, le vrai fondateur de la chimie ; Jenner, qui, par l'invention de la vaccine, a sauvé et sauvera des millions d'existences. Voilà des mémoires toutes bienfaisantes, qui n'ont mérité que gratitude de la part du genre humain et contre lesquelles il ne pourrait y avoir à protester que les ennemis des lumières, que les partisans déclarés de l'ignorance et de l'erreur.

Après les grands élus, viennent les grands damnés de M. Comte. Ceux-ci, comme les précédents, vont par trois : ce sont l'empereur Julien, le roi Philippe II, d'Espagne, et Napoléon Ier.

Voici comment M. Comte s'exprime à leur égard :

« En introduisant le culte des trois grands hommes qui ont le plus accéléré l'évolution humaine, je proposerais d'y joindre la solennelle réprobation simultanée des trois principaux rétrogradateurs que nous offre l'ensemble de l'histoire, Julien, Philippe II et Bonaparte, le premier plus insensé, le second plus nuisible et le troisième plus coupable. Cette unique fête des réprouvés me semblerait très convenablement placée au 5 mai, anniversaire de la mort du dernier héros rétrograde que comportât l'évolution totale de l'humanité. » *Disc. sur l'ens. du pos.* p. 99.

La cause de Julien dit l'Apostat a été plaidée, non sans quelque succès, contre les accusations dont ce jeune et brillant empereur fut chargé par les apologistes du christianisme. Je ne m'arrêterai pas ici à réviser ce procès et à défendre Julien contre le nouvel anathème dont il est frappé par le pape du positivisme.

Admirateur de l'institution catholique, partisan lui-même du *coge intrare* qui, dans son système, sera exercé par les vertueux prolétaires à l'égard des autres classes de la société, je trouve M. Comte mal venu à damner Philippe II, qui fut le bras du catholicisme et de la papauté, bras impitoyable, il est vrai ; mais qui veut la fin veut les moyens.

Quant à Napoléon, il y a, dans le temps où nous vivons, assez de gens pour faire son apologie sans que j'aie besoin de m'en mêler. Cependant mon esprit de justice proteste tout d'abord contre le rapprochement établi entre le sombre et taciturne tyran de l'Escurial, bourreau de son propre fils, et l'homme extraordinaire qui exerça, par l'ascendant de son génie, une fascination sans exemple sur ses contemporains. D'autre part, il faut bien convenir que, s'il monta au pouvoir suprême par des moyens au fond et légalement peu justifiables, le général Bonaparte ne fit en cela ni mieux ni pis que César. Il faut convenir encore qu'il prit le pouvoir des mains d'un gouvernement qui ne marchait plus et qui laissait périr la France. La Constitution de 1795, œuvre de cette Convention tant vantée, avait donné à la nation trois têtes : deux assemblées souveraines et un Directoire exécutif, sans aucun moyen efficace d'unité entre ces trois pouvoirs. De là une anarchie de laquelle il fallait à tout prix sortir. Là se trouve la justification politique du 18 brumaire, qui a, pour se faire absoudre, le même titre au moins que le passage du Rubicon par César.

Soyons sans pitié pour la gloire, comme l'a dit Lamartine ; mais n'ayons pas pour elle deux balances.

Le jugement de M. Comte sur Napoléon est formulé dans une note de la *Philosophie positive*, t. VI, p. 668, note ainsi conçue :

« Les admirateurs fanatiques de Bonaparte dédaigneraient aujourd'hui son ancienne comparaison avec Cromwel, comme trop inférieure à la sublimité de leur héros, qui leur semble ne pouvoir comporter de digne parallèle historique qu'avec Charlemagne ou César. La postérité éclairée mettra au contraire un immense intervalle entre la dictature éminemment progressive de Cromwel, s'efforçant d'améliorer l'organisation anglaise fort au delà de ce qui était possible, et la tyrannie purement rétrograde de Bonaparte, entreprenant à grands frais, après tant d'autres empiriques, la vaine résurrection, en France, du régime féodal et théologique, sans même en comprendre réellement l'esprit ni les conditions. »

On peut trouver l'appréciation d'une sévérité excessive ; mais elle ne manque pas absolument de vérité.

S'il m'était permis d'exprimer mon opinion, je dirais que, dans Bonaparte, premier consul et empereur, je désapprouve ses vues sur la religion, dont il entendait se faire un instrument de règne autant pour le moins qu'un moyen d'ordre pour la société. Au lieu de maintenir la liberté des cultes, qui existait de fait lors de son avénement au pouvoir, et de fonder l'indépendance réciproque de l'État et de la religion, il les enchaîna l'un à l'autre par le Concordat; il sacrifia la philosophie au clergé, sacrifice dont il fut bien mal récompensé d'ailleurs. Malgré le tribut de sang payé par la plupart des familles au régime impérial, aucune classe ne s'est réjouie, en 1815, autant que le clergé en général, de la chute de Napoléon, chute dans laquelle il voyait la ruine de la révolution et des principes de 1789, l'objet de sa constante antipathie.

Je désapprouve encore, de la part de Napoléon, la création d'une nouvelle noblesse héréditaire, dotée aux dépens des nations vaincues. Je désapprouve son système de guerres et de conquêtes, système qui lui fut imposé, prétendait-il, par la malveillance de l'Angleterre.

Aux yeux de l'inflexible histoire, l'excuse ne paraît pas suffisamment fondée. Elle n'explique ni l'agression contre l'Espagne, ni d'autres actes de Napoléon, trahissant sa tendance à vouloir tout trancher avec l'épée dans les rapports internationaux.

D'un autre côté, il faut lui tenir compte d'avoir, en 1800, rétabli l'ordre, relevé la France qui s'affaissait, créé notre mécanisme administratif, qui, malgré son exagération, a pourtant ses avantages, puisqu'il nous est envié par plusieurs nations voisines. — Il ne faut pas oublier que le premier consul a fondé la Banque de France; que l'Empereur Napoléon a encouragé l'industrie autant que le lui permettaient ses guerres continuelles, et qu'enfin son nom s'attache à bon droit à notre Code civil, dont, il est vrai, les principales dispositions avaient été élaborées dans les bureaux de la grande Assemblée nationale de 1789, — un pouvoir *local!* suivant l'appréciation de M. Comte, et celle de nos assemblées qu'il traite avec le plus de dédain.

Je sais bien que, si l'on s'en rapportait aux confidences de Sainte-Hélène, il faudrait porter sur Napoléon un jugement beaucoup plus favorable encore. Il faudrait voir en lui le plus libéral des souverains qui aient existé. Mais au sujet de ces beaux plans que vous développiez dans les longues et douloureuses heures de la captivité, comme étant vos intentions pour l'avenir, si l'avenir vous eût appartenu ; au sujet de tout ce libéralisme rétrospectif, l'histoire, grand Sire, vous répond comme à tant d'autres : il est trop tard ! Pour justifier sa sévérité à votre égard, M. Comte lui-même vous dirait que l'enfer est pavé de bonnes intentions. — C'est lorsque vous étiez, aux Tuileries, l'arbitre du continent européen, c'est en 1808 qu'il fallait montrer quelque chose de vos grands et généreux desseins; qu'il fallait commencer cette sainte alliance des peuples fondée sur la satisfaction de tous leurs besoins, y compris celui de la liberté : sainte alliance dont vous ne vous avisez de parler qu'après que la sainte alliance des rois, trop bien servie par les justes ressentiments des peuples, vous eut deux fois renversé du trône et enchaîné, nouveau Prométhée, sur le rocher où, plus implacable encore qu'un ciel de feu, le vautour du regret, du remords, peut-être, dévorait aussi vos entrailles. — Vos dénégations sur ce dernier point restent à bon droit suspectes.

Que de jugements contradictoires ont été portés et seront portés encore, non-seulement sur Napoléon, mais aussi sur les faits historiques qui se rattachent à son existence ; non-seulement par des particuliers, mais par les plus hautes assemblées politiques. La Chambre des pairs de 1815, qui condamnait à mort, comme complices de l'usurpateur, Ney et Labédoyère, était loin de professer, sur le retour de l'île d'Elbe, les mêmes sentiments que l'Assemblée qui siége aujourd'hui au Luxembourg sous le nom de Sénat conservateur.

Il a été dit un jour dans le Sénat, sans que cette parole y ait trouvé de contradicteur, que le retour de Napoléon en 1815 avait été une gloire pour la France : — gloire chèrement payée, non-seulement par le sang de Waterloo et par les maux d'une seconde invasion, mais encore par le réveil de l'esprit et des haines de parti, par une recrudescence d'animosité entre les hommes du drapeau tricolore et du drapeau blanc, par une scission profonde, qui n'existait pas en 1814, entre les deux moitiés de la France. — Cette disposition des esprits a influé d'une manière fâcheuse sur le cours des événements, sur les destinées de notre patrie, pendant les quinze années du gouvernement de la Restauration et bien longtemps après. Un cri de colère, écho des haines de 1815, poursuivait encore, même à la veille de la révolution de février, le dernier ministre de la royauté constitutionnelle.

Le retour de l'île d'Elbe, si funeste à la France et même à l'Europe, ce retour triomphal du héros déchu est un fait remarquable, admirable même, si l'on veut, mais à ce seul titre qu'il est l'exemple d'une fascination sans pareille, exercée par un homme sur les masses populaires. C'est toujours là un grand et beau spectacle d'essor passionnel ! Mais il en coûte, sous le régime civilisé, il en coûte cher aux peuples, comme aux particuliers, de donner essor irréfléchi à leurs passions.

Pour juger, au surplus, ces hautes personnalités qui s'appellent Alexandre, César, Napoléon, il faut avoir une idée de l'échelle des caractères. Il y en a, et ce sont les plus élevés de tous, qui éprouvent une telle passion de l'unité, une telle tentation de l'établir dans le monde que, ne voyant pour y parvenir qu'un seul moyen, la force, et disposant, grâce à leurs facultés prééminentes, grâce à leur ascendant sur les autres hommes, d'une force immense, ils l'emploient sans scrupule pour arriver à leurs fins. Choqués, à bon droit, des disparates qu'offrent les sociétés humaines, se sentant à l'étroit dans la place quelconque qui leur est faite dans une de ces sociétés, ils éprouvent l'irrésistible désir de ranger le monde entier sous l'ordre qu'ils conçoivent comme le meilleur. De là leur besoin de bouleverser les empires ; de là vient que, dans l'ignorance générale des lois de l'ordre social naturel, ces hommes, dont on ne peut méconnaître le génie, sèment la terre de plus de ruines que de bienfaits, causent à l'humanité plus de maux qu'ils ne lui rendent de services, et qu'à leur sujet l'opinion de la postérité reste partagée entre l'admiration pour leurs grandes facultés et la réprobation pour l'emploi désastreux qu'ils en ont fait. L'existence éclatante de ces météores humains, plutôt funeste que salutaire dans les conditions actuelles des sociétés, est une preuve que ces sociétés elles-mêmes ne sont point constituées en conformité des tendances naturelles de l'homme. Ce sont des mécanismes dans lesquels les forces de premier ordre, les plus hautes valeurs produisent plus de mal que de bien. N'est-ce pas là quelque chose de contradictoire et d'absurde, et qui doit faire suspecter un état social qui donne lieu à de pareils résultats ?

LES DEUX MORALES

LA MORALE DE COMPRESSION ET CELLE D'EXPANSION HARMONIQUE

Au sujet de cette importante question de la morale, j'ai été frappé, Monsieur, de la différence d'attitude et de langage que vous tenez dans votre publication de 1852 et dans votre dernier ouvrage de 1863.

Il y a onze ans, vous étiez tout affirmatif; faisant écho à M. Comte, vous répétiez fréquemment qu'il faut non-seulement refaire l'état mental, mais encore et surtout réformer les mœurs, préliminaire obligé de toutes les autres réformes.

En 1863, vous vous apercevez que les théories de la morale, de l'esthétique et de la psycologie font défaut dans la philosophie positive. *Auguste Comte et la Philosophie positive*, p. 677.

Il faut donc, selon votre propre jugement, rayer de l'œuvre de M. Comte ces locutions de morale, d'éducation morale, etc., qui s'y trouvent tant prodiguées, et lui retirer la supériorité dont il se targue à cet égard vis-à-vis de toutes les autres doctrines, vis-à-vis de la doctrine chrétienne spécialement. Il ne suffit pas, en effet, de dire, comme le fait M. Comte : « L'art moral consiste
» à faire prévaloir les instincts sympathiques sur les impulsions
» égoïstes ou à investir artificiellement la sociabilité de la pré-
» pondérance que possède naturellement la personnalité. »
Discours sur l'enseignement du positivisme, p. 88.

Le développement des instincts sympathiques eux-mêmes peut offrir des dangers. Dans le monde tel qu'il est, l'instinct sympathique a perdu, hélas! et perd chaque jour plus d'une fille d'Ève. C'est l'état social qu'il faut d'abord changer, si l'on veut développer impunément tous les instincts sympathiques et même les sentiments généreux, car il arrive plus d'une fois qu'après s'y être abandonné, on a sujet de regretter d'avoir été la dupe et la victime de l'élan de son cœur.

Au sujet des penchants de l'homme, deux opinions se partagent les esprits.

Suivant l'une, ils sont essentiellement mauvais, ou ils ont été viciés à l'origine par la faute de nos premiers parents : d'où la nécessité de les tenir en bride, de les contrecarrer de son mieux ; ce qu'on s'attache, en général, à faire pour les autres beaucoup plus que pour soi-même. En fait de morale pratique, contrairement au proverbe, charité commence habituellement par le prochain ; c'est pour lui surtout qu'on entend que les préceptes de la morale existent tout de bon et qu'ils soient un frein salutaire.

Suivant l'autre opinion, qui est la nôtre, les penchants de l'homme, qui lui ont été donnés pour une bonne fin et dans un but d'harmonie sociale, ne sont par eux-mêmes ni bons ni mauvais. Ils ne deviennent tels qu'à raison de l'usage qui en est fait, et d'après les dispositions du milieu dans lequel ils s'exercent.

M. Comte était, lui, partisan de la première manière de voir, « Une saine appréciation, dit-il, de notre nature, où d'abord prédominent nécessairement les penchants *vicieux et abusifs*, rendra vulgaire l'obligation unanime d'exercer sur nos diverses inclinations une sage discipline continue. » *Philosophie positive*, t. VI. Conclusions générales, p. 858.

Quand on pense ainsi au sujet de la nature de l'homme, c'est, à mon avis, se montrer bien inconséquent et bien imprudent que de lui ôter le stimulus et le frein qui résultent de la croyance à une autre vie.

Quoi qu'il en soit à ce dernier égard, il découle des deux opinions opposées que j'ai signalées plus haut, deux tendances différentes en fait de morale : l'une conduit à la répression des penchants naturels, l'autre à la recherche des conditions de leur accord ou de leur essor harmonique.

A mon point de vue, je définirais volontiers ainsi le but de la morale, d'une morale indépendante de toute hypothèse et de tout arbitraire : Procurer l'essor normal, équilibré et harmonique des penchants naturels et des facultés de chaque être humain, pour le plus grand bien, pour le perfectionnement de l'individu et de l'espèce.

Quant au moyen, je n'en vois qu'un seul de vraiment efficace : constituer l'état social, à commencer par le régime industriel, en conformité des penchants de l'homme, de façon qu'en s'y livrant spontanément, il soit tout ensemble aussi heureux que sa nature le comporte et aussi utile à ses semblables que le permettront ses facultés. Une telle disposition de la société est-elle possible? Je le crois, et cette vue *à priori*, fondée sur l'observation, sur l'interprétation rationnelle des faits sociaux, est susceptible d'une vérification expérimentale.

Au lieu de cela, au lieu de cette morale d'expansion harmonique, prétend-on refréner, comprimer les penchants naturels, et jusqu'à en supprimer quelques-uns, comme le veut faire M. Comte pour l'*instinct perturbateur* (1), ou comme le veut Ignace de Loyola, pour leur totalité, ce qui est plus radical, afin

---

(1) Nous sommes ici entre philosophes et médecins, nous pouvons sans bégueulerie, comme on le fait dans une clinique, poser le doigt sur toutes les plaies de la société. S'il y a un homme au monde qui connaisse au positif l'une des plus déplorables conséquences des désordres causés par *l'instinct perturbateur*, l'infection des individus, des familles et l'irrémédiable empoisonnement des générations s'étendant à des limites incalculables, c'est assurément un praticien exerçant dans la spécialité afférente, au milieu d'un grand centre de civilisation, M. Ricord, par exemple. Viendrait-il jamais à la pensée d'un médecin, d'un homme de sens et d'esprit tel que M. Ricord, abstraction faite bien entendu de la question d'intérêt personnel, lui viendrait-il à l'idée de vouloir supprimer l'instinct perturbateur? Eh! malheureux, pourrait-on dire aux gens qui, sous prétexte de l'expurger, tentent de mutiler la nature humaine, l'œuvre de Dieu, ne voyez-vous pas que vous supprimeriez, avec cet important foyer de vie sociale, tout le rayonnement des arts, toutes les habitudes d'élégance et de politesse, en un mot, tout ce qui fait le charme de la société? C'est bien le cas de leur appliquer la strophe de Lefranc de Pompignan sur les peuplades africaines :

   Insultant par des cris sauvages
   L'astre éclatant de l'univers.

Le comte de Rœderer, dans son *Mémoire sur la société polie en France*, a fait ressortir tout ce que le rapprochement des deux sexes, dans la vie de salon, a eu d'heureuse influence sur notre littérature : « Une société d'élite s'éleva au XVIIe siècle, au sein de la capitale, unit les deux sexes par de nouveaux liens, mêla les hommes distingués de la cour et de la ville, créa les mœurs délicates et nobles, prépara l'essor d'une littérature nouvelle. Le berceau de cette révolution fut l'hôtel Rambouillet, cet hôtel qui fut pour Corneille, pour Boileau, pour Lafontaine, pour Racine, pour Molière

— 199 —

de réduire l'homme à n'être plus qu'un cadavre, *perinde ac cadaver*, ou un morceau de bois inerte, *sicut baculus in manu patris* (un bâton dans la main de son supérieur)?...

Dieu fit bien ce qu'il fit, voilà ce qu'il faut se répéter sans cesse. N'imitons pas Garo, si nous ne voulons pas nous exposer à recevoir sur la tête des tuiles un peu moins inoffensives que le gland qui atteignit au visage le dormeur pseudo-philosophe, assez présomptueux pour en remontrer au Créateur.

L'alternative se pose nécessairement entre ces deux principes : expansion harmonique ou compression. L'un a pour lui la nature ; l'autre engage contre elle une lutte qui n'a eu jusqu'à présent pour résultat le plus clair que des récurrences funestes et beaucoup d'hypocrisie.

Cette manière d'envisager la morale n'exclut pas, d'ailleurs, la différence du jugement à porter sur la supériorité socialisante de certains penchants par rapport à certains autres. Que l'édu-

---

même et plus que pour aucun autre, l'objet d'une vénération profonde et méritée.

» La conversation française, continue le même observateur, commune aux deux sexes de la société, excitée, modérée, mesurée par les femmes, est seule une conversation nationale, sociale ; c'est, si on peut dire, la conversation humaine, puisque tout y entre et que tout le monde y prend part. »

Ce trait de mœurs n'est pas pour rien sans doute dans le rang intellectuel que tient la France entre les nations.

On est loin de se faire une idée de toute la part d'influence qu'a ce sentiment d'un sexe pour l'autre, même dans les choses d'où l'on s'est appliqué avec le plus de soin à bannir cette influence, considérée comme pernicieuse et criminelle. Supprimez de l'auditoire d'un prédicateur la portion féminine, et vous verrez ce que l'orateur sacré aura par cela même perdu de son onction. Supposez, par contre, que les cérémonies du culte fussent célébrées par des femmes, au lieu de l'être par des sujets mâles et de plus célibataires, comme dans le catholicisme, et vous verriez dans quelle proportion déclinerait le nombre des dévotes, et de combien de degrés baisserait la ferveur de leur zèle religieux : soit dit sans aucune intention de malignité. Ce sentiment reste à l'état purement platonique, inconscient de lui-même le plus ordinairement; mais il n'en exerce pas moins sa souveraine influence.

Lorsque l'imagination exaltée évoque des êtres fantastiques, l'influence du sexe se fait encore sentir. A sainte Thérèse, dans ses extases, c'est Jésus, c'est le divin époux qui apparaît ; à saint Dominique, c'est la Vierge qui vient apporter le rosaire.

cation s'applique à développer les penchants qui ont le premier caractère, rien de mieux ; j'approuve en ceci les paroles suivantes que vous citez de la *Philosophie positive* de M. Comte :

« Le type fondamental de l'évolution humaine, aussi bien individuelle que collective, est scientifiquement représenté comme consistant toujours dans l'ascendant croissant de notre humanité sur notre animalité, d'après la double suprématie de l'intelligence sur les penchants et de l'instinct sympathique sur l'instinct personnel. »

Je souscris de même au commentaire que vous y ajoutez en disant : « Il est manifeste que la partie morale de l'homme ne peut prendre toute sa grandeur, toute sa chaleur, toute son efficacité, que sous une discipline qui lui enseigne ce qui doit être contenu et ce qui doit être soutenu, et qui lui montre la justice et la bonté comme sœurs de l'immortelle vérité. »

La vérité! voilà donc la mesure, la limite dans laquelle il faut se tenir, même pour assurer utilement « l'ascendant croissant de notre humanité sur notre animalité. » Aussi ne faut-il pas que la contention de certains penchants naturels aille jamais jusqu'à en amener le faussement : ce qui, par voie de récurrence, causerait en réalité plus de mal que de bien. Il faut que la créature humaine, en tendant à une élévation progressive, demeure toujours naïvement elle-même. Rappelons-nous le mot de Pascal : « Qui veut faire l'ange fait la bête. »

Gardons-nous d'accepter pour type de la perfection la vie ascétique, qui ne peut produire que la déformation du caractère et l'atrophie des facultés affectives. C'est dans le commerce avec ses semblables, c'est dans la vie de famille, dans les relations d'amitié, de collaboration industrielle, artistique, scientifique même, et de concitoyenneté, que l'homme exerce, développe, agrandit les bons sentiments de son cœur. Élargissons ce cœur au lieu de le laisser rétrécir sous l'effort du moralisme compressif.

A vrai dire, je crains que vous-même, Monsieur, vous n'inclinez à un certain degré dans le sens de ce moralisme, quand je vous entends déclarer que, par opposition à l'antiquité qui a développé la morale individuelle, « l'Église catholique a fait admirablement la morale de la famille. » Or, depuis saint Paul, l'Église a toujours considéré le mariage comme un état inférieur, un pis aller à l'usage des natures sur lesquelles la chair a trop d'empire : *melius est nubere quàm urere ;* mais la perfection de la vie chrétienne a été placée dans le célibat, dans la continence, non pas temporaire mais absolue et perpétuelle. L'idéal pour la femme a été de conserver sa virginité pour le céleste époux. La même règle a été imposée à l'autre sexe (et ici elle était plus difficile à faire observer) pour toutes les fonctions du saint ministère, pour toute la milice du clergé tant séculier que régulier. C'était un puissant moyen d'influence sans doute que se créait ainsi l'Eglise ; mais était-ce bien sans quelques inconvénients, soit pour la morale de la famille elle-même, soit pour les dispositions caractérielles de tant d'individus voués à une vie contre nature et d'exception ?

Une femme et des enfants, a dit très sensément Bacon, augmentent l'humanité dans l'homme. L'inverse est également vrai. Si, constitué comme il l'est depuis Grégoire VII, le clergé catholique a conquis un grand empire dans l'intérieur des familles, empire qu'il exerce sur les femmes particulièrement et que, par elles, il conserve jusque dans nos jours de scepticisme; d'un autre côté, il n'est pas de corps qui, par son esprit de domination, se soit rendu plus souvent incommode, soit à l'autorité temporelle, soit aux particuliers eux-mêmes. Encore aujourd'hui, après que la vie civile a été légalement distraite de ses attributions, ne sent-on pas partout combien la puissance du clergé est toujours vivante et souvent redoutable ? Depuis le village jusqu'au chef-lieu, malheur au représentant de l'autorité civile et politique qui, pour des motifs quelconques, encourt l'animadversion du représentant de l'autorité religieuse ! Il n'est sorte de couleuvres qu'on ne trouve moyen de lui faire avaler, jusqu'à ce que, de guerre lasse, il se décide à faire sa soumission ou à quitter son poste, mal soutenu qu'il est en général, en pareil cas, par ses supérieurs, peu jaloux d'avoir maille à partir avec une corporation influente et rancunière. Ce n'est pas sans quelque fondement que ce dicton a pris cours : *rancune de prêtre*.

Mais parmi les fonctionnaires, l'instituteur en particulier est un suspect, placé sous la haute surveillance et dans l'étroit dépendance de la police cléricale. Pour son salut dans ce monde, il ne lui suffit pas d'être orthodoxe et pratiquant; il faut, dans les campagnes surtout, qu'il soit le très humble serviteur de M. le curé, prêt à obéir docilement même aux caprices du presbytère. — Pour le dire en passant, combien en 1849, M. Thiers se montrait injuste dans le parallèle, qu'aux applaudissements de ses amis de la rue de Poitiers, il établissait entre la position des instituteurs et celle des desservants, pour s'en faire une arme contre les premiers !

Je sais bien qu'il y a dans le clergé des hommes, et j'en connais de tels, chez qui toute la part d'affection et de passion qui est retranchée par la règle tourne, comme chez les Vincent de Paul et les Fénelon, en bienveillance pour leurs semblables et en ardeur de charité. Mais l'existence de ces héros de la charité chrétienne n'infirme pas ce qu'il y a de vrai dans l'observation qui précède; et pour le grand nombre des ecclésiastiques, la situation contre nature qui leur est faite par le vœu de célibat ne contribue pas à développer en eux la sociabilité.

Pour revenir à notre point de départ, je ferai remarquer que la liturgie catholique elle-même exprime l'appréciation de l'Église par rapport à l'événement principal de la famille : la femme, l'épouse qui a subi l'épreuve de la maternité, qui, au prix de cruelles souffrances, a mis dans la famille un nouveau membre, une affection nouvelle, a par cela même contracté une souillure dont elle doit être purifiée, avant d'être admise à faire sa rentrée dans le temple et dans la communion des fidèles.

L'état de nos mœurs a fait tomber en désuétude, dans les villes du moins, cette cérémonie des *relevailles*; mais elle se pratique encore dans les campagnes, et l'Eglise n'a point changé, elle ne changera point sa doctrine au sujet de la conception, qui, sauf les deux exceptions miraculeuses qu'elle admet, demeure toujours à ses yeux une *tache*, un *péché* (1).

---

(1) La même influence des idées modernes et de nos mœurs qui s'humanisent de plus en plus, forcera l'Eglise d'apporter des modifications à certains points de discipline, tels que la confession auriculaire et le célibat des prêtres; deux questions qui se lient intimement. Dans ses *Etudes de*

Comment les Pères de l'Église les plus autorisés traitent-ils la femme? L'un, et des meilleurs quoique devenu hérétique (Tertullien) l'appelle la *porte du démon;* un autre (saint Cyprien) dit « qu'elle est la glu envenimée dont se sert le diable pour s'emparer de nos âmes. » Saint Jean-Chrysostôme voit dans la femme « la nature du mal ornée de l'apparence du bien. » Le pape Innocent III, dans le cinquième concile de Latran, qualifie la femme en des termes que la décence ne permet pas de répéter. Saint Bonaventure, le docteur séraphique, professe « que toute malice est peu de chose auprès de la malice de la femme. » On citerait une kyrielle d'appréciations analogues par les plus grandes autorités du catholicisme. Toutes ces maximes, qui tendent à représenter la femme comme une créature immonde et perfide, sont-elles bien propres à développer le sentiment de la famille, sentiment qui a son principal foyer dans le cœur de la femme?

Qu'on rapproche de l'opinion de ces Pères de l'Église, qui dégradent à l'envi la compagne de l'homme, qu'on rapproche la haute estime que professaient pour les femmes nos ancêtres, les Gaulois et les Germains. Ces peuples voyaient dans la femme un être saint et ayant l'intuition de l'avenir : *Inesse quinetiam sanctum aliquid et providum putant.* (TACITI, *Germ*, c. 8.)

Loin d'imposer le célibat aux ministres de son nouveau culte, M. Comte voit, dans le mariage, une condition nécessaire de perfectionnement moral pour le prêtre, aussi bien que pour tous les hommes sans exception. Ce sacrement, dans la religion positiviste, est conféré aux hommes entre vingt-huit et trente-

---

politique et de philosophie religieuse, M. Ad. Guéroult a dépeint avec une éloquente vérité la situation fausse et cruelle faite au prêtre catholique :

« Cet homme à qui toute affection est interdite, il faut qu'il vive dans une atmosphère de tentations; il ne peut aimer une femme, mais son devoir est d'être le confident, le directeur et le consolateur de toutes les femmes ; il faut qu'il suive pas à pas les vagues agitations de la jeune fille, les doléances de la femme mariée, les aveux enivrants de la pécheresse ; il doit tout écouter, tout comprendre et ne rien ressentir. S'il succombe, il est déshonoré, perdu, et si le sentiment de sa conservation parle un instant plus haut que celui du repentir, il sera entraîné à commettre un crime pour couvrir une faute ! »

cinq ans, aux femmes entre vingt et un ans et vingt-huit. Tant pis pour ceux ou celles qui aspireraient à former le lien plus tôt ou plus tard !

Mais tandis qu'il se perd dans les nuages d'une sentimentalité mystique, M. Comte n'avise nullement le principal obstacle au mariage, qui tient aux exigences croissantes de l'établissement et de l'entretien d'un ménage. Là se trouve encore la principale pierre d'achoppement pour le bon accord entre les époux et pour la paix domestique, surtout dans les classes populaires, où le ménage est toujours besogneux quand il n'est pas réduit à la détresse. Or, tout le monde connaît la vérité du proverbe trivial : « Quand il n'y a pas de foin dans le râtelier, les ânes se battent. »

Même en dehors de cette extrémité, hélas ! trop commune, que de tribulations pour la plupart des femmes dans les nécessités journalières de l'approvisionnement, du service et de tous les arrangements du ménage ! Il leur tirerait une rude épine du pied, celui qui affranchirait de ce souci incessant toutes celles d'entre nos femmes qui n'ont ni la vocation ni les aptitudes pour faire des ménagères entendues et capables ; ce qui n'empêche pas qu'elles puissent être d'affectueuses épouses, de bonnes et tendres mères. — Il ne faut pas confondre le ménage avec la famille, ainsi qu'on le fait journellement. Le ménage, c'est une industrie, presque toujours mal et très chèrement gérée dans l'état actuel de morcellement ; c'est la cuisine, le cellier, le grenier ; c'est la casserole et la marmite : ce n'est pas l'attachement conjugal, ni l'amour maternel, ni la piété filiale.

L'Association domestique, en n'appliquant aux occupations et aux directions ménagères que les personnes qui en ont véritablement le goût et l'aptitude, sera un immense bienfait pour les deux sexes, mais surtout pour les femmes. Elle facilitera les mariages et contribuera à y maintenir la concorde, en écartant les deux causes qui ont le plus d'influence, soit pour les empêcher, soit pour y semer l'aigreur et la mésintelligence.

C'est ainsi que l'Association servira surtout la cause des mœurs. L'homme qui trouverait le moyen d'assurer à nos jeunes ouvrières des villes qu'elles pourront toutes se marier, sans nulle considération de dot, et se marier convenablement, sous la seule condition de tenir une conduite irréprochable ; celui qui parviendrait à faire que chaque ouvrier eût, comme le bourgeois, sa provision de vin, pour une consommation régulière et en famille, celui-là ferait plus contre le libertinage et contre l'ivrognerie que tous les sermoneurs passés, présents et futurs.

C'est donc à procurer aux penchants, aux sentiments naturels et aux besoins eux-mêmes, une satisfaction légitime qu'il faut surtout s'appliquer, si l'on veut faire quelque chose de vraiment efficace contre les désordres de l'immoralité.

Le positivisme entend les choses d'une toute autre façon.

Le mariage chrétien, même avec l'interdiction du divorce, ne peut suffire au rigorisme de M. Comte. Il prétend le perfectionner et l'épurer en instituant le veuvage éternel. « Sans un tel complément, dit-il, la monogamie devient illusoire, puisque de nouvelles noces produisent toujours une polygamie subjective, à moins que la précédente épouse ne soit oubliée ; ce qui doit peu rassurer l'autre... Le veuvage peut seul procurer à l'influence féminine sa principale efficacité ; car pendant la vie objective, les relations sexuelles altèrent beaucoup la réaction sympathique de l'épouse en y mêlant une grossière personnalité. »

Dans son sentimentalisme quintessencié, le nouveau pontife voudrait en quelque sorte établir un mariage sans les fins du mariage.

« Une grossière appréciation, dit-il encore, brutalement formulée par le héros rétrograde, semble aujourd'hui ne reconnaître à la femme d'autre vocation nécessaire que la seule destination animale, d'où beaucoup d'utopistes détacheraient même l'éducation des petits, alors abandonnés à l'abstraite sollicitude de la patrie. La théorie positive du mariage et de la famille consiste surtout à rendre le principal office féminin pleinement indépendant de toute fonction propagatrice, pour le fonder directement sur les plus éminents attributs de notre nature.» *Disc. sur l'ens. du Posit.* p. 228.

M. Comte ne s'en tient pas là. Il arrive, lui le perfectionneur du mariage, à cette étrange hypothèse de la suppression de l'intervention masculine dans l'œuvre de la reproduction.

Pas n'est besoin, je pense, d'aller comme vous avez, Monsieur, pris la peine de le faire, pas n'est besoin d'aller chercher dans la physiologie des raisons contre une conception pareille ; contre cette utopie de la vierge-mère, si bien prise au sérieux par M. Comte qu'il en fait le résumé synthétique de la religion positive, *Ibid.* p. 270, et qu'il prétend diriger d'après un pareil type toute la vie individuelle et sociale. A. *Comte et la Philosophie positive*, 586.

Arrière donc le sexe masculin ! il n'est pas digne de concourir à l'œuvre de la perpétuation de l'espèce. Les femmes positivistes se passeront un jour de sa collaboration, et, en attendant, on s'engagera de part et d'autre au veuvage éternel, en cas de prédécès de son conjoint. Tout mari devenu veuf sera désormais un Orphée inconsolable, passant sa vie à pleurer l'Eurydice qui lui aura été ravie par un trépas prématuré ; toute jeune veuve, une Artémise qui n'aspirera plus qu'à rejoindre dans le tombeau l'époux dont la mort l'aura séparée.

Je ne m'arrête pas à examiner si le véritable intérêt des bonnes mœurs et celui de la société se concilieraient bien avec l'interdiction de nouveaux liens pour les veufs de l'un et de l'autre sexe, encore à la fleur de l'âge et dans la plénitude de leurs facultés génésiques.

Pour moi, je trouve que c'est beaucoup, que c'est trop déjà que le divorce ne soit, en aucun cas, permis chez nous, et que l'époux qui n'a pas démérité soit, aussi bien que celui qui a failli à ses engagements, condamné à ne plus contracter d'union et à rester indéfiniment dans la fausse position que lui fait la séparation de corps.

LA THÉORIE CÉRÉBRALE. — SYSTÈME DE GALL

J'ai hâte d'échapper à la tautologie intarissable de M. Comte sur la morale, et d'arriver à vos vues propres sur cette question, qui l'emportent incomparablement en profondeur, en science positive, et par suite en réserve philosophique, sur les assertions hasardées et utopiques du maître. Ici, il convient de remonter un peu haut.

Vous consacrez un chapitre plein d'intérêt à l'examen de la théorie cérébrale, et vous vous y exprimez ainsi :

« M. Comte, en entreprenant, dans le premier volume de sa *Politique positive*, de donner une théorie des facultés cérébrales, a essayé de combler une lacune considérable qui était restée dans la Philosophie positive après sa grande et première élaboration. Il faut le louer grandement d'avoir songé, dès le début de sa *Politique positive*, à introduire la considération des facultés mentales. « Le premier résultat philosophique de ma rénova-
» tion finale, dit-il, consista, le 2 novembre 1846, dans le tableau cérébral
» placé ci-dessous et d'où date le cours non interrompu de ma carrière pu-
» blique. » *Pol. posit.*, t. I, p. 679. — Ainsi pour M. Comte avoir trouvé une théorie cérébrale qu'il jugea satisfaisante équivalait à une rénovation de ses idées et de sa manière !... J'avoue que la proposition que je viens de citer reste pour moi couverte d'un nuage. M. Comte l'applique-t-il à la sociologie ? Alors comment se fait-il qu'il n'y ait pas signalé l'introduction de ce nouvel élément ? L'applique-t-il exclusivement à la politique telle qu'il l'a construite ? alors comment ce nouvel élément importe-t-il à la politique sans importer à la sociologie ? Je ferais de cela une objection essentielle, si je n'en avais une plus essentielle encore, c'est que le nouvel élément et la base qui le soutient sont également ruineux.

» La découverte que M. Comte croit avoir faite consiste seulement dans une modification du système de Gall sur la distribution du cerveau en facultés. Elle est intimement liée à la conception de Gall ; elle n'a en soi aucune vertu de plus, et si la conception de Gall a fini par succomber devant la critique, elle entraîne inévitablement la conception secondaire de M. Comte. » *A. Comte et la Ph. pos.*, p. 538, 539.

Suit une appréciation vraiment philosophique de la doctrine de Gall :

« Elle se présentait avec deux idées qui, bien que connexes dans la pensée de l'auteur, ne l'étaient pas en réalité. La première peut se résumer ainsi : les fonctions mentales (et sous ce mot il faut comprendre les instincts, les facultés affectives ou morales et les facultés intellectuelles) ne forment pas, comme on l'a cru longtemps, un domaine qui soit indépendant de la physiologie, et elles sont, comme toutes les autres actions de l'être vivant, attachées à un organe qui ici est le cerveau. Ceci passa rapidement dans la conscience scientifique... La seconde idée est que ce qu'on nomme communément morale et intelligence se ramène précisément à un certain nombre de facultés irréductibles qui ont pour sièges autant d'organes ou parties distinctes dans le cerveau. C'est là ce qu'on nomme phrénologie...

» La division du cerveau en organes et de l'âme humaine en facultés correspondantes était une hypothèse vraiment scientifique, c'est-à-dire, suivant la juste définition de M. Comte, de la nature de celles qui sont vérifiables par l'expérience. Elle fut donc soumise à une longue et laborieuse vérification. Or, aujourd'hui il demeure certain que l'hypothèse ne concorde pas avec les faits... La phrénologie n'a pu maintenir, ni physiologiquement la division en facultés, ni anatomiquement la division en organes cérébraux; et tant qu'elle sera dans cet état, il est aussi inutile que dangereux de lui demander des directions et de la prendre pour guide, soit directement dans les interprétations biologiques, soit encore bien davantage dans les interprétations sociologiques. » *A. Comte et la Phil. pos.*, p. 540, 541, 542.

Après avoir comparé l'hypothèse de Gall, qui a été le point de départ d'une manière nouvelle de considérer le cerveau et les facultés morales et mentales, à l'hypothèse de Descartes sur les tourbillons et à celle de Broussais sur les fièvres, vous aboutissez à cette conclusion sur le tableau cérébral de M. Comte :

« Dans le cas le plus favorable et en supposant que les objections faites à la phrénologie ne fussent pas aussi décisives que véritablement elles le sont, toujours est-il que cette conception ne franchit pas le degré de confiance qui appartient à une hypothèse en voie de discussion. D'autre part, la modification introduite dans cette conception par M. Comte, comme elle n'a reçu aucune vérification, n'est, dans le cas le plus favorable aussi, qu'une hypothèse entée sur une hypothèse. On sait combien la probabilité décroît en passant du premier degré de l'hypothèse au second, de l'hypothèse première à l'hypothèse seconde. M. Comte prend de la main de Gall les organes et les facultés comme si c'étaient des faits, et ce n'en sont pas; puis il les remanie sans qu'il y ait dans l'état actuel aucun moyen de savoir de quelle nature est le remède au doute qui les affecte. Au point de vue philosophique, ce serait déjà se compromettre beaucoup que de cheminer ainsi à l'aveugle dans le pays des conjectures; mais prendre une si frêle hypothèse pour une base solide, y mettre l'origine d'une carrière nouvelle, en un mot faire de tout cela une application immédiate et inexorable aux plus importantes questions de l'organisation sociale, c'est montrer dans tout son jour que la méthode subjective doit être bannie des spéculations positives comme la plus dangereuse des ennemies.» *Ibid.*, p. 546.

Encore une des positions occupées par M. Comte, d'où vous le débusquez vous-même avec toute raison, au nom de la philosophie positive. A tout cela je n'ai qu'à dire, comme le répondant de la messe : *Amen.*

Téméraire dans l'emprunt qu'il fait à Gall de son classement et surtout de ses localisations des facultés affectives et intellectuelles, qu'il remanie arbitrairement pour les ramener du nombre vingt-sept à celui de dix-huit, M. Comte se sert de la donnée phrénologique pour établir, non pas l'harmonie, mais la lutte des penchants dans l'âme humaine. L'office d'une partie de ces penchants doit être, suivant lui, de réduire les autres au minimum d'action possible. « La question, dit-il, consiste à faire » que les trois instincts sociaux (attachement, vénération, » bonté), assistés des cinq organes intellectuels, surmontent » habituellement l'impulsion résultée des sept penchants per- » sonnels, en réduisant ceux-ci aux satisfactions indispensables » pour consacrer les trois organes actifs au service de la socia- » bilité. » *Système de politique positive*, t. 1, p. 733.

Or, parmi ces penchants personnels qu'il faudra s'appliquer à réduire aux satisfactions indispensables, M. Comte range, entre autres, l'affection maternelle, classée dans son tableau sous le n° 3, à côté de l'instinct militaire 4, et le besoin d'approbation 7, qui clôt la série de ces malencontreux penchants, taillables à merci, d'après la doctrine positiviste.

Ainsi, toute la science philosophique et sociale de M. Comte aboutit à constituer l'homme en état permanent de guerre interne avec lui-même. Il semble, d'après cette appréciation étrange, que plus certains penchants, et même des meilleurs, la maternité, par exemple, seraient près d'être annihilés, plus l'individu acquerrait un haut titre caractériel et social. Qu'il était plus dans le vrai, ce judicieux disciple de Gall, médecin distingué des hôpitaux, qui, faisant un jour l'exposition des fonctions cérébrales, nous disait, en saisissant de la main sa propre nuque, la région postérieure et inférieure du crâne où la phrénologie place les instincts antipathiques à M. Comte : « Il faut que, dans l'homme, la bête soit forte pour que le caractère soit énergique! »

J'apprécie comme vous, Monsieur, le peu de solidité de l'appui que M. Comte est allé chercher dans la phrénologie pour ses conceptions sociales. Cependant, ici encore, je ne me trouve pas complétement de votre avis quand vous mettez sur le compte de la méthode subjective toutes les aberrations de l'auteur de la *Politique* prétendue *positive*. Cette méthode subjective, objet de tant de préventions de votre part, il faudra bien y venir, vous le constatez vous-même. En relevant une autre faute de M. Comte, qui consistait à « mettre la morale en septième science, à la suite de la sociologie et des autres, » vous ajoutez : « La morale n'est qu'une portion de l'ensemble subjectif qui doit compléter la philosophie positive et l'empêcher de demeurer un cercle non fermé. » A. *Comte et la Phil. pos.*, p. 677.

D'après vous-même, tout revient donc à faire de la méthode subjective un bon emploi. Sans elle, la science de l'homme, et par suite de la société, ne peut s'achever.

À mon tour, je me permets de trouver que vous faites à la méthode subjective une trop grande part quand vous retirez du domaine objectif, pour les transporter dans le sien, la morale, l'esthétique et toute la partie de la psychologie qui a trait aux sentiments. — Le seul subjectif ou sujet, lorsqu'il s'agit de la connaissance ou de la science, c'est l'intellect, faculté neutre ou *impersonnelle*, comme vous l'appelez dans un passage dont je vais m'appuyer, car nulle autorité ne m'est plus chère et plus précieuse que la vôtre. Tout ce qui concerne les affections, les sentiments, n'est qu'un objet d'étude, comme les autres, pour l'intelligence, à laquelle seule il appartient de connaître.

Le passage dont je vais m'emparer figure dans le chapitre où vous combattez l'opinion de M. Comte, « que l'esprit doit être subordonné au cœur. »

« Ce qui fait, dites-vous, le caractère des facultés intellectuelles à l'égard des facultés affectives, de la raison à l'égard des passions, de l'*esprit* à l'égard du *cœur*, c'est l'impersonnalité qui appartient aux facultés intellectuelles (1), à la raison, à à l'esprit. La vérité qu'elles poursuivent est indépendante de l'objet ; elle a beau choquer les préjugés traditionnels, elle a beau soulever les facultés affectives, elle n'en finit pas moins par être hautement proclamée. La raison n'a pas d'autre force que l'évidence ; il est arrivé plus d'une fois qu'elle a frémi elle-même des nouveautés redoutables qu'elle amenait à la lumière et qui ébranlaient des opinions aussi chères qu'accréditées. Mais,

---

(1) *Impersonnalité,* le mot est peut-être impropre ; mais l'idée est juste ; c'est l'essentiel.

obligée par sa propre nature de confesser ce qui est, elle a rempli son devoir et poursuivi sa mission. » *Ibid.* p., 561.

Eh bien, qu'elle fasse son office, cette faculté impartiale, inaccessible à toute autre considération qu'à celle de la vérité ; qu'elle remplisse sa tâche à l'égard des penchants inhérents à l'homme ; qu'elle les scrute et les interroge sur leur nature, sur leurs tendances, sans dicter elle-même les réponses, mais en les acceptant telles que les donnent en réalité ces stimulants intérieurs de l'homme, ces mobiles de tous ses actes bons et mauvais : stimulants dont les impulsions ne peuvent manquer d'être ressenties, mais aux sollicitations desquelles l'homme peut, sous l'empire de la raison, résister dans une certaine mesure ; et c'est là ce qui constitue sa liberté.

Ici se présente un problème que vous n'avez pas abordé, et qui donne, à mon avis, la clef de la morale.

J'y reviendrai tout à l'heure ; mais auparavant, Monsieur, permettez-moi de vous faire observer que la détermination d'une saine théorie cérébrale, connaissance très désirable assurément, n'est cependant pas aussi essentielle, aussi indispensable que vous paraissez l'admettre, à la constitution de la sociologie. On n'a pas attendu de savoir, puisqu'on ne le sait pas précisément encore, où siègent, dans les centres nerveux, les organes spéciaux de nos divers sentiments, pour faire des remarques profondes et très détaillées, remarques dont tout le monde reconnaît la justesse, sur l'amour, sur l'affection de famille, sur l'amitié, sur le sentiment de déférence et de respect qui correspond aux nécessités hiérarchiques de l'ordre social. Voilà de précieux éléments dont la sociologie peut faire son profit, indépendamment de la notion de leurs rapports avec tels ou tels départements de l'organisme.

Je profite aussi de l'occasion que vous m'avez offerte en signalant la faute contre la méthode par suite de laquelle M. Comte plaçait la morale en dehors et au-dessus de la sociologie ; je profite, dis-je, de cette occasion pour restituer à la science sociale le poste d'honneur qui lui appartient vis-à-vis des autres sciences ; quand je dis le poste d'honneur, ce n'est pas encore assez : elle est, en effet, par rapport aux autres sciences, ce qu'est l'homme par rapport à la série animale. La sociologie n'est pas un simple terme de la série des sciences ; elle est même plus que le couronnement de l'édifice : c'est le terme qui embrasse tous les autres, qui emploie, qui utilise les données de tous les autres pour établir l'harmonie des rapports entre les hommes et assurer ainsi le bonheur collectif et individuel. Mais l'harmonie résulte de contrastes autant que d'accords ; elle ne tolère ni l'égalité ni la monotonie. Le droit égal de développement pour chacun des membres de la société humaine, voilà la seule égalité possible et juste.

SI L'ESPRIT DOIT ÊTRE SUBORDONNÉ AU CŒUR OU RÉCIPROQUEMENT.

La question de savoir si l'esprit doit être subordonné au cœur, comme le veut M. Comte, ou si, comme vous le prétendez — avec moins d'inconvénients pour les conséquences, dans la société actuelle surtout, — le cœur doit être subordonné à l'esprit, me paraît être une question mal posée, et par conséquent peu susceptible d'une solution à tous égards satisfaisante. La vraie question consiste à reconnaître le rôle respectif de chacun de ces deux ordres de facultés, et à maintenir chacun d'eux dans la fonction qui lui a été assignée par la nature. L'un d'eux est le pouvoir délibérant, et à ce titre, il a la prééminence ; mais il ne fonctionne que sur les éléments qui lui sont fournis, apportés par l'autre ordre de facultés, comprenant à la fois les sensations de toute nature et les affections.

Pour éclaircir ce point important, recourons un peu à la physiologie ; et d'après ce que nous venons de dire, la physiologie des sensations et des affections devra précéder celle de l'intelligence.

Il convient d'établir, comme le faisait feu le professeur Gerdy dans sa *Physiologie philosophique des sensations et de l'intelligence*, une distinction entre la *sensation*, la *transmission* et la *perception*. La première a exclusivement lieu dans le sens ou appareil sensitif ; la seconde s'effectue par les nerfs et la moelle épinière ; enfin la troisième, qui nous donne seule la conscience de la sensation produite, a pour agent le cerveau, quoique cet organe soit par lui-même insensible. Ainsi, nécessité de l'intervention cérébrale pour que nous ayons le sentiment d'une impression quelconque.

Il y a deux points de départ des impressions qui viennent à être perçues par le cerveau : les sens externes et ce qu'on a nommé avec raison les sens *internes*, dont le siége est dans la profondeur de l'économie, au dedans des viscères. — Les sens externes nous mettent en rapport avec le monde, nous avertissent de ce qui se passe au dehors de nous, de ce qui vient de l'extérieur à nous; les sens internes nous mettent en rapport avec nous-mêmes, nous avertissent de l'état et des besoins de nos organes. Les premiers sont les sentinelles du dehors, les seconds sont les sentinelles du dedans de la place. De plus, chacun des deux ordres d'impressions se lie à l'autre, réagit sur l'autre par l'intermédiaire du système nerveux central.

De leur côté, les *affections*, tout aussi bien que les facultés sensitives, fournissent à l'intelligence les données sur lesquelles elle s'exerce.

C'est un des points les plus délicats et les plus obscurs dans l'étude de l'homme que cette action réciproque des facultés intellectuelles et des facultés affectives. Nul doute que le principe de nos déterminations soit puisé ordinairement dans cet ordre de facultés ou dans les facultés sensitives, qui ont aussi la propriété de nous causer des impressions, soit agréables, soit pénibles. Mais ces déterminations, on ne saurait le nier non plus, sont influencées par les délibérations de l'intelligence, qui pèse comparativement les sollicitations diverses exercées sur le principe sentant, et qui prévoit, calcule les suites du parti qu'on aura pris de céder à telles et à telles de ces sollicitations plutôt qu'à telles autres. Pour compliquer ce haut problème, il arrive en outre que les combinaisons variées des sensitives, des affectives et des puissances intellectuelles donnent lieu à des facultés mixtes qui constituent nos goûts industriels, artistiques, scientifiques, nos aptitudes et nos vocations en un mot. Ce n'est pas tout, l'exercice normal de chacun de ces penchants secondaires, l'exercice même de chaque faculté de l'esprit donnent lieu à des satisfactions, à des impressions de plaisir qui transforment en autant de sources d'attrait et de bonheur actuel (bonheur *de facto*) des facultés dont le caractère était primitivement neutre. Admirable sollicitude du Créateur, qui a semé un germe de plaisir dans tous les sentiers où peut s'engager l'activité vitale des créatures douées de sensibilité !

Action et réaction réciproque des sensations et des affections par l'intermédiaire du système nerveux central, tel est le cercle qui doit être parcouru pour qu'une impression aboutisse à la fin vers laquelle elle tend, à l'acte qu'il est de sa nature de provoquer de la part de l'individu. — C'est ainsi qu'une sensation externe, une impression de la vue, de l'ouïe, de l'odorat, par exemple, devient pour l'âme un ébranlement initial auquel il en succède d'autres qui, par l'intermédiaire du cerveau, sont transmis aux appareils, quels qu'ils soient, des impressions *affectives* ou émotions. Ces appareils, qui associent la vie organique à certains phénomènes de la vie animale ou de relation (par exemple, quand une rougeur, une pâleur subite suit la vue d'un objet, l'audition d'une parole), ces appareils, foyers des affections, réagissent à leur tour sur les agents des fonctions intellectuelles et sensitives, excitent le cerveau et les organes des sens à concourir aux actes appelés par l'émotion intérieure.

Jusque-là, il ne s'est passé dans l'individu que des phénomènes involontaires. — En présence de son excitant naturel, le sens n'avait pas pu ne pas recevoir l'impression; le cerveau, fonctionnant normalement, n'avait point pu ne pas la percevoir, ni le principe des émotions n'en être point affecté d'une façon particulière. Toute cette série de phénomènes s'accomplit fatalement, en quelque sorte instantanément : c'est à grand'peine si, dans les cas ordinaires, nous pouvons saisir entre eux le moindre intervalle.

Mais alors, c'est-à-dire une fois l'émotion produite, commence une nouvelle série d'actes qui, bien qu'ils soient la conséquence des premiers, n'ont plus le même caractère de nécessité fatale et de spontanéité irrésistible. Sollicitées d'agir dans le sens de l'émotion et de mettre en œuvre pour y satisfaire les puissances qui sont sous leur empire, les facultés intellectuelles peuvent résister, peuvent différer d'obéir à cette sollicitation. Elles pèsent les suites de l'acte réclamé par le principe affectif ; elles s'y prêtent ou s'y refusent, d'après une délibération dont chacun de nous a conscience. Il est vrai que les motifs en vertu desquels l'intelligence se détermine ont tous trait à des satisfactions plus ou moins prochaines de l'ordre affectif ou sensitif ; mais ce n'est pas moins l'intelligence qui compare entre eux ces divers motifs, et qui, entraînée par ceux qu'elle juge les meilleurs et les plus forts, donne l'ordre et le signal d'une action conforme au parti qu'elle a adopté. En un mot, le principe intellectuel est la balance, et les forces passionnelles, les émotions, les impressions de la sensibilité sont les poids mis dans les plateaux de l'instrument. Ajoutons que, grâce à la faculté pour ainsi dire illimitée qu'il possède de se souvenir et de prévoir, l'esprit de l'homme peut embrasser à la fois, pour les comparer entre elles, les impressions passées, présentes ou attendues, et cela dans une mesure que l'imagination prolonge au delà des bornes de l'espace et du temps.

Si l'intelligence ou principe délibérant résiste à l'appel de la passion, c'est par un effort plus ou moins pénible ; il y a lutte, malaise et souffrance dans l'individu. Si l'intelligence assentit et entraîne le concours des autres puissances soumises à la volonté, il y aura, l'acte accompli, une sanction intérieure de l'acte, un sentiment intime de contentement ou de mécontentement : c'est le témoignage de la *conscience*, satisfaction consécutive ou bien remords, admonition *divine* de l'accomplissement ou de la violation de quelqu'une des lois ontologiques de l'être. Ainsi s'accomplit cette belle parole de Rousseau : « Ce que Dieu veut qu'un homme fasse, il ne le lui fait pas dire par un autre homme, il le lui dit lui même, il l'écrit dans son cœur ; » et quand l'homme transgresse une de ses lois naturelles, il en est puni sur-le-champ par cette voix intérieure qu'il ne saurait étouffer, punition d'autant mieux sentie que cet homme est doué d'une constitution affective et intellectuelle plus riche et plus élevée.

Quelle que soit votre opinion, Monsieur, sur les vues que je viens d'exposer, voici un principe au sujet duquel nous serons, je pense, tous deux d'accord : sur les notions morales, comme sur la conception du monde, ce n'est qu'au nom de la raison, désormais, qu'un homme peut être fondé à s'adresser aux autres hommes pour leur communiquer, à cet égard, des idées supérieures, c'est-à-dire plus conformes à la réalité, en même temps qu'à l'idéal de justice, de proportionnalité et d'harmonie universelle que chacun porte au dedans de soi, plus ou moins développé par l'éducation, la méditation et l'expansion de ses puissances sympathiques. Mais quiconque, à titre de révélateur, de thaumaturge, d'hiérophante ou de pontife, prétendra nous enseigner ou plutôt nous imposer une doctrine, devra être simplement rappelé au principe ci-dessus énoncé. Si, nonobstant, il persistait et qu'il fût de bonne foi, c'est aux successeurs d'Esquirol qu'il faudrait le renvoyer. Le temps de fabriquer des religions nouvelles et de nouveaux cultes me paraît irrévocablement passé. Sur la question de la destinée humaine, qu'on s'adresse à la raison ou même au sentiment, c'est toujours au nom de la raison, et de la raison seule, qu'il faut parler. Dès lors, on est et l'on reste philosophe : c'est bien assez.

Cette manière de voir n'exclut ni les manifestations, soit particulières, soit publiques, d'hommage et de gratitude envers Dieu, ni par conséquent la célébration de fêtes et de cérémonies religieuses dans l'avenir : avenir dégagé d'ailleurs de toute superstition, de toute croyance irrationnelle. Il y a là un besoin de l'âme humaine, qui devra toujours obtenir satisfaction par des manifestations collectives.

3° LA POLITIQUE.

Avant d'en venir à l'exposition de ses idées sur la constitution du pouvoir politique, M. Comte insiste de nouveau pour la séparation systématique des deux puissances élémentaires, le pouvoir spirituel et le pouvoir temporel. « Ce principe est, dit-il, tellement conforme aux vrais besoins populaires que bientôt le peuple en exigera l'admission de tous ses guides intellectuels. Pour mieux l'assurer, il les obligera sans doute à abdiquer toute prétention au pouvoir temporel, soit central, soit même local. Ainsi, voués irrévocablement au sacerdoce de l'humanité, les vrais philosophes inspireront plus de confiance à leurs alliés prolétaires et aussi aux classes dirigeantes. » *Discours sur l'ensemble du positivisme*, p. 187.

Dans de telles conditions, les guides intellectuels du peuple seraient, d'une part, comme un homme armé d'un levier sans point d'appui ; et, d'autre part, ils inspireraient par leur inexpérience, par l'absence de toute responsabilité inhérente à une fonction effective, une juste défiance aux classes moyennes et supérieures, très peu disposées, avec raison, à admettre que le nouveau pouvoir spirituel pourrait en toute occasion posséder assez d'ascendant sur ses ouailles positivistes, composées principalement des masses prolétaires de nos grandes villes, pour prévenir de leur part toute revendication désordonnée, toute manifestation violente.

M. Comte blâme les habitudes de prévoyance et d'épargne chez les prolétaires :

« Ces habitudes sont indispensables pour accumuler et administrer les capitaux ; elles doivent donc prévaloir dans la partie intermédiaire de l'organisme final. Mais elles seraient déplacées et même funestes partout ailleurs, là où l'existence matérielle dépend surtout d'un salaire quelconque. Les philosophes et les prolétaires doivent également repousser des mœurs qui tendent à dégrader leur caractère moral sans améliorer ordinairement leur situation physique. Chez les uns et les autres, l'absence de toute grave responsabilité pratique et le libre essor, tant public que privé, de la vie spéculative et affective, constituent les principales conditions du vrai bonheur. Malgré les prédications de nos économistes sur l'efficacité sociale des caisses d'épargne, la même philosophie justifiera pleinement les répugnances décisives de l'instinct populaire, qui y voit surtout une source continue de corruption morale, par la compression habituelle des sentiments généreux. Les empiriques déclamations contre les cabarets ne les empêcheront jamais d'être les seuls salons du peuple, qui va y cultiver une sociabilité beaucoup plus recommandable que l'égoïste fréquentation des lieux de dépôt. Quant aux vrais dangers de cette sage imprévoyance, la civilisation les diminue toujours. » *Ibid.*, p. 189.

Voilà une morale qui n'est pas trop rigide. Je ne sais comment la famille et la dignité du prolétaire s'en accommoderont.

Sans partager l'illusion optimiste qui consiste à croire que la caisse d'épargne et d'autres institutions de ce genre suffiront pour remédier aux vices de notre régime industriel, dont le résultat le plus saillant est l'état précaire des classes laborieuses, on doit blâmer sévèrement tout ce qui tend à détruire chez elles l'esprit de prévoyance et d'économie. Avant les élans de la générosité, les devoirs de la justice. Le père de famille, ouvrier ou employé quelconque, qui, pouvant suffire par son salaire aux besoins de sa femme et de ses enfants, qui, pouvant même, par exception, épargner en vue des besoins de l'avenir, néglige cependant de le faire pour cultiver, comme le dit M. Comte, la *sociabilité du cabaret*, comptant, pour suppléer aux suites de son imprévoyance, sur les autres, sur la charité publique ou privée, celui-là commet une faute grave contre la première loi de la morale : il compromet sa dignité propre et la dignité de toutes les personnes qui, au nom des liens les plus sacrés, avaient droit de compter sur son assistance.

Il est vrai qu'un peu plus loin M. Comte ajoute, p. 189 : « En appelant dignement le peuple à la vie publique, le régime positif saura faire du club le meilleur correctif du cabaret. » Bien des gens trouveront peut-être que, dans les conditions sociales actuelles, le remède serait pire encore que le mal, et qu'en tout cas, les deux, le club et le cabaret, peuvent aller ensemble, la discussion commencée dans l'un se continuant dans l'autre, au grand préjudice de la vie de famille et de l'assiduité professionnelle. Contre cette prétendue incompatibilité entre le club et le cabaret, ne pourrait-on pas citer ce que naguère on nous apprenait, au Corps législatif, que, dans un certain arrondissement, la veille de l'élection, l'autorisation avait été accordée d'ouvrir trente-quatre cabarets ? La politique, la bonne même apparemment, n'est donc pas l'ennemie de la dive bouteille et du piot, comme dirait l'auteur de Pantagruel.

D'ailleurs, à quoi bon le club, qui dans sa bonne acception doit être une école d'enseignement politique mutuel, puisque M. Comte nous a dit un peu plus haut, p. 186 : « A la saturation actuelle des votes électoraux succédera bientôt la désuétude volontaire d'une attribution illusoire. »

On a pu voir, par les dernières élections générales, par celles du département de la Seine en particulier, si le peuple est disposé à donner raison à cette prévision du positivisme. Celui-ci ne se fait pas faute d'ailleurs de prêcher à sa manière contre l'ambition des richesses et des honneurs, sermons qui n'auront ni plus ni moins d'effet que tant d'autres du même genre qu'on débite depuis des milliers d'années, avec une banalité de constance que l'inanité du résultat ne peut décourager.

« Rien, dit M. Comte, ne saurait empêcher le peuple de reconnaître même que les vraies qualités indispensables aux divers postes pratiques sont fort au-dessous de la prépondérance temporelle qu'ils procurent. Il sentira de plus en plus que la véritable félicité humaine n'y est point attachée, et qu'elle peut appartenir davantage à sa modeste condition, sauf chez les êtres exceptionnels qui doivent aspirer au commandement d'après une organisation plutôt funeste que favorable, que notre sagesse collective applique seule au bien commun. Les vrais prolétaires, comme les vrais philosophes, cesseront bientôt d'envier une grandeur inévitablement assujettie à une grande responsabilité. » *Ibid*, p. 189. « Sans aucune utopie, la société positive se trouvera tellement organisée, que ses chefs, théoriques ou pratiques, au milieu de leurs avantages personnels, regretteront souvent de n'être pas nés ou restés prolétaires. » P. 190.

L'auteur continue de doctriner de la sorte avec un ton d'assurance que les événements survenus depuis 1848 ont rendu quelque peu ridicule :

« Tous les aperçus propres à cette troisième partie confirment son indication initiale sur l'aptitude nécessaire du prolétariat à constituer le principal appui non-seulement du régime définitif, mais aussi de notre régime provisoire. La liberté d'examen et d'exposition que la France possède avec une plénitude ailleurs impossible, repose principalement sur l'émancipation mentale de nos prolétaires, surtout parisiens. Ils se sont affranchis de toute théologie sans accepter aucune métaphysique... C'est du peuple seul que les vrais philosophes doivent attendre la consolidation et l'extension d'une liberté indispensable à leur office. Mais aucune garantie ne saurait inspirer autant de sécurité que cette heureuse garantie morale. Quelles que puissent être les velléités rétrogrades ou stationnaires de certains chefs ou partis, nulle oppression n'est possible avec une telle population : une population aussi sociable ne se laissera plus ôter ces libres réunions habituelles où elle peut satisfaire à la fois ses goûts dominants et surveiller ses principaux intérêts. » *Ibid*, p. 190, 191.

Ah! le bon billet qu'a la Châtre! Ce serait plaisant si ce n'était triste.

Il est vrai qu'à peu d'années de là l'oracle sera expliqué autrement par M. Comte. Après le 2 décembre 1851, le pontife de l'humanité applaudit au nouvel ordre de choses. Dans une circulaire du 22 Moïse (22 janvier 1854), M. Comte s'exprimera ainsi : « Les positivistes sont tellement appelés à gouverner » l'Occident, qu'ils doivent déjà préparer leur dictature systéma- » tique, en secondant, à leur manière, une empirique concen- » tration, provisoirement indispensable à l'ordre matériel. »

(*Notice sur l'œuvre et sur la vie de M. Comte*, par le docteur Robinet, l'un de ses exécuteurs testamentaires. *Pièces justificatives*, p. 486.)

Je pourrais citer d'autres passages dans le même sens. Un seul suffit.

L'idée fixe de M. Comte en politique, c'est la dictature, sous une forme ou sous une autre.

C'est ici le lieu de nous expliquer sur la dictature elle-même. Cette forme du pouvoir a un rôle nécessaire dans la vie des peuples qui n'ont pas encore échappé à l'ère malheureuse des révolutions violentes (1).

---

(1) Je dois avertir que les vues politiques proprement dites qui vont être exposées sont entièrement étrangères à la doctrine de Fourier, et qu'elles n'auraient probablement pas obtenu l'approbation de l'auteur de la *Théorie sociétaire*, qui proscrivait d'une façon, à mon avis, trop absolue toutes les spéculations de l'ordre politique. Sa formule d'association

La théorie sera inutile pour notre pays, je le veux bien, je le désire même de tout mon cœur ; mais elle peut trouver ailleurs son application. Pas plus tard qu'hier la révolution était aux portes d'un grand État, notre voisin, par suite d'un désaccord direct et formel entre le pouvoir législatif et le pouvoir exécutif. Si ces têtes carrées d'Allemagne ne savaient au besoin se montrer illogiques par prudence, la révolution éclatait en Prusse ; elle était dans les données de la situation. Il n'y avait pas d'autre solution du différend qui reste encore pendant aujourd'hui entre la seconde chambre et la royauté, résolues l'une et l'autre à ne se point céder. Le conflit avec le Danemark, mettant en jeu un intérêt de nationalité, est venu faire une diversion qu'ont saisie avidement et cultivée avec amour le roi et la noblesse.

En Prusse ou ailleurs, la lutte recommencera et aboutira ; il n'est pas besoin d'être grand sorcier pour le prédire.

Le jour où, dans un pays, une révolution renverse le pouvoir existant, il surgit de fait une dictature ; c'est de toute nécessité. Mais le premier devoir de ce Dictateur, quel qu'il soit, c'est, en même temps qu'il pourvoit aux conditions essentielles de l'ordre, qui ne peuvent rester suspendues sans péril de mort, qui sont des conditions vitales pour toute société, c'est d'appeler, dans le plus bref délai possible, la nation à décider elle-même de ses destinées. Tel est le strict devoir du Dictateur que le hasard de la crise a fait surgir. Qu'il s'appelle, comme au 29 juillet 1830, Lafayette, ou comme au 24 février 1848, Lamartine, Ledru-Rolin et Armand Marrast, doublés de Louis Blanc et d'Albert, ce qui compliquait beaucoup la situation, le Dictateur a pour devoir et pour mission principale de convo-

---

industrielle s'accommode aussi bien d'une forme de gouvernement que d'une autre ; elle peut s'essayer dans une monarchie, même absolue, aussi bien que dans une démocratie : telle est la thèse qu'a toujours soutenue Fourier. Quoique le phalanstère (ainsi que l'a remarqué un disciple dissident, M. Lemoyne, ingénieur en chef des ponts et chaussées) puisse être considéré comme une petite république, conduite par une agence élective, non-seulement Fourier ne faisait pas de sa doctrine une arme contre les dynasties existantes, mais il assurait, au contraire, que si elles voulaient concourir à la réaliser, l'Association procurerait à souhait des sceptres héréditaires aux divers prétendants en disponibilité et aux princes des familles régnantes désireux d'une couronne personnelle.

quer la nation. Son rôle est cependant immense, et c'est en grande partie de la manière dont il l'accomplit, c'est, en un mot, du bon ou du mauvais emploi de l'heure précieuse et rapide de la dictature, que dépend le sort des révolutions.

L'honnête Lafayette abdiqua son rôle en 1830, en proclamant ce qu'il nommait la *meilleure des républiques* et ce qui ne mérita pas longtemps à ses yeux le même titre. La Chambre des députés, illogique et usurpatrice par peur, confisqua le droit imprescriptible de la nation, en votant à la hâte un roi. Ainsi fut *bâclé* le gouvernement de Louis-Philippe, ce prince bourgeois, animé des meilleures intentions et si respectueux observateur des formules constitutionnelles. Il eût fallu mieux que cela pour faire oublier le vice originel d'un pareil pouvoir. Les généreux fils du vieux roi y auraient réussi peut-être.

Louis-Philippe a trop vécu de dix ans pour sa dynastie.

Le Provisoire de 1848, tant dénigré, tant calomnié de son vivant même et après, s'est montré, quoi qu'on dise, un dictateur consciencieux et modéré, s'il ne fut pas, par l'intelligence et la résolution, à la hauteur de la situation qui lui était faite. Il n'eut rien de plus pressé, du moins dans sa personnification la plus éminente et dans ses plus honorables membres, les Bethmont, Marie, Garnier Pagès et Marrast lui-même, que de faire appel à la nation, et de remettre entre ses mains le pouvoir exceptionnel dont l'événement l'avait investi.

Que la nation ait été alors convoquée dans la forme la meilleure pour obtenir l'expression vraie de sa volonté ; qu'il n'y ait pas eu de fautes commises depuis le 24 février jusqu'au jour où se réunit l'Assemblée constituante le 5 mai, c'est ce que je me garderai bien de soutenir, moi qui n'ai eu, ni de près ni de loin, aucun rapport avec les gouvernants de la phase révolutionnaire. Ce qui leur manqua surtout, ce fut la science ; on en put recueillir l'aveu de leur propre bouche.

« L'idée de la révolution de février, disait d'une part, au banquet du Chalet, M. Ledru-Rollin, est enveloppée dans les nuages, et l'obscurité qui nous dérobe sa route et cache son terme final à nos yeux nous empêche de la conduire d'un pas assuré vers son but. L'absence d'une science positive sur les principes et l'organisation de la démocratie, voilà ce qui explique notre faiblesse. »

M. de Lamartine, président de la commission exécutive, tenait d'autre part un langage identique : « On nous reproche de n'avoir pas d'initiative. C'est vrai; mais si nous n'en avons point, c'est parce que nous manquons de lumière. »

Nunc erudimini ! Maintenant instruisez-vous, peut-on dire à ces deux pères-ennemis de la république de février : il vous a été fait des loisirs ; tâchez de les mettre à profit. Vain conseil! Les rossignols chantent toujours et n'écoutent jamais ; les hommes de violence révolutionnaire obéissent à leur tempérament. L'un donc a repris sa lyre d'or et il célèbre les grands hommes, Platon, Lafontaine et Jean-Jacques exceptés ; — l'autre, s'il faut s'en rapporter aux réquisitoires de certains procès d'impératoricide...

Je n'ai voulu que rappeler l'insuffisance, l'inscience, par eux-mêmes avouée, des directeurs de la Révolution de 1848. Ils n'auraient pas aujourd'hui encore, il faut bien en convenir, des successeurs plus éclairés qu'ils ne l'étaient alors, si la fatalité voulait qu'il y eût de nouveau, dans notre pays, une révolution à conduire et à organiser. Aussi, les hommes de rancune et d'ambition personnelle mis de côté, je ne sache pas un républicain de sens rassis qui, s'il avait aujourd'hui dans la main une révolution proclamant la république, s'avisât d'ouvrir cette main, et de donner à ses amis une tâche évidemment au-dessus de leurs forces.

En jetant un coup d'œil rétrospectif sur nos deux dernières révolutions, j'ai eu seulement en vue d'indiquer, pour d'autres nations que la nôtre, qui n'aura que faire de longtemps, espérons-le, d'une pareille théorie ; j'ai eu, dis-je, en vue d'indiquer ce qu'est, ce que doit être, légitimement, le rôle dictatorial dans la vie d'un peuple, exposé à ces crises qu'on appelle des révolutions.

Cela dit, je laisse M. Comte exposer lui-même sa théorie gouvernementale. On sait que ce qu'il appelle le pouvoir *central*, c'est le pouvoir exécutif, ayant par surcroît toutes les attributions législatives, moins le contrôle financier. Le pouvoir *local*, c'est l'Assemblée des représentants, n'ayant plus d'autre attribution que ce contrôle. — Voici maintenant la théorie positiviste en fait de gouvernement :

« C'est surtout du peuple qu'on doit attendre la prépondérance du pouvoir central sur le pouvoir local, ci-dessus jugée indispensable à l'ordre public. Sous la seule condition de ne susciter aucune crainte de rétrogradation, le gouvernement proprement dit obtiendra facilement son appui contre une assemblée où prévaudront presque toujours des tendances antiprolétaires. Entre ces deux branches du pouvoir temporel, l'instinct populaire préfère spontanément celle dont le caractère plus pratique et l'efficacité moins équivoque correspondent mieux à ses vœux essentiels... En consolidant le pouvoir central, l'appui des prolétaires doit aussi en améliorer beaucoup le caractère habituel ; car il le dépouille de toute vaine prétention théorique, pour le réduire à sa vraie destination pratique. Sous tous ces aspects, les vœux systématiques des philosophes seront beaucoup secondés désormais par l'influence spontanée de leurs alliés prolétaires. » *Disc. sur l'ens. du posit.*, p. 193.

Parlez pour les philosophes de votre école, M. Comte, et pas pour tous encore. Quant aux autres philosophes, il y en a peu parmi eux qui s'accommoderaient d'un tel despotisme, établir sous le nom de pouvoir central. Ils auront plus de raisons encore d'y répugner quand ils vont voir de quelle façon vous formez ce pouvoir central. Les chefs industriels auxquels il est, suivant la doctrine positiviste, destiné dans l'avenir, en sont maintenant incapables, au jugement de M. Comte. « L'élévation des vues et des sentiments leur manquent trop jusqu'ici pour leur permettre une telle ascension politique. D'ailleurs, hors de l'industrie, cette double condition de la suprématie ne se trouve pas mieux remplie. Elle l'est beaucoup moins chez les savants, principalement en France, où le régime académique a tant rétréci l'esprit, desséché le cœur et énervé le caractère, que la plupart d'entre eux sont inhabiles à la vie réelle et surtout indignes du moindre commandement, même scientifique. » *Ibid.* p. 194, 195.

M. Comte ne ménage pas, comme on voit, les savants. Mais laissons-le mener jusqu'au bout son exégèse du pouvoir politique :

« Cette inaptitude sociale de nos diverses classes spéciales oblige à satisfaire autrement une telle exigence révolutionnaire, en s'adressant là où l'esprit d'ensemble se trouve moins comprimé et le sentiment du devoir mieux cultivé. La saine théorie historique me conduit à déclarer, sans hésitation, que nos prolétaires peuvent seuls fournir habituellement de dignes possesseurs du suprême pouvoir temporel, jusqu'à la terminaison de l'interrègne spirituel, c'est-à-dire pendant une génération au moins.

» .... Un défaut ordinaire de notions et d'habitudes administratives rendrait nos prolétaires peu propres aux divers offices spéciaux du gouvernement pratique. Mais il n'en résulte aucune exclusion, quant à l'autorité suprême, ni envers toutes les hautes fonctions temporelles qui exigent une vraie généralité sans supposer aucune spécialité. Quand ces postes éminents seront occupés par de dignes prolétaires, leur sage et modeste instinct saura bien trouver des organes convenables au sein des classes qui les ont fournis jusqu'ici. » *Ibid.*, p. 195.

Comme conclusion définitive, M. Comte aboutit à ce paragraphe dont j'ai déjà cité la première phrase :

« Ainsi les conditions de la liberté et celles de l'ordre public vont concourir à transférer révolutionnairement le pouvoir à quelques éminents prolétaires, tant que durera l'interrègne spirituel. Leur avènement nécessaire ne répandra point chez leurs frères une ambition perturbatrice, comme celle qu'y excite aujourd'hui l'ardeur des richesses ; car tous sentiront aisément la nature exceptionnelle et les conditions indispensables de cette rare grandeur. » *Ibid.*, p. 196.

Est-ce assez se repaître de chimères ?

M. Comte refait une caste gouvernementale, puisque ce n'est pas à raison de mérites qui leur soient personnels, mais à raison de dispositions généreuses qu'il suppose exclusives à leur classe, que ses éminents prolétaires seront portés au pouvoir, par le choix de leurs seuls compagnons de prolétariat dans Paris, sans le concours des autres citoyens de la France.

Après cette monstruosité, on ne peut concevoir de méprise plus grande que celle de M. Comte sur les attributions respectives du pouvoir exécutif et du pouvoir législatif ou délibérant, qu'il supprime au profit du premier.

Sur ce point, Monsieur, vous suiviez encore M. Comte en 1851, et comme vous vous expliquez plus clairement et plus succinctement que lui, je prends, bien que vous ayez renoncé désormais à cette vue du positivisme, un passage de votre écrit qui fournira l'occasion de rectifier de graves et dangereuses erreurs, enseignées magistralement par M. Comte.

« Il est presque impossible que le pouvoir parlementaire qui, au fond, est un pouvoir local, puisque chacun de ses membres représente au plus des tendances départementales, ait jamais assez d'unité dans les vues, de fixité dans les résolutions, et surtout un sentiment assez vif des nécessités progressives pour diriger avec succès l'orageuse transition que nous traversons. Au contraire, il est très possible que le pouvoir exécutif, qui est le pouvoir central, acquière les qualités requises. C'est donc au profit du pouvoir central que le socialisme doit s'efforcer de faire tourner la révision de la Constitution.

» Le fond de l'idée est que le pouvoir parlementaire n'ait plus pour attribution que le vote de l'impôt et la vérification des comptes, laissant au pouvoir central tout le reste, lois et administration.

» Mais avec cet accroissement de force, si le pouvoir central avait, comme il l'a aujourd'hui, la même origine que le pouvoir parlementaire, on aurait non diminué, mais aggravé les périls de la situation. Il faut donc lui donner une autre origine qui y fasse prévaloir d'une manière constante et réglée la généralité sur la particularité et les tendances progressives sur les tendances rétrogrades… La philosophie positive indique que cette origine cherchée ne peut être que Paris, assisté dans cette grande fonction publique par les villes principales de la France. Depuis l'ère à jamais mémorable de 89, Paris a toujours eu l'initiative (l'initiative seulement, mais cela est capital) des mutations décisives. Faites que cette initiative, au lieu d'être intermittente et saccadée, soit régulière et continue, et vous aurez introduit la condition politique la plus favorable au bien commun.

» Plus on se dépouillera de la notion métaphysique que l'électorat est un droit pour se pénétrer de la notion positive que l'électorat est une fonction, plus on se sentira disposé à concevoir des combinaisons qui assurent à la fonction sa pleine efficacité. Deux grands intérêts, abandonnés l'un et l'autre, dans l'état actuel, à de dangereuses fluctuations, les intérêts matériels et les intérêts politiques, réclament une active sollicitude. Les intérêts matériels, c'est le pouvoir local, excellent juge en ces matières, qui en aurait le contrôle; les intérêts politiques, c'est Paris, avec les villes ses acolytes, qui en aurait la direction. » *Conser. Rér. et positivisme,* p. 206, 207.

Ceci reste la théorie politique de M. Comte et non plus la vôtre, Monsieur et honoré beau-frère; vous en avez, avec raison, fait le désaveu formel dans votre ouvrage de 1863. Mais puisque de tels sophismes ont pu faire un instant illusion à un penseur tel que vous, il y a lieu de rechercher ce qui a pu leur donner une apparence de vérité.

D'abord l'assemblée nationale ou des représentants du peuple, qu'il ne faut pas nommer simplement le pouvoir *parlementaire*, quand on est, comme la France l'était en 1848 et en

1851, un État républicain, n'est-elle qu'un pouvoir *local*, parce que les membres qui la composent sont nommés localement, par des arrondissements électoraux? Il est clair qu'il faut bien fractionner une population de 37 millions d'âmes pour qu'elle choisisse ses délégués, opération qui ne saurait absolument se faire en bloc. Mais une fois élu, le député n'est plus seulement celui de la circonscription électorale qui l'a nommé, il est le député de la France. Telle est la doctrine qui a toujours prévalu, même aux époques où le Corps législatif était réduit aux plus étroites attributions de ce pouvoir. Et puisque le positivisme prétend parler toujours au nom de l'histoire, est-ce qu'il y eut jamais, historiquement parlant, un pouvoir qui ait, mieux que notre grande Assemblée nationale de 1789, représenté, *concentré* l'esprit de la nation, dans ce qu'il avait de plus avancé, dans ses aspirations les plus larges et les plus humaines vers l'équité sociale? (1) N'est-ce pas à cette assemblée et après elle à

---

(1) Quand je dis, avec tout le monde désormais, la *grande* Assemblée de 1789, je vais directement, je le sais, contre l'appréciation de M. Comte qui la place bien au-dessous de la Convention et qui la traite avec un suprême dédain.

Après avoir indiqué avec assez de justesse les différences caractéristiques qu'offrent, sous le rapport politique et social, l'esprit français et l'esprit anglais, M. Comte ajoute :

« D'après cet ensemble de considérations, chacun peut désormais apprécier combien les dispositions les plus fondamentales de la sociabilité française devaient être opposées à la dangereuse utopie politique inspirée par une vaine métaphysique chez notre première assemblée nationale, dont la qualification usuelle pourra sembler, auprès d'une impartiale postérité, le résultat d'une amère ironie philosophique; puisqu'il n'a jamais existé un contraste aussi décisif entre l'éternité des espérances spéculatives et la fragilité des créations effectives. » *Phil. pos.*, t. VI, p. 365.

Vient ensuite, sous forme de contraste, l'éloge de la Convention, « que l'énergie morale et la rectitude mentale placeront toujours, dit M. Comte, aux yeux de l'impartiale postérité, bien au-dessus de l'Assemblée constituante. » *Phil. pos.* VI, 372.

« Justement opposée aux vaines fictions politiques sur lesquelles reposait l'incohérent édifice de l'Assemblée constituante, l'éminente assemblée si pleinement immortalisée sous le nom de Convention nationale fut aussitôt conduite, par son origine même, à regarder l'entière abolition de la royauté comme un indispensable préambule de la régénération sociale vers laquelle tendait directement la révolution française. » *Ibid.*, p. 366-367.

la Convention, qui fut cependant faussée par les usurpations, par la tyrannie d'un pouvoir *local*, la Commune de Paris, que sont dues non-seulement toutes les déclarations de droits et de principes, mais encore toutes les grandes mesures de la Révolution? Les déviations, au contraire, et les mesures rétrogrades ont été presque toujours le fait du pouvoir exécutif,

---

N'en déplaise à M. Comte, ce sont les principes proclamés par 1789, et non pas ceux de 1793, qui, après des orages, peut-être inévitables dans une telle transformation politique et sociale, ont fini par prévaloir, et qui se trouvent à peu près unanimement invoqués aujourd'hui. Sauf le parti nettement rétrograde qui, dans son triomphe en 1815 et 1816, n'a pas même osé les répudier ouvertement, tous les autres partis qui arrivent chez nous au pouvoir se portent les héritiers et les exécuteurs des principes de 1789; mais aucun n'aura l'impudeur de se placer sous le patronage sinistre de 1793. Je ne méconnais pas, d'ailleurs, les rigoureuses nécessités qu'imposèrent à la Convention les ardentes hostilités du dedans et du dehors.

Quant à l'Assemblée constituante, elle promulgua tous les principes de liberté et d'égalité compatibles avec l'état social de son époque; on peut trouver, à en juger par la suite des événements jusqu'à nos jours, qu'elle alla au-delà plutôt qu'elle ne resta en deçà du point opportun. En adoptant la monarchie constitutionnelle, elle prenait le mode de transition régulier pour arriver plus tard, après un ou plusieurs siècles peut-être, à la forme définitive de gouvernement. Qu'elles y aient été contraintes ou non, l'Assemblée législative, puis la Convention, en brusquant le mouvement, ne nous ont point, en réalité, avancés politiquement, puisque, sous ce rapport, nous avons reculé, depuis, bien en deçà du degré de liberté que donnait à la nation la Constitution de 1789. C'est à peine si, même aujourd'hui, les politiques prudents, des hommes sages qui ne sont pourtant pas systématiquement hostiles à la liberté, nous jugent capables de jouir sans danger des libertés d'un pareil régime. L'expérience semblerait presque leur donner raison. Par suite de l'usage que nous avons fait de ces libertés, nous avons été ramenés plus d'une fois sous la verge du gouvernement despotique. Et tel est, à cet égard, le sentiment, l'instinct conservateur dans notre pays, que, lorsqu'on nous restitue quelque mince partie de ces libertés, comme au 24 novembre 1860, il y a presque autant de gens qui s'en inquiètent qu'il y en a qui s'en réjouissent. Je suis de ces derniers, quant à moi, mais je comprends le sentiment des autres.

Il existe une curieuse remarque de M. Comte au sujet de la grande phase révolutionnaire: il signale la société des Jacobins comme ayant été une vague, mais réelle ébauche du pouvoir spirituel, de ce gouvernement moral qu'il faut, suivant sa doctrine, instituer à côté du pouvoir politique, en remplacement du sacerdoce catholique, déchu désormais de son rôle social. (*Philos. posit.* VI, p. 374.) Je doute qu'un pareil rapprochement recommande la division des deux pouvoirs telle que la préconise le positivisme.

votées à sa demande et sous l'influence de la pression qu'il exerçait sur les assemblées. M. Comte méconnaît complétement la nature, le rôle respectif du pouvoir délibérant et du pouvoir exécutif, et leur hiérarchie légitime dans un gouvernement républicain; or c'était en vue d'un tel gouvernement qu'il formulait, en 1848, la théorie ci-dessus exposée.

Depuis 89, Paris, nous dit-on, a toujours eu l'initiative des mutations décisives; et c'est en vertu du rôle qu'a joué la population de Paris dans les crises de la révolution, que M. Comte voulait mettre en tutelle et réduire à l'ilotisme politique tout le reste de la France, sans en excepter les classes moyenne et supérieure, et la partie savante de la population parisienne.

J'ai pour cette grande et noble population d'élite, qui renferme dans son sein plus de lumières qu'aucune autre, la plus sérieuse considération; mais pour que ses manifestations politiques aient une valeur légitime, il faut qu'elle agisse dans son ensemble, avec le concours de toutes les classes qui la composent, et en pleine liberté. Etait-ce ainsi que se passaient les choses dans les mouvements populaires et insurrectionnels qui ont pesé sur notre première révolution, et que les journées du 18 avril et du 15 mai 1848, avaient pour but de renouveler?

Les agglomérations populaires de Paris et des autres grandes villes ont leur droit comme les populations disséminées des petites villes et des campagnes, mais non pas d'autres droits que celles-ci. Ce droit, pour ce qui est de la société politique, se trouve épuisé quand les susdites agglomérations ont nommé leurs délégués ou représentants. Citoyens de Paris ou de Lyon, vous n'avez plus dès lors, comme l'habitant du moindre village, que le droit d'intervenir, par des pétitions ou par la discussion extérieure, auprès de l'assemblée des délégués de toute la France. Mais des pétitions, portées par des foules armées, comme cela se vit si souvent dans les mauvais jours de notre première révolution, ou par une masse de soixante mille hommes, même sans armes, qui envahissent de force l'enceinte de l'Assemblée, comme au 15 mai 1848; de telles manifestations ne sont plus l'exercice légitime du droit de pétition, ce sont des attentats dirigés contre les représentants de la nation, et par conséquent contre la nation elle-même. Voilà ce dont, à l'instigation de quelques meneurs anarchiques, une partie de la population parisienne s'est rendue plus d'une fois coupable, et ce qui a contribué le plus à souiller notre première révolution, et à faire avorter dans notre pays les tentatives de fondation d'un gouvernement populaire.

Les souvenirs de 93 et de 94 ont pesé, dès son premier jour, sur la révolution de Février. Tout ce qui tendait à les réveiller soulevait les défiances de la bourgeoisie des villes et de la population entière des campagnes. Vouloir établir à demeure, ou seulement pour un laps d'une ou deux générations, comme l'enseignait M. Comte, l'injuste domination d'une partie de la population de Paris sur le reste de la France, c'est quelque chose d'inouï; cela ne peut venir qu'à l'esprit d'un homme qui n'a aucune notion du droit et du devoir en politique, et qui repousse, à titre de conception métaphysique, le principe de la souveraineté du peuple : souveraineté du peuple tout entier, et non pas d'une de ses fractions, souveraineté qui ne peut s'exercer que par voie de délégation, c'est de toute évidence.

Ah! je comprends qu'au point de vue tout arbitraire de M. Comte, l'électorat ne reste plus un *droit* appartenant à chaque membre de la société politique, mais qu'il devienne simplement une fonction que l'on pourra, sans aucun souci d'équité, restreindre au gré de son caprice et placer exclusivement dans les mains de telle ou telle fraction du peuple ; et pourquoi pas dès lors dans les mains d'un seul homme? La doctrine de M. Comte justifie toutes les usurpations, tous les despotismes.

Suivant nous, l'électorat, par rapport à chaque citoyen, est un droit dont il ne peut être dépouillé que pour de justes motifs d'indignité ou d'incapacité; par rapport à la communauté, il est une fonction, un devoir que tout citoyen est tenu de remplir en conscience, s'appliquant de toutes ses lumières à procurer par son vote la plus grande utilité sociale possible.

Si c'est là de la métaphysique, je crois qu'il est bon de n'y pas renoncer de sitôt, sous peine de tomber dans les révoltantes aberrations politiques dont le positivisme nous a offert un échantillon.

Mais comment M. Comte peut-il concilier, avec son dédain pour les assemblées, l'admiration sans réserve qu'il témoigne, à tout propos, pour la Convention, issue elle aussi d'élections locales et ne formant dès lors, d'après l'appréciation de M. Comte, qu'un pouvoir local ?

Si cette assemblée se distingue de toutes les autres par un trait caractéristique, c'est par l'étroite dépendance où elle tint le pouvoir exécutif, placé sous la surveillance immédiate de son comité de salut public ; c'est par l'énergie avec laquelle, pour faire face aux dangers qui assaillaient la révolution au dedans et au dehors, elle concentra entre ses mains tous les pouvoirs, et put sortir ainsi victorieuse d'une situation qui avait semblé désespérée. Sans cette concentration des pouvoirs que permettait seule l'existence d'une assemblée unique et d'un pouvoir exécutif subordonné, il est probable que la révolution eût été vaincue dans la lutte inégale qu'elle avait à soutenir. Sous ce rapport, la Convention a rempli admirablement une grande tâche, dont il faut lui garder une profonde gratitude, malgré le caractère odieux de quelques-uns des moyens mis en œuvre, et qui auraient pu être évités : c'est du moins ma conviction. Mais d'autre part aussi, cette Assemblée a commis de grandes fautes envers elle-même et envers la France. Avant d'inaugurer le régime de la Terreur, elle avait elle-même, la première, subi la Terreur.

C'est sous l'empire de ce sentiment qu'elle vota la mort de Louis XVI, dont la majorité des conventionnels aurait voulu épargner les jours.

Que résulta-t-il de cet attentat judiciaire de la Convention, qui a encore des apologistes ? C'est, indépendamment de l'impression d'horreur causée sur le moment en France et dans toute l'Europe, impression peu favorable, on en conviendra, à la cause de la révolution ; c'est que, à vingt-cinq ans de là, on nous conduisait, nous autres enfants des écoles et des collèges, à des messes expiatoires où, après la lecture du testament de Louis XVI, page admirable de résignation et de charité chrétienne, on avait beau jeu pour nous prêcher la haine de cette révolution maudite, qui avait donné la mort à un si brave homme et fait un martyr d'un roi si débonnaire et si bien intentionné!

Premier exemple de l'influence terroriste du dehors sur la Convention que la condamnation et l'exécution de Louis XVI.

Si, pendant le jugement, l'Assemblée eût siégé à Bourges ou dans quelque autre ville de province, l'arrêt de mort n'aurait vraisemblablement pas été rendu.

N'est-ce pas encore sous la pression des bandes insurrectionnelles, mises en avant par la Commune de Paris, que la majorité de la Convention abandonna, au 31 mai, sa propre commission, la commission qu'elle avait nommée pour aviser aux moyens de rétablir l'ordre, et qu'elle mit hors la loi les plus éminents de ses membres connus sous le nom de Girondins, au mépris du principe de l'inviolabilité des mandataires du peuple. De là une série de proscriptions dont périrent victimes à leur tour Danton, puis Robespierre, les deux principaux auteurs, avec Marat, de cette première mutilation de la représentation nationale ; de là le système de terreur qui paralysa toute cette majorité bien intentionnée mais poltronne, qu'on nommait la Plaine.

Mutilée, asservie, la Convention a cependant fait de grandes choses. On peut soutenir qu'elle en eût fait de plus grandes et qu'elle eût évité une partie des excès qui l'ont souillée, si elle eût gardé dans son sein tous les hommes remarquables qu'elle a successivement proscrits.

Ce qui faussa les institutions républicaines, ce fut précisément l'usurpation d'un pouvoir *local*, la Commune de Paris, qui, par des soulèvements populaires, exerça une pression inconstitutionnelle sur l'Assemblée. C'est la Commune de Paris qui, à la tête des sociétés démagogiques et des masses ouvrières égarées, venait apporter à la barre de la Convention les pétitions anarchiques et sanguinaires. C'est à cette funeste influence qu'il faut imputer la plupart des mesures violentes et atroces qui ont fait de la république de 1793 un épouvantail pour la France et pour le monde.

Bien des gens croient encore que c'est grâce à la Terreur que nos armées ont refoulé la coalition et vaincu la Vendée. L'étude impartiale des faits prouve qu'il n'en est rien. La terreur peut faire des lâches, jamais des héros. Il ne manque plus que de lui faire honneur du courage des victimes qu'elle immolait ! Je ne sache rien qui ait tant nui, depuis quarante ans, aux progrès de la cause populaire, que les apologies rétrospectives de la

Terreur. Il importe essentiellement à l'avenir du parti démocratique de rompre de la façon la plus absolue avec les mauvaises traditions de cette époque ; c'est par là qu'il prendra l'ascendant qu'il mérite d'obtenir, et qu'il entraînera dans ses voies la société française et l'Europe tout entière.

« Les idées, » a dit un grand poëte à propos de la phase terrible dont nous parlons et dont il a voulu aussi écrire l'histoire, en la revêtant du prestige de son imagination, « les idées végètent de sang humain. » Maxime encore plus fausse qu'atroce, et contre laquelle toute la conduite de M. de Lamartine a noblement protesté, quand le hasard d'une révolution lui a mis un moment dans les mains une dictature trop lourde pour elles (1).

Ce qu'on tuait d'idées, de précieuses, d'irrécupérables idées peut-être, en égorgeant Lavoisier, André Chénier, Vergniaud, Madame Roland, Condorcet, Bailly, Malesherbes, je ne le vois que trop ; mais j'ai beau chercher, je n'aperçois pas la moindre trace d'une idée utile et féconde qui ait végété de ce généreux sang, si stupidement répandu.

Si la maxime échappée par inadvertance à une plume immortelle, trop agile quelquefois ; si la maxime contre laquelle je m'élève avait quelque fondement, Marat, l'affreux Marat lui-même, avait donc pour lui une certaine logique en demandant ses trois cent mille têtes, et il serait admissible à justifier, devant l'histoire, ce vœu d'un Néron démagogue.

Cette même Convention qui, assemblée unique, avec un pouvoir exécutif tout dépendant, avait pu faire de grandes choses (et notez bien que les moyens violents et odieux à l'intérieur n'avaient point tenu, comme on le croit trop communément, à cette double condition), au lieu de maintenir cette unité pré-

---

(1) Disons cependant, au sujet de M. de Lamartine, que l'homme qui, au lendemain du 24 février, sur le perron de l'Hôtel-de-Ville, tenait tête à la foule frémissante, et qui, par la seule puissance de sa parole, l'arrêta comme elle se précipitait aux derniers excès ; l'homme qui, à ce peuple égaré et dans toute l'ivresse de sa victoire, fit amener le drapeau rouge déjà arboré ; qui, vingt-quatre heures durant, harangua la tempête et finit par triompher de la tempête, cet homme rendit ce jour-là à la société un suprême service, dont les amis de l'ordre ne se sont pas assez souvenus depuis.

cieuse qui avait fait la force et le salut de la révolution, adopte, avant de déposer son mandat, une constitution qui crée deux chambres, ou deux Conseils, et un Directoire. C'était préparer la situation d'où le 18 brumaire devait inévitablement sortir.

Toujours les mêmes fautes entraînent les mêmes conséquences. Qu'avons-nous vu, à la suite de la révolution de Février, en 1848 ?

Après les imprudentes circulaires de M. Ledru-Rollin (1), après l'envahissement de l'Assemblée au 15 mai, après les fatales journées de juin, l'Assemblée constituante, dont la majorité était républicaine, délibère et vote une constitution qui rendait impossible le maintien de la république, envers laquelle la partie la plus influente de la nation était déjà si mal disposée. — Que sert de se récrier après coup contre le 2 décembre ? Il découlait naturellement des précédents que je viens de rappeler ; il était écrit dans la constitution promulguée le 19 novembre 1848, sous les auspices de M. A. Marrast et du général Cavaignac (2).

Ainsi en jugeait M. le duc de Broglie, lorsque dans le cours de l'année 1851, pour prévenir des extrémités imminentes, il s'efforçait, dans les bureaux de l'Assemblée législative, d'obtenir la révision de la constitution. Président de la commission nommée à cet effet, l'illustre homme d'État s'exprimait ainsi :

« Demander au suffrage universel d'élire un président pour un grand pays unitaire comme la France, n'était-ce pas de toute nécessité appeler un prétendant à la présidence ? Qui veut-on que les masses choisissent, excepté un homme dont le nom exerce sur elle un prestige superstitieux, ou par la grandeur de sa race, ou par l'éclat de ses aventures ? Nous aurions Washington, John Adams, Monroë, en un mot un de ces républicains éclairés qui ont honoré les États-Unis, que la foule, qui saisirait à peine leur

---

(1) Tel fut, dans les départements, l'effet des fameuses circulaires émanées du ministère de l'intérieur, que leur lecture fit redoubler les défiances contre la république et perdre à l'opinion républicaine cent nominations dans l'élection des représentants.

(2) Je dois dire, au sujet des coups d'état en général, que j'explique le fait politiquement, mais que je m'abstiens de l'apprécier à d'autres points de vue.

nom, ne les nommerait pas. Si le président, une fois élu, est tenté de sortir de la constitution, encore ici à qui la faute? A la constitution même. Elle remet à un homme la disposition de la totalité des forces d'une grande nation et l'environne lui seul de tout l'éclat du pouvoir royal ; elle le place dans une situation où il est l'égal d'un roi, et lui donne les moyens de tout oser : puis elle le somme, au bout de quatre ans, de prendre son chapeau et de s'en aller loger dans un hôtel garni. Elle le place entre le néant et l'usurpation, et elle s'étonne qu'il ne veuille pas le néant (1) ! »

Si j'osais me citer auprès d'un homme de l'autorité de M. le duc de Broglie, on verrait que je n'ai pas été prophète après l'événement. Voici un article que je reproduis du numéro de la *Démocratie pacifique* du 31 mai 1848, article dont mes clairvoyants amis, les directeurs du journal, déclinaient la solidarité dans les termes suivants :

« Fidèles à nos principes en matière de liberté de discussion et à la règle que nous nous sommes faite d'admettre toutes les opinions à se produire, nous ouvrons nos colonnes à l'article suivant d'un de nos collaborateurs, bien qu'il soit opposé à l'opinion de la majorité de la rédaction sur la question importante qui s'y trouve agitée. »

FAUT-IL UN PRÉSIDENT DE LA RÉPUBLIQUE ?

Depuis que la victoire populaire du 24 février est venue ouvrir la carrière aux projets de constitution républicaine, c'est un des points sur lesquels il s'élève le moins de dissidence que celui de savoir si nous aurons un président, un chef qui concentrera dans ses mains tout le pouvoir exécutif. La question a été affirmativement résolue par le comité de constitution de l'Assemblée nationale, sans soulever, pour ainsi dire, aucune opposition. L'opinion presque unanime, il faut bien l'avouer, tant au dehors qu'au dedans de l'Assemblée, se prononce en faveur d'une présidence, et d'une présidence à long terme, qui, de plus, sera, comme l'Assemblée elle-même des représentants du peuple, élue directement par la nation. J'ai le malheur de n'être point là-dessus de l'avis de tout le monde, et je vais expliquer pourquoi.

---

(1) *Revue des Deux-Mondes* du 15 nov 1863. *Le duc de Broglie, sa vie politique et ses écrits*, par M. Léonce de Lavergne.

La souveraineté du peuple, qui est aujourd'hui notre dogme politique fondamental, a, comme tout principe, ses conséquences logiques auxquelles il faudrait s'efforcer autant que possible de conformer la nouvelle constitution qui va être donnée à la France. Eh bien ! je commence par déclarer, sauf à en fournir plus loin la preuve raisonnée, que la nomination d'un président, d'après le mode proposé par le comité de constitution, ne tend pas à moins qu'à ruiner dans sa base le principe de la souveraineté du peuple, en divisant la délégation du pouvoir souverain, pouvoir tout aussi indivisible en réalité et par essence que la souveraineté elle-même.

La chose dont on se pique le moins de nos jours, c'est de se montrer logique et conséquent. Les préventions sont plus fortes que jamais contre les gens que Napoléon réprouvait et redoutait à titre d'idéologues et de théoriciens. Il avait ses raisons pour cela, l'homme qui venait confisquer à son profit, ou détruire autant qu'il importait à ses plans dynastiques, l'œuvre émancipatrice de la révolution française et de la philosophie du dix-huitième siècle.

Nous devrions nous placer à un point de vue bien différent, aujourd'hui qu'il s'agit pour nous de constituer une France républicaine et démocratique, c'est-à-dire l'opposé de ce que voulait Napoléon. Son amour de l'ordre, le soin qu'il eut de l'honneur national, voilà tout ce que nous devons retenir de lui. Encore est-ce par d'autres moyens que ceux qu'il employa lui-même que nous devons chercher à fonder au-dedans le règne de l'ordre, à faire au dehors respecter le nom de la France et sa légitime influence dans les affaires du monde.

Quoi qu'il en soit, les considérations purement rationnelles sont, malgré leur essentielle prépondérance, celles dont on se préoccupe le moins. Pour me conformer à cette disposition des esprits, je vais commencer la polémique contre l'institution de la présidence, par les observations qui se rattachent aux faits, et qui ressortent de la situation.

Sous l'impression de l'événement du 24 février et de tout ce qui s'est passé depuis, au spectacle des agitations dont la capitale et plusieurs de nos cités sont chaque jour le théâtre, il est bien naturel que les amis de l'ordre et de la stabilité, que tous les intérêts qui ont besoin de la sécurité et du calme, soupirent après un pouvoir fort, comme les malheureux passagers d'un navire battu par la tempête aspirent au port, où ils pensent trouver le salut et le repos. C'est une opinion généralement accréditée qu'il n'y a de pouvoir fort que celui qui se résume dans un seul homme. De là cette idée si répandue que, la monarchie se trouvant exclue aujourd'hui par force majeure, il n'y a pas de condition plus favorable à l'ordre que l'érection d'un magistrat suprême, détenteur unique de toute la puissance exécutive.

L'unité, la célérité, la force et la suite nécessaires dans l'action du pouvoir, tels sont les avantages que l'on a surtout en vue quand on demande un président élu pour plusieurs années. On se flatte par là d'échapper aux dangers de l'anarchie, de mettre un frein aux ambitions jalouses du premier rang dans la République.

La forme présidentielle en outre s'éloigne moins que toute autre forme républicaine de la constitution politique précédente, c'est-à-dire de la monarchie, qui semble encore à beaucoup d'esprits la condition de l'ordre et de la paix dans un grand État comme la France. Aussi voyez-vous la grande masse des républicains du lendemain (contre lesquels je n'entends pas d'ailleurs élever la moindre objection, étant moi-même du nombre), voyez-vous tous les hommes qui n'ont admis la République qu'à titre de nécessité, et parce qu'elle se trouvait évidemment la seule forme de gouvernement possible au lendemain du 24 février ; voyez-vous tous ces gens, dis-je, se prononcer avec force pour une présidence; pour une présidence à long terme, investie de larges attributions.

Eh bien! je pense, pour ma part, qu'en prenant ce parti, on donnera de l'ombrage aux vrais démocrates, à ceux qui veulent toutes les conséquences pratiques de la souveraineté du peuple, et partant un gouvernement aussi peu personnel que possible. On suscitera les défiances des républicains les plus conséquents, sans atteindre aucunement le but qu'on se propose, sans obtenir les avantages que l'on croit attachés à la concentration de l'autorité sur une seule tête. On cherche, de cette façon, à éviter les tiraillements, les conflits, la duplicité d'action. Tout au contraire, on les établit à demeure au faîte de la République. On met en présence deux volontés suprêmes qui auront grande chance de ne pas se trouver longtemps d'accord ; on élève en face du pouvoir législatif, seul dépositaire normal du droit de la souveraineté, un pouvoir rival, qui aura bien de la peine à se renfermer dans le rôle de simple exécuteur des décisions du premier. Pourquoi, en effet, dans le cas de dissidence, le président céderait-il à l'Assemblée, puisqu'il tirera directement, comme elle, son origine du peuple ?

Cette idée d'établir, sous prétexte de séparer les pouvoirs, deux autorités procédant également du vote direct de la nation, n'est pas seulement subversive de toute saine doctrine en matière de souveraineté populaire ; elle n'est pas seulement un contresens politique, elle est en contradiction formelle avec la nature même des choses, elle est une impossibilité, une absurdité palpable.

Pour le démontrer, il suffirait peut-être de citer le passage suivant de l'*Histoire des Girondins*, par M. de Lamartine, passage dans lequel se rencontre une puissance de logique qui n'est pas la qualité habituellement dominante du brillant écrivain :

« Ces divisions prétendues du pouvoir, fait observer M. de Lamartine,
» sont toujours des fictions ; le pouvoir n'est jamais divisé réellement. Il
» est toujours ici ou là, en réalité et tout entier ; il n'est pas divisible. Il
» est comme la volonté; il est un ou il n'est pas. S'il y a deux chambres,
» il est dans l'une des deux ; l'autre suit ou est dissoute. S'il y a une
» chambre et un roi, il est au roi ou à la chambre. Au roi, s'il subjugue
» l'Assemblée par la force, ou s'il l'achète par la corruption ; à la Cham-
» bre, si elle agite l'esprit public et intimide la cour et l'armée par l'in-
» fluence de la parole et par la supériorité de l'opinion. Ceux qui ne voient
» pas cela se payent de mots vides. Dans cette soi-disant balance du pou-

» voir, il y a toujours un poids qui l'emporte ; l'équilibre est une chimère.
» S'il existait jamais, il ne produirait jamais que l'immobilité. »

J'engage ceux de nos Constituants qui rêvent encore l'équilibre, la pondération des pouvoirs, à méditer ces irrécusables déductions et à en faire leur profit.

Si, comme l'établit le citoyen Lamartine, le pouvoir est réellement indivisible, voyons où il doit résider en vertu de la souveraineté du peuple, qui est notre dogme fondamental, le criterium auquel il faut toujours revenir pour apprécier nos institutions. Cette souveraineté ne saurait évidemment s'exercer que par délégation. Mais alors que la souveraineté elle-même est indivisible, la délégation peut-elle être scindée? Nullement. A qui donc le peuple souverain délègue-t-il son droit, tout son droit? A l'Assemblée des représentants, sans aucun doute. De là cette conséquence forcée qu'une fois l'Assemblée nationale constituée, tous les pouvoirs doivent émaner d'elle seule. Il n'y a pas d'autre combinaison possible sans renversement du principe. C'est dans la nomination de ses représentants que le peuple exerce, épuise, si je puis ainsi dire, son droit de souveraineté. L'appeler à donner une nouvelle délégation sous prétexte de fonder un pouvoir exécutif fort et indépendant, c'est lui demander de créer la duplicité d'action et l'anarchie dans l'État; c'est faire du corps politique un monstre à deux têtes. Chacune d'elles voudra le diriger à sa façon, c'est inévitable. La combinaison admise par le comité de constitution est donc essentiellement anarchique; ou plutôt c'est là un germe d'anarchie et de despotisme à la fois, jeté dans les fondements de la République.

Au lieu de vouloir ainsi pour le pouvoir exécutif des attributions et une origine absolument incompatibles avec l'harmonie politique et sociale, formons-nous donc une idée juste du rôle qu'il est appelé à remplir et des relations vraies qui doivent exister entre lui et le pouvoir législatif.

Celui-ci est dans l'État ce qu'est le cerveau dans l'économie humaine : l'organe de la délibération, de la pensée, de la volonté. Le pouvoir exécutif n'est et ne doit être que le bras qui exécute les décisions de cette ÂME NATIONALE qu'on nomme l'Assemblée des représentants. C'est au peuple à la composer de telle sorte qu'elle soit en état d'aviser à tous les besoins du corps social. D'où l'importance d'un bon système d'élection, qui assure les choix les plus intelligents. Ce qui pourrait manquer sous ce rapport à l'Assemblée des élus de la nation ne saurait être suppléé par rien. Efforçons-nous d'habituer notre cerveau à délibérer mûrement, à ne porter que des jugements suffisamment éclairés et réfléchis; mais, pour Dieu, ne chargeons point le bras, sous prétexte qu'il devra les exécuter, de réviser les décisions de la tête. Si la tête est assez folle pour commander au bras plus qu'il ne saurait faire, évidemment le bras échouera dans l'effort et la tête reviendra sur l'ordre qu'elle avait donné. Mais motiver là-dessus une interversion de leurs fonctions respectives serait le comble de la déraison. L'action doit toujours obéir à la pensée et marcher à sa suite.

Je laisse de côté l'analogie, forme de raisonnement qui, pour beaucoup d'esprits, ne paraîtra pas concluante. Je soutiens qu'instituer, de quelque façon que ce soit, un pouvoir exécutif indépendant du pouvoir législatif ; qu'attribuer au premier une influence quelconque sur les délibérations que le second aura prises, c'est mettre en présence deux prérogatives nécessairement rivales, c'est créer des éléments de lutte et de discorde dans l'État, c'est enfin maintenir à un certain degré le règne antique de la force, et cela dans des conditions tout-à-fait inefficaces pour l'ordre, mais qui ouvrent malheureusement la porte à l'usurpation et rendent très facile un retour à la monarchie, au despotisme.

Les républicains partisans de cette forme du pouvoir exécutif que je combats n'allèguent en sa faveur qu'une raison : c'est la défiance des lumières d'une assemblée élective et la crainte des entraînements auxquels elle pourrait s'abandonner. Contre le premier inconvénient, où faut-il chercher le remède ? Dans le mode même de l'élection, qui doit être tel, que la nation, consultée, réponde par l'envoi de tout ce qu'elle renferme de plus éclairé, de plus moral et de plus dévoué au bien public. Quant au danger de la précipitation et des entraînements funestes, il faut en chercher le préservatif dans le mode de délibération des lois et décrets. Il faut, les cas d'urgence exceptés, faire subir aux projets de loi une telle série d'examens et d'épreuves variées que les chances d'erreur soient réduites de tout ce que peut leur ôter la sagacité humaine, aidée de l'expérience. En dehors de ces deux garanties que je viens d'indiquer, il est impossible d'en imaginer qui ne constituent point une duplicité d'action, une complication anarchique, qui ne tendent, en un mot, à élever des conflits d'attributions et d'autorité entre les divers pouvoirs de l'État.

Il reste à examiner ce que vaut l'institution d'un chef unique et suprême du pouvoir exécutif, sous le rapport de l'unité et de la célérité qui doivent présider à l'exécution des mesures gouvernementales.

Qui n'a encore présente à l'esprit la fausse position des ministres de la feue monarchie, obligés de se tenir, à la fois, bien avec la cour, bien avec les chambres ? Dépendants, d'une part, de la royauté qui les nommait ; dépendants, d'autre part, d'une majorité parlementaire qu'il fallait conserver à tout prix, les malheureux étaient tenus d'avoir constamment deux visages, ou même trois. Autre il fallait se montrer devant les chambres que devant la royauté ; autre devant la chambre élective que devant la chambre nommée par la couronne. Pense-t-on que, sur les dotations princières, par exemple, M. Guizot et ses collègues tenaient le même langage au château et dans les couloirs de la chambre des députés ? Qui ne se souvient d'un plaidoyer pour la dotation de Nemours, publié par le *Moniteur*, dans le moment même où les ministres avaient soin d'insinuer à leurs amis de repousser l'idée d'un pareil projet, afin de leur éviter l'embarras d'avoir à le soutenir ?

Loin de moi l'intention de méconnaître les différences notables qui existent entre un monarque héréditaire et un président temporaire élu par le peuple ! Qui n'aperçoit néanmoins que des ministres nommés par un président se trouveront entre l'Assemblée des représentants et le pouvoir duquel dépendra leur maintien ou leur révocation, dans une situation analogue (je ne dis pas de tous points semblable) à celle des ministres de la monarchie constitutionnelle entre le parlement et le pouvoir irresponsable qui les nommait? Nul ne peut servir deux maîtres à la fois; c'est l'Évangile qui nous l'enseigne. On se récriera contre une expression si peu démocratique; on objectera qu'il ne s'agit désormais de servir personne; qu'il n'est question que du service de l'État. D'accord; mais il faut bien, même pour servir l'être collectif qu'on appelle l'État, obéir à une direction, prendre le mot d'ordre et recevoir la consigne d'une autorité quelconque.

Si vous placez les ministres entre les deux volontés, les deux commandements d'une assemblée souveraine d'une part et d'un homme d'autre part, chef suprême du pouvoir exécutif, vous n'aurez que ce que vous avez toujours eu sous cette forme bâtarde de gouvernement qu'on désigne par les mots de *gouvernement constitutionnel*, c'est-à-dire des ministres condamnés à jouer un double jeu, voués fatalement à l'intrigue et à l'adulation; des ministres faibles, indécis, tiraillés en deux sens presque toujours contraires. Au lieu de contribuer à l'unité, à la force nécessaire dans l'exécution des lois et dans la direction des services administratifs, l'institution d'un président n'aura d'autre effet que d'y jeter le trouble et l'hésitation. Quel est le caractère essentiel d'une bonne administration? C'est qu'elle soit de tout point conforme à la loi, qu'elle se pénètre bien de l'esprit du législateur pour le refléter dans tous ses actes. Est-il besoin pour cela d'élever en face du pouvoir législatif, qui doit être non-seulement le premier pouvoir, mais le pouvoir générateur de tous les autres, une autorité indépendante de lui par son origine et à la merci de laquelle il se trouvera nécessairement un jour ou l'autre; car cette autorité qui demeure en permanence, tandis que le pouvoir législatif s'éclipse périodiquement, disposera de toutes les forces publiques et de tous les emplois. L'entente nécessaire entre les chefs des différents départements ministériels peut aussi bien s'établir par l'intermédiaire d'un simple président du conseil que par celui d'un président de la république. Dans le système que je désirerais qu'on adoptât, la nomination des ministres et la haute surveillance de l'administration seraient déférées à un comité formé par l'Assemblée des représentants et pris dans son sein. Le pouvoir ainsi composé de membres de l'Assemblée qui ne cessent pas d'en faire partie, qui tirent incessamment d'elle seule leur force et leur autorité, présente autant de garanties et beaucoup moins de dangers qu'un pouvoir extérieur à l'Assemblée, toujours fondé à croire, s'il se trouve en désaccord avec elle, qu'étant comme elle, le délégué du peuple, il a droit d'en appeler de ses jugements et de n'exécuter qu'à sa guise et à sa convenance les lois et les décrets qu'elle aura rendus.

On cite, comme un argument péremptoire en faveur de la présidence, l'exemple des États-Unis. Je conçois que, dans une république fédérative, où la législature est divisée en deux chambres, il faille de toute nécessité un pouvoir qui les résume. Mais chez nous, qui n'imiterons pas, Dieu merci, cette scission du pouvoir législatif, blâmée par Jefferson lui-même;

chez nous, qui serons assez bien avisés pour instituer une chambre unique, il n'y a pas la même raison qu'aux États-Unis d'avoir un président.

Ce serait là une superfétation bien plus menaçante dans notre pays qu'elle ne saurait l'être dans la patrie de Washington. Nous sommes condamnés pour longtemps encore peut-être à maintenir sur pied une grande force militaire; nous avons une administration puissamment centralisée et une armée immense de fonctionnaires, qui ne sera pas de sitôt réduite aux proportions convenables; nous n'avons rien qui ressemble à cette vie locale si énergiquement développée dans les États-Unis, soit grâce au système fédératif qui donne une existence propre et indépendante à chaque État particulier, soit grâce à une organisation municipale qui fait jouir les communes elles-mêmes d'une dose proportionnelle de franchises et de libertés. Rien de pareil en France. L'État y est tout; et le lendemain d'une révolution qui a proclamé la République, effrayés d'avance des orages de la liberté, nous n'avons rien de plus pressé que de mettre un homme en position de dire : *L'État, c'est moi!*

CHARLES PELLARIN.

(*Démocratie pacifique* du 31 mai 1848.)

En relisant cet article, après seize ans écoulés depuis sa publication, je trouve que l'opinion qui y était exposée ne manquait pas tout à fait de fondement. Mais comment ma faible voix eût-elle été écoutée? Elle était désavouée de ceux-là mêmes qui, par tolérance, lui permettaient d'essayer de se faire entendre. L'avis qu'elle donnait se trouvait relégué à la quatrième page du journal, à la place où les fantaisies individuelles ont le droit de se produire sous le titre de Variétés.

Deux mois plus tard, dans la discussion de ce point capital de la Constitution, MM. Félix Pyat et Grevy, M. de Parieu lui-même, si mes souvenirs ne me trompent pas, soutinrent, sans plus de succès, la même thèse. A la suite de ses coryphées du *National*, la masse des constituants se précipitait vers le dénoûment, et avait hâte d'en finir avec une situation à la hauteur de laquelle elle ne se sentait pas. Les récriminations contre tout ce qui s'ensuivit m'ont paru, de la part des auteurs de la Constitution de 1848, aussi peu fondées qu'intempestives.

Une situation toute différente de celle d'il y a seize ans est faite à notre pays. Il faut nécessairement l'accepter, et s'appliquer à en tirer le meilleur parti dans l'intérêt du développement des libertés publiques et du progrès social. C'est ce qui paraît avoir été compris, dans ces derniers temps, par presque toutes les opinions jusque-là dissidentes, et en particulier par l'opinion démocratique. Des représentants de ces diverses opinions n'ont pas hésité à prêter serment à l'Empire et à se présenter comme candidats dans les dernières élections générales, qui ont été favorables à plusieurs d'entre eux, notamment dans Paris, où la liste de l'opposition a passé tout entière.

Le suffrage universel, tout le monde en convient, exige impérieusement que la condition sociale et l'instruction des classes inférieures soient promptement améliorées ; sans cela, il devient un danger pour l'avenir. Après qu'il a fonctionné tant bien que mal depuis seize ans, on ne peut songer à revenir, quant au fond, sur le suffrage universel dont, en 1846, l'oracle de la majorité, le président du conseil des ministres de Louis-Philippe, disait magistralement que « le jour n'en viendrait jamais. » Déclaration pour le moins inutile et imprudente. De tels mots étaient recueillis dans la classe ouvrière, ils y disposaient les cœurs à la révolte, et y préparaient des bras pour les barricades de février (1).

Puissent de semblables crises nous être épargnées dans l'ave-

---

(1) Voici les paroles de M. Guizot, prononcées dans la séance de la Chambre des députés du 26 mars 1846, à l'occasion de la proposition de M. Duvergier de Hauranne relative à la réforme électorale :

« M. GUIZOT... Le principe du suffrage universel est en soi-même si absurde qu'aucun de ses partisans mêmes n'ose l'accepter et le soutenir tout entier. (*Marques de dénégation à l'extrême gauche.*) Personne.

» M. GARNIER-PAGÈS. — Son jour viendra.

» M. LE MINISTRE DES AFFAIRES ÉTRANGÈRES. — Il n'y a pas de jour pour le suffrage universel. »

(*Moniteur* du 27 mars 1846, p. 646.)

Telle est l'opinion qu'a M. Guizot de son infaillibilité, qu'il est fier encore aujourd'hui, je n'en doute pas, de la réponse superbe qu'il fit, en cette circonstance, à la prédiction de M. Garnier-Pagès.

Il semblait alors que l'art de gouverner se réduisît à un jeu de parole, à une joute oratoire, et que, pourvu qu'à la tribune on eût raison aux yeux d'une majorité parlementaire et qu'on satisfît à peu près la majorité de cette minorité de la nation qu'on nommait le pays légal, le reste importait peu.

nir, grâce au suffrage universel même, grâce à plus d'une expérience chèrement payée, grâce aussi à la sagesse de nos gouvernants!

Dans la pensée de prévenir ces terribles extrémités, il y a bien des gens encore, chez nous, qui regrettent les fictions constitutionnelles touchant la responsabilité du chef de l'État : palladium, en effet, très efficace, ainsi que l'ont prouvé les révolutions de juillet 1830 et de février 1848!

En dépit de toutes les fictions, l'exercice d'une fonction quelconque, à plus forte raison celui de l'autorité suprême, impliquent une responsabilité inévitable. L'empereur Napoléon III, qui (pourquoi hésiterais-je à le dire?) s'est, par son génie, montré, dans de grandes et délicates circonstances, supérieur même à la position qu'il s'est faite (1) ; qui, par la proposition spontanée d'un Congrès d'arbitrage européen, a prouvé qu'il était en avance d'un siècle sur la diplomatie contemporaine, l'empereur Napoléon III a bien compris que la responsabilité était inséparable de l'exercice du pouvoir. Aussi, en même temps qu'il prenait le pouvoir en main, a-t-il bravement assumé la responsabilité.

Les partisans du progrès politique ont tout intérêt à maintenir le pouvoir exécutif dans les conditions où il s'est placé lui-même. J'ajoute qu'il n'a, de son côté, aucun intérêt réel à en sortir, au moyen d'une fiction qui ne sert qu'à aveugler le pou-

---

(1) Ce langage n'exclut pas l'idée qu'il ait été commis des fautes sous le gouvernement actuel. Mais il est certain que Napoléon III, en s'arrêtant, malgré l'Angleterre dans la guerre contre la Russie et en concluant le Traité de Paris en 1856, faisait preuve d'un grand sens politique et se rendait l'arbitre de la situation. Le souverain excita de même un juste enthousiasme et fut l'objet d'une ovation populaire toute spontanée et très vraie lorsqu'il partit, en mai 1859, pour aller délivrer l'Italie du joug de l'Autriche. Si les mêmes mains ne battirent plus, la majorité de la nation, ce qui est plus essentiel, approuva encore l'Empereur de s'être arrêté après Solférino, pour ne pas engager la France contre une coalition, dans laquelle se tenait prête à entrer, contre nous et contre l'Italie, cette même Angleterre à laquelle Garibaldi prodiguait naguère les témoignages de sa reconnaissance, oublieux et ingrat envers ses compagnons d'armes de 1859, qui ont versé des flots de sang français pour l'indépendance de sa patrie : indépendance qui n'a coûté à l'Angleterre ni une goutte de sang ni une guinée de son Trésor public.

Il est vrai que, depuis 1859, notre rôle vis-à-vis de la nationalité ita-

voir par l'idée d'une irresponsabilité qui est toujours illusoire en fait : l'expérience l'a surabondamment prouvé.

Pour qui sait voir, prévoir et déduire, ce qui est au fond la même chose, les conséquences de l'initiative prise, de l'exemple donné par l'empereur Napoléon III, sont claires comme le jour pour l'avenir des États européens, qui, bon gré mal gré, se règlent toujours un peu sur la France. Ceci remet en mémoire une des prédictions de Sainte-Hélène, que je ne répéterai pas de peur qu'elle ne paraisse inconstitutionnelle. Seulement, au lieu de cinquante ans, le glorieux captif des rois aurait dû dire peut-être dans deux cents.

D'après certaines paroles très remarquables de son testament, le fils aîné de Louis-Philippe, le duc d'Orléans, paraissait avoir compris que son rôle et celui de sa famille était de servir de transition d'un régime à l'autre, et que, par conséquent, sa mission devait consister à accomplir graduellement l'œuvre préparatoire de l'état politique définitif.

La responsabilité spontanément assumée par le chef du gouvernement actuel est un pas notable dans ce sens.

Mais l'hérédité et la responsabilité vont difficilement ensemble, j'en conviens. Dans cette condition, l'hérédité peut devenir un danger pour celui auquel le pouvoir se trouve transmis par cette voie. Rarement le fils d'un grand homme est l'égal de

---

lienne a pris un caractère d'ambiguité par le maintien de l'occupation de Rome : concession, en pure perte, sous le rapport de la gratitude, à ce préjugé de l'opinion catholique qui s'obstine à considérer le pouvoir temporel du pape comme la condition *sine qua non* de l'indépendance et, pour ainsi dire, de l'existence de l'Église.

Après tant d'efforts qu'a faits, depuis douze ans, il faut bien le reconnaître, l'empereur Napoléon pour diriger dans un sens pacifique et progressif à la fois la politique étrangère de la France, nous voici, en 1864, sans aucune alliance sûre, en face d'une entente (si l'on ne veut pas qu'il soit dit d'une coalition) des trois grandes puissances continentales, liées indissolublement par un pacte d'iniquité, le partage de la Pologne. Telle est la situation sous le coup des incurables méfiances et jalousies de l'Angleterre, sous le coup des défiances et griefs plus justes de la révolution, dont un Bonaparte, aux yeux du vieux monde, sera toujours, quoi qu'on puisse dire et faire, un des produits, une des expressions, et non pas la moins menaçante pour les monarchies de droit divin et pour les constitutions féodales. — Il y a là matière à réflexion.

son père. Dans toute notre histoire, je n'aperçois qu'un exemple de trois générations de grands hommes de père en fils, grands hommes à des degrés différents : Charles Martel, Pepin le Bref et Charlemagne.

Je signale un inconvénient qui résulte de la nature des choses, à laquelle on ne peut se soustraire ; une haute sagesse pourvoira sans doute. Je n'entends aucunement d'ailleurs (Dieu m'en garde !) faire le procès à la Constitution. Elle a proclamé l'hérédité du pouvoir suprême : comme citoyen, je me soumets et je conforme ma conduite à la prescription de la loi fondamentale. Comme philosophe, dans mon for intérieur, je puis, sans manquer, je crois, à aucune loi ni à aucune convenance, concevoir un idéal de gouvernement pour un avenir, pour un lieu de la terre indéterminé, pour les hommes d'une autre planète, si l'on veut.

La petite et fallacieuse ambition, à certaines phases de la vie des sociétés, c'est l'ambition dynastique. Nous n'en sommes pas encore là, c'est évident. Le dernier frère de Napoléon, l'ex-roi de Wesphalie, se trompait d'époque et anticipait sur l'avenir lorsqu'il disait, dans sa lettre du 26 février 1848, au gouvernement provisoire : « Le temps des dynasties est passé pour la France. »

Au surplus, la question de forme politique est à mes yeux secondaire. Dans le présent et pour longtemps encore, la question sociale domine tout. Le chef politique qui saura la comprendre et la mener à bien n'a rien à redouter des efforts de ses adversaires.

Sous ce rapport, Napoléon III se montre incomparablement mieux préparé, plus avancé que tous ceux qu'il a eus pour compétiteurs. « Réalisons, disait l'Empereur, en 1859, aux ex-
» posants français, réalisons, au profit de ceux qui travaillent,
» ce vœu philanthropique d'une part meilleure dans les béné-
» fices et d'un avenir plus assuré. »

Ces paroles, d'une sagesse prophétique, ne trouvent pas toutes les oreilles bouchées. Elles étaient rappelées dernièrement dans une lettre adressée à l'Empereur par les ouvriers peintres de la maison Leclaire, membres, non pas seulement d'une société de secours mutuels, mais d'une société en participation aux bénéfices de l'entreprise dans laquelle ils sont employés.

Ces ouvriers s'exprimaient ainsi :

« Heureux de pouvoir comprendre votre pensée, notre président l'a mise en pratique, et sur les murs de notre salle de réunion, l'explication suivante est écrite en face des paroles de Votre Majesté :

» PARTICIPATION DES OUVRIERS AUX BÉNÉFICES DU PATRON

» ASSOCIATION LIBRE ET VOLONTAIRE, établie dès 1842 et régularisée par acte notarié du 29 septembre 1863 ;

» Sous forme de Société en commandite entre MM. Leclaire et A. Defourneaux et les ouvriers et employés, membres de la Société de secours mutuels. »

Cette tentative, qui fait tant d'honneur aux sentiments généreux et à l'intelligence de son fondateur, feu M. Leclaire, l'un des habitués de nos réunions phalanstériennes d'il y a vingt-cinq ans ; cet essai modeste d'association exigerait, pour se développer et porter tous ses fruits, d'autres conditions encore que celles d'une simple entretreprise d'industrie urbaine. La ferme impériale de Beuvron serait pour un commencement de participation des travailleurs aux bénéfices produits, pour un essai d'association en un mot, un théâtre bien autrement propice que les ateliers d'une maison de peinture. — C'est dans un grand établissement agricole, c'est dans les sillons qu'il faut semer ce précieux germe de l'association, si l'on veut qu'il lève et qu'il pousse vigoureusement, et qu'il étende bientôt partout son influence tutélaire pour le bien de toutes les classes de la société.

Au point de développement de la civilisation où nous sommes parvenus, il y a deux partis à prendre, deux partis que même on pourrait mener de front :

Ou bien pousser, en connaissance de cause, avec le concours des grands financiers, les Rothschild, les Pereire, etc., à l'achèvement de cette concentration des forces, désignée sous le nom de féodalité industrielle, par l'extension des compagnies financières à l'agriculture, qu'on transformera ainsi en grande et savante industrie : ce qui permettra de réaliser progressivement les garanties sociales, la garantie du travail en premier lieu, garantie impossible dans l'état incohérent de l'industrie ;

Ou bien tenter la voie de l'expérimentation sociale scientifique par la mise à l'étude et à l'essai du plan d'association agricole et domestique : entreprise dont le succès, en prouvant la possibilité du quadruple produit et du travail attrayant, fermerait à jamais l'abîme des révolutions et des guerres internationales, préparerait l'accession des Barbares et des Sauvages à l'industrie, qui ne leur serait plus antipathique, et amènerait enfin, dans un avenir plus prochain qu'on ne pourrait le supposer, — sans leur ôter leur caractère national distinctif, leur autonomie dans tout ce qui est particulier — la fusion de tous les peuples de la terre en un grand corps qui aurait à Constantinople son pouvoir central, son siège de délibération souveraine, son CERVEAU, en un mot, pour de là communiquer par un double courant, comme le système nerveux chez l'individu, avec tous les points habités de la planète.

Est-ce là ce que l'avenir nous réserve ? Un avenir éloigné, oui ; un avenir rapproché, probablement non ; je n'ose pas, du moins, l'espérer.

Cependant, à moins que les grilles des palais ne soient plus infranchissables aux idées que ne l'étaient les murs de la prison de Ham, il doit y avoir, dans quelque coin de la bibliothèque des Tuileries, un exemplaire des œuvres de Fourier. Je n'ai pas à dire quelles inspirations pourraient être puisées là par un grand génie pratique, possédé de la haute ambition du progrès et de l'amour ardent de l'humanité, lorsqu'il a en main, pendant une de ces heures rapides de l'histoire, toute la puissance d'un grand peuple. Mon langage a été trop loin déjà pour n'être pas taxé, par la foule officielle, de témérité, d'indiscrétion et d'inconvenance. Mon excuse est dans l'intention, qui ne saurait paraître suspecte.

Ce qu'il y a de sûr, c'est que, abandonnée à elle-même, livrée aux courants opposés qui l'entraînent et aux vents orageux qui la battent, la Civilisation est grosse de tempêtes, qui engloutiront encore plus d'une haute fortune.

Des deux alternatives qui se présentent, l'organisation pacifique ou les luttes internationales et intestines, les probabilités ne sont, malheureusement, pas pour la seule qui soit raisonnable et désirable.

Dans l'état présent des affaires et des esprits, quand, à l'extérieur, l'Angleterre (qui a déjà pu se repentir de son refus), et d'autres puissances avec elle, ont repoussé ou décliné l'invitation qui leur était adressée de se réunir dans un Congrès, pour régler à l'amiable et par voie d'arbitrage les complications pendantes entre les Etats ; quand, à l'intérieur — sous l'empire de passions haineuses irréconciliables, — se raniment avec une vivacité insolite les discussions parlementaires et les luttes électorales dans lesquelles, de part et d'autre, le pouvoir et les partis apportent tout ce qu'il faut de dispositions impérieuses et exclusives pour annuler l'influence des hommes modérés mais indépendants, — il faut bien, quelque optimisme que l'on ait, il faut bien admettre qu'il y a, malheureusement, plus de chances de voir se rouvrir l'ère désastreuse des révolutions et l'arène sanglante des batailles, que de voir instituer le tribunal d'arbitrage international, ou essayer la voie sans péril de l'expérimentation sociale scientifique.

La paix de l'Europe est si précaire, qu'elle a tenu et qu'elle tient uniquement à la volonté de l'empereur Napoléon. Que ce souverain eût cédé aux sollicitations récentes de l'Angleterre pour une intervention armée en faveur du Danemark, aussitôt la guerre générale éclatait sur le Rhin et en Italie. Le Danemark une fois dégagé, grâce à notre puissante diversion, qui eût appelé sur leurs frontières de l'Ouest toutes les forces de la Prusse, de l'Autriche et de la Confédération germanique, les bonnes raisons ne manqueraient pas au gouvernement anglais, qu'il fût aux mains des whigs ou des tories, pour se retourner contre l'ambition de la France, et pour faire bientôt, contre elle, cause commune avec la coalition des puissances continentales. La clairvoyance de l'Empereur a vu le piége ou, en tout cas, le danger : il s'est abstenu, à la satisfaction générale du pays.

A l'exemple du chef de l'État qui, dans sa sphère élevée, fait tout ce qui dépend de lui pour épargner à l'humanité le malheur d'une conflagration européenne, faisons, dans notre humble position, tout ce qui dépend de nous pour éclairer l'opinion publique sur la grave et primordiale question de la réforme industrielle, seul gage de la paix publique et de la concorde entre toutes les classes.

La vogue paraît être aujourd'hui à la philosophie dite positive, dans laquelle on ne rencontre pas un seul indice propre à nous diriger dans les voies du progrès social ; — et une conception d'une bien autre portée, qui est déduite d'observations rigoureuses et conduite avec une logique irrécusable jusque dans les plus minutieux détails de l'économie des sociétés, se voit négligée et semble comme tombée dans l'oubli. Je m'en afflige, mais je ne désespère pas : je ne désespère pas du retour des esprits impatients des misères de l'état actuel et avides de vérités efficaces, vers l'étude du monument élevé par Charles Fourier à la science sociale.

Quoi! ce magnifique ensemble d'idées qui constitue la Théorie sociétaire serait-il donc à jamais perdu pour la délivrance du genre humain, parce que quelques hommes, qui se trouvaient dépositaires de ce trésor sans peut-être en comprendre tout le prix, l'auraient compromis un jour dans la mêlée politique?

Non, de puissants témoignages s'élèvent contre la possibilité d'un tel abandon. N'entendez-vous pas, du sein de l'exil, cette grande voix qui proclame que le Fourier de l'Académie des sciences n'est pas celui qui sera pour l'avenir le grand Fourier?

Propos de poëte, diront quelques hommes positifs, et je suis sûr qu'après comme avant le jugement de Victor Hugo, il y a dans nos Académies, bien des fortes têtes de savants et de philosophes qui n'échangeraient pas leur bagage scientifique et littéraire contre l'œuvre de Fourier. Que Dieu leur pardonne et les éclaire, si la taie de l'orgueil peut devenir perméable à la lumière!

Après le grand poëte, je citerai un écrivain remarquable surtout par le mordant de l'esprit. Il y a dans une vallée de l'Alsace un arrière-petit-fils de Voltaire, s'enfermant comme le glorieux patriarche, loin de Paris, dans une studieuse retraite, où il sait aussi à l'occasion accueillir l'orphelin. Je veux parler de

M. Edmond About, qui, à l'inverse de tant d'autres, vaut mieux que sa réputation.

Le jeune auteur de vingt productions piquantes en a lancé une, il y a deux ans, qui, malgré la laideur repoussante du sujet, emprunté à ce genre odieux d'ambigu social qui résulte de l'enchevêtrement du demi-monde et du monde officiel, a mérité cependant que George Sand en fît le plus complet éloge. Eh bien ! M. About a peint le seul honnête homme de son roman (*Madelon*) occupé à tenter la réalisation de l'idée du grand utopiste contemporain, l'Association agricole.

Dans un ouvrage plus sérieux, où l'écrivain déclare lui-même « qu'il a dit son humble sentiment sur les grandes affaires de la vie » dans son livre intitulé le *Progrès*, M. About ne cesse pas de préconiser à tout propos l'Association, bien qu'il n'ait pas encore (il faut le regretter) la notion claire de l'Association intégrale et de ses conditions essentielles.

Est-ce illusion pure que de voir dans de telles manifestations un signe des temps ?

Il y a d'ailleurs, au point de vue pratique, des autorités plus graves que je pourrais invoquer pareillement. Un membre influent de la majorité du Corps législatif, M. le baron de Beauverger, dans la discussion de la loi sur les coalitions (séance du 2 mai 1864), s'exprimait ainsi :

« Je suis de ceux qui ont une foi sincère dans les effets de l'association. Je crois qu'elle est appelée à résoudre heureusement et pacifiquement bien des problèmes de notre époque ; mais je tiens d'autant plus à repousser toute assimilation téméraire entre l'association et la coalition. L'association, c'est le travail, c'est la production, c'est la paix ; la coalition, c'est le chômage, c'est la détresse, c'est la guerre. »

Où l'honorable député a-t-il puisé cette confiance dans la vertu de l'association pour résoudre bien des problèmes de notre époque ? Ce n'est pas uniquement, je présume, dans les applications qui en ont été faites jusqu'à présent et qui, bien que signalées par des résultats partiels favorables, ne suffiraient pas seules à justifier de si hautes espérances. L'association, dans la production particulièrement et pour la production, est encore, on peut le dire, à l'état d'utopie. Il faut donc se fonder sur quelques notions théoriques pour tirer ainsi l'horoscope de l'association. Or, je ne sache pas qu'il existe une autre théorie de l'association réelle, de l'association des trois facultés qui concourent à la production : le capital, le travail et le talent, que celle dont Charles Fourier est l'auteur (1).

---

(1) C'est par ses conséquences surtout et par les applications fécondes qu'elle propose que se recommande, par-dessus tous les autres systèmes, la conception de Fourier. Conséquences grandioses s'étendant à tous les ordres de faits, mais applications restreintes et on ne peut plus prudentes, procédant, à côté de toutes les institutions religieuses et politiques établies, sans y toucher, sans rien renverser, procédant par la voie de l'expérimentation en petit, par une épreuve locale. « Nous irons, dit le sage inventeur du phalanstère, par une fondation infiniment petite à une métamorphose infiniment grande. »

Ce modeste essai nous montrera effectivement, s'il réussit (et pour réussir il faut qu'il soit tenté), nous montrera, dis-je, l'accord des classes aujourd'hui hostiles, leur ralliement dans les travaux productifs, rendus en majeure partie attrayants, l'accroissement énorme de la richesse, la justice en action dans la répartition proportionnelle au capital, au travail et au talent, répartition si conforme au vœu de tous, qu'elle ne peut manquer d'être acclamée par les pauvres comme par les riches. Utopie! utopie! me criera-t-on de toutes parts; utopie sans doute jusqu'à ce que l'épreuve soit faite.

Toute la question pour l'instant est d'examiner s'il y a lieu de la faire, si les données sur lesquelles on se fonde pour la proposer ne suffisent pas amplement pour la motiver; s'il n'existe pas là un moyen plus simple, moins onéreux, moins dangereux surtout, de tenter la solution des graves problèmes économiques et sociaux qui nous pressent, que tous les autres plans présentés à cette fin et qui, généralement, embrassent une nation tout entière et compromettent par conséquent beaucoup plus sa fortune, pour n'arriver même qu'à des réformes insignifiantes, que la tentative indiquée par Fourier pour aboutir à une évolution totale de la société, sans préjudice pour personne, sans amoindrissement d'aucune position, sans abaissement d'aucune sommité sociale.

Les entreprises de Condé-sur-Vesgre, de Cîteaux, du Sig et enfin du Texas n'ont jamais été, à un degré quelconque, des essais d'organisation sociétaire. Elles n'ont été que des commencements de préparatifs, fort mal dirigés en général et avec des ressources très insuffisantes, en vue, il est vrai, d'essayer ultérieurement les combinaisons sociétaires, mais sans qu'aucune de celles-ci ait jamais été mise en pratique, sans qu'aucune partie de la théorie ait été par conséquent expérimentée.

Quiconque est au courant des faits ne verra dans aucun de ceux que je rappelle la condamnation de la doctrine phalanstérienne.

Peut-être me demandera-t-on si, venant aujourd'hui rappeler l'attention sur l'œuvre de Fourier, j'admets cette œuvre dans son entier et sans réserve. Je n'hésite pas à répondre : Non. Je n'accepte les écrits du maître que sous bénéfice d'inventaire.

Ne craignons donc pas, bien qu'elle ait été couverte comme d'un nuage depuis la tempête de 1848 ; ne craignons pas que la théorie de l'attraction industrielle et de l'association périsse étouffée dans l'oubli. Elle est le flambeau dont il faudra bien qu'on s'éclaire, quand on voudra marcher d'un pas sûr et rapide dans la voie du progrès fécond et de la concorde sociale. De cette théorie on pourra bientôt dire ce que Bonaparte, à Campo-Formio, disait de la République Française : Aveugle

---

J'admets la loi de la Série et le principe de l'Attraction passionnelle, mais sans souscrire à toutes les déductions aventureuses que Fourier a indiquées comme devant ou pouvant être les conséquences futures de cette loi et de ce principe.

L'attraction passionnelle est bien, comme l'a dit Fourier, « la boussole de révélation permanente. » C'est en conformité de l'attraction, — des attractions générales, bien entendu, — qu'on doit, sous peine de n'avoir d'autre règle à cet égard que l'arbitraire et l'hypothèse, qu'on doit, dis-je, organiser les institutions et les relations sociales, en se conformant à la justice qui résulte de l'emploi de la Série. Mais l'attraction passionnelle, *équilibrée* par les dispositions de l'ordre sériaire, n'aura pas, selon ma façon de juger, toutes les conséquences que Fourier a cru entrevoir.

Le maître a trop négligé, à mon avis, de tenir compte des contrepoids, des facultés de surveillance et de contrôle que la nature elle-même a placées auprès des penchants les plus susceptibles d'entraînements désordonnés. Tel est, par exemple, cet exquis sentiment de pudeur, qui s'éveille dans l'âme en même temps que les premières vagues émotions de l'affection correspondante. Or, ces facultés tutrices et modératrices sont, comme toutes les autres, susceptibles de culture et de développement.

Fourier institue, à la vérité, dans ses phalanges, des corporations de vestalat temporaire pour les deux sexes : corporations qui, avec celle du dévouement social, ont le pas sur toutes les autres et occupent la place d'honneur dans les cérémonies. Il éloigne de l'enfance, avec une sollicitude vraiment paternelle, tout ce qui pourrait susciter prématurément des idées touchant la vie sexuelle et donner l'éveil hors de saison à l'instinct qui s'y rapporte.

Mais, d'un autre côté, l'inventeur du phalanstère s'est laissé aller à la fantaisie de parler des séances de la cour d'amour, d'une corporation de bacchantes, etc.; choses qui existent, en laid, dans l'état actuel, avec des circonstances aggravantes (en premier lieu, la vénalité et la fausseté), écartées du libre amour, tel que Fourier en concevait la possibilité pour un lointain avenir. Ç'a été néanmoins un tort grave de la part de Fourier, que de mêler des conjectures de ce genre à ses études sérieuses sur l'Association, dont il a seul découvert les conditions fondamentales et indiqué les moyens de réalisation graduelle par la voie de l'expérience. Mais ce tort de l'inventeur ne tire point à conséquence pour l'application de la théorie sociétaire elle-même.

A ce sujet, je fais observer qu'il n'y a prévision systématique qui tienne,

qui ne la voit pas! Mais je me garderai de qualifier celui qui, l'ayant aperçue, l'ayant étudiée et méditée, ne verrait là que les rêves d'un esprit malade. Ce serait trop beau ! voilà l'objection qui s'élève tout d'abord contre Fourier. M Comte n'a pas à craindre qu'on la lui oppose.

---

l'Humanité reste et restera toujours maîtresse des arrangements qui la concernent, maîtresse de maintenir ou de modifier les règles sociales suivant ses convenances, — avertie qu'elle s'écarte ou qu'elle se rapproche du vrai par la proportion plus ou moins forte de mal et de souffrance qui résulte pour elle des dispositions adoptées.

Fourier, d'ailleurs, ne se donne ni pour un révélateur ni pour un législateur; sa théorie, toute scientifique, n'est ni un dogme ni un code; ce n'est une formule obligatoire à aucun point de vue. Des indications qu'elle offre, la société prendra ce qui lui semblera bon, avantageux et honnête; elle laissera tout le surplus.

Aussi, en dépit de certaines prévisions licencieuses de Fourier, qu'il faut sans ménagement arracher de son œuvre qu'elles déparent, j'ai la confiance que l'on pourra dire avec vérité de la société de l'avenir, basée sur l'Association, ce que dit Virgile de la saine famille du laboureur :

Casta pudicitiam servat domus,...

la chasteté et la pudeur y garderont leur place et leur lustre immortel.

Sans ressembler à la triste et monotone existence d'un couvent ou même d'une communauté, soit de frères moraves, soit de quakers, la vie sociétaire ne sera envahie ni par les dérèglements ni par les excès ; elle ne présentera pas surtout les effets *subversifs* de passion, les odieuses récurrences que présente la vie civilisée, et dont les feuilles judiciaires nous font connaître une faible partie. Au phalanstère, les passions surtout redoutées, la *Papillonne*, la *Cabaliste*, par exemple, auront assez d'emploi, d'emploi franc et utile, dans les divers ordres de travaux, dans la variété contrastée des occupations et des situations, dans l'ardeur des luttes industrielles et artistiques, pour qu'il leur soit moins loisible qu'aujourd'hui d'aller, comme elles le font traîtreusement et dans l'ombre, attaquer, corrompre et détruire le groupe essentiellement fixe de la famille.

Qu'ils se rassurent donc, ceux qui craindraient de voir, dans la réalisation de la doctrine phalanstérienne, l'inauguration d'une ère de licence effrénée et l'élévation du désordre moral à son extrême puissance. Je proteste au nom du bon sens, au nom des droits inaliénables de l'Humanité contre de telles appréhensions. Qu'elles ne viennent pas nous empêcher d'employer ce merveilleux instrument de délivrance au soulagement, à l'extinction de la misère!...

4º IDÉAL SOCIAL DE M. COMTE

PLOUTOCRATIE ET PRESBYTÉROCRATIE

De la splendide utopie de Fourier, par laquelle l'imagination est séduite non moins que la raison satisfaite, descendons à la terne et sacerdotale utopie du fondateur du positivisme. Car je n'ai pas encore épuisé la somme des inepties baroques (je regrette d'employer de tels mots, mais je n'en trouve pas d'autres pour rendre mon impression), la somme des étrangetés si l'on veut, débitées par M. Comte à titre de solution des questions sociales proprement dites.

Dans la phraséologie prolixe et enchevêtrée de cet auteur, il est assez difficile de pouvoir saisir et relever des passages qui exposent nettement ses vues sur l'organisation de la société. En voici deux cependant qui m'ont semblé caractéristiques :

« Suivant son exacte appréciation de l'ensemble de nos vraies destinées, il (le positivisme) doit enfin régénérer la politique en la réduisant au culte actif de l'humanité, comme la morale en constitue le culte affectif, et la science avec la poésie le culte contemplatif. Telle sera la principale mission du nouveau sacerdoce occidental, convenablement assisté des femmes et des prolétaires.

» Cette régénération consiste surtout à substituer toujours les devoirs aux droits, pour mieux subordonner la personnalité à la sociabilité. Le mot *droit* doit être autant écarté du vrai langage politique que le mot *cause* du vrai langage philosophique. De ces deux notions théologico-métaphysiques, l'une est désormais immorale et anarchique, comme l'autre irrationnelle et sophistique. Également incompatibles avec l'état final, elles ne convenaient, chez les modernes, qu'à la transition révolutionnaire, par leur action dissolvante sur le système antérieur. Il ne put exister de droits véritables qu'autant que les pouvoirs réguliers émanèrent de volontés surnaturelles. Pour lutter contre ces autorités théocratiques, la méthaphysique des cinq derniers siècles introduisit de prétendus droits humains, qui ne comportaient qu'un office négatif. Quand on a tenté de leur donner une destination vraiment organique, ils ont bientôt manifesté leur nature antisociale en tendant toujours à consacrer l'individualité. Dans l'état positif qui n'admet plus de titres célestes, l'idée de droit disparaît irrévocablement. Nul ne possède plus d'autre droit que de toujours faire son devoir. »

(*Discours sur l'ensemble du positivisme. Conclusion générale,*
p. 356, 357.)

On a cru faire l'éloge de Montesquieu en disant de ce grand publiciste qu'il avait retrouvé les droits perdus du genre humain. M. Comte ne prise guère l'œuvre accomplie sous ce rapport par l'auteur de l'*Esprit des Lois*, qu'il avait honorablement mentionné cependant dans son *Cours de philosophie*. Au lieu d'apercevoir la corrélation qui existe entre ces deux termes, *droits* et *devoirs*, le fondateur du positivisme trouve tout simple de sacrifier le premier au second. Dans son système comme dans la théorie du caporal de Jean Pageot, chacun aura le droit de monter sa faction, autrement dit de faire son devoir ; et le devoir sera tracé par le prêtre de l'humanité, juge ensuite de la manière dont il aura été accompli. Dieu à part, ceci ressemble beaucoup au système théocratique des saints-simoniens, au régime de Francia et des jésuites du Paraguay. Ceux que pourra satisfaire un tel idéal font bon marché de leur dignité d'hommes. Nous prêcher, sous prétexte de positivisme, la renonciation à l'idée du droit, l'abdication de tout sentiment du droit, peut-on concevoir rien de plus insolent à la fois et de plus insensé ?

Au lieu d'opposer, comme le fait M. Comte, la personnalité à la sociabilité, pour sacrifier la première à la seconde, l'individu à la masse, la liberté à l'ordre, c'est le développement parallèle, harmonique des deux termes que doit poursuivre un socialisme intelligent et compréhensif.

L'autre citation va nous montrer l'économie sociale de M. Comte :

« Chaque génération produit, au delà de ses propres besoins, des richesses matérielles destinées à faciliter le travail et à préparer la subsistance de la suivante. Les organes de cette transmission deviennent ainsi les chefs naturels de l'élaboration industrielle. Tels sont les chefs temporels de la société moderne. Le culte final doit les consacrer comme les organes nutritifs du Grand-Être... Fiers de leur importance directe et journalière, poussés d'ailleurs par les instincts personnels qui, seuls, peuvent d'ordinaire stimuler leur activité soutenue, ils tendent naturellement à abuser de leur prépondérance pratique pour imposer le joug d'une ignoble nécessité, inaccessible au sentiment et à la raison. Leur empire spontané a donc besoin d'être sans cesse modéré par le concours des forces morales. Telle est la principale destination politique de la seconde fonction générale du Grand-Être.

» Directement relative à son perfectionnement propre, même physique, mais surtout intellectuel et moral, cette existence cérébrale y semble d'abord réduite, comme dans les organismes inférieurs, à seconder l'élaboration nutritive. Néanmoins elle développe bientôt un charme qui lui est propre. Alors nous concevrions, au contraire, la vie humaine comme destinée au libre essor de la raison, de l'imagination et du sentiment, si les exigences pratiques ne nous ramenaient pas sans cesse à une triste activité. Ne pouvant jamais prévaloir, cette éminente fonction, outre ses satisfactions directes, devient notre principale ressource d'abord spontanée, puis systématique, pour régler l'action plus ou moins aveugle des organes nutritifs, par le concours habituel de l'esprit avec le cœur. La source la plus pure et la plus naturelle de cette réaction morale consiste dans l'influence féminine, qui représente l'existence affective du cerveau individuel... A ces deux éléments nécessaires du pouvoir modérateur, la maturité du Grand-Être en joint un troisième, en faisant surgir la fonction active du cerveau social, l'influence prolétaire.

» De cet élément complémentaire dépend, en effet, la seule solution possible du grand problème humain, l'ascendant de la sociabilité sur la personnalité. Exclu du pouvoir pratique par défaut de loisir et de richesse, il lui est pourtant indispensable pour l'exécution des travaux d'où émane la prépondérance temporelle... » *Ibid.*, p. 366, 367 et 368.

Si l'on excepte les avantages comme les désavantages sociaux conférés par le hasard de la naissance ; si l'on excepte les priviléges héréditaires qu'il maintient, même dans ce qu'ils ont d'excessif, l'organisation sociale telle que la conçoit M. Comte ne diffère pas sensiblement de celle que proposaient Saint-Simon et son école.

Le sens de la citation qui précède, c'est, autant qu'il est possible, de le dégager d'une telle forme de langage, c'est que, conformément à l'idée de Saint-Simon, les banquiers et les capitalistes seront les chefs temporels de la société, sous la surveillance du pouvoir modérateur, c'est-à-dire du sacerdoce, s'adjoignant l'influence des femmes et des prolétaires.

Voilà donc la société partagée en trois classes : les chefs temporels, par le droit du capital ; les prêtres, chefs spirituels en vertu de je ne sais quel titre ; enfin les prolétaires, voués par le fait de leur naissance aux travaux manuels. C'est, comme on voit, une *ploutocratie* doublée non pas d'une *théocratie*, puisque Dieu se trouve supprimé dans le système de M. Comte, mais d'une *presbytérocratie*; ce qui revient au même, ou plutôt ce qui serait pire encore, car le théocrate est retenu quelquefois par la crainte de ce Dieu dont il se prétend le représentant sur la terre. Mais le prêtre positiviste, qu'aurait-il au-dessus de lui ? Rien (1).

Tel est l'aperçu de l'état social que nous offre en perspective le positivisme : état manifestement rétrograde comparativement à ce qui existe aujourd'hui chez les peuples occidentaux. Si la puissance des écus y est grande, si la prépondérance du capital y est excessive encore, elles ne vont pas du moins jusqu'à conférer, de droit, à ceux qui les possèdent, le pouvoir et la direction de tout le mécanisme. Le talent s'y fait une place que ne lui réserve pas le système positiviste.

M. Comte défend l'hérédité des biens, et il a raison. Mais il accorde trop au principe héréditaire, lorsqu'il lui confère l'attribution des fonctions sociales. La transmission de la fortune et de quelques titres purement honorifiques, voilà tout l'objet

---

(1) Heureusement que nous avons contre ces cauchemars socio-sacerdotaux et tous leurs analogues, le précieux droit d'examen dont M. Comte voudrait bien parfois dépouiller le grand nombre des esprits, tout en constatant, ailleurs, sa tutélaire importance défensive contre les faiseurs ou les restaurateurs de religions.

C'est ainsi qu'il déplore « la prétention de chacun à s'ériger en arbitre souverain des diverses théories sociales : prétention que chaque homme sensé blâme chez les autres, tout en réservant, sous une forme plus ou moins explicite, sa seule compétence personnelle. Or, une telle disposition, poursuit M. Comte, suffirait évidemment pour entraver radicalement la réorganisation intellectuelle, en s'opposant à la convergence effective des esprits, qui ne sauraient être ralliés sans la renonciation volontaire de la plupart d'entre eux à leur droit absolu d'examen individuel sur des sujets aussi supérieurs à leur véritable portée. » *Philos. pos.*, t. IV, p. 56, 57.

Ici, M. Comte demande comme condition de l'établissement de l'unité, que la masse renonce à son droit d'examen en matière sociale, comme si, pour amener les esprits à l'unité en géométrie, on avait exigé d'aucun d'eux un pareil sacrifice !

Or, plus loin, aux pages 94, 95 du même volume, l'auteur nous donne cet avis qui sera plus volontiers écouté :

17

légitime de l'héritage ; mais jamais celle d'une fonction active, qui suppose des aptitudes que la naissance ne peut garantir.

Au lieu de chercher à maintenir un accord factice entre les riches et les pauvres, entre les capitalistes et les travailleurs, par l'intervention d'un corps sacerdotal, c'est une règle équitable de répartition qu'il faut découvrir entre les trois facultés productives : le *capital*, le *travail*, et le *talent*. Ce qui est à faire, c'est substituer au *salariat*, dont Châteaubriand lui-même accusait la défectuosité au point de vue de la justice, et prédisait la transformation ; c'est substituer au salariat, selon le vœu de l'Empereur, la participation proportionnelle en raison du concours à l'œuvre utile ; c'est, en un mot, combiner un ensemble de conditions que l'ASSOCIATION seule peut réaliser, l'association qui, suivant une belle et juste expression de M. Proudhon, est *l'incarnation de la justice*. — Ah ! si au lieu de méconnaître et de diffamer, comme il l'a fait quelquefois, la doctrine, la seule doctrine qui existe de l'association, M. Proudhon avait employé son vigoureux talent à la faire comprendre et à la populariser, il jouirait aujourd'hui auprès des classes laborieuses, auprès de toutes les classes de la société, d'un autre crédit que celui qu'il

---

« Si le dogme absolu du libre examen pouvait aussitôt disparaître, ne serions-nous point, par cela seul, immédiatement livrés au ténébreux despotisme des faiseurs ou des restaurateurs de religion, bientôt conduits, après un infructueux prosélytisme, à employer les mesures les plus tyranniques pour établir matériellement leur vaine unité rétrograde. »

C'est ce qui peut s'appeler un avis au lecteur. Irons-nous, après cela, renoncer, comme le voulait le pontife de l'humanité, à l'usage du droit d'examen et de la presse périodique, qui étaient devenus pour lui *la maladie occidentale* ? « Loin, disait-il dans une de ses circulaires, loin de se borner aux vrais révolutionnaires, le mal s'étend jusqu'aux purs rétrogrades, qui, sans admettre le dogme de l'infaillibilité personnelle, sont conduits à le pratiquer envers les principales questions habituelles. Ils ont spécialement manifesté cette tendance d'après leur participation croissante au journalisme, qui, résulté de l'interrègne religieux, tend à le perpétuer. Seuls, les vrais positivistes s'abstiennent d'employer activement, et même d'alimenter passivement, une institution radicalement anarchique, dont ils apprécient les ravages intellectuels et moraux, en s'efforçant d'en délivrer l'Occident d'après un digne usage de la liberté spirituelle. »

Voilà parler de la presse comme certaines Encycliques. Ainsi plus de journaux, mais à leur place des sermons positivistes.

a conservé, et d'un autre renom que celui qu'il s'est acquis de démolisseur social, de docteur de l'*an-archie*, et, pour tout dire, d'Attila de la propriété.

J'ai terminé l'examen du positivisme ; je l'ai surtout apprécié en tant que doctrine historique et sociale.

Faut-il, en finissant, signaler entre les contradictions de M. Comte (la contradiction, ce signe pathognomonique de l'erreur se rencontre d'un bout à l'autre de son œuvre), faut-il signaler, dis-je, entre les contradictions de M. Comte la plus pyramidale et la plus étrange ? La prétention principale de l'auteur de la *Philosophie positive*, déjà formellement exprimée dans cet ouvrage, c'est de fonder une religion. Or voici un passage dans lequel, lui qui rejette entièrement le surnaturel, il professe que toute religion implique le surnaturel.

En parlant de la Réforme du quinzième siècle et de la philosophie critique qui lui succéda : « Christianisme, dit M. Comte, « de plus en plus amoindri ou simplifié, et réduit enfin à ce « théisme vague et impuissant que, par un malheureux rap- « prochement de termes, on a qualifié de religion naturelle, « comme si toute religion n'était point nécessairement *surna-* « *turelle*. » *(Phil. pos.*, t. IV, p. 77.)

Ainsi le même homme qui a employé toute sa vie et toute sa science à nous démontrer que le surnaturel n'existe pas, vient ensuite édifier, instituer une chose qui a, suivant lui, pour condition *sine quâ non* d'être surnaturelle.

CONCLUSION SUR L'AUTEUR DU POSITIVISME

Après l'inspection qui a été passée des diverses parties de l'œuvre de M. Comte, je ne vois pas, Monsieur et honoré beau-frère, ce qui reste de vraiment valable à son avoir en philosophie sociale. Une seule chose lui est propre, c'est d'avoir insisté plus que personne sur la nécessité d'appliquer à l'étude des questions morales et politiques (ce dont il n'a d'ailleurs pas donné l'exemple) la méthode usitée dans les sciences exactes. Avoir soutenu cette thèse avec la persévérance qu'y a mise M. Comte, et avoir produit à son appui quelques aperçus historiques, c'est un titre assurément, moindre, toutefois, que ne le font ses disciples, et, après eux, beaucoup d'appréciateurs sur parole de la philosophie positive.

Quant aux applications que M. Comte a voulu faire de sa méthode à la solution des problèmes sociaux, elles ont été on ne peut plus malheureuses ; cela est admis désormais par tout le monde.

La biologie, en ce qui concerne les fonctions du cerveau, et la sociologie, pour ce qui est des règles tracées par M. Comte en vue du présent et de l'avenir, ce sont là deux chapitres sur lesquels vous le reprenez vous-même de main de maître, ou du moins de disciple, à certains égards, dûment émancipé. Poussez, croyez-moi, l'émancipation jusqu'au bout : c'est votre droit, c'est même votre devoir, si vous admettez la devise placée en tête de cet écrit : *Magis amica veritas*.

Le système, laborieusement élevé par M. Comte sous le nom de philosophie *positive*, ne doit plus s'appeler ainsi ; il n'a jamais, à proprement parler, mérité un tel nom. Il faut l'appeler le *Comtisme*, ainsi que l'a fait observer un de ses critiques, qui l'a attaqué avec la verve railleuse propre au génie méridional, et qui, du bec d'une plume parfois bien acérée, a crevé quelques-uns des ballons gonflés par M. Comte (1).

---

(1) *La Déomanie au dix-neuvième siècle : Saint-Simon, Enfantin, Aug. Comte, Proudhon,* par un solitaire. — Toulouse, 1860.

Dans un livre de forme plus grave, où il examine les systèmes philosophiques contemporains, M. Eugène Poitou, conseiller à la Cour impériale d'Angers, a discuté la doctrine positiviste et l'a combattue par des arguments qui ne sont pas sans valeur.

Dans une nouvelle édition (1864) de ses *Etudes sur les réformateurs*, M. Louis Reybaud a consacré un chapitre à A. Comte et à la philosophie positive. Voici quelques lignes qui résument ses conclusions :

« Au crible du temps, il ne reste des grands esprits que les parties saines; ce qui est impur s'en dégage et tombe dans l'oubli. L'œuvre de Comte résistera-t-elle à cette vérification? Ce n'est pas risquer beaucoup que de se prononcer pour la négative. Le peu de bruit qu'il a fait, celui qu'on veut continuer par des réhabilitations posthumes, n'auront ni consistance, ni durée. Ingénieuses ou profondes, exagérées ou tempérées par des réserves, les apologies n'y pourront rien.

» Comte était arrivé au point où l'infatuation touche à la démence. Son œuvre entière s'en ressent plus ou moins; elle a des éclipses et des retours. Même dans ce dernier cas, les lueurs sont confuses et la plupart d'emprunt; dès qu'il tire de son propre fonds, les divagations recommencent. Que restera-t-il de tout cela? Rien ou presque rien, n'en déplaise aux esprits éminents qui ont mis plus de génie à commenter la philosophie de Comte qu'il n'en a mis à l'expliquer. La glose durera plus que le texte, mais l'oubli pour l'ensemble n'est qu'une affaire de date (1). »

Comme tous les hommes exempts de la passion du fanatisme,

---

(1) Bien différente était la conclusion de M. Reybaud sur la théorie de Fourier. Il a quelque part, à la vérité, accusé l'inventeur du phalanstère d'avoir formulé le code de la brute, ne prenant pas garde que, tout en cherchant une forme de société qui donne une légitime satisfaction aux penchants naturels (non pas aux penchants dépravés), Fourier maintient partout la prééminence aux plus nobles entre ces penchants, qu'il consacre le dévouement social et lui assigne la place d'honneur dans ses phalanges ; qu'enfin il superpose à tous les mobiles inférieurs le haut sentiment religieux, l'UNITÉISME. Quoi qu'il en soit des critiques de M. Reybaud, qui ont été discutées déjà et qui le seront encore, voici le jugement définitif qu'il porte sur Fourier :

Après avoir rappelé que la formule d'Owen, c'est le communisme pur, que l'association de Saint-Simon devient une abdication des faibles au profit des forts, il ajoute :

« La formule de Fourier semblerait supérieure aux deux autres, en ce sens qu'elle ne procède ni d'une autorité exorbitante, ni d'une liberté illimitée. Fourier a subtilement analysé les éléments de l'activité humaine et les instruments de la production sociale. Il accorde une place au capital

en faisant justice de la doctrine de Comte, M. Reybaud a rendu un éclatant hommage aux nobles et rares qualités de son principal disciple.

Après avoir proclamé l'inévitable défaite du positivisme, peu s'en faut que cet écrivain n'ait répété à votre sujet le vers de Lucain, que je modifie dans le sens de la croyance moderne au monothéisme :

Victrix causa Deo placuit, sed victa Catoni.

Reproduisant l'adhésion que vous venez de renouveler à la philosophie positive, M. Reybaud ajoute : « Voilà un bel hommage ; peut-être s'y mêle-t-il quelque illusion. M. Littré se doit plus à lui-même, et doit moins à Comte qu'il ne le pense et ne le dit ; mais le fait d'un acquiescement donné en ces termes n'en est pas moins grave de la part d'un esprit éminent et sincère jusqu'à la candeur. »

En dernier lieu, M. Guardia, dans la *Revue de l'instruction publique* (numéro du 2 juin 1864), à propos de la deuxième édition de votre ouvrage sur A. Comte, embrasse dans ses appréciations la personne et la vie de l'auteur du positivisme, et, par opposition aux admirateurs qui font de lui un *saint*, il en trace un portrait d'une crudité impitoyable.

---

que repoussent à la fois la communauté absolue d'Owen et la gestion par main morte de Saint-Simon ; puis ajoutant à cet élément indispensable de la production l'action des bras et l'action des intelligences, il propose d'associer les hommes en *capital, travail et talent*. Comme point de départ, c'est là évidemment ce qu'on a trouvé de mieux, et ne dût-on à Charles Fourier que cette définition simple et précise, il aurait la gloire d'avoir fourni du moins un mot concluant au milieu de tant de débauches de l'imagination.

» Car l'avenir appartient à l'association. Seule elle saura apporter un remède efficace au vice de la culture morcelée, à l'éparpillement des forces sociales, au choc quotidien dans lesquels elles s'annulent et s'absorbent, aux sacrifices que conseille une concurrence déréglée. Elle aura seule la puissance de terminer la longue querelle qui se perpétue entre le principe de liberté et le principe d'autorité. Dans le monde des passions, dans le monde des intelligences, dans le monde des intérêts, l'harmonie ne se fondera que par l'association. Rien n'est encore prêt pour son avénement ; gouvernements et peuples, personne n'est mûr, tout résiste, et pourtant un besoin d'union, de concert, se fait sentir de mille côtés. » *Études sur les réformateurs.* 7e édit. 1864. t. I, p. 281, 282.

Je passe d'autres adversaires qu'a rencontrés la doctrine de M. Comte, notamment MM. Brewster et Herbert Spencer, dans cette Angleterre qui a fourni à M. Comte son plus illustre disciple après vous, M. John uart Mill.

Le positivisme, en présence de tant d'objections et de critiques dont il se trouve l'objet, et qui sont restées la plupart sans réponse, le positivisme, au lieu de songer à des conquêtes, fera bien de s'occuper un peu de panser ses blessures.

Pour résumer ma propre impression sur le maître, je dirai que, tel qu'il se montre dans l'ensemble de ses élucubrations philosophico-moralistes et religieuses, le fondateur du système positiviste m'apparaît comme une sorte de prêtre catholique retourné, de moine vu à l'envers.

Esprit puissant, mais systématiquement faux et rétrograde, en même temps qu'orgueilleux jusqu'à la démence, M. Comte a tiré d'un excellent principe les conséquences sociales les plus contraires aux naturelles tendances et aux sublimes aspirations de l'humanité (1).

Je ne le placerai pas pour autant dans la classe des réprouvés, où il met lui-même les empereurs Julien et Napoléon Ier, parce

---

(1) Quoique ces qualifications sévères soient amplement justifiées par tout ce que j'ai textuellement rapporté des vues de M. Comte sur l'avenir social, je tiens à en établir une dernière fois la justesse par deux courtes citations de son grand ouvrage, de celui qu'acceptent tous les disciples et auquel ils renvoient comme à la source pure de la doctrine :

« A l'irrationnelle imitation de la poésie antique, l'art moderne a continué à chanter la merveilleuse sagesse de la nature, même depuis que la science réelle a directement constaté, sous tous les aspects importants, l'extrême imperfection de cet ordre si vanté. Quand la fascination théologique ou métaphysique n'empêche point un vrai jugement, chacun sent aujourd'hui que les ouvrages humains, depuis les simples appareils mécaniques jusqu'aux plus sublimes constructions politiques, sont, en général, très supérieurs, soit en convenance, soit en simplicité, à tout ce que peut offrir de plus parfait l'économie qu'il ne dirige pas, et où la grandeur des masses constitue seule ordinairement la principale cause des admirations antérieures. » *Phil. pos.*, Conclusions, p. 881, 882.

Voilà, si j'ai bien compris, les œuvres de l'industrie humaine, les conceptions de l'esprit humain, même les plus contestées et les plus contestables, placées bien au-dessus des œuvres de la nature et de l'ordre qui règne dans l'univers. Ainsi, d'une part, le métier à la Jacquart ou la machine de Watt, que je n'entends point rabaisser assurément; d'autre part, les Canons de l'Église, la Charte de 1814 ou la Constitution de 1852, attes-

que, d'une part, l'influence rétrograde de M. Comte est trop insignifiante pour mériter un tel châtiment, et parce que, d'autre part, j'ai pour principe, comme Béranger, de ne damner personne.

---

tent plus de génie, une plus grande puissance de combinaison, que l'harmonie des mondes ou que la structure organique, soit de l'homme, soit du moindre insecte et du plus simple végétal! Il n'y a que M. Comte pour énoncer avec tant d'aplomb une vue aussi fausse, quand, au contraire, le génie de l'homme s'étudie, en toute chose, à imiter de loin la nature, à chercher l'ordre qu'elle a établi dans ses œuvres pour y conformer les siennes propres.

Pour ce qui est des opinions rétrogrades qu'a professées M. Comte, il n'y a véritablement que l'embarras du choix. C'est ainsi qu'il range (*Phil. pos.*, t. IV, p. 120) parmi les sophismes et les aberrations de la métaphysique révolutionnaire l'idée de l'abolition de la peine de mort, de cette peine dont, il y a un siècle, Beccaria démontrait l'immoralité et l'inefficacité. C'est ainsi que, dans un autre ordre d'idées, il proclame l'infériorité, la subordination éternelle de la femme à l'homme :

« La biologie positive, dit M. Comte, tend finalement à représenter le sexe féminin, principalement chez notre espèce, comme nécessairement constitué, comparativement à l'autre, en une sorte d'état d'enfance continue, qui l'éloigne davantage, sous les plus importants rapports, du type de la race. » *Ibid.*, p. 570.

Faites la révérence, mesdames, au savant pour son appréciation flatteuse ; puis vous irez, si le cœur vous en dit, recevoir la bénédiction du Pontife de l'Humanité !

V

APPENDICE SUR LE PROGRÈS ET SUR LA TOLÉRANCE

Je ne croirais pas avoir achevé de remplir ma tâche, Monsieur et honoré beau-frère, si je n'examinais pas quelques-unes de vos assertions qui, pour être complétement exactes, demanderaient, à mon sens, un léger correctif. Ici, ce n'est pas comme avec M. Comte dont je suis séparé par un abîme, c'est sur des nuances, sur du plus ou du moins que va porter la controverse.

1º LE PROGRÈS

Dans un passage de ses *Mémoires*, en parlant d'une démarche faite auprès de lui par M. Comte, pour obtenir une chaire d'histoire générale des sciences, M. Guizot qualifie *d'immorales* les idées de la Philosophie positive (1).

Vous répondez victorieusement à M. Guizot, en montrant qu'il y a une moralité en dehors de toutes les conditions théo-

---

(1) Sur ce point il suffit d'opposer M. Guizot à lui-même. Voici ce qu'il professait autrefois dans une chaire officielle :

« Pour ceux d'entre vous qui ont fait des études philosophiques un peu étendues, il est, je crois, évident aujourd'hui que la morale existe indépendamment des idées religieuses : que la distinction du bien et du mal moral, l'obligation de fuir le mal et de faire le bien, sont des lois que l'homme reconnaît dans sa propre nature aussi bien que les lois de la logique, et qui ont en lui leur principe, comme dans sa vie actuelle leur application. » Guizot, *Histoire de la civilisation en Europe*, leçon Vᵉ, 6ᵉ édition, p. 415.

logiques, et que l'humanité possède la morale comme un développement tiré de son sein, non pas seulement comme un commandement transmis par des moyens surnaturels.

« À mesure, ajoutez-vous, que la raison de l'humanité se développe, elle limite les impulsions personnelles et elle agrandit les impulsions impersonnelles. (*A. Comte et la Phil. pos.*, p. 211.)

J'ai déjà fait remarquer combien ce dualisme des impulsions laissait à désirer; je ne reviendrai pas là-dessus. Mais au point de vue du fait, du résultat ou de l'histoire, je vais constater, comme au point de vue de la logique je l'ai fait voir précédemment, qu'il n'est pas exact de dire que la raison limite telles ou telles impulsions.

Celles que vous désignez sous le nom de personnelles ont aujourd'hui la même intensité qu'elles ont toujours eue. Ce qui seulement diffère, sous l'empire de la raison, c'est le choix des moyens employés pour obtenir la satisfaction des penchants dont les tendances et les sollicitations restent essentiellement les mêmes. Avec l'accroissement des lumières qui nous fait mieux comprendre le lien de solidarité qui existe entre nous et nos semblables, des sympathies plus larges se développent. Mais c'est que le germe en était déposé dans nos cœurs. La raison seule n'aurait jamais pu l'y mettre.

« Philosophiquement, dites-vous encore, la morale humaine a la même solidité et la même grandeur que la science humaine; elle est le résultat du travail de la raison sur les sentiments, comme la science est le résultat du travail de la raison sur le monde extérieur. »

Il ne serait pas malaisé de faire voir que la méthode suivie par la raison dans les deux cas que vous rapprochez a beaucoup différé jusqu'à présent. Pour constituer ce qui porte le nom de morale, l'esprit humain est resté à cet état théologique ou métaphysique, contre lequel vous vous élevez avec tant de force. Aussi, à part la maxime que j'ai citée : « Fais à autrui comme tu veux qu'il te soit fait, » est-on bien loin de s'entendre sur tous les autres points de la morale; tandis qu'à l'égard des vérités scientifiques, une fois la démonstration faite, il n'y a plus de contestation possible sur les points qui ont été formellement démontrés, solidement établis. Ils sont acquis désormais, comme on dit. Nous sommes loin d'en être là quant aux questions de l'ordre moral.

C'est que, dans le domaine scientifique proprement dit, la raison prend *telles qu'elles sont* les forces du monde extérieur, se contentant de les approprier aux besoins de l'homme, sans tenter la folle entreprise de les changer dans leur nature. Que la raison se résigne donc aussi à en agir de même avec les forces du domaine moral, avec les sentiments et les penchants du cœur humain. Le mode de répression et de compression qu'elle prétend employer à leur égard, le triage arbitraire qu'elle s'obstine à opérer entre eux, vont peut-être contre le but, qui est l'harmonie de tous ces sentiments. Ce qu'il faut, ce n'est pas retrancher de la nature sensitive ou affective de l'homme ceci ou cela, tentative dans laquelle on a échoué depuis le commencement du monde : c'est placer l'homme dans une situation telle que son intérêt ne soit pas en lutte avec ses bons sentiments, et que ce ne puisse être jamais aux dépens de ceux-ci que ses penchants inférieurs trouvent leur normale satisfaction. Tout ceci exige une réforme de la société, réforme possible, puisqu'il y en a eu déjà beaucoup d'exemples, et non pas un changement de la nature humaine, qui est toujours, quant à ses instincts et à ses penchants, restée invariablement la même.

Vous poursuivez comme il suit votre argumentation contre la sentence de M. Guizot :

« S'il est vrai, philosophiquement, que les sociétés n'ont de souffle moral que par le principe théologique, il sera vrai, historiquement, que plus ce principe prévaut, plus la moralité doit être élevée, et, réciproquement, que plus ce principe perd de sa puissance, plus la moralité doit se dégrader. Là est l'épreuve et la contre-épreuve.

» S'il est un point confessé de tous, amis et ennemis, c'est que, depuis la fin du moyen âge, l'autorité du principe théologique s'est amoindrie. Cet amoindrissement se manifeste sous deux formes corrélatives : l'opposition scientifique qui l'attaque dans les esprits, et l'opposition des gouvernements qui, chaque jour, dénouent quelque attache ecclésiastique et partout tendent à devenir purement laïques. Eh bien ! dans ces circonstances, qu'est-il advenu de la moralité commune ? Elle a dû recevoir de graves dommages si le fondement en est uniquement théologique; elle a dû, au contraire, croître et se développer si le fondement en est dans cette condition inhérente à la nature humaine, une éducabilité indéfinie.

» La vraie mesure de la moralité des époques successives, celle qui, selon moi, comporte essentiellement une appréciation positive, est le degré de la morale sociale. A son tour cette morale sociale a exclusivement pour indice de son progrès la croissance de la justice et de l'humanité. Avec cette notion fondamentale, tout lecteur peut faire sans difficulté la comparaison morale des époques. Aussi me contenterai-je d'appeler l'attention sur la guerre, dont l'opinion publique ne tolère plus les antiques barbaries ; sur la magistrature, qui répudie avec horreur les tortures et la question ; sur la tolérance, qui a banni les persécutions religieuses ; sur l'équité, qui soumet tout le monde aux charges communes ; sur le sentiment de solidarité qui, du sort des classes pauvres, fait le plus pressant et le plus noble problème du temps présent. Pour moi, je ne sais caractériser ce spectacle si hautement moral qu'en disant que l'humanité améliorée accepte de plus en plus le devoir et la tâche d'étendre le domaine de la justice et de la bonté. » *Ibid.*, p. 217-218.

A des faits ainsi exposés et en apparence si concluants, il semble, au premier moment, qu'il n'y ait rien à répliquer. Cependant, en y réfléchissant bien, l'on s'aperçoit que, s'ils prouvent en faveur d'un progrès relatif, ils n'ont pas la valeur absolue que vous leur attribuez ; car, à côté de ces faits qui témoignent d'améliorations obtenues dans un certain ordre de choses, dans des services publics principalement, il y a d'autres faits que je citerai tout à l'heure et qui décèlent un abaissement de la moralité, un surcroît de dépravation.

Je n'ai point à me faire l'avocat de l'influence théologique, qui trouvera assez d'autres défenseurs. Ceux-ci, toutefois, pourraient vous demander comment il se fait que, dans une population où les croyances religieuses sont mieux conservées, telle que celle du Morbihan, par exemple, il se commet proportionnellement moins de crimes (la statistique judiciaire en fait foi) que dans la population du département de la Seine et des départements les plus rapprochés de Paris, où les croyances théologiques ont plus perdu de leur empire ?

Je sais que d'autres circonstances influent aussi sur la différence observée dans la criminalité, en premier lieu, le développement plus considérable de l'industrie manufacturière dans le rayon de la capitale. Il n'en demeure pas moins que les croyances théologiques sont un frein : frein, je l'avoue, quelque peu usé de nos jours, et qui, aux époques mêmes de la plus grande ferveur religieuse, a toujours été insuffisant, il faut bien le reconnaître.

J'abandonne cette remarque d'une importance secondaire.

Le fait essentiel de toute société, celui par lequel elle vit, c'est le travail. Le fondement, la mesure de la justice sociale, c'est avant tout dans le travail, dans les garanties qu'il obtient, dans son équitable rémunération qu'il faut les chercher.

Eh bien ! trouvez-vous que, sous ce rapport, nous ayons réalisé des progrès tout à fait satisfaisants ? Hélas ! en dépit de bien des tentatives partielles faites dans le but de l'améliorer, le sort des travailleurs reste encore et toujours précaire. Rien ne le garantit contre des chômages indépendants de leur volonté.

Le salaire constitue-t-il, dans tous les genres de travaux, une rémunération équitable et qui suffise aux besoins essentiels de l'ouvrier et de sa famille ? J'ai cité à cet égard (p. 50) l'opinion de Sismondi. A son témoignage je pourrais joindre l'autorité des maîtres, des fondateurs eux-mêmes de l'économie politique, les Adam Smith, les J.-B. Say, qui, tout en prétendant donner la sanction de la science au régime industriel existant, n'ont pu cependant s'abstenir d'en signaler quelques douloureux résultats. Leurs disciples et leurs continuateurs, Rossi, Blanqui l'aîné et tant d'autres, me fourniraient un complément d'aveux que je renonce à consigner ici.

Plus récemment, il a été fait par un de mes amis, dont j'admire le talent, mais dont je suis loin de partager les idées sur la question sociale; il a été fait par M. Jules Simon une peinture saisissante et navrante du sort de l'ouvrière des villes qui, dans la couture, au prix de douze ou quinze heures de travail assidu, parvient communément à gagner 75 centimes par jour. Après une exposition pathétique de toutes les funestes conséquences d'un pareil état de choses, M. Jules Simon, il est vrai, comme tous ceux qui n'admettent pas la nécessité de sortir du morcellement industriel, aboutit à des palliatifs sans efficacité. Le morcellement industriel, qu'on soutient quelquefois au nom des affections de la famille, est précisément l'ennemi mortel de ces affections. C'est lui qui condamne au célibat, à la vie isolée et sans appui, la plupart de nos ouvrières des villes et qui les voue, par conséquent, en si grand nombre, à la prostitution clandestine ou patente. Il faut rendre hommage, sans doute, au sentiment de solidarité qui, comme vous le dites, « fait du sort des classes pauvres le plus pressant problème du temps présent. » Mais qu'a-t-il réalisé d'efficace jusqu'à ce jour, le généreux sentiment dont vous parlez, et qui, comme tous les sentiments, a besoin des lumières de la science pour atteindre son but ?

L'opinion publique a beau repousser les antiques barbaries de la guerre, celle-ci, partout où elle éclate, commet encore assez d'atrocités pour que nous devions modestement nous réjouir des limites apportées à ses ravages.

Voyez ce qui se passe aux États-Unis en ce moment même, et ce qui se commettait naguère en Pologne !

Mais si horrible qu'elle soit par ses massacres et ses ravages, ce n'est pas encore là le seul aspect par lequel il convient d'envisager la malfaisance de la guerre. — Elle coûte aujourd'hui, en pleine paix, plus de sacrifices aux nations européennes qu'elle n'en coûtait autrefois, lors même qu'elle était déchaînée.

L'entretien d'armées permanentes, qui grossissent toujours et qui sont de plus en plus dispendieuses, ruinent les peuples, écrasent le présent et grèvent l'avenir de charges qui, du train dont ils vont s'endettant, mènent forcément les États à la banqueroute.

Voltaire, comparant, dans les *Annales de l'Empire*, ce qui avait lieu avant le seizième siècle, à ce qui se voyait de son temps, faisait une observation dont l'à-propos a singulièrement augmenté depuis la révolution :

« Les puissances de l'Europe étaient presque toujours en guerre ; mais heureusement pour les peuples, les petites armées qu'on levait pour un temps retournaient ensuite cultiver les campagnes ; et au milieu des guerres les plus acharnées, il n'y avait pas, dans l'Europe, la cinquième partie des soldats qu'on voit aujourd'hui dans la plus profonde paix. On ne connaissait point cet effort continuel et funeste qui consume toute la substance d'un gouvernement dans l'entretien de ces armées nombreuses toujours subsistantes, qui, en temps de paix, ne peuvent être employées que contre les peuples. »

Que dirait aujourd'hui Voltaire en présence de nos armées de cinq et de six cent mille hommes sur le pied de paix, absorbant, tant pour la flotte que pour l'armée de terre, sans compter les pensions de retraite, à peu près cinq cent millions du budget de la France?

Sur cette question des armées permanentes, un livre instructif a été publié par un penseur indépendant et judicieux, M. Larroque. On peut voir dans cet ouvrage, s'il n'y a, quant aux choses de la guerre, que du progrès à signaler dans l'ère moderne.

La guerre se fait, dit-on, plus humainement de nos jours. — Mais les désastres en sont beaucoup plus grands qu'ils n'étaient, même il y a soixante ans. Le général Bonaparte, dans ses campagnes d'Italie de 1796 et 1797, n'eut jamais sous la main qu'une armée de trente à quarante mille combattants. En 1859, nous entrions dans cette même Italie avec guère moins de deux cent mille hommes, auxquels il faut ajouter cent mille alliés environ, Piémontais et autres Italiens. Les deux seules batailles de Magenta et de Solférino nous firent perdre à nous, les vainqueurs, autant de monde à peu près qu'il en coûta au général Bonaparte pour la conquête de l'Italie tout entière. — Est-ce là un progrès, sinon dans la proportion du mal et de la destruction?

La création des armées permanentes offrit des avantages; leur développement exagéré a produit des inconvénients égaux, sinon supérieurs à ces avantages. Quand on étudie une question, il faut l'envisager au moins sous les deux principales faces qu'elle présente toujours. Sans cela, on tombe dans le vice de raisonnement que Fourier désigne sous le nom de *simplisme*, l'une des sources les plus communes des erreurs qui ont cours dans le monde. (C'est, pour le dire en passant, un néologisme qui mérite de prendre place dans votre Dictionnaire.)

Le simplisme cause l'illusion de tant d'hommes qui croient au progrès continu dans tous les ordres de faits, tandis qu'il n'a lieu que pour une partie de ces faits. Un savant qui paraît adhérer aussi, dans une certaine mesure, au positivisme, M. Berthelot, dans un article de la *Revue des Deux Mondes* que j'ai déjà mentionné (p. 108), proclame « le fait du progrès incessant des sociétés humaines, progrès dans la science, progrès dans les conditions matérielles d'existence, progrès dans la *moralité*, tous trois corrélatifs. »

Progrès *incessant !* Vous n'iriez pas jusque-là, vous, Monsieur, qui admettez, si je ne me trompe, qu'il y eut rétrogradation, rétrogradation *politique* tout au moins, du régime de la première république à celui du premier empire, pour ne citer qu'un exemple.

Mais la question de moralité ne doit pas être jugée d'après un seul ordre de faits. Il y a moins de violence, assurément, dans la société contemporaine qu'il n'y en avait dans la société d'il y a deux, trois cents ans ou plus. Mais l'astuce, dont les résultats ne sont pas moins funestes pour le corps social, l'astuce y tient une plus grande place qu'à ces époques reculées. Se pratiquait-il alors autant de falsifications et de fraudes commerciales que de nos jours? La banqueroute, proportion gardée des relations de commerce et d'affaires, moins étendues dans ces temps-là, causait-elle autant de ravages que dans la société actuelle? La banqueroute, qui est l'abus de confiance et le vol élevés à la deuxième et à la troisième puissance; la banqueroute, pour laquelle nos mœurs et nos lois sont, à mon avis, beaucoup trop indulgentes. Ces banqueroutes d'agents de change, de banquiers, de notaires, de receveurs généraux même, qui sèment la ruine dans toute une contrée, qui engloutissent les économies et les moyens d'existence de cent familles, qui entraînent une avalanche de catastrophes, ne font-elles pas autant de mal qu'aurait pu en faire une bande de voleurs et d'assassins? Ce fléau était-il aussi commun autrefois qu'aujourd'hui? Vous ne le soutiendriez pas; donc, il faut apporter un petit correctif à la doctrine du progrès continu de la moralité.

La plaie toujours croissante des naissances illégitimes, des enfants trouvés et abandonnés, est-ce encore un article à porter au chapitre du progrès? Non; autre correctif à apporter à la théorie.

Dans la criminalité générale, si les attentats violents contre les personnes diminuent, les attentats contre les mœurs suivent une progression croissante. Il en est de même des crimes contre la propriété, du vol en particulier (1). Là même où triomphe la

---

(1) Je ne demande pas à être cru sur parole en semblable matière. Voici des chiffres officiels à l'appui de mes assertions.
Dans la discussion du projet de loi voté le 18 avril 1863, et qui a modi-

thèse du progrès, dans la diminution des actes de violence et des meurtres, ne faut-il pas considérer la part d'influence d'une police mieux faite? Jamais le corps si utile de la gendarmerie et celui plus nouveau des sergents de ville n'ont été aussi nombreux qu'aujourd'hui. Je pense que ce serait une illusion que de mettre entièrement sur le compte d'un progrès des sentiments de bienveillance des hommes entre eux la proportion un peu moindre d'assassinats et de condamnations à mort que relèvent, depuis quelques années, les comptes rendus de la justice. Certains procès criminels éclairent de temps à autre d'une lueur sinistre les bas-fonds de la société. Qui ne se souvient encore de cette bande d'assassins, jugée il y a deux ou trois ans par la cour d'assises de l'Aisne, et qui avait promené, pendant plusieurs années, le vol et la terreur dans ce département et dans les départements voisins? Il y avait là tous les instincts de la bestialité, depuis la ruse de la fouine et du renard jusqu'à la férocité froide de l'ours blanc, le tout entremêlé de luxure, de ripaille et même d'hypocrisie, de façon à soulever de dégoût et d'horreur les cœurs les moins délicats. Et combien d'exemples d'associations criminelles analogues nous pourrions extraire des archives de nos greffes !

---

fié certaines dispositions du Code pénal, les organes du gouvernement ont produit des statistiques qui constatent que pour ce qui est des *délits* autres que ceux provenant des contraventions fiscales, forestières, etc., il y a eu depuis trente ans une augmentation considérable. De 45,233 qu'était le nombre de ces délits en 1833, il s'est élevé, en 1860, à 123,056. Même en déduisant de ce chiffre celui de 5 ou 6,000 attribuable à une catégorie de délits qui étaient autrement qualifiés avant 1833, il reste encore un accroissement énorme : « et cet accroissement, a dit M. de Parieu, porte principalement sur l'escroquerie et sur le vol, délits qui ont quintuplé depuis 1826 et plus que triplé depuis 1833. »

» Les délits qui ont leur source dans la violence, a dit de son côté le procureur général feu M. de Cordoën, diminuent à mesure qu'il y a progrès de la civilisation ; mais, par une triste compensation, les délits qui s'appuient sur la fourberie et la ruse augmentent en nombre avec le même progrès, car le mal, c'est triste à dire, a aussi son progrès. »

Le même magistrat a résumé ainsi le bilan des affaires de *vol* soumises aux tribunaux correctionnels depuis 1825 : « Dans les trente-cinq dernières années, le nombre des affaires s'est élevé de 7,000 à 32,000 et le nombre des prévenus de 9,000 à 40,000. Et le chiffre des *récidives* s'accroît dans une proportion non moins forte. »

Supposons qu'on supprimât pour un temps le gendarme, le sergent de ville et les tribunaux, vous verriez si les malfaiteurs de toute espèce, si les Lacénaire et d'autres bandits plus brutaux que cet assassin fashionable et lettré, ne se multiplieraient pas d'une façon effrayante dans les conditions sociales actuelles. Heureusement, l'épreuve ne sera pas tentée de cette suppression des gardiens de l'ordre public, qui laisserait voir ce que peut, pour la préservation de la société, le progrès accompli jusqu'à ce jour dans la moralité générale.

Ce qui se passe communément, dans les pays les plus civilisés, à l'occasion de l'exécution des criminels frappés par la justice, ne dénote pas, tant s'en faut, un adoucissement des mœurs, un progrès des sentiments de commisération et de décence dans les diverses classes de la société. On lisait, dans la *Presse* du 24 février 1864 et dans tous les journaux de la même date, les détails édifiants qui suivent :

« Hier matin a eu lieu, à Londres, l'exécution capitale des matelots qui, accusés de s'être révoltés et d'avoir assassiné leur capitaine pour s'emparer du navire, avaient été condamnés à mort. Dimanche soir, la reine a accordé à deux des condamnés une commutation de peine. Les cinq autres ont été pendus. Croirait-on que, le jour de cette quintuple pendaison à jour fixé, les propriétaires des maisons ayant vue sur la place de Newgate ont eu l'impudeur d'afficher dans les journaux leurs fenêtres à louer? Croirait-on que l'attrait de cet odieux spectacle de cinq agonies à la même potence a fait monter jusqu'à 500 fr. le prix d'une petite fenêtre bien placée, et que des hommes du meilleur monde ont bravement payé une livre (25 fr.) le plaisir de grimper sur les toits et de savourer, appuyés contre un tuyau de cheminée, les dernières convulsions des condamnés? Ce ne sont pas des ouvriers ni des gens du bas peuple qui peuvent ainsi prodiguer l'or. On ajoute encore que, pendant toute la semaine, les sheriffs et les aldermen ont été assiégés de requêtes de la part de personnes riches et influentes, demandant la permission d'être introduites dans la prison le matin de l'exécution, pour ne pas perdre un détail de ce drame. »

Dans un autre ordre de faits, s'aperçoit-on que l'intempérance perde du terrain au lieu d'en gagner, et qu'elle exerce de nos jours moins de ravages que par le passé? L'ouvrier, dans nos villes et même dans nos campagnes, fête-t-il moins qu'autrefois le plus ruineux des Saints? L'alcoolisme, maladie non pas nouvelle, mais mieux étudiée de nos jours, parce que l'occasion de l'observer est probablement plus fréquente, l'alcoolisme n'avait jamais donné lieu, de la part des médecins, des hygiénistes et des économistes, à autant de travaux qu'ils en ont publié sur ce sujet depuis quelques années. Faut-il voir là un indice du progrès général de la tempérance ?

Nos maîtresses de maison ont-elles plus que leurs aïeules à se louer de la fidélité, de la docilité des personnes employées dans le service domestique ? Et celles-ci font-elles, plus communément qu'aux siècles passés, l'éloge de leurs maîtres et maîtresses ? Ne se dit-il jamais de la maison où l'on sert : *c'est une baraque !*

Y a-t-il de nos jours, comparativement à l'ensemble des époques précédentes, plus d'union dans les ménages, moins d'infractions à la foi conjugale ? Et que nous apprennent à cet égard, soit les archives des tribunaux, soit l'observation de la société, observation qui se reflète dans les œuvres de la littérature contemporaine, dans le roman en particulier ? L'apparition, l'avènement du demi-monde, qui est arrivé à former une classe dans la société parisienne, qui occupe une si grande place au théâtre, qui donne partout le ton de la mode et des manières, est-ce là un signe du progrès ou de la décadence des mœurs ?

Et le *pot-de-vin* (je vous demande pardon de l'emploi de ce mot qu'aucun autre ne pourrait remplacer), le pot-de-vin, ce protée subtil, où n'est-il pas parvenu à s'insinuer en dépit de toutes les règles et de toutes les surveillances ? Il y en a à l'usage de la plupart des professions ; et ce n'est pas sans quelque apparence de fondement que Diderot, un de ces casseurs de vitres comme en produit quelquefois le monde littéraire et philosophique, faisait dire au neveu de Rameau « qu'il n'y a presque pas d'honnêtes gens dans leur métier ou dans leur boutique, et que chaque profession a une conscience particulière qui comporte certains solécismes à la conscience générale. »

Les solécismes sont-ils moins communs de nos jours qu'aux époques antérieures ? Je crains bien de n'être pas le seul, hélas ! à en douter.

Croyez-vous d'autre part, Monsieur, que l'esprit d'union et de bienveillance réciproque entre les différentes classes ait fait, depuis vingt ans, beaucoup de chemin parmi nous ? En regardant au fond de la société, j'entrevois plutôt des symptômes de dispositions contraires. Les scènes de désordre, les émeutes populaires qui éclataient naguère dans la ville de Montpellier, à l'occasion de l'acquittement d'un maître, accusé de meurtre sur la personne de son domestique, sont à cet égard une triste révélation.

Outre les conflits d'intérêt toujours subsistants entre ouvriers et patrons, les événements de 1848 et des années suivantes ont laissé dans les cœurs plus d'un germe funeste et des ressentiments qui ne sont pas tous apaisés. Dans une partie du prolétariat révolutionnaire, le sentiment qui survit, c'est le regret d'avoir été trop bon prince au lendemain du 24 février, quand il se trouvait le maître. Si, ce qu'à Dieu ne plaise! un bouleversement survenait, les méfiances populaires envers les éléments d'ordre qui ont réussi à contenir la révolution de 1848, seraient bien plus grandes qu'elles ne le furent à cette époque. Si de nouveau *(Di omen avertant !)* l'occasion se présentait de planter encore des arbres de la liberté, le clergé, par exemple, peut tenir pour certain qu'il ne serait pas invité à venir leur donner sa bénédiction : à tort ou à raison, le peuple des villes s'est mis en tête que l'eau bénite avait porté malheur aux arbres de février. Une entrave de moins, par conséquent, aux jambes du coursier révolutionnaire, qui nous emporterait je ne sais où, mais, à coup sûr, à travers bien des précipices. Nul républicain sensé, s'il a une vue claire de ce qui, d'une part, fermente dans les régions infimes de la société, de ce qu'il subsiste, d'autre part, dans les régions moyennes et supérieures, de préjugés antipathiques à la justice, à l'égalité, nul sage républicain ne doit désirer voir de quelque temps encore son idée politique mise à l'épreuve d'une réalisation, qui serait pleine de périls et qui n'aboutirait, suivant toute probabilité, qu'à un échec désastreux et à une rétrogradation.

Ne nous laissons point leurrer par de vaines apparences ; mais allons résolûment, comme je crois l'avoir fait, au fond des choses. Quand il s'agit du progrès, sachons distinguer entre le progrès des sciences et de l'industrie, qui, tenant exclusivement à l'ordre intellectuel, marche toujours et ne pourrait s'arrêter que par suite d'un cataclysme,— et le progrès des mœurs et même des conditions d'existence de toutes les classes, qui ne suit pas nécessairement les mêmes allures que le premier. Loin que la condition de toutes les classes s'améliore toujours parallèlement, il est d'observation que là où règne la plus grande opulence en haut, par exemple en Angleterre, là aussi se rencontre, en bas, la plus extrême et la plus poignante misère.

Chez nous-mêmes, dans la population ouvrière de nos grandes villes, pourrait-on soutenir que le régime alimentaire s'est réellement amélioré depuis quarante ans ? Un professeur de l'Ecole de médecine, qui est de vos amis et du petit nombre que vous prisez le plus, M. Natalis Guillot, je puis le nommer, me disait naguère que, depuis vingt-cinq ans qu'il est médecin des hôpitaux, il n'avait jamais vu, dans les services, autant de phthisiques que cette année, surtout parmi les femmes : ce qu'il n'hésitait pas à rapporter à une alimentation insuffisante, produisant l'anémie, la chlorose et, par suite, la tuberculisation.

« Il faut, écrit un autre médecin des hôpitaux, M. le docteur Pidoux, récemment élu membre de l'Académie impériale de médecine, il faut distinguer la phthisie des riches et la phthisie des pauvres... Le travail démesuré, la privation prolongée des choses nécessaires à la vie, les excès de tout genre, en un mot la misère hors de nous, finit par amener la misère en nous. La phthisie sort de cet appauvrissement du fonds organique. »

Je conclus de l'ensemble de ces considérations que la thèse du progrès telle qu'on la soutient communément est tout entière à réviser, et qu'il y a des distinctions essentielles à établir entre les catégories de faits qu'on présente confusément comme étant tous de nature progressive.

Discutant la question à propos du livre de M. About, intitulé le *Progrès*, un écrivain de talent, M. Ed. Schérer, faisait des réserves sur les faits artistiques et moraux à l'égard desquels le progrès ne saurait se constater comme dans les acquisitions scientifiques et industrielles. Mais il aboutissait à une conclusion désolante, contre laquelle on ne saurait trop vivement protester. « Il y aura, disait en terminant M. Schérer, il y aura toujours des faibles, des vicieux, des coquins, des scélérats. En ce sens donc il n'y a point de progrès. La tâche est toujours à recommencer, et il serait vain d'attendre un perfectionnement qu'exclut la nature même des choses. » (Journal le *Temps*, du 12 avril 1864.)

La nature des choses, et dans le cas particulier, la nature humaine, voilà ce qui nous condamne, suivant M. Schérer, à posséder toujours parmi nous des coquins et des scélérats, et, par la même raison, une proportion à peu près invariable de ces garnements ; ce qui nous condamne, par conséquent, à garder indéfiniment aussi la prison et le bourreau, qui reste à tout jamais le dernier mot d'une semblable doctrine. Ainsi, ce n'est pas le milieu plus ou moins conventionnel dans lequel nous vivons, ce n'est pas l'imperfection de nos institutions sociales, et en premier lieu l'incohérence de notre régime industriel, que l'on songe à suspecter en quoi que ce soit : tout cela n'est pour rien dans la production des vicieux et des pervers. C'est la nature de l'homme qu'il faut seule accuser; et, comme elle est absolument incurable, d'après la manière de voir de M. Schérer et de tous ceux qui pensent comme lui, il ne faut compter, pour en avoir raison, que sur le gendarme d'une part et sur l'enfer d'autre part, si l'on y croyait encore. Voilà où se trouve amené, à propos du progrès, un des esprits distingués de notre époque, faute d'une idée juste sur la destinée sociale de l'homme.

2° LA TOLÉRANCE.

J'aurais bien aussi, Monsieur, quelque réserve à faire sur votre optimisme au sujet de la tolérance, « qui a, dites-vous, banni les persécutions religieuses. »

Les sectes religieuses ne s'attaquent plus violemment entre elles, il est vrai ; nos lois et nos mœurs ne le permettraient pas. Leur esprit intolérant n'en subsiste pas moins ; il se trahit en mille circonstances. Elles ont, en outre, senti le besoin de s'unir, elles se sont coalisées contre l'ennemi commun : la philosophie.

A l'égard de celle-ci, le triomphe de la tolérance n'est pas encore aussi complet qu'il serait à désirer. Je ne crois pas inutile d'insister sur cette question à propos d'un passage dans lequel vous déclarez « que les enseignements du positivisme ne s'adressent aucunement aux âmes engagées dans la foi catholique ou protestante. »

Je respecte le sentiment qui vous a inspiré ces lignes. Mais, quelque éloigné que je sois moi-même d'un prosélytisme intempérant, indiscret, qui se jette à la tête du premier venu indistinctement, qui fait à tout propos irruption hors de saison comme de convenance, sans considération des légitimes susceptibilités qu'il blesse, sans égard pour les âmes faibles qu'il peut froisser et scandaliser ; — je ne puis cependant admettre l'abstention poussée jusqu'à la limite que vous posez ; je ne saurais comprendre entièrement, comme vous, le devoir du philosophe. Des ménagements extrêmes pour le sentiment religieux, qui est toujours respectable ; des égards portés aussi loin que possible pour des opinions qu'il croit erronées, voilà tout ce qu'on est en droit d'exiger de lui et tout ce qu'il peut concéder. Mais réserver pour telle ou telle catégorie de personnes la communication de ce que l'on croit être la vérité, et exclure, en bloc, de cette participation telle ou telle autre catégorie, cela ne me paraît pas du tout philosophique. Si le premier devoir du philosophe est de chercher la vérité, le second est de la transmettre aux autres quand il pense l'avoir trouvée. En ceci, le sentiment est d'accord avec le devoir ; car, après le bonheur qu'on doit éprouver à découvrir quelque grande loi de la nature, il n'est pas de plus vive jouissance que de la proclamer. Ainsi a fait plus d'un glorieux ouvrier de l'édifice de la science, au risque des persécutions et des tortures ; ainsi Galilée, brisé un moment par les violences de l'Inquisition, se relève bientôt après pour maintenir la vérité qu'il a découverte : *E pur si muove !*

Je conçois l'honorable susceptibilité qui vous fait redouter, Monsieur, pour l'école philosophique à laquelle vous appartenez, l'imputation de jeter le trouble dans les consciences et d'ajouter au désordre intellectuel et moral qui règne dans la société. Est-il plus grand désordre, toutefois, que l'oppression de la vérité par l'erreur, de la science par l'ignorance ? Science et vérité condamnées à voiler leurs traits, de peur que l'éclat qui en pourrait jaillir ne devînt pour quelques-uns une cause d'éblouissement et un sujet de scandale. Or, c'est là le genre d'oppression que l'état actuel maintient et prolonge outre mesure.

Dans la lutte engagée entre le principe de l'autorité dogmatique et le principe du libre examen ; entre la foi aux interventions surnaturelles et l'idée de l'immutabilité des lois de la nature, quelle que soit d'ailleurs la cause de ces lois ; entre l'obscurantisme, pour tout dire, entre l'esprit de ténèbres et l'esprit de lumière, on combat nécessairement sous l'une ou sous l'autre des deux bannières opposées. Il n'y a pas de neutralité possible. « La question est posée, comme l'a constaté M. Guizot, entre le supernaturalisme et le rationalisme (1). » Or, ce qu'entend le célèbre écrivain par l'ordre surnaturel, qui serait plus justement nommé le *chaos* surnaturel, le voici formulé par lui-même :

---

(1) Un savant belge, M. Miron, dont l'ouvrage (*Examen du Christianisme*, Bruxelles et Leipsig, 1862) est peu connu en France, et pour cause, pose la question dans les mêmes termes que M. Guizot, mais pour la résoudre dans un sens tout opposé. Voici comment il ouvre sa discussion vigoureuse, appuyée sur une vaste et profonde érudition :

« L'homme, en considérant les merveilles du monde où il est placé et l'ordre admirable qui le régit, est porté à remonter vers la cause première de tout ce qui existe : c'est cette cause qu'il appelle Dieu. En réfléchissant sur lui-même, il se demande ce qu'il est, d'où il vient, quelle est sa destinée, quels sont ses rapports avec Dieu, ses devoirs envers Dieu et envers

— 281 —

« Nous avons pleinement foi à l'action surnaturelle de Dieu
» dans le gouvernement du monde ; à l'inspiration divine et
» surnaturelle des livres saints, ainsi qu'à leur autorité souve-
» raine en matière religieuse ; à la divinité éternelle et à la
» naissance miraculeuse comme à la résurrection de Notre Sei-
» gneur Jésus-Christ, Dieu-homme, sauveur et rédempteur des
» hommes. » (Discours prononcé par M. Guizot dans le conseil
presbytéral tenu à Paris au mois de février 1864, et dont les
idées forment le fonds du livre publié sous le titre de *Méditations sur la religion chrétienne*.)

Ainsi, d'après M. Guizot, c'est entre les esprits qui admettent
et ceux qui rejettent certains faits *miraculeux* que se débat la
question religieuse ; et il se range délibérément parmi les premiers (1).

Placé au point de vue diamétralement opposé à celui de
M. Guizot et des partisans du surnaturel, vous ne pouvez, vous,
Monsieur et honoré beau-frère, que vous prononcer dans le
sens directement inverse ; et de quelques prudentes précautions
que vous l'entouriez, votre enseignement ira toujours, à l'encontre du leur, présenter aux intelligences une conception du
monde et de la destinée humaine radicalement éversive de la
foi au surnaturel.

---

ses semblables. Immenses questions qui n'ont cessé d'être l'objet des méditations du genre humain. Les uns ont appliqué toutes les forces de leur
esprit à les résoudre, et ont cru pouvoir constituer une science de Dieu et
de l'homme, susceptible, comme toutes les autres, de progresser par les efforts accumulés des générations : ce sont les *philosophes*. D'autres ont
prétendu que les tentatives de l'homme étaient fatalement condamnées à
l'impuissance, qu'il ne pouvait rien connaître sans une révélation surnaturelle, c'est-à-dire une communication faite par Dieu lui-même en dehors
des lois ordinaires de la nature ; ils affirment en fait la réalité de ces communications dont ils disent avoir conservé le dépôt et en vertu desquelles
ils réclament la soumission du genre humain : ce sont les *théologiens*. »

(1) L'idée de miracle, incompatible avec celle de la sagesse infinie de
Dieu, régissant l'univers par des lois éternelles et immuables, — cette idée
que professe hautement M. Guizot, dont il fait le fondement de la religion
et la condition même, en quelque sorte, de la croyance en Dieu, de la
croyance au Dieu vivant, — était formellement repoussée déjà par des
philosophes de l'antiquité. Le miracle était pour eux chose impossible et
injurieuse à Dieu. Cicéron (*De Divinatione*, lib. II, ch. XXII, XXVIII)
démontre qu'il ne peut exister de prodiges, et que notre ignorance de

Vous avez beau déclarer que vous n'écrivez pas pour les catholiques; Mgr d'Orléans ne vous en tient guère compte, et franchement, je trouve qu'en cela il n'a pas tort, sans que j'excuse, d'ailleurs, les procédés de son zèle intolérant.

Vous n'écrivez, dites-vous, ni pour les catholiques, ni pour les protestants. — Quelle inconséquence! Vous allumez une lampe dans une salle remplie de personnes, et vous voulez qu'il n'y ait qu'une partie de ces personnes à être éclairées par sa lumière! Vous oubliez que Jésus lui-même a dit : « Quand on allume une lampe, ce n'est pas pour la mettre sous le boisseau. » Précaution qui serait vaine d'ailleurs : une idée qu'on arbore est comme le soleil qui luit pour tout le monde. Elle rayonne dans tous les sens, quoi qu'on fasse pour limiter la diffusion de l'incoercible fluide. Tant pis pour les vues délicates, pour les yeux malades qui n'en peuvent supporter l'éclat!

Ah! si les philosophes du dix-huitième siècle, que le positivisme traite avec une sorte de dédain, avaient eu de pareils ménagements, il est fort douteux que le positivisme aurait le champ libre aujourd'hui pour développer ses théories antithéologiques.

En opposition à ce que vous avancez, Monsieur, j'estime que

---

quelques-unes des lois naturelles est la seule cause qui nous fait considérer comme tels des faits qui rentrent nécessairement, s'ils ont lieu, dans l'ordre de la nature. — *Semel jussit, semper paret*, dit admirablement Sénèque (*De Providentia*, ch. v).

La foi à certains miracles, auxquels le lointain des événements et l'éminence morale de celui qui est censé les avoir accomplis, concilient un respect traditionnel ; cette foi que n'hésitent pas à professer, même à notre époque, des esprits supérieurs tels que M. Guizot, ouvre, malheureusement, la porte aux croyances superstitieuses qui représentent Dieu comme toujours disposé, sur l'intercession d'un saint ou de quelque pieux personnage, à intervertir, en faveur de tel ou de tel individu, le cours des lois naturelles. Il existe des livres mystiques, publiés avec l'approbation de nos prélats, qui rapportent à profusion des histoires de cures et d'apparitions miraculeuses, obtenues tantôt après une neuvaine, tantôt pour prix d'une dévotion particulière ou d'un vœu à la Vierge ou à quelque Bienheureux. C'est à ce point qu'on pourrait dire, en plein xixe siècle : *Un miracle par jour!* au lieu d'une idée que demandait M. E. de Girardin. Les propagateurs de ces opinions superstitieuses et chimériques ne doivent-ils pas être considérés comme des *fausseurs* d'esprits, si l'on veut me passer le mot, comme de véritables empoisonneurs des intelligences?

ce sont précisément les esprits tenus sous le joug des conceptions théologiques révélées, qu'il serait le plus urgent d'amener à la connaissance de la vérité. Je parle, bien entendu, des esprits capables de la comprendre et de la recevoir. S'il y a encore de l'intolérance et même de la persécution, n'est-ce pas de ces esprits-là qu'elles viennent? n'est-ce pas du moins grâce au concours, grâce au point d'appui qu'ils prêtent au génie de l'intolérance?

Vous en avez fait une épreuve personnelle. Votre candidature à l'Académie française, accueillie par l'opinion publique comme celle qui s'appuyait sur les titres littéraires les meilleurs incomparablement; votre candidature, soutenue par tous les membres de l'Académie soustraits, je ne dis pas à la croyance aux dogmes traditionnels (il en est de ceux-ci qui ont voté pour vous), mais à la domination exclusive de ces dogmes en dehors même de leur sphère légitime d'action; votre candidature, qui fit éclater de toutes parts tant de sympathie pour l'homme et pour ses mérites, a échoué, à la dernière heure, sur la dénonciation violente d'un évêque.

Pour mieux montrer que c'était le philosophe qu'elle repoussait en vous, c'est un fils des Croisés que la majorité bien pensante de l'illustre Compagnie a élu à votre place. Votre heureux compétiteur doit un beau cierge à Auguste Comte et au positivisme !

Si le bras séculier était encore aux ordres de l'autorité ecclésiastique, jugez, Monsieur, d'après le ton des mandements lancés contre son livre, jugez de ce qu'il adviendrait à l'auteur de la *Vie de Jésus*, à votre ami M. Renan !

Non pas que je songe à trouver mauvais que les pasteurs, gardiens constitués de la foi, défendent avec toute la chaleur du zèle apostolique le dogme fondamental du christianisme, et qu'ils témoignent vivement leur indignation de le voir attaqué.

En agissant ainsi, je comprends qu'ils remplissent un devoir; qu'ils exercent un droit que je leur reconnais parfaitement. Qu'on ne se trompe pas sur ma pensée à cet égard. Je veux seulement tirer de la forme dans laquelle plusieurs de nos évêques ont récemment exercé ce droit, une induction de ce qui arriverait au négateur de la divinité du Christ, si, comme en d'autres temps, le pouvoir social de punir, le glaive de la justice était, de nos jours, remis entre leurs mains, ou seulement, s'il fonctionnait sous l'inspiration et au gré de la passion qui les anime.

Au sujet de M. Renan, un critique dont le talent qui semblait dès longtemps avoir atteint son apogée, va grandissant encore de jour en jour, à l'étonnement de tous ses lecteurs, M. Sainte-Beuve, dans un de ses plus ravissants articles, nous apprenait, l'an dernier, que l'auteur de la *Vie de Jésus*, tandis que l'orage épiscopal se déchaînait le plus fortement contre son livre, avait vécu tranquille et pris les bains de mer en Bretagne avec sa famille; et il faisait ressortir cette circonstance à l'avantage de notre époque sur les époques antérieures, notamment sur ce qui arrivait, en 1762, à Jean-Jacques Rousseau, qui dut, après la publication de l'*Emile* et de la profession de foi du *Vicaire Savoyard*, s'enfuir au milieu de la nuit, et quitter incontinent la France (1).

Sans doute, nous avons gagné quelque chose (il serait bien étrange que de la révolution de 1789 il ne nous restât plus rien, absolument rien, à l'heure qu'il est); et M. Renan, signalé de tous côtés par les prélats catholiques pour son œuvre impie et blasphématoire, a pu néanmoins aller se reposer impunément parmi ses compatriotes bretons. Cependant il ne faudrait peut-être pas trop se fier à la tolérance facile à égarer de nos bons paysans du Trégorrais, de la Cornouaille, et des autres régions de notre pieuse Bretagne.

Je les connais aussi, étant né, ayant passé mon enfance au milieu d'eux. Si, à l'issue de quelque grand'messe paroissiale, où le curé (M. le Recteur comme on dit là bas) aurait donné lecture d'une verte lettre pastorale contre son livre, M. Renan se fût trouvé sous le porche encombré par la foule des fidèles, et que quelqu'un se fût avisé de le montrer en disant: « Voilà l'auteur de l'œuvre abominable, dénoncée à l'indignation de tout cœur chrétien par Notre Seigneur l'Evêque ! » je ne voudrais pas garantir que l'écrivain n'aurait eu rien à redouter de l'orthodoxe ferveur de nos rustiques compatriotes.

Œuvre, pour le dire en passant, œuvre de beaucoup de bruit,

---

(1) *Constitutionnel* du 7 septembre 1863.

mais de moins d'effet réel, suivant moi, que la *Vie de Jésus*, par M. Renan. Ceux qui ont applaudi l'auteur n'avaient pas besoin de la lecture de son livre pour cesser de croire à la divinité du Christ; et parmi les croyants, il n'y en a pas vingt peut-être qui aient changé d'opinion par suite de la lecture de l'ouvrage et en vertu des considérations qui s'y trouvent, plus artistement que philosophiquement développées. Acte de courage cependant que la publication d'un tel livre, quoiqu'un spirituel et résolu complice de la conspiration du dix-neuvième siècle contre l'Église appelle M. Renan *le plus timide des audacieux* (1) : acte de courage et de haut courage, il faut le reconnaître à la louange de ce timide oseur. L'auteur de la *Vie de Jésus* n'ignorait pas tout ce qu'allait soulever contre lui de colères, malgré l'exquise urbanité de la forme, la thèse exposée dans son ouvrage. Contre ces âpres et implacables colères plus d'un cœur bien trempé reculerait.

Si, contrairement à Rousseau dont l'ouvrage fut brûlé par arrêt du Parlement, l'auteur de la *Vie de Jésus* n'a point, pour le sien, subi de poursuites judiciaires, ce ne sont pas toutefois les incitations qui ont manqué à cet égard. Il a été traité d'ailleurs, dans nos assemblées politiques, sans que personne ait osé y prendre sa défense, il a été traité de façon à n'avoir que peu de chose à envier à Rousseau, dont les protecteurs osaient du moins s'avouer hautement.

De ce qui concerne l'œuvre si retentissante de M. Renan, je crois parler ici avec l'impartialité de l'histoire : si, dans toute cette affaire, il y a quelqu'un qui ait souffert moralement la violence et l'outrage, c'est assurément l'écrivain : outrage, dans certaines bouches, d'autant moins généreux que l'outragé n'avait pas la faculté de répondre.

Il ne faut pas trop se flatter de n'avoir plus rien à démêler désormais avec l'intolérance, hydre à plusieurs têtes, qui avait cependant rencontré son Hercule. Il y a cent ans, Voltaire se vantait, non sans motif, de nous laisser lime et ciseaux pour lui limer les dents et lui rogner les ongles : ce que fit assez bien, en

---

(1) M. Edmond About, dans son dernier ouvrage : *le Progrès*.

effet, 1789, odieusement outré ensuite par 1793. Mais depuis, que de tentatives, rarement ouvertes et franches, plus ordinairement sournoises et cauteleuses, pour nous ravir le bénéfice de l'opération de 1789! Tout muselé qu'il est aujourd'hui, le monstre, de temps en temps, rugit encore et réclame sa proie. Si le pupille et l'apologiste de Merlin (de Thionville), Jean Reynaud, nous a légué, dans *Terre et Ciel*, un beau livre, quoique peu orthodoxe,—un fils du fameux conventionnel s'adressait naguère aux grands pouvoirs de l'État pour demander, au nom des dogmes révélés, que l'œuvre de Reynaud, avec toutes ses pareilles, fût mise au pilon, et que les téméraires écrivains qui marcheraient sur les traces de l'auteur fussent frappés d'un châtiment exemplaire, comme corrupteurs de la morale et destructeurs des liens sacrés de la famille.

La théorie constitutionnelle de Nos Eminences sur la liberté de la presse et sur le droit de discussion ne va pas à moins qu'à interdire absolument, à quiconque n'admet pas la Révélation et le miracle, le droit de publier ses vues philosophiques (1). Traduire une discussion dans les termes qu'a employés, au sein du Sénat, M. le cardinal de Bonnechose pour caractériser la thèse de M. Renan, c'est simplement rendre impossible toute discussion, tout débat contradictoire quelconque.

En s'associant, plus que de raison, plus même que de nécessité politique, au blâme, à l'indignation témoignée contre l'ouvrage incriminé, les organes du gouvernement, au nom des principes de la constitution, ont dû réagir contre cet excès de zèle législatif pour la bonne cause.

Quoi qu'il en soit, je dis, en me fondant sur des symptômes non équivoques, sur des faits qui se produisent incessamment autour de nous, que dans l'état actuel des esprits, il y a beaucoup à faire encore à la propagande philosophique et libérale, pour amener le triomphe complet de la tolérance et pour l'assurer définitivement.

Si nous envisageons la question relativement à l'institution fondamentale de toute société progressive, relativement à l'édu-

---

(1) Discours de M. le cardinal de Bonnechose, dans la séance du Sénat du 18 mars 1864. — *Moniteur* du 19 mars, p. 373, troisième colonne.

cation de la jeunesse, combien nous sommes éloignés de l'application du principe de la liberté religieuse !

L'enseignement des premiers rudiments du savoir, qui constituent le programme des écoles primaires, est de droit commun. C'est un minimum d'instruction qui est dû à tout le monde sans exception aucune. Si les moyens des parents ne suffisent pas à le procurer, l'Etat est tenu d'y suppléer ; il y a ici de sa part une dette sacrée envers la jeune génération tout entière.

Comment jusqu'à ce jour s'est-il mis en mesure de remplir cette obligation ?

Indépendamment des autres causes, la part qui pèse encore sur nous du joug et des traditions d'une religion d'Etat est un obstacle à ce que ce devoir soit universellement rempli.

Dans un pays où il règne, en matière d'opinions religieuses, les plus grandes divergences ; dans un pays qui a proclamé depuis 1789 la liberté des cultes, une condition essentielle pour que les enfants de toutes les familles pussent jouir de l'instruction primaire, c'était de séparer complétement celle-ci de l'enseignement religieux.

Comment se fait-il qu'au mépris de ce principe il n'existe encore aujourd'hui, en France, aucun établissement d'instruction primaire dans lequel les enfants du philosophe, ceux de l'israélite, du calviniste et du catholique puissent aller en commun apprendre à lire, à écrire et à calculer, sans que le maître soit tenu d'enseigner en même temps aux uns et aux autres des dogmes qui doivent nécessairement blesser les convictions et les sentiments des parents de quelqu'une de ces catégories ?

Dans toutes les écoles primaires aujourd'hui, qu'elles soient publiques ou privées, l'enseignement des dogmes religieux traditionnels est obligatoire, et il y tient une grande place. Cet enseignement devrait être exclusivement donné par les parents et par les ministres des divers cultes auxquels les parents appartiennent.

L'instruction primaire, quant au point si important que je signale ici, est encore aujourd'hui chez nous sous le régime du moyen âge.

Comment veut-on, par exemple, qu'un père israélite envoie

son enfant à une école où l'on enseigne que sa race est chargée du plus grand des forfaits, du crime de déicide? Or, il n'y a souvent, à proximité de sa résidence, ni à plus de vingt lieues à la ronde quelquefois, que des écoles dont les maîtres sont tenus d'enseigner un tel dogme. Pourtant, les israélites français sont citoyens ; ils participent, comme contribuables, aux dépenses de l'instruction publique.

Non-seulement l'Etat, retenu par des considérations qui sont en désaccord avec les principes sur lesquels il repose depuis l'abolition de l'ancien régime, non-seulement l'État ne se met pas en mesure de remplir envers tous les enfants son devoir impérieux quant à l'instruction élémentaire, mais, en vertu d'un droit qu'il s'est abusivement attribué, il empêcherait au besoin les parents d'exercer à cet égard ce qui est leur droit légitime et même leur devoir. Que, par exemple, des pères, et il en est beaucoup dans ce cas, désirent faire donner à leurs enfants une instruction pure de tout mélange d'idées surnaturelles, la société présente ne leur offre aucun moyen, bien plus elle leur interdit la possibilité de satisfaire ce désir très légitime.

S'ils demandaient à fonder à leurs frais une institution de laquelle serait banni tout enseignement théologique, ou même de théologie traditionnelle, il est plus que probable qu'une telle autorisation leur serait refusée. Il est vrai, par conséquent, de dire que la classe philosophique, celle cependant qui a fait 1789, qui a, en réalité, assuré le triomphe et maintenu, contre les diverses tentatives de réaction rétrograde, l'existence politique des principes de 1789, est encore opprimée chez nous, puisque l'influence que conservent dans l'État les dogmes traditionnels ne laisse pas aux pères, qui en ont secoué le joug, la faculté d'exercer l'un des plus précieux droits de la paternité, celui d'élever leurs enfants selon leurs idées.

Faire appel, comme on l'a fait récemment, aux sectateurs de la loi de Moïse et aux protestants de toutes les confessions contre la liberté de penser et d'écrire, c'est leur demander qu'ils prêtent leurs concours aux constants adversaires de leur émancipation contre les avocats qui ont plaidé et gagné leur cause. C'est la philosophie, cette philosophie tant décriée du dix-huitième siècle, qui a conquis la liberté des cultes au profit des enfants d'Israël, comme au profit des chrétiens de toutes les communions dissidentes. Ingrats seraient-ils les uns et les autres, ingrats seraient-ils et bien imprévoyants, s'ils pouvaient l'oublier. Leur véritable égide, c'est la liberté philosophique ; qu'ils se gardent bien de se joindre à ses ennemis pour l'immoler ! ils se frapperaient du même coup.

Si, de ce qui a lieu dans la cité, nous portons nos regards vers l'intérieur des familles, en l'envisageant dans la partie cultivée de la société, dans la bourgeoisie spécialement, nous trouvons qu'ici, en matière de croyances, le désaccord le plus complet existe communément entre les deux sexes. Incrédulité systématique ou indifférence religieuse d'une part ; foi plus ou moins intacte d'autre part, et pratique plus ou moins fervente ou routinière du culte usuel, voilà ce qu'offrent, en général, les couples conjugaux de la classe qui forme le principal fonds intellectuel de la nation. Ce désaccord d'opinion sur un point tout à fait capital a de graves inconvénients pour l'harmonie de la famille et pour la salutaire influence que la vie de famille doit exercer. Si à force d'affection, au prix de beaucoup de concessions et d'égards mutuels, on réussit à prévenir les froissements, la mésintelligence et les conflits qu'un tel désaccord tend à faire naître, il met du moins obstacle à toute intime union et communication entre les âmes. Le père n'osera penser tout haut devant sa femme et ses enfants, de peur de heurter leurs croyances et les respectables sentiments qui en découlent. C'est dans les grandes crises de l'existence surtout qu'une telle divergence d'opinion devient particulièrement douloureuse. Peut-on concevoir, en effet, rien de plus déchirant, en face de la suprême épreuve de la mort, que la situation de ces tendres âmes féminines, qui sont réduites à opter entre les dogmes objet de leur foi et l'idée de la damnation éternelle de celui qu'elles chérissaient ? qu'elles chérissaient, non par devoir seulement, mais par une juste et spontanée réciprocité, jointe à une haute estime, car il possédait toutes les qualités du cœur ; mais il était par l'esprit en révolte ouverte contre l'Église, hors de laquelle il n'y a pas de salut.

Comment prendra fin ce douloureux schisme familial ? Est-ce l'époux, le père philosophe qui reviendra aux croyances traditionnelles que sa raison a rejetées? ou bien l'épouse, les filles croyantes et dévotes, qui seront amenées à une conception rationnelle du monde et de la destinée humaine? Il faudra bien, malgré toutes les hésitations, malgré tous les ménagements dont il convient d'user dans une question si délicate, il faudra bien qu'un jour, plus tôt plus tard, il n'importe, une solution ait lieu dans un sens ou dans l'autre. L'anarchie, ou plutôt la scission intellectuelle qui règne aujourd'hui dans la plupart des familles, réagit d'une façon douloureuse sur les affections. Les cœurs sincères, à quelque opinion qu'ils appartiennent, en appellent la fin de tous leurs vœux. Dans le sentiment que j'exprime ici, c'est le cri étouffé de bien des consciences qui s'exhale.

Quant aux tempéraments à apporter dans la propagande des vérités philosophiques, le dix-huitième siècle lui-même, malgré la témérité dont on l'accuse communément, en comprenait la nécessité. « Il faut sans doute, observe Condorcet, détruire toutes les erreurs ; mais comme il est impossible qu'elles le soient toutes dans un instant, on doit imiter un sage architecte qui, obligé de détruire un bâtiment et sachant comment les parties en sont unies, le démolit de manière que sa chute ne soit point dangereuse. » Et Condorcet termine cet écrit, qui a pour titre : *S'il est utile aux hommes d'être trompés?* par les paroles suivantes : « Concluons que de toutes les erreurs nuisibles, l'opinion qu'il y a des erreurs utiles aux hommes est la plus dangereuse et renferme toutes les autres. »

ÉPILOGUE

J'ai entendu de vos amis se demander, Monsieur et honoré beau-frère, je me suis plus d'une fois demandé moi-même dans le cours de l'étude que j'achève en ce moment, j'en suis à me demander encore comment un homme de votre valeur a pu être *subjugué* (c'est votre expression) par l'homme dont je viens d'examiner les pensées incohérentes en sociologie.

Une excessive modestie de votre part, une trop grande défiance de vous-même, voilà ce qui vous a privé d'une partie de votre liberté de jugement vis-à-vis de M. Comte. Vous avez un moment oublié le précepte de Newton : *nullius in verba,* et mal vous en a pris. Vous en faites d'ailleurs vous-même l'aveu de si bonne grâce qu'on ne peut que vous plaindre, et qu'on serait tenté même de vous louer, sinon de votre erreur, ce qui n'est jamais possible, du moins de la cause qui l'a produite, et de la candeur avec laquelle vous faites votre confession à ce sujet.

Dans le préambule de la troisième partie de votre ouvrage, vous vous exprimez ainsi :

« Selon moi, M. Comte a suivi une déduction légitime, en investissant d'un rôle équivalent au rôle des religions la *Philosophie positive* dont il est l'auteur; mais il ne s'est pas arrêté là, et, passant plus loin, il a voulu poser un être à longue durée, une personnalité collective à qui un culte pût s'adresser, et il a érigé, au milieu de la conception positive du monde, l'humanité comme le médiateur entre l'individu et l'univers, et comme l'objet de nos adorations. Dans le temps, je donnai mon assentiment à cette inauguration tentée par M. Comte; d'abord parce qu'alors je suivais M. Comte avec une confiance absolue, et sans une suffisante indépendance... Aujourd'hui, je suis obligé, non pas d'annuler, mais de modifier cet ancien assentiment. » *A. Comte et la Philosophie positive*, p. 524.

Un peu plus loin, vous renouvelez cet aveu, à propos de la lecture, faite par M. Comte à la Société positiviste, des premiers chapitres de sa *Politique*.

« Après avoir entendu cette lecture, dites-vous, je restai froid ; aucune lumière ne se fit dans mon esprit ; des paroles avaient frappé mon oreille, mais l'évidence ne les avait pas suivies ; je ne saisissais pas le passage des principes aux conséquences ; et ainsi données, les conséquences ne me semblaient plus venir qu'à l'improviste. Toutefois tel était l'ascendant que M. Comte exerçait sur moi, qu'en cette occurrence, ce ne fut pas lui ni son nouvel ouvrage que j'accusai ; c'est à moi que je m'en pris. Je supposai que de telles théories étaient trop abstraites et trop difficiles pour être saisies à la simple audition. J'acceptai provisoirement mon incapacité ; je suivis, dans la presse des circonstances, les solutions qui m'étaient offertes. » *Ibid.*, p. 528.

Vous fîtes là, Monsieur, si vous permettez que je le dise, un acte d'abnégation qui n'était pas du tout philosophique, et que vous avez eu amplement sujet de regretter ; car on a mis à votre charge, on a méchamment exploité contre vous une partie très compromettante des vues de M. Comte.

« Maintenant, ajoutez-vous, une mûre méditation m'a persuadé que mon assentiment provisoire devait être retiré et qu'il y avait faute contre la méthode. »

Puis, comme si vous craigniez que ce retrait d'assentiment ne fût interprété contre vos dispositions actuelles à l'égard de M. Comte, vous vous déclarez de nouveau son disciple, et votre gratitude envers lui s'exhale en des termes qui font l'éloge de votre cœur, mais dont le peu de fondement ressort pour moi avec évidence du rapprochement des idées qui vous sont propres et de celles que vous tenez de M. Comte. Les unes, dans leur sage réserve, sont toujours d'accord avec le bon sens, avec l'expérience, avec les notions positives de la science, et ne les suppléent jamais ; — les autres, celles de M. Comte, j'ai montré ce qu'elles sont ; je n'ai pas à y revenir.

Dans la part que vous gardez encore de l'enseignement de votre maître, il y a, si je ne me trompe, une nouvelle révision, un nouveau triage à faire. Il y a d'abord et avant tout à vous mettre d'accord avec vous-même.

Vous avez, en commençant votre livre, maintenu à M. Comte la haute position philosophique qu'il s'est assignée lui-même au-dessus de tous ses devanciers et de tous ses contemporains ; vous l'avez proclamé créateur de la science sociale. Puis, secouant enfin l'ascendant que, de votre aveu, M. Comte exerça longtemps sur votre pensée, vous vous enhardissez jusqu'à réviser ses titres et jusqu'à en discuter la valeur. De là une œuvre qui se trouve, quoi que vous puissiez alléguer, foncièrement contradictoire. La troisième partie ruine la première. Vous commencez par élever M. Comte sur un piédestal que vous êtes forcé ensuite de démolir vous-même de vos propres mains, pierre par pierre, non sans gémir sur la seconde moitié de votre tâche et sur le douloureux devoir que vous accomplissez ainsi : devoir que vous n'auriez jamais eu, dites-vous, le courage d'accomplir du vivant de M. Comte, de peur de troubler les derniers jours de votre irritable maître. Sentiment qui vous honore, mais sentiment dangereux à écouter quand il s'agit des grands problèmes abordés et tranchés par M. Comte.

L'homme qui est dans la position que vous avez acceptée par rapport à une doctrine générale, investie d'un rôle équivalent au rôle des religions, cet homme a charge d'âmes, vous diraient les catholiques, et, pour lui, il n'est jamais trop tôt pour protester contre l'erreur et contre les déviations.

Quand, d'autre part, on a pris la mission que s'était attribuée M. Comte; quand on s'est donné, comme lui, pour le messager de la Bonne Nouvelle; qu'on s'est, en quelque sorte, oint et sacré soi-même nouveau Christ, il faut être prêt à endurer la Passion qui attend ici-bas tous les Christs. Celui qui a, comme l'a fait M. Comte, signifié délibérément à Dieu même sa mise à la retraite et sa déchéance, tout en le remerciant « de ses services provisoires », doit se sentir de force à s'entendre dire la vérité, quelle qu'elle soit.

Telles n'étaient pas, je le sais, les dispositions morales de M. Comte. Il était loin de cette résignation sublime. Quoiqu'il prétendît aussi racheter le monde de ses erreurs séculaires, il n'était rien moins que disposé à porter sa croix de rédempteur.

Il n'aurait pas, certes, imploré, comme Jésus, le pardon pour ses ennemis et pour ses bourreaux, si l'on en juge par la façon dont il traitait quelquefois ses amis eux-mêmes et ses bienfaiteurs.

Quant à vous, Monsieur, personne à coup sûr ne sera tenté de vous accuser jamais d'imiter, dans son reniement, le prince des apôtres. Votre dévouement de disciple a été porté aussi loin qu'il pouvait aller, plus loin dans un sens, et je le regrette, qu'il ne convenait peut-être à votre réputation de philosophe. Le sentiment de la position respective entre vous et M. Comte m'a toujours paru beaucoup trop modeste de votre part, impression personnelle que je ne puis renfermer au dedans de moi, au risque de vous déplaire : impression partagée d'ailleurs par tous ceux qui se sont occupés d'apprécier l'école positiviste.

« Je ne discute pas, je ne veux pas discuter » me disiez-vous un jour, quand je vous fis part de mon dessein de porter la critique sur le système de M. Comte, et tout en me donnant, par rapport à l'exécution de ce dessein, de sages avis que je me suis efforcé de suivre, sans abdiquer, bien entendu, l'indépendance de pensée et la liberté d'appréciation que vous n'avez jamais songé à m'interdire. — La résolution de ne point discuter est le sage parti auquel nous conduit en général l'expérience de la discussion. A quoi sert-elle en effet? A rien pour changer l'opinion de ceux qui discutent; la galerie seule, si galerie il y a, en fait quelquefois son profit.

D'ailleurs, dans la partie qui se jouerait ainsi entre nous, les enjeux seraient par trop inégaux. Si vous me convertissiez à M. Comte et à sa doctrine, le triomphe serait mince et de nulle conséquence. Si j'avais la chance inespérée de vous amener à la loi de la Série et au phalanstère, qui en est l'application sociale, j'aurais fait une conquête d'un prix inestimable, j'aurais gagné ma bataille d'Austerlitz, et il serait chanté un *Te Deum* d'actions de grâces dans tous les groupes phalanstériens, depuis New-York, la cité positive, fille démocratique de Washington et de Franklin, livrée, hélas! aux sinistres préoccupations d'une horrible guerre, jusqu'à Besançon, la vieille ville impériale, berceau de Hugo et de Fourier; depuis Londres et Paris, les reines glorieuses, mais aussi les grands cloaques de la civilisation moderne, jusqu'aux Pamplemousses de l'île de France, poétisés par l'idylle de Bernardin ; car sur tous ces points et sur d'autres encore, du levant au couchant, du nord au midi, malgré le silence qui s'est fait depuis quinze ans sur l'idée sociétaire, il y a des intelligences qui communient dans cette idée et des cœurs qui battent pour elle, attendant avec impatience sa réalisation : réalisation plus ou moins prochaine ou éloignée, mais qui aura lieu certainement un jour. Jour de délivrance pour toute la postérité d'Adam, et qui marquera une ère nouvelle pour le globe !

De quoi s'agit-il au fond des questions qui se débattent ici ? Il s'agit du sort de l'humanité tout entière sans doute ; mais il s'agit aussi, et en même temps, de la sécurité pour l'avenir et du bonheur particulier de nos enfants, de nos proches. Il s'agit de les mettre tous et pour jamais à l'abri des gouffres infernaux de la ruine, de l'abandon, de l'opprobre même, toujours béants pour un grand nombre dans la société actuelle. Or, qui peut avoir l'assurance que rien de ce qui lui est cher ne tombera dans quelqu'un de ces gouffres, au bord desquels chemine incessamment toute vie civilisée ?

Eh bien ! j'ai la conviction, je pourrais dire la certitude que je suis avec Fourier et la théorie sociétaire, plutôt que vous avec M. Comte et la philosophie positive, sur la voie qui mène au but : La sécurité, la félicité sociale.

J'ai dit, et je prends congé de vous, Monsieur et très honoré beau-frère ; je retourne à mes malades (bien des gens trouveront sans doute que j'aurais mieux fait de ne pas les quitter du tout), pendant que vous, dans vos studieuses veilles, vous poursuivez l'achèvement de ce dictionnaire de la langue française, œuvre de bénédictin, mais du bénédictin savant de notre époque, monument sans rival élevé à la linguistique, et qui est attendu avec impatience par tous les amis du savoir et des lettres.

Ce ne sera pas là encore, laissez-m'en concevoir l'espérance, le dernier ni le plus grand titre de gloire que vous pourrez léguer à la postérité. Si, mettant à profit les données jusqu'à ce jour acquises en sociologie, vous travaillez avec toute la puissance de votre esprit des matériaux dont une grande partie n'est qu'à peine ébauchée, vous couronnerez votre carrière par une œuvre imposante, qui dépassera par sa valeur toutes celles auxquelles votre nom s'attache glorieusement déjà; vous élèverez à la science sociale aussi, à la suzeraine des sciences, un monument dont le mérite n'aura de supérieur que celui de l'invention même des principes de cette science, titre unique, qui ne peut se répéter, ni s'égaler.

Que mon travail eût pour seul résultat de vous pousser à une semblable entreprise, et je croirais n'avoir perdu ni mon temps ni ma peine !

Avec l'extrême indulgence qui est le propre de toute vraie supériorité, vous m'excuserez d'avoir engagé et poursuivi cette longue polémique. Si j'y ai mis quelque chaleur, vous ne m'en voudrez pas : c'est ma nature ; je ne pouvais faire autrement. Comme les actes injustes, les idées qui me semblent fausses m'inspirent une aversion passionnée, mais qui ne remonte jamais jusqu'aux personnes, alors même que je n'aurais aucune raison de les chérir et de les respecter : ce qui est tout l'opposé de ma situation à votre égard. Si, dans le cours de cette discussion, il s'était glissé une parole qui pût vous blesser en quoi que ce soit, je la désavoue et je la rétracte formellement, car elle irait tout à fait contre mon intention et contre mes sentiments.

Recevez l'assurance du profond respect, de la haute estime et du sympathique attachement avec lesquels je suis,

Monsieur,

Votre tout dévoué et très affectionné beau-frère,

Charles PELLARIN.

Paris, 1er juillet 1864.

NOTE A

SUR L'ENSEIGNEMENT ORAL ET SUR LA CORRESPONDANCE DE M. COMTE

M. Comte fit, pendant plusieurs années, des cours d'astronomie populaire dans une salle de la mairie de l'ancien troisième arrondissement de Paris.

Je me suis rendu quelquefois aux séances dont il s'agit, moins pour mon instruction astronomique, en quoi j'aurais été ordinairement déçu, que pour prendre une idée des vues philosophiques et sociales du professeur. — En matière de doctrine sociale, ma vieille et incurable dévotion, je n'ai jamais été si exclusivement de ma paroisse que je ne sois allé quelquefois au prône dans les autres, afin de comparer ce qui se disait dans chacune.

Eh bien ! de toutes mes excursions au dehors, je suis toujours revenu vers mon Saint avec un redoublement de ferveur, avec de nouveaux motifs de le trouver supérieur incomparablement à tous ceux des paroisses rivales. Si c'est une illusion, je ne demande pas mieux qu'on me le prouve. Or, voici trente-deux ans passés que cela dure, et je n'ai pourtant l'esprit fermé, je crois, à aucune bonne démonstration. Je suis même assez volontiers éclectique de ma nature, et quelque peu enclin à la *papillonne* en matière de philosophie.

Pour revenir à ce que j'ai vu et entendu au cours qui se faisait, il y a vingt ans, à la mairie des Petits-Pères, là, M. Comte dissertait d'une foule de choses à propos d'astronomie, pendant quatre heures et plus, sans égard pour la fatigue de ses quarante ou cinquante auditeurs, dont les uns sortaient, les autres entraient successivement, mais dont bien peu avaient le courage de subir jusqu'au bout l'interminable leçon du professeur. Celui-ci montrait par là que, malgré sa longue pratique de l'enseignement, il n'avait aucune idée de la durée d'attention dont est capable un auditoire, même le mieux disposé. Si M. Comte avait possédé réellement les qualités professorales, ce n'est pas dans une salle aux trois quarts vide qu'il eût habituellement parlé. Qu'on en juge par ce qui se passait aux conférences de M. Arago, son ennemi intime, faites à la même époque et sur le même sujet, dans la grande salle de l'Observatoire, où il fallait arriver bien avant l'heure pour trouver une place.

Sans vouloir en rien m'occuper de la personne et de la vie de

M. Comte, je dirai cependant, Monsieur et honoré beau-frère, quelques mots de sa correspondance, que vous avez reproduite, et de sa biographie, que vous avez tracée, — en tant seulement que cela aura un trait direct aux opinions de M. Comte, et complètera par conséquent l'esquisse de sa physionomie comme philosophe.

Quand on parcourt votre livre où cette correspondance tient une grande place, on a hâte d'arriver aux endroits où vous prenez vous-même la parole, et de passer de l'entretien de M. Comte au vôtre, qui est toujours instructif et souvent agréable; on est impatient de sortir de la phraséologie diffuse du maître pour retrouver la prose limpide et coulante, le style nerveux et coloré du disciple.

Dans la volumineuse correspondance de M. Comte, où il est incessamment question de ses griefs envers les savants et de sa position personnelle, pas la moindre trace d'émotion à propos d'un malheur public ou particulier. Cependant il y avait eu, de 1830 à 1857, époque de la mort de M. Comte, assez de ces calamités poignantes qui devaient douloureusement retentir dans le cœur des hommes occupés de l'étude des problèmes sociaux. Indépendamment des luttes politiques de 1830, de 1832 et de 1834, la révolte industrielle s'était montrée deux fois dans Lyon. Là, terrible comme une énigme du Sphynx de l'antiquité, une devise avait été arborée par les canuts : « Vivre en travaillant ou mourir en combattant ! » L'événement de février, les lamentables journées de juin 1848 n'ont pas arraché un soupir à M. Comte. S'il est vrai, comme l'a dit un littérateur contemporain, M. Eugène Pelletan, je crois, que les âmes les plus divinement trempées sont celles qui vibrent le mieux à l'émotion, l'âme du fondateur de la philosophie positive n'avait à aucun degré reçu cette trempe-là. Il serait impossible, d'après sa correspondance, de deviner dans quel milieu historique et social il a vécu. Aussi trouverait-on difficilement quelque chose de plus fatigant, de plus dépourvu d'intérêt et d'attrait que cette correspondance. Je n'y ai remarqué qu'un trait piquant d'observation de mœurs, qui, pour la singularité du fait, mérite d'être rapporté.

M. Comte, en tournée d'examen pour l'admission à l'école polytechnique, dînait un jour, c'était en 1837, chez le préfet de la Côte-d'Or, qui était, si je ne me trompe, M. Chaper, dont il a été question récemment, lors de la vérification des pouvoirs au Corps législatif, à propos d'une protestation de M. Casimir Périer, son parent, contre une des élections du département de l'Isère. M. Comte, au sortir de ce dîner, écrivait à sa femme :

« J'ai trouvé à Dijon un préfet de ma connaissance ; il avait même été mon ancien à l'École. Il se souvenait très bien de moi. Nous avons très heureusement renouvelé connaissance. Il a de la raison et surtout d'excellentes manières. Il paraît fort estimé à Dijon, qu'il administre depuis six ou sept ans déjà. Sa femme étant en voyage, nous avons eu un dîner d'hommes, et un singulier dîner pour moi, je vous jure, quoique d'ailleurs excellent et fort recherché ; un dîner tout de fonctionnaires, et, pour tout dire, de fonctionnaires purement militaires ; le préfet et moi étions seuls de l'ordre civil : trois généraux, trois colonels, etc., une douzaine en tout... Pourvu que de telles rencontres soient extrêmement rares, j'avoue que je n'en suis pas fâché, et que mon esprit d'observation y dîne pour le moins aussi bien que mon estomac. Je vois aussi combien toute cette hiérarchie actuelle serait disposée à accommoder le juste milieu à la sauce napoléonienne, qui est leur vrai ragoût de prédilection. Louis Philippe a grand tort, ce me semble, de s'y confier, si tant est réellement qu'il s'y fie, tout en s'en servant.» A. *Comte et la Phil. pos.* p. 471, 472.

On chercherait en vain, dans le surplus de la correspondance, le pendant de ce trait de mœurs, qui est parfaitement saisi et parfaitement rendu.

M. Comte se montrait ici plus avisé que tel ministre de Louis-Philippe, replaçant sur la colonne de la place Vendôme, aux acclamations du peuple et de l'armée, la statue de Napoléon, et envoyant plus tard un des fils du roi chercher dans l'autre hémisphère et rapporter triomphalement les restes de César, pour les déposer avec pompe aux Invalides, afin que fût mieux entendue sans doute la voix du grand mort qui n'a pas crié longtemps en vain :

Exoriare aliquis nostris ex ossibus !...

Qu'importe, ensuite, l'avertissement tardif et impuissant de M. Thiers, la veille du 2 décembre : « L'Empire est fait ! »

La correspondance roule en grande partie sur la malveillance et sur les injustices dont M. Comte pensait être l'objet de la part des coteries dominantes dans le monde académique et scientifique. Elle est envahie par des récriminations et des doléances qui vont parfois jusqu'à un oubli de dignité, pénible à rencontrer chez un homme et chez un philosophe.

J'ai eu aussi, moi, à raconter la vie d'un fondateur de doctrine, et j'ai dépouillé, à cette occasion, un très grand nombre de ses lettres. Mais quelle différence entre les préoccupations habituelles des deux hommes! L'un n'entretient ses amis que des hostilités et des intrigues qui menacent de lui faire perdre sa place d'examinateur à l'Ecole polytechnique, et de la situation matérielle où va le jeter cet événement ; l'autre, dépourvu aussi de toute fortune personnelle, s'oublie complétement pour ne songer qu'aux moyens de réaliser l'essai de sa théorie.

Voici, à cet égard, un trait rapporté par Béranger dans une lettre adressée à un de mes amis, M. Ed. de Pompery :

« Je vous reprocherai de n'avoir pas complété votre notice biographique par un trait de Fourier qui me semble le peindre admirablement, c'est cette exactitude avec laquelle, pendant dix ans, il rentra toujours chez lui, à midi, heure de rendez-vous qu'il avait indiquée dans ses publications, à l'homme riche qui voudrait lui confier un million pour ériger le premier phalanstère : rien n'est plus touchant que cette foi si vive et si durable ! Oh ! que j'aurais voulu avoir un million à lui porter ! bien que sa science me semble incomplète, et que par lui l'homme n'ait guère été envisagé que sous le point de vue de l'ordre matériel. Vous voyez, monsieur, que, comme vous, je ne me gêne pas pour dire toute ma pensée, même quand il s'agit de grands hommes... »

Je cite ici cette anecdote comme propre à donner une idée du contraste des caractères de ces deux novateurs.

Que M. Comte ait été atteint d'aliénation mentale en 1826, et et qu'il ait passé près d'une année dans la maison de santé du docteur Esquirol, c'est un fait trop connu pour qu'il y ait indiscrétion à le rappeler. Les premiers symptômes de la maladie éclatèrent dans le moment d'un démêlé avec M. Bazard, à propos de la propriété de quelques idées émises dans le journal le *Producteur*, et au sujet desquelles M. Comte revendiquait une priorité. On ne se montra conciliant ni d'un côté ni de l'autre, et Bazard, qui, ayant pris part aux entreprises les plus hardies contre la Restauration, avait des habitudes militaires, parla de duel. Ce fut au milieu de ces impressions que la raison de M. Comte se dérangea.

Bazard, qui fut plus tard un des chefs de la doctrine saint-simonienne, succomba lui-même, en 1832, blessé mortellement dans ses affections intimes, à l'occasion de débats soulevés au sein de la secte qu'il avait le plus contribué à former par ses enseignements.

Un autre personnage plus célèbre que M. Bazard se trouva mêlé aux circonstances qui accompagnèrent les premiers symptômes de la folie de M. Comte. Ce fut l'abbé François de Lamennais. — Une lettre de M. de Blainville, à la date du 9 juillet 1826, contient les détails suivants :

« Le samedi 15 avril dernier, je reçus une lettre assez singulière de M. Comte, dans laquelle, après m'avoir annoncé qu'il a manqué d'être pis qu'un mort, il me disait qu'il avait été son médecin et que, si je voulais en savoir davantage, je m'adressasse à M. de Lamennais, son confesseur et son ami. — Le jour même, M. l'abbé de Lamennais vint chez moi, et, ne m'ayant pas trouvé, me laissa une lettre de M. Comte, à lui adressée, dans laquelle l'incohérence des idées indiquait une sorte d'aliénation mentale. »

Pendant la maladie de son mari, madame Comte se montra d'un dévouement admirable. Après sa sortie de la maison de santé, elle parvint, aidée du conseil d'Esquirol, à faire annuler une procédure en interdiction qui avait été commencée par le conseil de famille.

Le père et la mère de M. Comte, fervents catholiques, regardaient comme nulle une union que l'Eglise n'avait pas bénie. Madame Comte mère, qui était venue à Paris, réclamait la consécration religieuse du mariage avec une insistance qui allait jusqu'à amener des scènes de violence.

Cette célébration eut lieu peu de jours après la sortie du malade de la maison d'Esquirol, alors que son état mental était encore si peu sain que le curé de Saint-Laurent refusait, pour ce motif, de procéder au mariage. Par l'intermédiaire de l'abbé Lamennais, madame Comte mère obtint de l'archevêché un ordre qui enjoignait de célébrer la cérémonie. Le prêtre et le prélat furent eux-mêmes trompés sans doute sur l'état intellectuel de M. Comte qui, en apposant sa signature, ajouta : *Brutus Bonaparte.*

Quoi qu'il en soit, l'abbé de la Mennais était, à cette époque, le porte-étendard du catholicisme et il jouissait de la plus haute influence. Les jeunes gens de mon pays, où son frère aîné, l'abbé Jean Marie de la Mennais (1), avait longtemps, comme vicaire général, administré le diocèse de Saint-Brieuc, et même un peu le département, toutes les autorités venant prendre chez lui le mot d'ordre ; les jeunes gens qui pouvaient apporter à Paris une recommendation pour l'abbé François de la Mennais se croyaient assurés de leur fortune et de leur avenir. On sait comment tout cela changea bientôt après, et quelle complète révolution s'opéra dans la pensée et dans les sentiments du grand écrivain. Avec moins de passion et moins de sincérité, Lamennais eût été probablement le chef de l'Eglise.

Ici, un rapprochement se présente à l'esprit : Lamennais et A. Comte, hommes plus différents peut-être encore par l'esprit que par le caractère, ont succombé tous les deux, à quelques mois d'intervalle. Le prêtre de 1826, l'éloquent et fougueux champion de la monarchie et de la papauté, après avoir brûlé tout ce qu'il avait adoré d'abord, meurt démocrate, en reniant la foi catholique ; le républicain, le philosophe antireligieux de la même époque, meurt en dénigrant l'esprit critique et révolutionnaire, au milieu des pratiques d'un sacerdoce et d'un pontificat de son institution. Ce que c'est que de nous ! Pauvre cervelle humaine ! Il y a là du moins une leçon de tolérance pour tous et une preuve de l'indulgence que nous nous devons les uns aux autres, quelle que soit la profondeur des dissidences d'opinion qui nous divisent.

Remis de la crise qu'avait subie son intelligence, M. Comte reprit le développement et l'enseignement de sa doctrine par des expositions orales et surtout par la publication du *Cours de philosophie positive.* Le succès, comme propagande, fut longtemps presque nul ; l'auteur n'y avait pas, d'ailleurs, lui-même compté.

« Quelques bonnes fortunes lui échoient pourtant, (j'emprunte ici à dessein les paroles de M. Reybaud) il rallie quelques noms d'une grande valeur. Les uns, il est vrai, n'acceptent que la méthode, les autres vont plus loin et acceptent la doctrine. Il en est deux surtout, qu'en parlant de Comte, il est impossible de ne pas citer. Dans l'ensemble de leur œuvre, dût leur modestie s'en défendre, ils lui sont de beaucoup supérieurs ; ils n'en sont pas moins, à un moment donné, non-seulement des auditeurs attentifs, mais des partisans déclarés de la philosophie nouvelle. Pour M. Littré, ce fut le hasard qui en décida. Un ami lui avait prêté l'ouvrage de Comte ; celui-ci le sut et lui envoya un exemplaire : de là leur liaison, qui date de 1840. Elle fut ce qu'elle pouvait être entre deux

---

(1) Les deux frères, dans le principe, écrivaient ainsi leur nom, et l'aîné ne l'a jamais écrit autrement.

hommes dont l'un était plein de lui-même, dont l'autre s'efface volontiers avec une dignité pleine de goût. Dans la suite de leurs rapports, ce contraste domine. Ni les vanités, ni les singularités de Comte ne purent altérer les sentiments de M. Littré ; il ne se sépara que de ses contradictions. » *Etudes sur les Réformateurs*, par L. Reybaud, 7ᵉ édition, t. 1, p. 323.

L'autre éminent adepte mentionné par M. Reybaud est M. John Stuart Mill, dont l'assentiment fut plus conditionnel.

Je m'interdis de suivre la vie de M. Comte qui, exposée en regard de ses prétentions à un moralisme transcendant et au pontificat de la religion définitive, pourrait donner lieu à des appréciations sévères. Personne plus que le fondateur du positivisme ne s'est ôté le droit de bénéficier de cette parole de Jésus : « Ne jugez pas, et vous ne serez pas jugé. ». Math. vii. 1.

Je suis heureux de laisser de côté les actes pour ne m'occuper que des opinions. Au nom de son omniscience, M. Comte prononçait avec une assurance sans égale sur tous les sujets, même dans les matières les plus étrangères à ses études. C'est ainsi qu'il s'était fait un système de médecine à lui. Si l'on veut avoir une idée des vues médicales de M. Comte, il faut lire ses lettres sur la maladie adressées au docteur Audiffrent, l'un de ses disciples. En voici un extrait :

« Le principe que j'ai posé permet de concevoir leur classement rationnel (des maladies) d'après leur source essentielle, puisque toutes résident dans le cerveau. Car cette classification doit dès lors résulter du tableau cérébral...

» On est conduit à distinguer d'abord les maladies en égoïstes et en altruistes, comme les moteurs affectifs, quoique les unes et les autres puissent avoir lieu par excès ou par défaut ; le premier cas appartient surtout aux premières, le second aux secondes. Un insuffisant essor de l'altruisme constitue la source secrète d'une foule de perturbations radicalement inconnues. Telles sont surtout les épidémies qui succèdent aux commotions politiques, comme les affections cholériques survenues dans ce siècle, après la secousse antibourbonnienne de 1830, la crise républicaine de 1848, et finalement la crise dictatoriale de 1851. La source nécessairement cérébrale de toute grave maladie devient spécialement irrécusable envers ces vastes perturbations, que l'empirisme matérialiste proclame inintelligibles. » *Notice sur l'œuvre et sur la vie d'Aug. Comte, par le docteur Robinet. Pièces justific.* p. 530.

Est-il besoin de discuter, même vis-à-vis des hommes étrangers à la science médicale, une pareille étiologie du choléra épidémique ? M. Comte oublie que, lors de ses trois invasions dans notre pays, le choléra était parti de l'Inde, où nulle crise antibourbonnienne ou républicaine n'avait pu lui donner naissance ; qu'il avait traversé le continent asiatique, la Russie, l'Allemagne et l'Angleterre, et qu'à part l'insurrection de Pologne, en 1831, il n'avait trouvé sur son chemin aucune révolution. Comment un homme qui parle ainsi au hasard de choses qu'il ne connaît aucunement a-t-il pu faire illusion à de bons esprits, et usurper le titre de créateur de la philosophie positive ? Telle est la question qui revient sans cesse à ma pensée au sujet de M. Comte. Il faut dire, toutefois, que la doctrine médicale appartient à la dernière phase de la vie du philosophe, à cette phase dont les manifestations donnent lieu de penser que M. Comte ne fut jamais complétement guéri de sa maladie de 1826, et durent quelquefois péniblement rappeler à plusieurs adeptes l'apologue du *Fou qui vend la sagesse*.

Il y a une démarche de M. Comte qui ne doit pas être omise, car elle est caractéristique des dispositions d'esprit auxquelles il était arrivé sous l'empire de ses préoccupations pontificales. Je veux parler de la lettre par lui adressée au souverain qui fut la personnification du despotisme et du militarisme en Europe, au dix-neuvième siècle.

« *A Sa Majesté Nicolas I*er, *empereur de Russie, à Saint-Pétersbourg.*

» Paris, le jeudi 20 archimède 65 (14 avril 1853).

» Sire,

» J'ai résolu de faire à Votre Majesté l'hommage personnel des deux premiers volumes de mon *Système de politique positive* et de l'opuscule épisodique destiné, sous le titre de *Catéchisme positiviste*, à caractériser sommairement l'ensemble de ma doctrine. Ce triple envoi doit coïncider avec une lettre spéciale, du 20 décembre 1852, propre à vous indiquer préalablement la nature de la nouvelle foi. Le tout serait déjà parvenu si je n'avais trop compté sur une transmission exceptionnelle, qui me semblait préférable au mode ordinaire. Forcé d'adopter celui-ci, je me suis adressé récemment à la légation russe, qui m'a déclaré ne pouvoir, d'après ses règlements, se charger d'une telle entreprise sans une autorisation directe et spéciale. C'est pourquoi, Sire, j'ose vous demander aujourd'hui cette faculté. La libre circulation qu'obtint toujours en Russie mon ouvrage fondamental me fait espérer un digne accueil pour un traité qui le complète, et dont l'ensemble prouve que, du foyer de l'agitation occidentale, il peut surgir des conceptions qui ne soient ni frivoles ni subversives. Vu le retard involontaire que mon envoi vient d'éprouver, j'ose insister sur la prompte expédition d'une autorisation qui me permettra de réaliser ce juste hommage d'un vrai philosophe au seul homme d'Etat de la chrétienté.

» Salut et respect,

» Auguste COMTE,
» 10, rue Monsieur-le-Prince. »

(A. Comte, *système de politique positive*. T. 3, p. XIII.)

NOTE B

PROPRIÉTÉS SPÉCIALES DE CHACUN DES SENTIMENTS AFFECTIFS

Les propriétés distinctes de chacun de ces sentiments et des groupes qu'ils tendent à former donneraient lieu à des remarques d'un véritable intérêt social, malgré la futilité apparente de certaines d'entre elles : remarques si souvent constatées d'ailleurs, qu'il y aurait à craindre pour quelques-unes le reproche de banalité, si le but de ces observations n'en rachetait la notoriété vulgaire.

En Amour, le sexe fort est et doit être l'esclave du sexe faible ; Hercule file aux pieds d'Omphale. C'est à l'homme de solliciter et à la femme d'accorder. Si les rôles sont intervertis, le groupe pèche ; il perd son charme et sa grâce.

L'amour ne va pas sans l'illusion, ou plutôt c'est un trompe-l'œil, si l'on me passe cette expression, qui grossit démesurément les qualités de l'objet aimé et qui n'en laisse apercevoir aucun des défauts. Dans ce groupe, la *critique* n'a point de place. Aussi était-ce avec raison que je ne sais plus quelle femme répondait à un de ses adorateurs qui s'avisait un jour de découvrir une tache sur son visage ou de redire à quelque chose : « Ah ! je vois bien, monsieur, que vous ne m'aimez plus ! »

L'amour est de toutes les affections celle au sujet de laquelle il règne, en régime civilisé, le plus de fausseté et d'imposture : imposture qui réagit sur les autres liens sociaux et contribue à les fausser, à les vicier par contre-coup. Roué en amour à vingt ans, on est roué en affaires à quarante.

Une bienséance, à quelques égards mal entendue, interdit aux ouvrages sérieux, qui traitent des questions sociales, d'aborder certaines réalités de la vie, très influentes et très sérieuses cependant par leurs conséquences. Sans aller sur les brisées du malicieux auteur de la *Physiologie du mariage* et de la *Comédie humaine*, qui d'ailleurs se qualifiait lui-même *docteur ès sciences sociales*, ne peut-il être permis de faire ressortir certaines bizarreries de nos mœurs qui portent avec elles leur enseignement ?

De quelque mauvais ton que cela soit, il y a encore des hommes qui *gasconnent* sur leurs bonnes fortunes, et, à les entendre, les don Juans et les Lovelaces ne seraient pas des types tout à fait disparus de nos jours. — Les femmes *gasconnent* peut-être un peu aussi dans le sens contraire, et à juger par l'opinion que toutes cherchent à donner d'elles-mêmes, la société ne serait composée que de Lucrèces. Qu'il soit conforme ou non à la vérité vraie, il faut se féliciter de l'hommage rendu ainsi à la vertu par l'unanimité des femmes, car il sauve du moins les apparences et il prévient beaucoup de désordres. Etant admise, au surplus, à tous ces égards, l'accommodante maxime de Pangloss, il ne reste pas moins que, si l'on rapproche les uns des autres les dires ou aveux de l'un et de l'autre sexe, on arrive à la formule algébrique la plus impossible, à savoir : délits amoureux du coupable masculin dépassant de beaucoup ceux de son indispensable complice féminin.

Je sais bien qu'on objectera que la différence se trouve comblée par cette classe de femmes qui comprend depuis les lionnes du demi-monde jusqu'aux pauvres et infimes créatures qui payent au fisc l'autorisation de commercer de leurs charmes. Comblée pour une part, soit, mais pour une part seulement. Ce n'est pas de triomphes obtenus dans de semblables régions que se targuent nos don Juans. Il y aurait bien de quoi se vanter, ma foi !

Depuis le sage Salomon jusqu'à Shakespeare, Byron et Gœthe ; depuis Homère et Anacréon, en passant par Tibulle, Ovide, Bocace et Lafontaine, jusqu'à André Chénier et Alfred de Musset, — sans omettre la spirituelle et gracieuse reine de Navarre, sœur de François Ier, ni surtout notre grand et infortuné Molière, qui but jusqu'à la lie son calice d'époux trahi, et en mourut sans pouvoir cesser d'aimer la cruelle et perfide enfant qui le torturait, — les poëtes s'accordent tous pour prêter à la femme autant qu'à l'homme le goût de l'inconstance, modéré chez elle, il est vrai, non-seulement par un plus exquis sentiment de pudeur, mais aussi par les inconvénients beaucoup plus graves qui résultent pour elle de s'y laisser aller. L'indulgence des femmes pour certaines scélératesses, pourvu qu'elles n'en soient pas personnellement les victimes, le goût des plus vertueuses mêmes pour les mauvais sujets, ce sont là des symptômes significatifs.

En croyant rehausser la femme, M. Comte la dénature et lui ôte un de ses plus puissants charmes, un de ses plus irrésistibles attraits, lorsqu'il la représente comme à peu près dénuée de l'instinct sexuel et comme bien moins susceptible que l'homme d'éprouver l'ardeur des désirs amoureux.

Un docte médecin du seizième siècle, Jacques Ferrand l'Agénois, était d'un avis contraire, qu'il expose dans le naïf langage du temps : « Il est à juger, écrivait-il, que la femme a ce désir plus violent non sans raison, car il tait nécessaire que, par quelque plaisir, la nature contrebalançast la peine que ce sexe endure durant la grosse et accouchée... Que si nous voyons que les hommes semblent d'abord plus portés à la lubricité, n'exemptons pas les femmes du même désir, qu'elles cachent tant qu'elles peuvent. En quoy leur mine est semblable à des alambics gentiment assis sur des tourettes, sans qu'on voye le feu du dehors ; mais si vous regardez au-dessous de l'alambic et mettez la main sur le cœur des dames, vous trouverez en tous deux lieux un grand brasier (1). »

Mais quittons ce sujet scabreux, non pas sans protester toutefois, comme l'a fait naguère M. Ernest Legouvé, contre les encouragements et les immunités que nos lois donnent à l'homme pour la séduction, en interdisant dans tous les cas la recherche de la paternité, et en déclarant nulle la promesse de mariage comme clause ayant eu pour objet une chose immorale. Faisons remarquer que tout le soin de la moralité, quant aux rapports des sexes, est abandonné à la femme ; c'est un dépôt confié à son *honneur*, et à la conservation duquel on a attaché son *honneur*, tandis qu'il n'en est pas de même pour l'homme ; qu'enfin c'est elle seule à peu près qui paye pour les infractions communes et qui en subit les conséquences onéreuses, sauf pour les moins excusables de ces infractions, celles qui souillent le sanctuaire conjugal et à l'égard desquelles on lui a conféré, en vertu de l'axiome : *Pater est quem nuptiæ demonstrant*, le privilége abusif d'attribuer au mari des enfants qui ne sont pas de lui. Dans les cas les plus ordinaires de séduction, la jeune fille paye la faute, non-seulement de sa réputation, mais encore parce que c'est à sa charge exclusive que restent, en général, les fruits d'un commerce illicite. Les filles-mères, qui, au prix de lourds sacrifices et d'humiliations incessantes, élèvent leurs enfants, se voient encore et en grand nombre ; les pères qui, en pareil cas, remplissent, même partiellement, les devoirs de la paternité, forment une exception minime.

En dehors du mariage, l'homme ne se croit obligé à rien envers la femme dont il a, n'importe comment, obtenu les bontés. Il en est même qui, pour l'honneur de la morale, pensent devoir ensuite une seule chose à leurs victimes et complices, c'est leur *vertueux* mépris. Je soupçonne que parmi les Juifs, furieux de morale, que Jésus arrêta d'un mot quand ils allaient lapider la femme adultère, il s'en trouvait plus d'un peut-être qui avait profité des égarements de la pécheresse. Toujours est-il que, dans la pensée du Sauveur, il y avait là bien des coupables, puisque ce qu'il jugea de plus propre à les désarmer, ce fut cette belle parole de défi : « Que celui qui est sans péché lui jette la première pierre ! »

Sans demander l'impossible, sans prétendre transformer tous nos jouvenceaux en autant de chastes Josephs prêts à lâcher leur manteau plutôt que de laisser effleurer leur vertu, ce qu'il faudrait d'abord inculquer aux jeunes hommes qui se disposent, suivant l'expression de Balzac, à marcher fort et ferme dans le chemin du paradis de la galanterie, c'est un certain esprit de justice envers les femmes. Otons-leur au moins une de ces deux idées qui résultent, l'une

---

(1) *De la maladie d'amour ou mélancolie érotique*, discours curieux, qui enseigne à connaître l'essence, les causes, les signes et les remèdes de ce mal fantastique, par Jacques Ferrand l'Agénois, docteur en la Faculté de médecine de Paris, 1608.

de leur éducation mondaine, l'autre de leur éducation religieuse et morale, à savoir qu'il est beau de tromper filles et femmes, et que celles qui se laissent tromper deviennent par cela même des créatures avilies, envers lesquelles tout est permis, auxquelles désormais nul égard, nul ménagement n'est dû.

Que de bizarreries dans nos coutumes et dans nos opinions au sujet de l'amour ! On les dirait concertées pour bannir toute justice et toute vérité de cet ordre de relations.

Passons à l'affection sainte entre toutes, à l'affection de FAMILLE, qui, en bonne règle, devrait se greffer sur la précédente, malgré le proverbe civilisé qui dit « que les mariages d'inclination tournent mal. »

La famille est le fondement de la société. Elle est la source des plus tendres et des plus inépuisables dévouements. Elle nous fait connaître les plus pures et les plus douces émotions que le cœur puisse éprouver.—Est-ce à dire que ce sentiment, qui est avec raison l'objet de tous les hommages, qu'il serait non moins insensé que criminel de chercher à détruire, soit absolument impeccable et qu'il n'inspire jamais que des actes vertueux ? On se tromperait beaucoup si l'on en jugeait ainsi. Bien des bassesses, bien des actions déshonnêtes sont journellement commises par des pères pour l'enrichissement et l'avancement de leur progéniture.

On a dit de l'état de mariage que c'était un égoïsme à deux. L'assertion peut se trouver fondée à certains égards et même être exceptionnellement vraie : elle est fausse et injuste dans sa généralité. Ce sont plutôt des célibataires qui fournissent en vieillissant les types achevés de l'égoïsme : sentiment qui, du moins chez les hommes, est souvent la raison principale qui les a détournés du mariage.

Gardons-nous aussi de mettre sur le compte de l'institution les sévices, les coups, les blessures qui sont fréquemment, hélas ! pour la femme les plus clairs profits de la société conjugale. Les statisticiens, qui supputent tout de nos jours, devraient bien rechercher combien, bon an mal an, il se distribue, dans l'ensemble des ménages, de coups, de coups sérieux, — je ne parle pas de ces légères marques de vivacité admises par l'opinion et le proverbe populaire : « On sait bien, voisin, qu'il faut battre sa femme, mais on ne doit pourtant pas l'assommer ! » — j'entends parler seulement de ces coups qui laissent trace et qui vont parfois jusqu'à entraîner des maladies et des infirmités. On serait effrayé du total. Je n'en parle pas sur ouï-dire ; je suis, comme beaucoup de mes confrères, appelé journellement à constater les marques touchantes de la tendresse et du respect de bon nombre d'époux pour leurs chères moitiés. Et ce que je dis ici s'applique également aux unions illégitimes, si communes parmi le peuple des grandes villes. Dans ce dernier cas du moins, la femme battue peut fuir son bourreau, au risque de se faire assassiner, comme la maîtresse de ce cordonnier Bardailh, qui vient d'être condamné à quinze ans de travaux forcés pour avoir, à coups de tranchet, prétendu forcer de continuer à vivre avec lui la malheureuse fille par laquelle il se faisait nourrir, tout en l'accablant de coups.

Mais c'est trop s'arrêter aux mauvais côtés des unions tant légitimes qu'illégitimes. On m'accuserait de dénigrement envers les premières, dont je suis, au contraire, partisan dévoué, non pas seulement en théorie, mais aussi en pratique.

Revenons à ces honnêtes intérieurs de famille où tout se passe convenablement, décemment, sans ces cruels abus de la force qui ne sauraient être assez flétris.

Dans le groupe Familial, le père et la mère, l'aïeul et l'aïeule encore plus, cèdent avec bonheur aux désirs, aux caprices mêmes de l'enfant. Le *gâtement* est la tendance naturelle. Qu'il ait des inconvénients dans l'état actuel, et de fort graves, je ne le conteste pas. Il devait, dans l'intention de la nature, être contrebalancé par des influences critiques qui font défaut ou qui ne s'exercent pas régulièrement dans la société constituée comme elle l'est. Je constate seulement ceci : c'est qu'il est d'une part très pénible pour les pères et mères d'avoir à réprimander et à corriger leurs enfants; que d'autre part, leurs réprimandes sont, en général, fort mal accueillies par ces derniers. Ceux qui sont élevés exclusivement au sein de la famille prennent des travers qui ne se redressent un peu qu'à la pension ou au collège, par les critiques, et, au besoin, par les taloches des camarades. Là, on leur *fait* le caractère, c'est la locution reçue.

Au résumé, la famille excuse *indulgemment*; l'amour excuse, ou plutôt admire, adore *aveuglément :* telle est la nuance qui, selon Fourier, distingue les deux affections au point de vue de la critique, là indulgente, ici nulle et tout à fait hors de place.

Dans un cercle d'Amis règne l'égalité : *nulla nisi inter pares amicitia*. Le ton est la plaisanterie bienveillante; on se badine sur ses défauts, sur ses travers respectifs.

Sous la règle hiérarchique, tout devient grave. Le chef guide, encourage, réprimande, et son impulsion doit être suivie avec entrain, ses réprimandes acceptées avec déférence et soumission. — Dans l'action, c'est le colonel qui *enlève* son régiment. Il faut, dans cet ordre de relations, que la supériorité réelle, effective de l'individu corresponde à celle du grade et qu'elle soit sentie par les subordonnés. S'il en est autrement, tout va mal ; c'est, comme on dit, une *pétaudière;* chacun se mêle de commander, personne n'obéit. Quand, au contraire, c'est Annibal, César ou Bonaparte qui donne les ordres, s'avise t-on de les discuter?

Qu'ici la critique vienne à s'exercer de bas en haut, elle produira, si c'est dans l'armée, l'indiscipline, dans l'État, l'anarchie. Une autorité qu'on tourne en dérision perd tout prestige et est bien près de sa chute. Tout cela est d'observation vulgaire.

C'est le même sentiment qui, faussé, dévié, cause, sous le nom d'*ambition*, tant de désordres dans le monde. Dieu sait tout ce qu'il inspire de bassesses et de mensonges, depuis la base jusqu'au sommet de la pyramide officielle, dans tous les Etats civilisés! Il est l'instigateur des grands crimes politiques.

D'un autre côté, que de brillants effets produit, même dans notre monde à rebours, l'essor de la passion hiérarchique! Ce n'est guère que dans l'armée qu'il est donné de les observer, car il n'y a de puissamment organisé dans la forme sociale actuelle, que l'œuvre de destruction, que l'élément militaire. Ici, plusieurs ressorts passionnels sont en jeu. Les fatigues, les privations que l'on a supportées en commun, les dangers qu'on a courus ensemble, chefs et subordonnés, font naître et développent entre les membres de la corporation militaire un sentiment d'amitié véritable. S'il s'y ajoute la satisfaction d'amour-propre résultant de grandes difficultés vaincues, de grandes choses accomplies, il se produit des subordonnés au chef, de la masse des soldats au grand capitaine, un courant électrique d'enthousiasme auquel rien ne peut résister. Etonnez-vous ensuite, après cet enivrement du champ de bataille et de la victoire, que les soldats de l'armée d'Italie et d'Egypte, tous partis imbus d'opinions républicaines, prêtent cependant leurs bras au général qui les a couverts de gloire, pour toutes les entreprises qu'il lui plaira de tenter au dedans comme au dehors!

Ceux qui n'ont pas vu l'époque du premier Empire ne se figureront jamais à quel degré de fanatisme était porté, chez le soldat, l'enthousiasme pour Napoléon. Il suffisait au conscrit d'avoir entrevu de loin la redingote grise ou rencontré une fois le regard d'aigle de l'Empereur, pour être transformé en héros. Je me rappelle, à cet égard, un trait qui m'a frappé vivement dans mon enfance. C'était pendant les Cent Jours. La petite ville de Bretagne que j'habitais était traversée incessamment par les soldats rappelés sous les drapeaux et qui s'empressaient d'aller rejoindre leurs corps. L'un d'eux, un grognard balafré et mutilé de deux doigts, disait, joyeux de partir : « J'ai encore dans les veines *une bonne pinte de sang* à donner à l'Empereur! »

Le sentiment hiérarchique agit dans un double sens : il inspire l'obéissance, l'obéissance dévouée, passionnée, comme le désir du commandement; par lui, on voit le subordonné non moins fier d'obéir que le chef lui-même de commander.

DU DOUBLE ESSOR ET DU GOUVERNEMENT DES PASSIONS.

Pour apprécier sainement l'influence de ces penchants ou passions, il ne faut jamais oublier qu'ils sont susceptibles d'un double essor : l'essor *subversif* qui va contre l'ordre et le bien, qui est en désaccord avec l'intérêt de la masse et même avec l'intérêt supérieur et réel de l'individu; l'essor *harmonique* qui concourt à l'ordre et au bien, qui est en conformité avec la vraie et normale destinée de l'homme.

Ces mêmes passions, dont l'étude approfondie sous ce double as pect peut nous expliquer tant de choses, depuis les scènes de l'intérieur du plus humble ménage jusqu'aux plus grands événements de la politique, présentent aussi deux *modes*, conformément à ce qui a lieu dans l'art, nullement arbitraire, de l'harmonie des sons. Le mode *mineur* régit l'*amour* et la *famille*, dont le champ est plus limité; la femme y a le pas sur l'homme. — Le mode *majeur* régit l'*amitié* et l'*ambition* (sentiment hiérarchique) dont la sphère est plus étendue. Ici c'est l'homme, à son tour, qui domine.

Ainsi se trouve résolue, par *l'équipollence* des deux sexes, par leur supériorité alternative et balancée, cette question de savoir si la femme est l'égale de l'homme, question tant de fois controversée, et que M. Comte a traitée et tranchée avec aussi peu de bonheur que toutes celles d'ordre social auxquelles il a touché.

Nos lois, plus favorables à la femme que celles de l'antiquité, sont loin de lui faire encore sa part naturelle, et par conséquent équitable et légitime dans l'ordre affectif et dans les relations qui en dépendent. Ainsi l'amour, la famille sont les deux domaines dont l'empire appartient de droit à la femme. Elle porte dans l'un plus de délicatesse, dans l'autre plus de tendre sollicitude, et dans tous deux plus de dévouement que l'homme : c'est incontestable. Eh bien! la femme n'est pas même admise comme témoin dans l'acte du mariage; elle est, par la loi, exclue des conseils de famille, avec les fous, les condamnés à des peines infamantes et les hommes d'une immoralité notoire; elle ne peut faire partie de ces conseils que lorsqu'elle est la mère ou l'ascendante du mineur.

Pour le mariage, le consentement de la mère ne vaut qu'avec celui du père. Le consentement du dernier suffit malgré l'opposition de la mère. Cependant, en général, l'inquiète sollicitude d'une mère pour le bonheur de ses enfants, la clairvoyance de sa tendresse dans le choix d'une bru ou d'un gendre, égalent au moins les dispositions analogues chez la majorité des pères. Ici, à la vérité, les mœurs corrigent en partie la loi. L'opinion de la mère prévaut, heureusement, aussi souvent que celle du père dans la décision à prendre.

Si le cœur de la femme est surtout dominé par les deux affections mineures, amour et famille, celui de l'homme réserve une plus grande place aux deux sentiments du mode majeur (amitié, hiérarchie). Les exemples d'amitiés célèbres que nous offrent la fable et l'histoire ont tous été fournis par des types masculins. Non pas que la femme ne soit susceptible aussi d'amitié, d'une affection étrangère à toute influence du sexe et de la consanguinité; mais la position dépendante où l'ont tenue jusqu'à présent les lois et les mœurs était un obstacle, chez elle, à l'essor franc et complet de l'amitié.

Presque toutes les carrières de l'ambition sont fermées à la femme. Il en serait autrement que la majorité d'entre elles préférerait toujours le doux sceptre des deux affections mineures à l'éclat des rôles ambitieux : soit dit sans défaveur pour les caractères féminins qui se sentent exceptionnellement faits pour la conduite des grandes affaires ou pour les applaudissements du public, ou bien encore qui sont aptes à mener de front les deux inclinations, à passer du grave au doux, suivant l'un des préceptes de l'*Art poétique*.

Loin de faire une équitable part aux femmes, on les expulse de plus en plus de tous les emplois dans lesquels elles pourraient gagner honnêtement leur vie et assurer par là leur indépendance et leur dignité. Pas plus tard qu'hier, beaucoup de jeunes personnes dont les mains délicates valent bien de grosses mains masculines pour manipuler et classer des lettres, étaient renvoyées des bureaux de l'administration des Postes, et remplacées par des commis, ayant sur elles le double avantage d'une barbe au menton et d'un parfum habituel de fumée de tabac.

Au lieu d'utiliser, pour l'ordre et le bien général, les propriétés des quatre liens affectueux : amitié, amour, famille, hiérarchie, notre société fait reposer exclusivement toute son économie sur le groupe familial. De là résulte, chez la plupart des individus, chez les chefs de famille surtout, une tendance forcée, pour ainsi dire, à tout rapporter aux intérêts, aux convenances de la famille exclusivement, sans souci de ce qui est en dehors, sans préoccupation aucune des centres d'association plus larges, la cité, la nation, l'humanité. — D'autre part, quand l'appui de la famille vient à leur manquer, il ne reste rien à l'enfant orphelin, au vieillard isolé. Combien n'en voyons-nous pas, nous autres médecins, qu'on appelle du moins toujours au moment des suprêmes luttes de la vie contre la mort, combien nous en voyons de ces malheureux vieillards de l'un et de l'autre sexe, laissés à l'abandon, sans une main qui les assiste, s'ils sont pauvres, ou bien s'ils ont quelque fortune, entourés d'étrangers cupides, qui n'aspirent qu'après leurs dépouilles, et qui écartent du moribond, avec un soin jaloux, quiconque, au nom du sang ou d'une ancienne amitié, pourrait leur venir disputer une part de l'aubaine convoitée ! Rien de plus navrant que le spectacle d'une telle fin.

Elle n'attend pas seulement le vieux célibataire auquel l'égoïsme ou des goûts de libertinage ont fait fuir le lien conjugal. Bien des veufs, et surtout des veuves, bien des pères et mères qui avaient élevé des enfants se trouvent, dans leurs vieux jours, privés des appuis sur lesquels ils avaient dû compter.

D'autre part, en faisant dépendre de la loterie du mariage toute la destinée de l'homme et surtout de la femme, on est loin d'avoir ménagé toujours à l'un et à l'autre des conditions d'équité. Non moins aveugle que l'amour, l'hymen associe aussi souvent les contraires que les semblables. C'est bien en vain qu'on prétend que le bon mari fait la bonne et digne épouse, et réciproquement. L'expérience dément chaque jour cet aphorisme, peu consolant d'ailleurs pour les disgraciés.

Madame de Sévigné, ce type parfait de l'honnête femme en même temps que l'exemple achevé de toutes les grâces et séductions de l'esprit, échappe aux griffes de son garnement de cousin, le licencieux auteur de l'*Histoire amoureuse des Gaules*, Bussy de Rabutin, plus immoral encore dans sa conduite que dans ses récits; mais c'est pour tomber aux mains de ce dissipateur, de ce volage marquis de Sévigné, qui sut si peu apprécier sa femme, qui se fit tuer en duel pour une indigne maîtresse, à laquelle il sacrifiait scandaleusement l'éminente épouse qui devait immortaliser son nom.

Puisque j'ai nommé madame de Sévigné, je dirai qu'elle fournit la preuve éclatante du besoin qu'ont tous les penchants affectifs, même les plus vertueux, d'être préservés de l'excès par de justes contrepoids. Son idolâtrie pour sa fille, madame de Grignan, dont le cœur fut toujours bien en reste avec le cœur maternel, ce sentiment par trop exclusif et absorbant finit par être pour l'une et pour l'autre une cause de tourments et d'aigreur, à ce point que vivre ensemble était, en dernier lieu, devenu impossible. Mieux eût valu pour le bonheur de toutes deux que le comte du Lude, pour lequel madame de Sévigné avoue une tendre inclination, se fût rencontré plus tôt et plus à propos sur le chemin de la jeune douairière des Rochers.

La peine du talion, dont, au théâtre et dans les romans, on cherche à faire peur aux Lovelaces, est loin de les atteindre toujours, ni même plus communément que les autres maris. Cette perspective, s'il en était différemment, serait peu propre, en tout cas, à les faire se ranger sous les lois de l'hyménée : chose désirable à tous les points de vue, et surtout pour la sécurité d'autrui. Afin de les encourager sans doute à affronter sans crainte le sort qu'ils ont tant de fois fait subir au prochain, M. Sainte-Beuve faisait remarquer naguère que les mauvais sujets n'ont pas, en général, été malheureux en femmes ; et il citait, à l'appui de son dire, Lauzun, Bonneval, et Richelieu. Combien d'époux, au contraire, qui, sans avoir jamais été de grands pécheurs, et tout en étant quelquefois des hommes du premier mérite, ne se sont tirés d'affaire ni devant Dieu ni devant les hommes, mais ont essuyé les infortunes conjugales les plus avérées, même sans recevoir aucun de ces dédommagements que la consciencieuse madame Roland s'imposait à titre d'*indemnité* de mari !

A ces coupables essors de passion qui vont contre l'ordre et contre la morale, qui causent tant de malheurs et de crimes, que faut-il opposer ? Est-ce la terreur des *chaudières bouillantes* de l'autre monde ? Est-ce la répression et la compression directe ? Hélas! tous ces moyens ont été employés sans beaucoup de succès, et dans des conditions bien plus favorables que celles qu'offre l'état actuel de l'esprit humain.

Il n'y a, selon Fourier, qu'un moyen, digne et sûr, de prévenir les désordres et les excès des passions, « c'est le procédé de *substitution absorbante*, ou art de remplacer une passion nuisible par une passion utile et agréable qui absorbe pleinement la première. » Déjà Bacon avait signalé comme étant la question dont la solution est du plus grand usage en morale et en politique, celle de savoir comment on peut régler une affection par une affection et employer l'une pour subjuguer l'autre. *De l'accroissement des sciences*, 1, 7, ch. 3.

C'est du même principe que s'est inspiré M. Sainte-Beuve lorsque, rendant compte d'une spirituelle étude de mœurs de M. le comte d'Alton-Shée, le *Mariage du duc Pompée*, publiée par la *Revue des*

Deux Mondes, il disait, en s'autorisant de l'opinion du célèbre auteur des *Maximes* :

« Pourquoi, puisqu'il y a dans l'homme et sur le chemin de la vie des relais de passions, ne pas en profiter pour s'éloigner tant qu'on peut de la plus dangereuse, dès que l'occasion s'en présente ? La meilleure guérison, en fait de passion, est de tâcher de s'inoculer une passion nouvelle ; c'est, je crois, ce qu'on appelle en médecine la méthode *substitutive*. Quelle est donc la passion de rechange que je propose au comte Hermann, âgé de quarante-deux ans et trop sujet aux tendres rechutes ? Elle est toute trouvée : « L'ambition, a dit un autre moraliste des plus consommés, Senac de Meilhan, est une passion dangereuse et vaine, mais ce serait un malheur pour la plupart des hommes que d'en être totalement dénués ; elle sert à occuper l'esprit, à préserver de l'ennui qui naît de la satiété ; elle s'oppose, dans la jeunesse, à l'abus des plaisirs qui entraînerait trop vivement ; elle les remplace en partie dans la vieillesse, et sert à entretenir dans l'esprit une activité qui fait sentir l'existence et ranime nos facultés. » Qu'Hermann donc, s'il veut rester fidèle à sa femme, au moins dans l'essentiel (car je néglige tout ce qui ne tire pas à conséquence), devienne ambitieux ; il le faut à tout prix, et ce n'est que de ce jour-là que sa conversion me paraîtra assurée. Tout immensément riche qu'il est, qu'il se crée des devoirs, des obligations, des gênes ; qu'il devienne député, diplomate, ambassadeur, administrateur d'une grande ligne de chemins de fer, que sais-je ? mais qu'il s'occupe, qu'il remplisse sa vie, qu'il bourre ses journées de toutes sortes d'emplois, sans quoi gare le retour du vice favori ! Il n'y a qu'un remède et qu'une garantie contre le *don juanisme* quand il commence à battre en retraite, c'est de ne lui laisser ni paix ni trêve, pas une minute, pas un espace pour respirer. »

Se faire député, ambassadeur, administrateur d'une grande ligne de chemins de fer, rien que cela ! On voit bien que M. Sainte-Beuve s'adresse à un duc et à un millionnaire. Le remède n'est pas à la portée de tout le monde, et presque tout le monde est enclin, peu ou prou, aux dangereuses tentations que l'on redoute pour le bonheur conjugal du duc et de la duchesse Pompée.

Fourier, qui n'a été toute sa vie, comme il le dit, qu'un *sergent de boutique*, Fourier a cherché des diversions qui fussent à la portée de la masse des époux, et à l'usage des petites gens comme des grands seigneurs. Il a imaginé une organisation de l'industrie et de la société qui offrît sans cesse à tous, au plus pauvre comme au plus riche, des grades et des distinctions à conquérir par un emploi utile de leurs passions, de leurs goûts et de leurs facultés diverses. En ouvrant une si large carrière à la méthode *substitutive* dans le traitement des passions, l'auteur de la Théorie sociétaire est, en réalité, le plus grand des moralistes. Et comment arrive-t-il à ce merveilleux résultat ? Par l'intervention méthodique de trois passions aussi indéniables que les quatre passions affectives ou CARDINALES, à savoir les trois MÉCANISANTES : la *Papillonne*, la *Cabaliste* et la *Composite*, pour leur restituer les noms pittoresques dont Fourier a baptisé cette trinité un peu païenne, en faisant de ces indociles agents de perdition des moyens actifs de salut, et les organes mêmes de l'harmonie sociale, au service unitaire de Dieu et de l'Humanité.

Le La Bruyère de l'antiquité, Théophraste, que cite aussi M. Sainte-Beuve, disait déjà : « L'amour, c'est la passion des gens qui n'ont rien à faire. » Pensée qu'Ovide n'a fait que traduire plus mythologiquement :

Otia si tollas, periere cupidinis arcus.

Or le phalanstère, si peu qu'il tienne de ses promesses, enlève les loisirs et l'ennui ; *tollit otia et peccata mundi* : loisirs et vices remplacés désormais par des plaisirs utiles, par les séances attrayantes du travail sociétaire, varié, intrigué, exalté, sous l'empire de trois penchants presque toujours nuisibles et même funestes dans l'état actuel : le goût du changement, l'esprit de cabale et le besoin d'enthousiasme. Le phalanstère ne laisse de loisir qu'à trois sortes de gens : au poëte, au philosophe et à l'inventeur, et aux heures de la muse encore ou de la méditation féconde. Ce ne sont point là des galants à aller faire un siége en règle autour de la vertu de quelque madame Honesta.

La passion, à tout prendre, vaut mieux encore que l'absence complète de passion, même dans un régime tel que la Civilisation ou l'état barbare, qui sont constitués au rebours des essors passionnels de la masse, et de façon à tourner les neuf-dixièmes de ces essors en vices, en infractions à l'ordre et à la loi. Les gens complétement apathiques, s'il y en a, ne sont pas bons à grand'chose. C'est pitié que d'avoir affaire à eux ; on n'en peut tirer aucun parti. Parlez-moi plutôt, soit pour l'agrément de la vie, soit pour le concours à une œuvre quelconque, pour mener à bien, par exemple, une entreprise, fût-elle de charité, parlez-moi d'hommes convenablement passionnés, d'hommes animés de bonnes et franches passions, qui aient, comme on dit, quelque chose sous la mamelle gauche et du feu au ventre. Ce n'est pas seulement pour bien jouer la comédie qu'il faut, comme l'exigeait Voltaire, *avoir le diable au corps*. Tout ce qui s'est fait de beau et de grand dans le monde est dû à des cœurs qu'enflammait, à des esprits qu'aiguillonnait et qu'excitait sans cesse une grande et noble passion. Ne frappons donc pas d'un stupide anathème cet universel et indispensable mobile de l'homme, lorsque nous répétons, comme des perroquets, depuis des siècles : *Pectus est quod disertos facit*. Oui, c'est le cœur, c'est, en d'autres termes, la passion qui fait surtout la valeur de l'homme et qui fait l'homme de valeur dans tous les genres. Même aujourd'hui, que les dispositions de la société tendent, en général, à imprimer à chaque passion un essor malfaisant, les gens passionnés sont encore, de tous, les plus précieux et les plus utiles.

Gardons-nous de faire fi même des plus mal famées entre les passions. Toutes concourent à former cette virtualité qu'on appelle un homme. Il y a du vrai dans le propos qu'on attribue à Luther :

« Qui n'aime ni le jeu, ni le vin, ni les femmes, ne sera qu'un sot toute sa vie. » Je conviens, d'ailleurs, qu'avec ces trois penchants, s'ils ne sont pas maintenus dans un juste équilibre par d'autres facultés de notre nature, l'individu aura toute chance, en civilisation, de tourner à mal et de faire un mauvais sujet.

Il en est des passions, quant aux effets désastreux qu'elles sont susceptibles de produire, comme de toutes les forces naturelles. Mais on ne renonce pas à l'usage de la poudre à canon, de la vapeur ou du fluide électrique, parce qu'ils causent des explosions terribles pour peu que l'on pèche par ignorance ou par imprudence dans l'emploi de ces agents d'une puissance si redoutable.

A l'exemple de ce qui se fait pour les appareils où sont mises en jeu les autres forces de la nature, appliquons-nous donc à constituer des mécanismes sociaux qui, non-seulement évitent les chocs funestes des passions humaines, mais qui, de plus, utilisent tous ces précieux ressorts.

UN MOT SUR LES ANALOGIES.

Comment, à propos des deux catégories de passions du cœur et de l'esprit, ne pas donner un exemple des ingénieuses analogies que Fourier a signalées entre elles et d'autres séries de divers genres que nous offre la nature ?

Les quatre passions affectives trouvent, suivant lui, des emblèmes dans les quatre phases de la végétation, dans les courbes données par les sections coniques, conformément au tableau que voici :

Amitié	amour	ambition	familisme
Bouton	fleur	fruit	graine
Cercle	ellipse	hyperbole	parabole

Si l'on intercale les trois passions mécanisantes ou *distributives*, on a la correspondance des sept passions avec la gamme des sons et des couleurs :

Amitié	*cabaliste*	amour	*papillonne*	familisme	*composite*	ambition
Violet	indigo	bleu	vert	jaune	orangé	rouge
Ut	ré	mi	fa	sol	la	si

La façon dont Fourier a commenté ces tableaux fera dire au plus sceptique : *si no e vero e ben trovato*.

DE QUELQUES VICIEUX EFFETS DES PASSIONS, QU'IL NE FAUT PAS CONFONDRE AVEC ELLES.

En terminant cette longue note, je fais remarquer que tous les mobiles qui font agir l'homme ont bien été passés en revue dans l'analyse que j'ai donnée p. 29 et suivantes, et qui comprend aussi les cinq ordres de stimulants liés à l'exercice des cinq sens. Il n'y a pas, en effet, une seule action humaine qui ne doive être rapportée à l'influence d'un ou de plusieurs de ces mobiles.

Quant à certaines manières d'être, telles que la colère, la haine, l'envie, l'avarice, auxquelles on donne communément le nom de passions, ce ne sont que des effets, passagers ou habituels, de quelques-uns des penchants énumérés : effets presque toujours dépendants des obstacles que ces penchants rencontrent. Pourquoi, par exemple, arrive-t-il qu'on se laisse emporter à la colère, ou que l'on conçoive et nourrisse quelque animosité haineuse? N'est-ce pas, d'ordinaire, parce qu'on aura été ou que l'on se sera cru contrarié, froissé, lésé dans quelqu'une de ses tendances, soit de l'ordre sensitif, soit de l'ordre affectif, soit même dans le plus noble de nos sentiments, celui de la justice et du droit?

De ce que nous ne considérons pas comme primordiales, comme existant par elles-mêmes, ces dispositions de l'âme, la colère, la jalousie, etc., qui finissent par devenir un état habituel et par donner leur empreinte aux caractères, il ne s'ensuit pas que nous méconnaissions la funeste influence de ces vices sur la conduite des hommes et dans leurs rapports sociaux.

L'état que Fourier désigne sous le nom d'*engorgement passionnel*, est la source la plus commune de ces caractères acariâtres, jaloux, intraitables, qui rendent difficile le commerce de certaines gens, et tout à fait pénible la nécessité d'avoir à vivre avec eux. C'est l'opposé du caractère *bon enfant*, facile, accommodant (je ne dis pas *commode*, ce qui dénote une certaine passivité); de ce caractère d'hommes à la façon d'Acibiade, qui sut, mieux que l'apôtre encore, se faire tout à tous et s'adapter, avec une souplesse merveilleuse, à chacune des circonstances de sa vie si variée et si accidentée.

Avez-vous affaire à quelqu'un de ces censeurs moroses qui ont sans cesse le blâme et l'ironie à la bouche, auprès desquels rien ne trouve grâce ni la beauté, ni la jeunesse, ni la fortune, ni le talent, ni la gloire? Si vous cherchez bien, vous trouverez qu'il y a, sous la robe de ces Catons, quelque *passion engorgée*. — A côté de la haine du vice, il y a plus souvent qu'on ne se l'avoue, il y a de l'envie, l'envie qu'on porte au plaisir d'autrui, dans la sainte animosité de bien des gens et des dévots en particulier. On peut bien, à l'exemple de La Bruyère, employer ce mot dans un sens qui n'implique pas la perfection de toutes les vertus chrétiennes, à commencer par la charité.

Une étude approfondie et méthodique nous ferait découvrir dans les effets de la répercussion des penchants naturels les causes de nos maladies et difformités morales, aussi bien que celles du plus grand nombre de nos maladies physiques.

A ce propos, toute révérence gardée pour notre espèce qui, malgré ses prétentions orgueilleuses, a une triste parenté pathologique avec les animaux, témoin le charbon, la morve et la rage; à ce propos, je recommande aux méditations des philosophes ce que l'on commence à entrevoir de l'étiologie de cette dernière maladie dans la race canine. Aujourd'hui, des médecins vétérinaires d'une grande autorité rapportent, comme je l'ai dit, la cause de la rage, chez le chien mâle particulièrement où elle est plus commune, à la privation des rapports sexuels.

Eu égard à l'ensemble des penchants qu'il nous faut comprimer dans l'état social actuel (je dis il FAUT, car c'est un devoir dont n'affranchit personne la théorie qui montre l'expansion passionnelle possible et sans danger dans un ordre de choses où chaque passion sera équilibrée et tendra au bien général en même temps qu'à sa satisfaction propre) eu égard à l'ensemble des instincts, des sentiments et des goûts qu'il faut sans cesse refouler au dedans de soi, n'est-il pas vrai de dire que nous avons tous et chacun notre petit *grain de rage?*

Sur les résultats de la compression et de la dissimulation des sentiments, le témoignage d'une femme et, qui plus est, d'une reine, mérite d'être entendu. Celle que François Ier nommait sa Marguerite des Marguerites et qui fut l'aïeule d'Henri IV, met dans la bouche d'une des interlocutrices de ses dialogues ou *Nouvelles* l'observation suivante :

« Il n'est rien plus plaisant, dist Nomerfide, que de parler naïvement ainsy que le cueur le pense. Je voy que les folz, si on ne les tue, vivent plus longuement que les saiges, et n'y entendz que une raison, c'est qu'ilz ne dissimullent point leurs passions. S'ilz sont courroucez, ils frappent; s'ilz sont joieux, ilz rient; et ceulx qui cuydent estre saiges dissimullent tant leurs imperfections qu'ilz en ont tout le cueur empoisonné. — Et je pense, dist Geburon, que vous dictes vérité et que l'hypocrisie, soyt envers Dieu ou envers les hommes ou la nature, est cause de tous les maulx que nous avons. ». L'*Heptameron des Nouvelles de la reine de Navarre*, 1856. Tom. II, p. 285, 286.

Mais la reine Marguerite de Navarre est tant soit peu profane, quoiqu'on n'ait pas à lui reprocher, que je sache, comme à une autre Marguerite de France, qui fut reine de Navarre aussi, des aventures du genre de celles qu'elle aimait, suivant le goût du temps, à raconter naïvement, à la bonne franquette, avec une crudité qui effaroucherait de nos jours jusqu'aux nymphes qui s'appellent, je crois, de leur dernier nom, des *biches*. En dehors de ses écrits, ce qu'on peut trouver surtout à reprendre chez la première Marguerite de Navarre, qui fut à peu près sage dans sa conduite, si elle donna licence à sa plume, c'est d'avoir, autant qu'elle le pouvait, sauvé de la hart et du fagot quelques pauvres diables suspects de manquer d'orthodoxie et d'incliner vers les opinions nouvelles. Quoi qu'il en soit, laissons là, comme entaché de trop d'indulgence pour les doux penchants du cœur humain, le témoignage de la reine conteuse du seizième siècle.

Voici qu'une reine de nos jours, qui jouit du respect universel, émet, à pieuse intention, dans un écrit d'un caractère essentiellement religieux, une pensée qui est le pendant de celle de la reine de Navarre :

« La loi suprême qui enseigne ce qui est bon, vrai et juste, est écrite dans le cœur humain. » *Méditations sur la vie et les devoirs religieux*, publiées avec l'autorisation de la reine Victoria.

Ainsi s'exprime une reine qui, pour ses vertus privées, serait peut-être un jour canonisée à Rome, n'était qu'elle est par malheur hérétique et quelque peu pape elle-même dans son pays.

Il y a comme cela en Europe, aujourd'hui encore, — trois cents ans après Rabelais, un siècle après Voltaire, — trois et même quatre autorités religieuses souveraines, y compris le chef des croyants à Constantinople ; trois ou quatre hauts représentants de Dieu, ayant chacun, avec la puissance spirituelle, la couronne temporelle au front. Des quatre il y en a trois au moins qui prennent une qualité qui ne leur appartient pas, car après tout il n'y a qu'un Dieu ; trois qui, par conséquent, usurpent la vice-divinité. — Les augures de l'ancienne Rome avaient fini par ne pouvoir se regarder sans rire. Le sérieux a fait depuis ce temps-là bien du progrès dans le monde. Chacun aujourd'hui paraît jouer son rôle en conscience, avec une gravité bien inaccessible au rire. Quoi qu'en ait dit l'auteur de Figaro, tout n'est pas encore près de finir par des chansons. Il y a pour cela trop de canons sur la terre : le canon, cette raison dernière de tant de choses... Assourdie, ahurie si longtemps par le bruit du canon, du tambour et des cloches, notre pauvre espèce humaine a l'oreille bien dure. Les bons instituteurs ne lui ont pas manqué cependant, surtout dans notre pays ; je viens d'en rappeler deux qui peuvent compter. Mais il y a tant de Français encore qui en sont à ne savoir pas même lire, ainsi que l'a tout récemment supputé le savant général Morin, qui n'est pas, paraît-il, expert en canons seulement.

NOTE C

L'ÉCOLE SOCIÉTAIRE ET LES GRANDES COMPAGNIES INDUSTRIELLES. — UN MOT SUR LE PASSÉ, SUR LE PRÉSENT ET SUR L'AVENIR DE L'ÉCOLE.

En me reportant à l'attitude hostile et agressive que nous prîmes, il y a vingt-cinq ans, dans les publications périodiques et autres de l'Ecole sociétaire, contre les grandes compagnies qui se formaient pour la fondation des lignes de chemins de fer dans notre pays, j'ai exprimé la pensée que, troublés par la crainte du spectre de la féodalité industrielle toujours présent devant nos yeux, nous avions bien pu faire fausse route et manquer une des voies de progrès qui s'ouvraient devant nous. Cette appréciation trouvera, je m'y attends, chez mes anciens condisciples, bien des contradicteurs.

Cependant, je le demande aujourd'hui à ceux qui, sans faire partie du groupe d'hommes qu'on appelait le Centre, suivirent, de 1835 à 1848, le mouvement de l'Ecole sociétaire, à quoi ont abouti nos polémiques de ce temps-là contre une des tendances, une des évolutions régulières, fatales, pour ainsi dire, de la Civilisation ? A quoi ont servi les argumentations vigoureuses de notre ami Emile Bourdon contre le mode et les clauses de concession des chemins de fer aux compagnies ? A quoi ont servi les véhémentes philippiques de notre spirituel et incisif Toussenel contre les Juifs, rois de l'époque ? à rien, sinon à procurer quelques heures d'une lecture amusante, un agréable passe-temps littéraire.

Les choses n'ont pas moins suivi leur cours. La féodalité industrielle a triomphé. Cela devait être ; c'était conforme aux prévisions de la science.

L'Ecole sociétaire, à l'époque que je rappelle, fut dupe des anathèmes lancés par Fourier sur la Civilisation et sur les caractères odieux de ses deux dernières phases.

De la part de l'inventeur, que préoccupait exclusivement l'idée de l'expérimentation de sa théorie ; qui, redoutant la prévention des civilisés en faveur des petites réformes et des demi-mesures, déclarait ne vouloir pas leur indiquer les moyens de constituer le Garantisme, un tel langage se conçoit.

Mais la position des disciples n'est pas la même. Sans doute, nous proposons toujours l'essai local de la théorie sociétaire comme le mode de progrès le plus rapide, et même le plus facile et le plus sûr ; mais cette proposition n'étant pas accueillie, nous ne devons pas oublier qu'en vertu de la doctrine elle même de Fourier sur l'évolution sociale, les deux dernières phases de la Civilisation sont l'acheminement régulier vers le régime des garanties.

Exempt des grandes misères de la Civilisation, le Garantisme ne sera lui-même encore qu'une société pourvue de peu de charme pour le grand nombre. Un guide, à l'intuition merveilleuse, nous montrait un sentier qui eût permis d'éviter cette portion fangeuse (quatrième phase de la civilisation) et longue et quelque peu monotone (Garantisme) de la route que l'Humanité a devant elle à parcourir pour arriver aux régions fortunées de l'Association et du travail attrayant. Aucune portion suffisante de la grande caravane dont nous faisons nous-mêmes partie n'a voulu mettre à profit les indications de ce guide au coup d'œil d'aigle qui avait embrassé d'un regard toute la longueur de la route avec les divers accidents de terrain et autres qu'elle offre dans son parcours. Puisqu'il en est ainsi, il faut bien que nous en prenions notre parti et que nous nous résignions à faire, en compagnie de la masse dont nous ne pouvons nous séparer, ce qui reste encore de l'étape nommée Civilisation. Traversons donc résolûment, avec le moins d'éclaboussures et le moins d'avaries qu'il se pourra, les deux dernières phases de cette période sociale. Serviteurs de l'Humanité dans toutes ses épreuves, prêtons même notre concours aux mesures qui tendent à les constituer régulièrement, ces phases complémentaires et séniles de la Civilisation. De là, nous déboucherons, si ce n'est nous, du moins nos petits-fils et arrière-neveux (*carpent poma nepotes*), nous déboucherons, dis-je, sur le Garantisme, qui conduira enfin notre postérité à l'Association. Mais surtout prenons garde, nous qui savons qu'à défaut de l'essai sociétaire, il y a d'autres voies plus lentes qui conduisent au but, prenons garde de nous placer jamais en travers de l'une quelconque des routes qui mènent vers l'Eden, objet de nos aspirations. Voilà ce qui nous est arrivé peut-être lorsque nous avons combattu avec un acharnement passionné la féodalité industrielle en voie de formation.

Sur d'autres errements ultérieurs de l'Ecole sociétaire je garderai le silence, par ce motif surtout que je n'y ai pas participé comme à celui dont il vient d'être question. Pour la netteté des situations, je dois dire que, par suite de quelques dissentiments sur la marche suivie, je me retirai, au mois d'avril 1845, du centre de direction de l'Ecole et du comité de rédaction de la *Démocratie pacifique*, bien que j'aie encore donné, depuis ce temps-là, quelques articles au journal et que j'en fusse resté le collaborateur, avec mon ami Barral, pour la partie scientifique.

Loin de moi d'ailleurs tout ce qui aurait l'apparence d'une récrimination ! C'est un tout autre genre de sentiments et de pensées que m'inspire aujourd'hui un regard jeté sur le passé, en vue surtout de l'avenir.

Nous autres disciples de Fourier de la première génération, nous commençons à nous faire vieux. — Je ne connais plus guère de jeune parmi nous que notre cher et toujours vaillant doyen, l'adepte de 1814, Just Muiron, qui pourra célébrer demain le cinquantième anniversaire de ses fiançailles avec la doctrine phalanstérienne, devenues bientôt après un mariage indissoluble.

La mort a déjà fait dans nos rangs bien des vides. Plusieurs des nôtres, collaborateurs à la propagande, — soit de la phase primitive, le doux et judicieux Amédée Paget ; l'aventureux Jules Lechevalier, esprit si vif, l'initiateur par excellence, brillante mais inconsistante comète qui, dans sa course haletante et sans arrêt, a parcouru tant de régions diverses du monde intellectuel ; — soit de la phase secondaire, ce brave et modeste Allyre Bureau, propre à tout, prêt à tout, mathématicien et compositeur estimé de musique, passant, selon le besoin du moment et sans trop de désavantage, du feuilleton de théâtre au premier-Paris, débonnaire envers chacun comme envers chaque besogne ; pauvre Allyre ! que son dévouement a conduit chercher la mort au Texas, entraînant avec lui femme et enfants dans ces régions lointaines et inhospitalières ! — Auguste Colin, plume élégante, chaleureuse et poétique, qui avait gardé du saint-simonisme un certain parfum d'onction religieuse ; — Victor Hennequin, dont l'active et inquiète pensée, la souple et brillante intelligence s'est éteinte avec la vie, dans une éclipse de la raison ; — mon tendre et rêveur solitaire, mon bien-aimé hôte du Val de l'Arguenon, Hippolyte de la Morvonnais, le chantre inspiré des grèves, qui alliait avec une si parfaite candeur sa foi de catholique à ses aspirations d'Harmonien ; — ceux-là, quelques-autres encore, Victor Coste, Clovis Guyornaud, enlevés à la fleur de l'âge ; M. Gabet, de Dijon, qui, octogénaire, publiait, en 1842, un *Traité de la science de l'homme*, dans lequel est fidèlement exposée la théorie de l'Association ; — depuis enfin que ces lignes sont tracées, mon vieux camarade, mon premier chef de file autrefois dans les hôpitaux de la marine, Emile Chevé, qui commença obscurément sa carrière, comme il vient de la terminer avec éclat, par le dévouement, ou plutôt dont la vie entière fut un long dévouement ; Chevé, phalanstérien de cœur dès qu'il rencontra la doctrine de Fourier ; mais célèbre à un autre titre, pour avoir, avec un talent hors ligne, avec un zèle infatigable et une dévorante ardeur qui l'ont tué, propagé une méthode rationnelle d'enseignement de la musique, destinée à populariser l'art du chant dans la France et dans le monde : œuvre de moralisation collective par l'harmonie des sons, qui est un digne prélude de l'établissement de l'harmonie sociale ; — tous ceux des nôtres que je viens de rappeler sont descendus dans la tombe, ou plutôt sont passés à la vie ultra-mondaine ; ils ont été promus à la vie supérieure.

Ce que nous devons nous dire en leur payant un pieux tribut de souvenir et d'hommage, c'est que notre tour à nous, leurs survivants ici-bas, ne saurait tarder beaucoup désormais.

Voilà bien des années que nous gardons le silence, sans avoir renoncé à nos convictions ni à nos espérances ajournées. Il est temps aujourd'hui de mettre dehors ce que nous avons au fond de l'âme ; il faut de nouveau rendre témoignage à la vérité libératrice que Fourier nous a enseignée et sur laquelle s'est étendue, depuis quinze ans, l'ombre des vieux préjugés et des fausses doctrines sociales.

Il faut laisser du moins à ceux qui viendront après nous notre testament, *novissima verba*.

L'exemple nous en a été donné par un cœur admirable, par notre excellent et vénéré Dulary, ce chrétien du phalanstère, qui a trop généreusement sacrifié sa fortune sur l'autel de la fraternité humaine. Sa conduite et celle de plusieurs autres de nos amis attestent du moins que le souffle de la doctrine passionnelle n'est pas, comme on l'a prétendu, mortel au dévouement.

Comment, en effet, ceux dont la doctrine a pour principe que tout est lié dans l'univers, et qu'une intime solidarité de destinée unit tous les hommes, se montreraient-ils moins capables de dévouement réfléchi et enthousiaste que ceux-là dont les croyances ou les conceptions aboutissent, soit à une scission éternelle de l'humanité, les élus d'une part, les réprouvés de l'autre, — soit à une rupture incessante de la chaîne des destinées particulières, chaque existence individuelle n'ayant plus ni veille ni lendemain, et finissant tout entière au moment où s'arrête le jeu du mécanisme organique? Bien autrement consolante, élevée et religieuse est notre conception de l'unité universelle et du lien solidaire et sériel des existences humaines! Plus apte est-elle aussi à stimuler les esprits et les cœurs aux généreux efforts, aux sublimes élans de charité sociale.

L'heure n'est pas éloignée peut-être de nouvelles manifestations de dévouement à cette idée impérissable, qui déjà s'impose au présent (on invoque de toutes parts le principe de l'association) et à laquelle appartiendra certainement l'avenir. — Bientôt, assure-t-on, mon très distingué confrère et ami, le docteur Barrier de Lyon, quittant la haute position médicale qu'il occupe dans la seconde ville de l'Empire, doit venir à Paris relever le drapeau de l'Ecole sociétaire. Tous les cœurs phalanstériens se réjouiront de cette bonne nouvelle. Puisse-t-il réunir autour de lui un groupe d'hommes qui soient à la hauteur de cette grande tâche et de cette noble mission!

Post-Scriptum. — Au moment où l'on tirait les dernières feuilles de ce volume, la mort a frappé un homme qui a été le chef d'une des écoles sociales du dix-neuvième siècle, M. Enfantin, dont je critique, dans un passage, le blâme inconsidéré envers Voltaire et Rousseau, ainsi que les irrationnelles prétentions à un pontificat. En face d'une tombe ouverte, la critique, même fondée, a toujours un air quelque peu malséant et qui semble insulter à la majesté de la mort. Aussi me serais-je abstenu d'un ou deux traits à l'adresse de M. Enfantin (point malveillants d'ailleurs pour l'homme) si j'avais pu prévoir le triste événement d'aujourd'hui, qui fait éclater des manifestations de sympathie et d'estime fort honorables pour l'ancien Père Suprême de la religion avortée du saint-simonisme.

Comme je l'ai déjà dit de M. Enfantin dans un autre ouvrage (*Fourier, sa vie et sa théorie*, 3ᵉ édition, 1849, p. 176), celui qui s'était fait accepter pour chef par des hommes tels que Jean Reynaud, Pierre Leroux, Ed. Charton (1), les frères Émile et Isaac Pereire, Michel Chevalier, Adolphe Guéroult, Henri Fournel, Charles Duveyrier, Émile Barrault, etc., n'a pas à craindre qu'on puisse le faire passer jamais lui-même pour un homme dénué de valeur.

Cependant, si la vérité est de droit avant tout, même sur le compte des morts, je dirai que, lorsqu'autrefois, avec un profond, un religieux sentiment de déférence et de respect (*e longinquo reverentia*), avec un dévouement qui ne reculait devant aucun sacrifice, j'approchai un moment M. Enfantin dans le sanctuaire de Ménilmontant, il ne me parut pas être à la hauteur du rôle qu'il avait pris. Si, d'un autre côté, on le juge d'après les écrits qu'il a publiés, M. Enfantin reste assurément inférieur à plusieurs de ceux de ses anciens fils dont j'ai rappelé les noms.

Pour le surplus, je m'associe volontiers à l'hommage rendu aux qualités de l'homme éminent, bienveillant et généreux, qui est demeuré jusqu'à son dernier jour fidèle à la devise de Saint-Simon, son maître : Amélioration physique, intellectuelle et morale de la classe la plus nombreuse et la plus pauvre.

---

(1) M. Charton, l'ingénieux directeur du *Magasin pittoresque*, fut mon initiateur au Saint-Simonisme, dans la mission qu'il fit à Brest, en août et septembre 1831, avec le docteur H. Rigaud. Les deux jeunes propagateurs de la nouvelle doctrine produisirent, par leur contenance ferme et modeste, par leur nature sympathique, une vive et heureuse impression, sur la partie jeune de leur auditoire particulièrement. Plus tard, séparé d'Enfantin, dont il repoussait les théories morales, Charton fit, en juin 1832, d'infructueux efforts pour me détourner d'aller à Ménilmontant essayer de la vie prolétaire et claustrale à laquelle nous étions conviés par l'appel du Père. On ne réussit pas toujours à dégriser les gens une fois qu'on leur a monté la tête : ceci est surtout vrai de nous autres Bretons. Il me fallut donc un séjour de quelques semaines dans la retraite un peu théâtrale de Ménilmontant pour m'édifier, Fourier venant en aide, sur la valeur des doctrines et des prétentions de la papauté nouvelle. — Quand, si peu que ce fut, on a participé à un mouvement d'idées, — idées généreuses, après tout, dans leur principe, si erronées elles étaient au fond en grande partie, — pourquoi, après un tiers de siècle écoulé, craindrait-on d'avouer que l'on eut, à vingt ans, son heure d'illusion vertigineuse à l'endroit des espérances de rénovation sociale ?

Dans la commémoration des hommes qui ont appartenu à l'École sociétaire, j'ai fait une omission qui me pèserait comme un remords si je ne me hâtais de la réparer. Elle concerne, en effet, un digne et bon vieillard qui me témoigna une bienveillance et une affection en quelque sorte paternelles. Je veux parler de M. Charles Harel, qui s'était fait un nom dans l'industrie, il y a cinquante ans, par l'invention des fourneaux économiques.

Originaire, comme moi, des Côtes-du-Nord, mais né dans la même année que Fourier, en 1772, le père Harel, ainsi qu'on l'appelait familièrement dans l'École, eut connaissance de la théorie sociétaire, en 1832, par le journal *le Phalanstère*. Il devint dès lors le disciple et l'ami de Fourier. — Lui-même a publié, en collaboration avec M. J. Garnier, un *Traité des falsifications des substances alimentaires*, et, sous l'inspiration de la doctrine qu'il avait embrassée, le *Ménage sociétaire, ou moyen d'augmenter son bien-être en diminuant sa dépense*, écrit destiné à faire ressortir les avantages d'un établissement qui allierait les économies des grandes réunions à la complète indépendance des individus, aux agréments facultatifs du *Home*. — M. Mége (de l'Académie impériale de médecine), dans un discours qu'il a rendu public, a payé un juste tribut d'hommages à la mémoire de cet homme de bien, dévoué jusqu'à son dernier jour à la cause du progrès, et mort, âgé de quatre-vingts ans, en 1853.

M. Harel avait vécu dans l'intimité du docteur Gall, dont il aimait à rappeler certains dictons :

« Pauvre humanité ! » répétait souvent Gall, à propos des événements et des malentendus douloureux de chaque jour. A ceux de ses amis qui l'entretenaient des réformes qu'attend l'avenir social : « Vous parviendrez, disait Gall, à vous débarrasser de la domination des rois, mais celle des prêtres tiendra bien autrement ! »

Là-dessus, bonne chance aux hommes politiques qui visent aujourd'hui à réaliser l'équitable maxime de l'*Église libre dans l'État libre!* mais ils ont encore devant eux une rude tâche, que ne leur faciliteront pas, ou je me trompe fort, le bon vouloir et le concours des gens d'Église.

ERRATA

Page 9, ligne 2 de la Note. — Au lieu de « *saint Simon*, » lisez : *Saint-Simon*.

Page 22, fin de la Note. — Au lieu de « *Philosophie positive*, » lisez : *Politique positive*.

Page 30, avant-dernière ligne. — Au lieu de « *chacune*, » lisez *quelqu'une*.

Page 97, ligne 25.—Au lieu de « *Ce que l'Europe doit*, » lisez : *dut*.

Page 139, ligne 18. — Au lieu de « *le marquis de Saint-Simon*, » lisez : *le comte de*.

Page 146, au dernier alinéa de la Note. — Au lieu de « *Politique positive*, p. X, » lisez : *Catéchisme positiviste*, préface, p. XXXII.

Page 164, ligne 7. — Au lieu de « *excellents*, » lisez : *excellent*.

Page 201, dernière ligne. — Au lieu de « *aute*, » lisez : *haute*, au lieu de « *l'étroit*, » lisez : *l'étroite*.

Page 224, ligne 19. — Au lieu de « *établir*, » lisez : *établi*.

Page 249. — Au lieu de « *Fourier (de l'Académie des sciences)*, lisez *Fourrier*.

TABLE

	Pages.
Préface	0
I. Situation respective	3
Position de la question	6
Des fondements de la philosophie positive	15
Recherche des forces qui produisent les phénomènes historiques et sociaux	27
Étude des penchants naturels de l'homme	29
Un point de comparaison	38
COURS DU MOUVEMENT SOCIAL	42
Avénement de l'homme sur la terre	42
Période sauvage	43
Période patriarcale	43
Période barbare	45
Période civilisée	45
Analyse de la civilisation	49
II. EXAMEN DE LA FORMULE HISTORIQUE DE M. COMTE	81
La question de Dieu	100
III. LES PRÉCURSEURS	112
Turgot	112
Kant	116
Condorcet	134
Saint-Simon	138
IV. DÉDUCTIONS SOCIOLOGIQUES TIRÉES DE LA PHILOSOPHIE POSITIVE, PAR M. COMTE	148
1° L'ÉDUCATION	155
Où se fera l'éducation? dans la famille ou bien à l'école?	156
La marche à suivre dans l'enseignement	158
Faut-il séparer la théorie de la pratique?	161
Les vocations	168
D'un enseignement peu positif présenté par le positivisme, et incidemment de l'ordre à suivre dans les réformes sociales	170
Opinion de M. Vacherot sur la méthode d'enseignement positiviste	175
2° LA MORALE	177
Les trois grands élus et les trois grands réprouvés de M. Comte	186
Les deux morales : la morale de compression et celle d'expansion harmonique	196

	Pages.
La théorie cérébrale..	206
Si l'esprit doit être subordonné au cœur................	212
4° LA POLITIQUE (1)...	217
La sociabilité du cabaret mise au-dessus de la prévoyance et de l'épargne..	217
Abandon prédit du droit électoral au profit de la dictature, qui est l'idée fixe de M. Comte.......................	219
Rôle de cette forme révolutionnaire du pouvoir qui s'appelle dictature..	220
Théorie gouvernementale du positivisme................	224
L'Assemblée nationale de 1789 et la Convention, jugées comparativement par M. Comte........................	227
Ce qu'il faut penser de la Terreur...........................	232
Opinion de M. le duc de Broglie, en 1851, sur l'élection d'un Président par le suffrage universel............	234
Humble avis donné en mai 1848............................	235
Toute fonction implique responsabilité....................	243
Les deux partis qui sont à prendre : la construction régulière de la féodalité industrielle ou l'essai de l'association agricole et domestique............................	246
Quelques suffrages en faveur de l'association........	249
Fourier a trouvé les lois et donné la formule de l'association	251
Réserve sur quelques prévisions de Fourier, note...	252
4° IDÉAL SOCIAL DE M. COMTE : Ploutocratie et presbytérocratie..	254
Conclusion sur l'auteur du positivisme....................	260
V. APPENDICE SUR LE PROGRÈS ET SUR LA TOLÉRANCE............	265
1° Le progrès...	265
2° La tolérance..	279
ÉPILOGUE...	291
NOTE A. — Sur l'enseignement oral et sur la correspondance de M. Comte..	297
NOTE B. — Propriétés spéciales de chacun des sentiments affectifs...	304
Du double essor et du gouvernement des passions..	309
Un mot sur leurs analogies....................................	315
De quelques vicieux effets des passions, qu'il ne faut pas confondre avec elles...	316
NOTE C. — L'école sociétaire et les grandes compagnies industrielles. — Un mot sur le passé, sur le présent et sur l'avenir de cette école.......................................	319

---

(1) Quoique, dans le corps de l'ouvrage, je n'aie point indiqué les divisions de la partie politique par des sous-titres, j'en établis ici, afin de faciliter les recherches et de ménager les instants des lecteurs qui ne voudront consulter que tel ou tel point de la question.

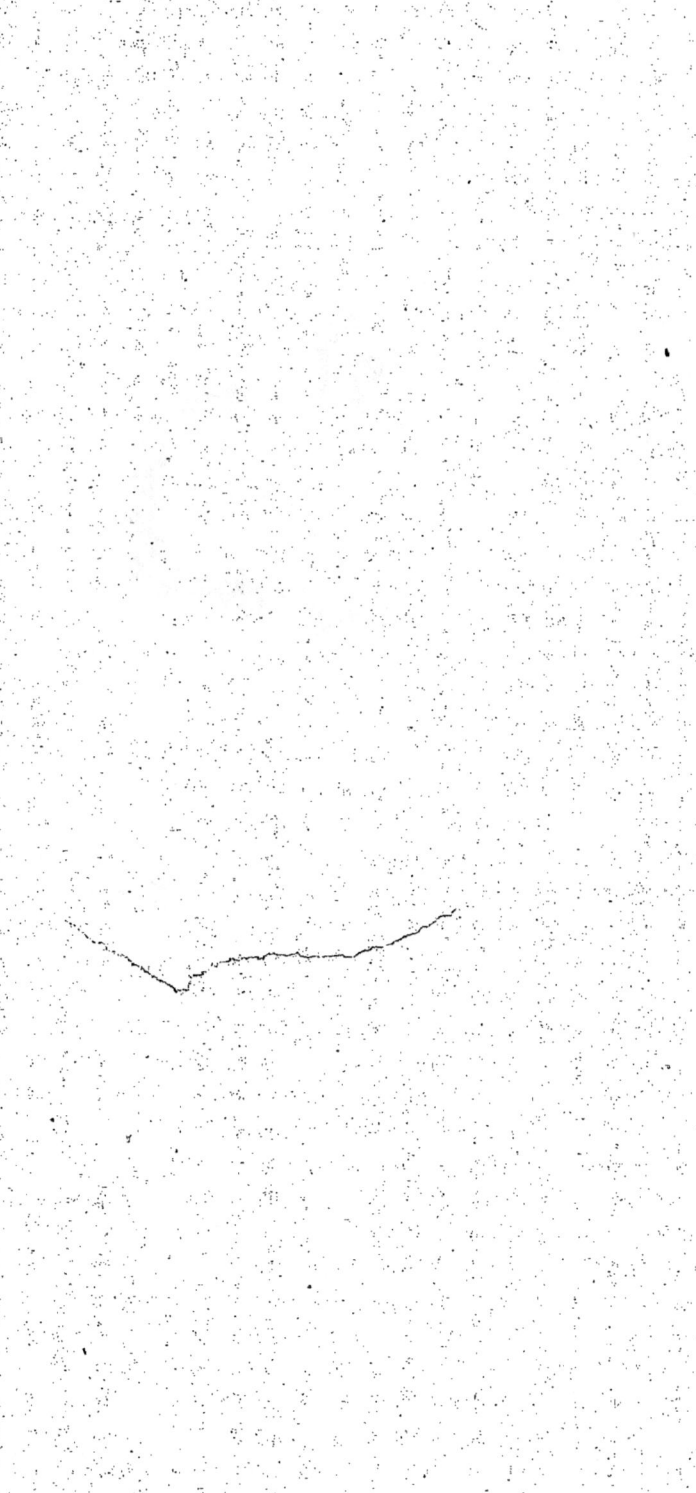

PARIS
nerie de Dubuisson et Cⁱᵉ
RUE COQ-HÉRON 5